初心如磐

福建红色记忆

主　编：刘大可
副主编：陈　佳　庄恒恺

海峡出版发行集团｜福建教育出版社

图书在版编目（CIP）数据

初心如磐：福建红色记忆/刘大可主编. —福州：福建教育出版社，2024.10. —ISBN 978-7-5758-0135-5

Ⅰ. D235.57

中国国家版本馆CIP数据核字第2024WD9603号

责任编辑：孙　丹　韩中华　黄珊珊
封面木刻：田　雄
装帧设计：季凯闻

Chuxin Ru Pan——Fujian Hongse Jiyi

初心如磐——福建红色记忆
主　编：刘大可
副主编：陈　佳　庄恒恺

出版发行	福建教育出版社
	（福州市梦山路27号　邮编：350025　网址：www.fep.com.cn
	编辑部电话：0591-83779650
	发行部电话：0591-83721876　87115073　010-62024258）
出 版 人	江金辉
印　　刷	福州印团网印刷有限公司
	（福州市仓山区建新镇十字亭路4号）
开　　本	710毫米×1000毫米　1/16
印　　张	26.25
字　　数	363千字
插　　页	3
版　　次	2024年10月第1版　2024年10月第1次印刷
书　　号	ISBN 978-7-5758-0135-5
定　　价	88.00元

如发现本书印装质量问题，请向本社出版科（电话：0591-83726019）调换。

目　录

导　论 /1

一、福建红色记忆形成的历史条件 /2

（一）马克思主义和中华优秀传统文化的双重滋养 /2

（二）中国共产党人的生动实践和中国共产党领导福建人民艰苦奋斗的灵魂淬炼 /4

二、福建红色记忆的精神内涵 /6

三、福建红色记忆的时代价值 /10

第一章　古田会议：思想建党、政治建军

一、古田会议的召开 /17

（一）马克思主义建党理论及其在中国遇到的新问题 /17

（二）红四军的创立及党对军队领导的探索 /20

（三）红四军转战赣南、闽西及闽西根据地的创建 /23

（四）历史的新课题和红四军党内的争论 /27

（五）古田会议的成功召开及建党建军里程碑纲领的诞生 /32

二、古田会议的精神内涵 /35

（一）思想建党 /35

（二）政治建军 /38

（三）实事求是/42
　　（四）群众路线/44
　　（五）勇于斗争/47
　　（六）团结统一/51
三、古田会议的历史地位及时代价值/54
　　（一）古田会议的历史地位/54
　　（二）古田会议的时代价值/55

第二章　才溪乡调查：深入群众、实事求是

一、才溪乡调查的革命实践/69
　　（一）才溪乡调查的历史背景/69
　　（二）才溪乡调查的经过/79
　　（三）才溪乡调查的内容/82

二、才溪乡调查的精神内涵/86
　　（一）深入群众/87
　　（二）实事求是/90
　　（三）执政为民/94
　　（四）勇于探索/97

三、才溪乡调查的历史意义和时代价值/98
　　（一）才溪乡调查的历史意义/99
　　（二）才溪乡调查的时代价值/101

第三章　谷文昌精神："四有"书记、不朽丰碑

一、谷文昌精神/108
　　（一）在林县的革命实践中确立初心/108
　　（二）在东山县的从政实践中逐渐形成/115
　　（三）在曲折发展的逆境中经受考验/125

二、谷文昌精神的主要内涵/129

（一）不带私心搞革命/129

　　（二）一心一意为人民/130

　　（三）求真务实勇担责/132

　　（四）百折不挠干事业/134

　　（五）保护自然谋发展/135

　　（六）克己奉公树正气/137

三、谷文昌精神的历史地位与时代价值/139

　　（一）谷文昌精神的历史地位/139

　　（二）谷文昌精神的时代价值/143

第四章　三钢建设：艰苦创业、开拓创新

一、三钢建设的历程/148

　　（一）社会主义制度集中力量办大事/149

　　（二）企业管理者的改革创新/155

　　（三）职工群众的接续奋斗/159

二、三钢建设的精神内涵/162

　　（一）艰苦创业/162

　　（二）开拓创新/167

　　（三）团结协作/171

　　（四）勇于担当/175

三、三钢建设的特征和时代价值/181

　　（一）三钢建设的特征/181

　　（二）三钢建设的时代价值/185

第五章　龙江风格：顾全大局、团结协作

一、龙江风格的形成背景/189

　　（一）龙海人民争取1963年粮食丰收/189

　　（二）龙海县遭受百年不遇的特大旱灾/190

（三）学、比、赶的农业大生产运动/192

　　（四）党的教育融合闽南文化优秀品格/194

二、龙江风格的丰富内涵/195

　　（一）龙江风格的丰富内涵/195

　　（二）龙江风格的广泛传播/210

三、龙江风格的时代价值/219

　　（一）龙江风格体现了中国共产党执政为民、科学决策、身先士卒、勇于担当/220

　　（二）龙江风格体现了人民群众顾全大局、舍己为人、无私奉献、团结协作/222

　　（三）龙江风格体现了当代社会主义核心价值观的重要内容/225

　　（四）龙江风格体现了中国共产党重视解决粮食问题/227

第六章　向东渠建设：众志成城、攻坚克难

一、向东渠的建设/229

　　（一）向东渠概况/229

　　（二）向东渠建设的历史背景/237

二、向东渠建设的精神内涵/241

　　（一）勇于担当/241

　　（二）团结协作/245

　　（三）攻坚克难/247

　　（四）开拓创新/251

三、向东渠建设的时代价值/254

　　（一）牢固树立中国特色社会主义理想信念/254

　　（二）牢固树立党的宗旨观念/256

　　（三）牢固树立社会主义核心价值观/257

　　（四）牢固树立生态文明理念/258

　　（五）推动实现中华民族伟大复兴的中国梦/259

第七章 晋江经验：改革创新、敢拼会赢

一、晋江经验的源头活水/262
  （一）生存环境铸就不畏艰险、百折不挠的人文底色/262
  （二）改革开放大潮凸显敢为人先、顽强拼搏的奋进精神/263
  （三）多种文化融合塑造包容开放、求富求强的品格风貌/267

二、晋江经验的群体体现/270
  （一）担当有为的晋江党政干部/271
  （二）敢闯敢拼的晋江企业家/278
  （三）情系桑梓的晋江华侨/284
  （四）勤劳包容的晋江民众/289
  （五）踏实敬业的新晋江人/294

三、晋江经验的核心内涵和时代价值/298
  （一）晋江经验的核心内涵/298
  （二）晋江经验的时代价值/300

第八章 闽东脱贫：滴水穿石、弱鸟先飞

一、闽东脱贫的历史背景/305
二、闽东脱贫的精神内涵/307
  （一）弱鸟先飞/308
  （二）滴水穿石/312
  （三）埋头苦干/315
  （四）久久为功/317

三、闽东脱贫的时代价值/319
  （一）坚韧意志和追赶意识，助力区域经济持续不断地跨越发展/319
  （二）价值导向和责任意识，助力良好政治生态和社会环境的持续营造/335
  （三）拼搏精神和忘我境界，助力干部队伍思想品格的培养锤炼/337

第九章　厦门实践：包容并蓄、锐意创新

一、厦门实践的孕育与形成/341

（一）厦门实践是中国共产党伟大实践的重要成果/341

（二）厦门实践是改革开放实践和特区实践的延续/342

（三）厦门实践是中华优秀传统文化的历史传承/342

二、厦门实践的重要组成部分及其内涵/342

（一）嘉庚精神/343

（二）海堤精神/351

（三）英雄三岛精神/359

（四）鼓浪屿好八连精神/365

（五）马塘精神/371

三、厦门实践的内在联系和时代价值/380

（一）厦门实践的内在联系/380

（二）厦门实践的时代价值/381

第十章　木兰溪治理：人水和谐、造福人民

一、木兰溪治理的由来/383

（一）历史条件/383

（二）习近平同志擘画推动治理木兰溪/386

（三）莆田历届市委市政府一任接着一任干/390

二、木兰溪治理的精神内涵/394

（一）为民行善/394

（二）无私无畏/394

（三）科学治理/396

（四）敢想敢做/397

（五）久久为功/398

（六）艰苦奋斗/399

三、木兰溪治理的时代价值/400

（一）木兰溪治理是习近平生态文明思想的生动体现/400

（二）木兰溪治理是马克思主义生态观的区域实践/403

（三）木兰溪治理是中国共产党科学治水思想的继承与发展/403

（四）木兰溪治理以创新助力区域发展/405

后　记/410

导 论

红色，是中华民族文化自信的坚固底色，也是中华民族走向伟大复兴征程中的精神图腾。党的历史就是一部红色历史，凝结了中国共产党在革命、建设、改革各个历史时期和新时代无数仁人志士的理想信念和使命担当，形成了弥足珍贵的红色记忆。2024年中共中央印发的《党史学习教育工作条例》指出，开展党史学习教育，用党的历史教育人、启迪人、感化人、鼓舞人，是牢记党的初心使命、坚定理想信念、推进自我革命的重要途径，是新时代坚持和发展中国特色社会主义、以中国式现代化全面推进中华民族伟大复兴的必然要求。

福建是充满红色记忆的红土地，党史上的许多重大事件在这里发生，中国共产党人的文韬武略大都在这里试验过、预演过。习近平总书记2021年3月在闽考察时指出，"福建是革命老区，党史事件多、红色资源多、革命先辈多，开展党史学习教育具有独特优势"。这片红土地是中国革命的摇篮之一，是中央苏区的重要组成部分，是人民军队的发祥地之一，是中国改革开放的先行地之一，也是习近平新时代中国特色社会主义思想的重要孕育地和实践地。这片红土地孕育并承载着一系列动人心弦的红色记忆：古田会议、才溪乡调查、谷文昌精神、三钢建设、龙江风格、向东渠建设、晋江经验、闽东脱贫、厦门实践、木兰溪治理……这些红色记忆是发扬红色传统、传承红色基因的鲜活载体，也是探索中国共产党永葆本色的生命密码，是中华民族不竭力量的精神源泉。

一、福建红色记忆形成的历史条件

在中国共产党百余年历史中,无论是战火纷飞的革命年代,还是艰苦创业的建设时期,无论是波澜壮阔的改革大潮,还是前所未有的新时代,一代又一代的共产党人舍生忘死、前仆后继、克己奉公、埋头苦干,使我们党攻克了一个又一个看似不可能攻克的难关,创造了一个又一个看似不可能创造的奇迹,带领人民取得了举世瞩目的伟大成就,形成了永不褪色、川流不息的红色记忆长河。福建红色记忆,就是这个长河中澎湃的浪花,其形成条件包括理论滋养和实践淬炼两个方面。

(一) 马克思主义和中华优秀传统文化的双重滋养

马克思、恩格斯在《德意志意识形态》中指出:"对实践的唯物主义者即共产主义者来说,全部问题都在于使现存世界革命化,实际地反对并改变现存的事物。"① 中国共产党诞生于近代以来中国社会的剧烈运动中,中国人民反帝反封建的激烈斗争中,马克思列宁主义同中国工人运动的结合过程中。中国共产党人的精神则伴随中国共产党的成立而产生,淬炼了红色记忆的思想灵魂。

马克思主义的政治立场是人民立场。《共产党宣言》强调:"过去的一切运动都是少数人的,或者为少数人谋利益的运动。无产阶级的运动是绝大多数人的,为绝大多数人谋利益的独立的运动。"② 马克思主义的真理性与人民性使得中国共产党一经成立就肩负起为中国人民谋幸福、为中华民族谋复兴的历史使命,确立了为人民服务的宗旨意识。中国共产党的百余年历程,孕育实践了为人民服务的奉献精神,党的一切理论和奋斗都致力于实现最广大人民的根本利益。习近平总书记指出:"全党必须牢记,为什么人的问题,是检验一个政党、一个政权性质的试金石。"③ 他在党史学

---

① 《马克思恩格斯文集》第一卷,人民出版社2009年版,第527页。
② 马克思、恩格斯:《共产党宣言》,人民出版社2018年版,第39页。
③ 习近平:《决胜全面建成小康社会 夺取新时代中国特色社会主义伟大胜利——在中国共产党第十九次全国代表大会上的报告》,人民出版社2017年版,第44—45页。

习教育动员大会上强调，江山就是人民，人民就是江山。

马克思主义的崇高理想和根本目标是实现共产主义。《共产党宣言》说："代替那存在着阶级和阶级对立的资产阶级旧社会的，将是这样一个联合体，在那里，每个人的自由发展是一切人的自由发展的条件。"① 中国共产党自诞生之日起，就把实现共产主义作为凝聚人心、培育党员精神世界的价值支撑，使共产党人自觉树立起伟大、高尚的共产主义道德和精神。习近平总书记指出："中国共产党是《共产党宣言》精神的忠实传人。"② 实现共产主义远大理想是中国共产党内在的精神气质，是每个共产党人毕生追求的崇高理想。

马克思主义创立了系统科学的方法论，是无产阶级政党的科学世界观和方法论，为中国共产党实事求是的精神提供了科学理论基础。马克思主义最重要的理论品质，就是坚持一切从实际出发，理论联系实际，实事求是，在实践中检验和发展真理。毛泽东强调："马克思、恩格斯、列宁、斯大林教导我们认真地研究情况，从客观的真实的情况出发，而不是从主观的愿望出发。"③ 中国共产党人在革命、建设、改革各个历史时期和新时代都注重从中国社会实际出发、注重理论联系实际，产生了实事求是精神，开创了"农村包围城市、武装夺取政权"的革命道路，开辟了中国特色社会主义道路。

习近平总书记指出："中国共产党从成立之日起，既是中国先进文化的积极引领者和践行者，又是中华优秀传统文化的忠实传承者和弘扬者。"④ 中华优秀传统文化蕴含着中华民族几千年来最深沉的精神基因，滋养中国共产党人红色记忆的形成与发展。

爱国主义是中华优秀传统文化中最根本的精神内核。中华民族的先贤

---

① 马克思、恩格斯：《共产党宣言》，人民出版社2018年版，第51页。
② 《习近平在中共中央政治局第五次集体学习时强调 深刻感悟和把握马克思主义真理力量 谱写新时代中国特色社会主义新篇章》，《人民日报》2018年4月25日。
③ 《毛泽东选集》第三卷，人民出版社1991年版，第797页。
④ 习近平：《决胜全面建成小康社会 夺取新时代中国特色社会主义伟大胜利——在中国共产党第十九次全国代表大会上的报告》，人民出版社2017年版，第44页。

们肩负"以天下为己任"的使命感,怀揣崇高理想和人生抱负,践行爱国主义精神。汉代霍去病有"匈奴未灭,何以家为"的豪迈,宋代范仲淹有"先天下之忧而忧,后天下之乐而乐"的胸襟,陆游有"位卑未敢忘忧国"的情怀,岳飞有"以身许国,何事不敢为"的坦荡,清代顾炎武有"天下兴亡,匹夫有责"的志向,谭嗣同有"我自横刀向天笑,去留肝胆两昆仑"的壮志,他们传承了中华优秀传统文化,诠释了中华民族精神。这种以爱国主义为核心的伟大民族精神必然为中华民族的优秀儿女——中国共产党人所传承与弘扬。李大钊"铁肩担道义,妙手著文章"的品德,毛泽东"孩儿立志出乡关,学不成名誓不还。埋骨何须桑梓地,人生无处不青山"的决心,周恩来"为中华之崛起而读书"的志向,朱德"投笔从戎去,刷新旧国风"的理想,他们为中国人民鞠躬尽瘁、死而后已。在中国革命、建设、改革各个历史时期和新时代的历程中,中国共产党人将爱国主义熔铸其中。此外,从中国共产党人身上体现出来的顽强意志、英雄气概、博大胸怀,以及治国安民的政治理想、居安思危的忧患意识、自强不息的执着追求等优秀品格,都可以看出中华优秀传统文化给予中国共产党人的红色记忆以丰厚滋养。

(二)中国共产党人的生动实践和中国共产党领导福建人民艰苦奋斗的灵魂淬炼

福建红色记忆既来源于中国共产党人的生动实践,又源自中国共产党领导福建人民艰苦奋斗的历程。近代以来,在反帝反封建的过程中,探索国家和民族出路的革命先驱、先进分子和无数奋斗者所积累的奋斗精神,是中国共产党人的红色记忆的实践起源。毛泽东曾指出:"所有这一切侵略战争,加上政治上、经济上、文化上的侵略和压迫,造成了中国人对于帝国主义的仇恨,使中国人想一想,这究竟是怎么一回事,迫使中国人的革命精神发扬起来,从斗争中团结起来。"①

在漫长的历史长河中,八闽大地培育出一批又一批影响福建乃至中国的英杰,他们或居庙堂之高,或处江湖之远,秉持开拓进取、敢拼会赢的

---

① 《毛泽东选集》第四卷,人民出版社1991年版,第1484页。

精神，用心筑梦，勇敢追梦，在平凡中成就伟大。在中国近代史上，民族英雄林则徐留下了"苟利国家生死以，岂因祸福避趋之"的千古名句。福建人民饱经忧患不屈抗争，面对外来侵略，前仆后继、浴血奋战，留下了无数的壮丽诗篇。

　　1926年，中国共产党开始在福建建立地方组织，领导福建人民开展了伟大的革命运动，经过北伐战争、土地革命战争、抗日战争、解放战争，中国共产党人在福建谱写了一曲曲可歌可泣的英雄赞歌。特别是在土地革命战争时期，福建人民在以毛泽东同志为代表的中国共产党人领导下，参与创建了以赣南、闽西为核心的中央革命根据地，"收拾金瓯一片，分田分地真忙"①"风展红旗如画"②，展现了一幅幅波澜壮阔的工农运动和土地革命图景。烽火硝烟的峥嵘岁月，让福建淬火成钢，古田会议、才溪乡调查等重要党史事件在这里发生。特别是古田会议，是中国共产党和人民军队建设史上的里程碑。习近平总书记指出："历史，往往在经过时间沉淀后可以看得更加清晰。回过头来看，古田会议使我们这支军队实现了浴火重生、凤凰涅槃。从那儿以后，在党领导下，我军由小到大、由弱到强，不断从胜利走向胜利。古田会议奠基的我军政治工作对我军生存发展起到了决定性作用。"③福建的革命斗争从未停息，顽强坚持到中国革命的胜利，赢得"红旗不倒"的崇高赞誉。

　　新中国成立后，中国共产党领导福建人民改天换地，建设社会主义新福建，福建红色记忆日趋丰富。谷文昌"在东山县工作了十五年，带领全县人民拼搏奋战，把一个荒漠化的孤岛变成半岛，并建成了海上绿洲，使群众摆脱了世代逃荒要饭的苦日子"④，展现了党员干部的坚强党性、远大理想、博大胸怀、高尚情操。20世纪五六十年代，福建经济建设的重心从

---

　　① 中共中央文献研究室编：《毛泽东诗词集》，中央文献出版社1996年版，第18页。

　　② 中共中央文献研究室编：《毛泽东诗词集》，中央文献出版社1996年版，第24页。

　　③ 习近平：《论中国共产党历史》，中央文献出版社2021年版，第97页。

　　④ 习近平：《论中国共产党历史》，中央文献出版社2021年版，第30页。

沿海内迁至西北山区，三明工业城悄然崛起，三钢建设拉开序幕。1963年，漳州地区遭受特大旱灾，龙海县76座水库蓄水量仅有4％，全县38％以上农田缺水。龙海县的6个大队以淹没自己田地为代价，确保堵江截流工程顺利完成，保证了九龙江下游10万亩稻田的抗旱用水，成就了当时全国家喻户晓的龙江风格。

改革开放新时期，福建经济建设的重心逐渐转移到沿海地区，闽南金三角、厦门特区随之兴起，产生了晋江经验、厦门实践，谱写了福建改革开放的新篇章。习近平总书记在福建工作17年半，领导福建的改革开放和现代化建设，给福建创造了极其宝贵的思想财富、精神财富和实践成果。福建红色记忆中的晋江经验、厦门实践、闽东脱贫、木兰溪治理等，都凝结了他的心血。福建红色记忆，是党领导福建人民在革命、建设、改革各个历史时期和新时代的伟大实践中孕育、凝结而成的。

二、福建红色记忆的精神内涵

习近平总书记在福建工作期间曾经指出："我们党在长期的斗争中形成的革命传统，是全国人民宝贵的精神财富。这些革命传统作为各个时期时代精神本质的、历史的反映，其内容是非常丰富的，它的核心概括地讲，就是在坚持共产党的领导、坚持社会主义道路这个正确的政治方向之下，在革命队伍中培育起来的革命和拼命精神，严守纪律和自我牺牲的精神，大公无私和先人后己的精神，压倒一切敌人、压倒一切困难的精神，坚持革命乐观主义、排除万难去争取胜利的精神。"[①] 福建红色记忆，承载着中国共产党人的初心和使命，蕴含着中国共产党人代代相传的红色基因，有着丰富的精神内涵。

1. 古田会议

1929年召开的古田会议，探索出思想建党、政治建军的光辉道路，新型人民军队由此走上发展壮大的历史征程。古田会议的精神内涵可以概括

---

① 习近平：《跨世纪领导干部的历史重任及必备素质》，《理论学习月刊》1991年第11期。

为：思想建党、政治建军、实事求是、群众路线、勇于斗争、团结统一。中国特色社会主义进入新时代，习近平总书记提议在古田召开全军政治工作会议，研究解决新的历史条件下党从思想上、政治上建设军队的重大问题。会议要求把理想信念、党性原则、战斗力标准、政治工作威信"四个带根本性的东西"在全军牢固立起来。

2. 才溪乡调查

1933年11月下旬，毛泽东率中央政府检查团到上杭县才溪乡，开展了为期十多天的农村社会调查，写下了调查研究的光辉篇章——《才溪乡调查》。① 才溪乡调查的精神内涵包含"深入群众、实事求是、执政为民、勇于探索"。毛泽东在才溪乡调查期间，坚持轻车简从，真正将自己置身于基层群众之中，坚持与苏区的群众一起生产生活、同甘共苦。毛泽东坚持通过调查研究发现客观事实，寻找客观规律，敢于和"左"倾教条主义错误做斗争，在调查中运用马克思主义的立场、观点和方法去解决实际问题，用事实去驳斥各种谬论。

3. 谷文昌精神

谷文昌在福建省东山县工作15年间，带领东山县人民与风灾、旱灾抗争，植树造林，兴修水利，改善交通，发展生产，把一个风沙肆虐的荒岛变成生机盎然的东海绿洲，为经济建设和社会发展奠定了坚实的基础。习近平总书记称赞他"在老百姓心中树立起一座不朽的丰碑"，是"四有干部"的典范、"县委书记的好榜样"。2009年9月，谷文昌被评为"100位新中国成立以来感动中国人物"。谷文昌精神的内涵可以概括为：不带私心搞革命、一心一意为人民、求真务实勇担责、百折不挠干事业、保护自然谋发展、克己奉公树正气。

4. 三钢建设

三明钢铁厂（简称"三钢"）始建于1958年6月，是社会主义革命和建设时期建立起比较完整的工业体系特别是重工业基础的典型代表。在改

---

① 中共中央文献研究室编：《毛泽东文集》第一卷，人民出版社1993年版，第322—342页。

革开放时期，又成为做强做优做大国有资本和国有企业的范例，铸就了"艰苦创业、开拓创新、团结协作、勇于担当"的三钢建设的精神内涵。

5. 龙江风格

1963年，九龙江流域发生了百年不遇的特大旱灾，龙海县几十万亩农田急需引水灌溉。为了抢农时、保春耕，夺取农业生产大丰收，龙海县委发出了"九龙江有水不算旱"的号召，组织全县人民开展堵江截流抗旱保丰收的战斗。在抗旱斗争中涌现的先进典型和感人事例最终形成"顾全大局、舍己为人、无私奉献、团结协作"的龙江风格。龙江风格，是决策者从人民的利益出发，始终做到执政为民，科学决策，最终取得物质和精神的双丰收。

6. 向东渠建设

20世纪70年代初，为了彻底解决云霄、东山两县人民长期以来的缺水问题，云霄、东山两县人民在党的领导下协作兴建向东渠。在建渠过程中孕育产生了"勇于担当、团结协作、攻坚克难、开拓创新"的向东渠建设的精神内涵。工程指挥部及广大干部群众摒弃"等、靠、要"思想，自带粮食、资金、工具，以满怀战天斗地的豪情攻坚克难。同时，专门成立了由干部、民工、技术人员组成的"三结合"指导小组，加上现场"诸葛亮会"，集思广益，土洋结合，在实践中不断突破难关，充分调动和集中干部群众的积极性和智慧，形成许多设计和施工的创新，节省了大量材料和资金，也为日后石拱渡槽建设积累了丰富经验，同时激发了大胆技术革新的勇气和信心。

7. 晋江经验

晋江是福建东南沿海的一个县级市，在改革开放中，从靠国家补贴度日的贫困农业县，到经济总量连续20年名列"全国百强县十强"。2002年6月，时任福建省省长的习近平同志第七次深入晋江调研，在《人民日报》发表署名文章《研究借鉴晋江经验 加快县域经济发展》，首次总结提出了"晋江经验"，指出"晋江经验"是晋江人民对有中国特色社会主义发展道路的大胆探索和成功实践。① 晋江人以"敢拼、爱拼、善拼,敢为天下先"和"诚信、谦恭、团结、拼搏"的精神,率先进行市场经济的探索,为晋江的经济发展打造了你追我赶、生机勃发的景象。晋江人既"敢拼""爱拼"又"善拼","敢拼"体现了晋江人的胆量和魄力,"爱拼"体现了晋江人骨子里的冲劲,"善拼"则体现出晋江人遵循客观规律,尊重契约精神,善于借势、借力的灵巧。

8. 闽东脱贫

1989年11月,在宁德地直机关学习贯彻省委四届十一次全体(扩大)会议精神大会上,时任宁德地委书记的习近平同志号召领导干部要坚持从实际出发,量力而行,要以"滴水穿石"的精神振兴闽东经济。"我推崇滴水穿石的景观,实在是推崇一种前仆后继,甘于为总体成功牺牲的完美人格;推崇一种胸有宏图,扎扎实实,持之以恒,至死不渝的精神。"②"弱鸟先飞、滴水穿石、埋头苦干、久久为功"的闽东脱贫内涵是习近平同志在宁德工作期间始终推崇和倡导的精神品格,也是30多年来一代又一代闽东人敢于战天斗地、矢志摆脱贫困、奋力加快发展的强大精神力量。闽东人民正是凭借这种精神,敢于冲破思想观念的束缚和利益固化的藩篱,敢于啃硬骨头,终于摘掉了贫穷落后的帽子,逐步实现撤地建市、温福铁路贯通和三都澳开发的"三大梦想",步入经济社会高质量发展的快车道。

9. 厦门实践

2006年,时任浙江省委书记的习近平同志在纪念厦门特区建设25周年之际接受厦门日报和厦门电视台记者采访时指出,厦门的同志创造了很多精神,最早是陈嘉庚精神,20世纪50年代有海堤精神,还有英雄三岛精神、鼓浪屿好八连精神、马塘精神,等等。这些凝聚成了一种艰苦奋斗、拼搏创新的厦门精神。曾几何时,改革开放这样一种东风,厦门人树立了一种改革开放的厦门精神,这里边有自力更生,这里边有锐意创新,

---

① 习近平:《研究借鉴晋江经验 加快县域经济发展——关于晋江经济持续快速发展的调查与思考》,《人民日报》2002年8月20日。

② 习近平:《摆脱贫困》,福建人民出版社1992年版,第59页。

这里边有一种包容并蓄、大气和谐的内涵。厦门也从一个封闭的海防城市，建设成现代化的海上花园，为人所羡慕的一个美丽现代化城市。厦门实践中包括嘉庚精神、海堤精神、英雄三岛精神、鼓浪屿好八连精神和马塘精神等核心要素。

10. 木兰溪治理

木兰溪是福建省内八大重要河流之一，被称为莆田的"母亲河"。木兰陂是木兰溪防洪工程的重要组成部分。习近平同志在福建工作时，十分重视木兰溪治理和木兰陂水利工程利用，多次作出指示、批示，关心推动木兰溪治理工作。莆田市经过20余年的努力，持续开展从水上到陆上、从下游到上游、从干流到全流域、从单一的防洪工程到系统性治理的综合工程，逐步实现从水安全到水生态、水经济的梯次推进，让木兰溪产生了综合效益，成为民生之河、生态之河、发展之河，实现了习近平同志针对治理木兰溪提出的"变害为利、造福人民""既要治理好水患，也要注重生态保护；既要实现水安全，也要实现综合治理"①的总要求，集中体现了"为民行善、无私无畏、科学治理、敢想敢做、久久为功、艰苦奋斗"的木兰溪治理的精神内涵。

三、福建红色记忆的时代价值

福建红色记忆是中国共产党宝贵的精神财富，它具有永恒的力量，穿越时空，闪耀着真理的光芒，对于推进中国特色社会主义事业、实现中华民族伟大复兴的中国梦具有重要的时代价值。

第一，传承福建红色记忆中思想建党、坚定理想信念，就是要加强思想建设，坚定中国特色社会主义理想信念。

古田会议为我们提供了从思想上建党的成功经验。中国共产党之所以能够完成近代以来各种政治力量不可能完成的艰巨任务，就在于始终把马克思主义作为自己的行动指南，并坚持在实践中不断丰富和发展。马克思

---

① 转引自刘亢、刘诗平：《从福建木兰溪治理纪实看"人水和谐"的生动实践》，《协商论坛》2018年第10期。

主义及其在中国的发展，为党和人民事业发展提供了既一脉相承又与时俱进的科学理论指导，为增进全党全国各族人民团结统一提供了坚实思想基础。中国特色社会主义实践要求我们不断加强党的思想建设，推进马克思主义中国化、时代化。恩格斯说："马克思的整个世界观不是教义，而是方法。它提供的不是现成的教条，而是进一步研究的出发点和供这种研究使用的方法。"① 我们要始终坚持把马克思主义基本原理同中国具体实际相结合、同中华优秀传统文化相结合，不断开辟马克思主义发展新境界。

中国共产党是否坚强有力，既要看全党在理想信念上是否坚定不移，更要看每一位党员在理想信念上是否坚定不移。我们要把理想信念教育作为思想建设的战略任务，保持全党在理想追求上的政治定力，自觉做共产主义远大理想和中国特色社会主义共同理想的坚定信仰者、忠实实践者，在实现中华民族伟大复兴中国梦的历史进程中充分发挥先锋模范作用。

第二，传承福建红色记忆中政治建军、坚持党性原则、树立政治工作威信、对党忠诚，就是要坚持党对人民军队的绝对领导和党对一切工作的领导，坚持走中国特色强军之路，为实现中华民族伟大复兴的中国梦提供坚强保证。

党对人民军队绝对领导的根本原则和制度，定型于古田会议，是保持人民军队本质和宗旨的根本保障，是人民军队完全区别于一切旧军队的政治特质和根本优势。从古田会议开始形成的中国共产党组织核心领导机制是中国共产党独特的组织机制，由此构成了个人服从组织、下级服从上级、全党服从中央。古田会议在解决存在问题的过程中，红四军的领导人以高度的政治自觉，认真贯彻执行了中央九月来信的正确指示精神，正确处理党内矛盾，使毛泽东不但重回红四军党的前委书记的岗位，而且达到了党内的团结，形成了党的集中统一领导。全军政治工作会议着力抓好铸牢军魂工作，坚持党对人民军队绝对领导是强军之魂。党对人民军队的绝对领导是中国特色社会主义的本质特征，是党和国家的重要政治优势，是人民军队的建军之本、强军之魂。

---

① 《马克思恩格斯文集》第十卷，人民出版社2009年版，第691页。

中国特色社会主义最本质的特征是中国共产党领导，中国特色社会主义制度的最大优势是中国共产党领导。习近平总书记指出："保证全党服从中央，坚持党中央权威和集中统一领导，是党的政治建设的首要任务。""坚持党对一切工作的领导。党政军民学，东西南北中，党是领导一切的。"[①] 实现中华民族伟大复兴的中国梦，使命光荣，任务艰巨，要求全体党员增强政治自觉，旗帜鲜明讲政治，把坚定拥护"两个确立"、坚决做到"两个维护"，作为毫不动摇坚持和加强党的全面领导的根本要求，作为新时代共产党人最重要的政治要求，作为推进强国建设、民族复兴伟业的最根本政治保证。

第三，传承福建红色记忆中实事求是、一切从中国实际出发的优良传统，就是要坚持走中国特色社会主义道路。

古田会议前后，毛泽东高度重视调查研究，从中国国情的实际出发，从对实际情况的掌握中找到解决问题的办法。古田会议敢于冲破马克思主义教条化和各种非无产阶级思想的束缚，创造性地解决了在中国实际条件下怎样建设无产阶级政党和军队的问题，怎样开辟中国革命的胜利道路的问题。才溪乡调查坚持通过调查研究发现客观事实，寻找客观规律。全军政治工作会议从实际出发，正视军队建设特别是思想政治建设方面存在的突出问题，深刻剖析了军队中特别是领导干部在思想政治和作风上存在的十个方面的突出问题，立足于党和国家事业全局，对军队政治工作作出新部署，深刻阐明了政治工作的时代方位，明确了政治工作的时代主题、指导原则、重点任务和实践要求，把全军政治工作的理论和实践提升到了新境界，为强军兴军提供了强大思想武器和科学指南。

社会主义建设同样需要从中国实际出发，不断探寻新路。中国特色社会主义不是从天上掉下来的，是党和人民历经千辛万苦、付出巨大代价取得的。中国特色社会主义既是我们必须不断推进的伟大事业，又是我们开辟未来的根本保证。中国特色社会主义道路是实现社会主义现代化的必由

[①] 习近平：《决胜全面建成小康社会　夺取新时代中国特色社会主义伟大胜利——在中国共产党第十九次全国代表大会上的报告》，人民出版社2017年版，第62、20页。

之路，是创造人民美好生活的必由之路。习近平新时代中国特色社会主义思想是指导党和人民沿着中国特色社会主义道路实现中华民族伟大复兴的正确理论，是立于时代前沿、与时俱进的科学理论。中国特色社会主义制度是推动当代中国发展进步的根本制度保障，是具有鲜明中国特色、明显制度优势、强大自我完善能力的先进制度。

第四，传承福建红色记忆中的群众路线，就是要坚持以人民为中心的立场，依靠人民创造历史伟业。

古田会议提出了群众路线的主要内容，并提出了争取群众、依靠群众的具体办法，闪耀着群众路线的思想光芒。古田会议前后，毛泽东强调人民政权的一切权力属于人民，必须把人民的根本利益放在首位，在中国共产党群众路线创立、形成和发展史上，具有重要的地位。

才溪乡调查过程中，毛泽东非常重视民生问题，始终心系人民群众的冷暖温饱。才溪乡调查报告反映了人民群众参加革命后民生改善状况的第一手数据，以此作为衡量和评判革命事业的重要依据，体现了"执政为民"精神。谷文昌精神中"一心一意为人民"，龙江风格中的"执政为民"；木兰溪治理中，始终坚持人民至上，常怀爱民之心，心系百姓冷暖，情系灾区灾情，想百姓所想、急百姓所急、解百姓所盼，一切以人民为中心；以及全军政治工作会议上坚持全心全意为人民服务的根本宗旨，坚持群众路线的根本作风，这些都体现了人民立场是中国共产党的根本政治立场，是马克思主义政党区别于其他政党的显著标志。党与人民风雨同舟、生死与共，始终保持血肉联系。

在新的历史条件下，中国共产党要立于不败之地，更需要时时处处把人民的利益放在首位。必须坚信党的根基在人民，党的力量在人民，坚持一切为了人民，一切依靠人民，充分发挥广大人民群众积极性、主动性、创造性，不断把为人民造福事业推向前进。必须始终把人民对美好生活的向往作为奋斗目标，践行党的根本宗旨，贯彻党的群众路线，尊重人民主体地位，尊重人民群众在实践活动中所表达的意愿、所创造的经验、所拥有的权利、所发挥的作用，充分激发蕴藏在人民群众中的创造伟力。

第五，传承福建红色记忆中不怕牺牲、敢于斗争的精神，就是要在实现中华民族伟大复兴的征程中进行伟大斗争，勇于自我革命。

古田会议的胜利召开是敢于同国民党反动派进行不屈不挠的斗争，同党内错误思想坚决斗争的见证和成果。古田会议敢于冲破马克思主义教条化和各种非无产阶级思想的束缚，创造性地解决了在中国实际条件下怎样建设无产阶级政党和军队的问题，体现了敢于斗争的精神。进入21世纪，全军政治工作会议强调着力抓好作风建设和反腐败斗争，以锲而不舍、驰而不息的决心把作风建设和反腐败斗争引向深入；着力抓好战斗精神培育，发扬一不怕苦、二不怕死的精神，从难从严从实战要求出发锤炼部队，培养官兵大无畏的英雄气概和英勇顽强的战斗作风。

中国共产党是在斗争中成长和壮大起来的，斗争精神贯穿于中国革命、建设、改革各个历史时期。习近平总书记指出："我们党诞生于国家内忧外患、民族危难之时，一出生就铭刻着斗争的烙印，一路走来就是在斗争中求得生存、获得发展、赢得胜利。越是接近民族复兴越不会一帆风顺，越充满风险挑战乃至惊涛骇浪。不忘初心、牢记使命，必须安不忘危、存不忘亡、乐不忘忧，时刻保持警醒，不断振奋精神，勇于进行具有许多新的历史特点的伟大斗争。"①

在实现中华民族伟大复兴的征程中，也必然面对各种重大挑战、重大风险、重大阻力、重大矛盾，必须准备进行具有新的历史特点、富有新的时代内涵的伟大斗争，更需要继承和弘扬古田会议和全军政治工作会议敢于斗争的革命精神。"新的征程上，我们必须增强忧患意识、始终居安思危，贯彻总体国家安全观，统筹发展和安全，统筹中华民族伟大复兴战略全局和世界百年未有之大变局，深刻认识我国社会主要矛盾变化带来的新特征新要求，深刻认识错综复杂的国际环境带来的新矛盾新挑战，敢于斗争，善于斗争，逢山开道、遇水架桥，勇于战胜一切风险挑战！"②

第六，传承福建红色记忆中团结协作、顾全大局、勇于担当的精神，

---

① 习近平：《在"不忘初心、牢记使命"主题教育总结大会上的讲话》，《求是》2020年第13期。

② 习近平：《在庆祝中国共产党成立100周年大会上的讲话》，《人民日报》2021年7月2日。

为增进全党和全国各族人民团结统一提供坚实思想基础。

古田会议坚持了在斗争中坚持原则、促进党的团结统一的马克思主义党建原则。虽然古田会议召开前红四军的领导人展开了激烈的争论，但他们秉持共产主义的理想信念，坚持党性原则，在斗争中有力维护并促进了党的团结统一，在当时条件下最大限度地统一了红四军党内军内的思想和行动方针，达成了宝贵的团结局面。三钢建设中以班组为单位的团结协作精神，向东渠建设中云霄、东山两县团结协作的精神等，都是福建红色记忆中的宝贵精神财富。

"功以才成、业由才广"。党和人民的事业要不断发展，必须聚天下英才而用之，要把党内党外、国内国外等各方面优秀人才吸引过来、凝聚起来。中国特色社会主义进入新时代，开启全面建设社会主义现代化国家新征程，更需要凝聚各方力量。我们必须按照新时代党的建设总要求，以政治建设为统领，不断推进新时代党的建设新的伟大工程，不断增强全党团结统一和创造活力，不断增强全党执政本领，把党建设得更加坚强、更加有力。只有坚持用马克思主义中国化的最新理论成果武装全党、教育人民，才能凝聚共识，汇聚全党和全国各族人民力量，推动中国特色社会主义伟大事业取得新的胜利。

第七，传承福建红色记忆中勇于探索、开拓创新、艰苦奋斗、拼搏进取、持之以恒的精神，就是要坚定不移高举改革开放旗帜，推进全面深化改革，让党和人民事业始终充满奋勇前进的强大动力。

毛泽东才溪乡调查在当时临时中央"左"倾教条主义指导思想将马克思主义教条化的情况下，即便身处逆境、孤立无援，仍坚持在调查中运用马克思主义的立场、观点和方法去解决实际问题，体现了勇于探索的精神。三明钢铁厂从诞生到发展，始终坚持了"艰苦创业、开拓创新"的精神。向东渠的建设是在一无资金、二无专家、三无先进技术设备的情况下，靠着攻坚克难的坚强意志、创业激情攻克了一道道难关，解决了一个个技术难题。晋江经验体现了改革开放过程中形成的"敢拼、爱拼、善拼、敢为天下先"的特质。闽东脱贫体现了闽东人民在摆脱贫困过程中逐渐形成的"弱鸟先飞、滴水穿石、埋头苦干、久久为功"的精神。在厦门实践中,海堤创新奋斗精神、马塘进取拼搏精神等生动展现了"敢拼会赢"的精神。

新时代改革开放必须发扬勇于探索、开拓创新、艰苦奋斗、拼搏进取、持之以恒的精神。要把完善和发展中国特色社会主义制度、推进国家治理体系和治理能力现代化作为全面深化改革的总目标,勇于推进理论创新、实践创新、制度创新以及其他各方面创新。要以勇于自我革命的气魄、坚韧不拔的毅力、久久为功的耐力,敢于向积存多年的顽瘴痼疾开刀,敢于触及深层次利益关系和矛盾,敢于坚决冲破思想观念束缚、坚决破除利益固化藩篱、坚决清除妨碍社会生产力发展的体制机制障碍,进一步解放思想、解放和发展社会生产力、解放和增强社会活力,不断把改革开放推向前进。

第一章　古田会议：思想建党、政治建军

古田会议是中国共产党和人民军队建设史上的重要里程碑，是早期中国共产党在探索实行土地革命、领导武装斗争的过程中，在复杂的革命斗争环境下，为解决关系中国革命成功面临的两个根本问题——党的建设和军队建设问题而召开的一次重要会议。古田会议决议是中国共产党和红军建设的纲领性文献。

一、古田会议的召开

古田会议的召开，既有特定的无产阶级政党的政治思想条件，也有中国历史发展进程中面临的客观条件。

（一）马克思主义建党理论及其在中国遇到的新问题

中国共产党是按照马列主义建党理论武装起来的，是在共产国际的帮助下建立起来的无产阶级政党。党在领导革命的艰辛历程中，遇到了前所未有的新问题。

1. 马克思、恩格斯创立无产阶级建党理论

19世纪三四十年代，随着资本主义进入大机器生产时代，生产力迅速增长。随之而来的，是资本家对工人不断加深的剥削和压迫。日益壮大的无产阶级革命队伍，开始了独立、自发的政治斗争。马克思、恩格斯在总结各国无产阶级革命斗争实践经验的基础上，结合科学社会主义理论，创立了无产阶级政党学说。1847年，马克思、恩格斯组织建立了世界上第一个无产阶级政党——共产主义者同盟，并起草了同盟的纲领和章程，对无产阶级政党的理论，特别是性质、纲领、斗争策略、组织原则等问题进行

了论述。

马克思、恩格斯认为，无产阶级政党的独立领导是无产阶级取得革命胜利、获得解放的首要条件，而政党应由无产阶级中最先进的部分组成，是"最坚决的、始终起推动作用的部分"①。要取得革命胜利，必须以科学理论作为行动指南。"我们党有个很大的优点，就是有一个新的科学的世界观作为理论的基础。"②关于无产阶级的革命纲领和斗争策略，马克思、恩格斯指出：党的最终目的是消灭阶级，实现共产主义。为实现革命斗争的目标，无产阶级政党要有一套科学的组织框架、制度和活动方式，并制定民主和集中辩证统一的组织原则。马克思、恩格斯在建党理论中，特别强调要维护党的团结和统一，才能战胜强大的敌人，要有原则地开展党内斗争。

2. 列宁进一步发展无产阶级建党理论

19世纪末20世纪初，资本主义发展到帝国主义阶段，高度的资本垄断和侵略扩张使全世界陷入严重动荡和战争危机，无产阶级革命浪潮随之涌动。但西欧各国社会民主党联合组成的第二国际，在恩格斯逝世后走上了修正主义的道路，已经完全不能适应新的革命斗争形势的需要。俄国由于相对落后的社会经济状况，面临比其他欧洲国家更加尖锐的社会矛盾。为此，列宁把马克思主义理论与俄国实际相结合，创建了新型无产阶级政党理论，这是对马克思主义建党学说极大的丰富和发展，并以此为指导，领导俄国革命取得了胜利。

列宁认为，无产阶级政党是无产阶级的先锋队，必须以马克思主义理论作指导。只有先进的革命理论指导，才能实现先进战士的作用。列宁极为重视无产阶级政党的组织性，强调政党是有组织的整体，无产阶级在争取政权的斗争中，除了组织外，没有别的武器。列宁还提出了民主集中制的科学概念，阐述了民主与集中的辩证关系，强调无产阶级政党要实行民主集中制原则。按照这一原则，每个党员必须参加党的一个组织，执行党

---

① 《马克思恩格斯选集》第一卷，人民出版社2012年版，第413页。
② 《马克思恩格斯选集》第二卷，人民出版社2012年版，第10页。

的决议，必须做到下级服从上级、少数服从多数、部分服从整体。列宁在领导俄国革命斗争中，高度重视政党的领导作用。他明确指出，党要在"政治上领导无产阶级，并且通过无产阶级领导全体劳动群众"①，无产阶级政党必须同广大人民群众保持密切的联系，并提出党内要进行正确斗争。

3. 马克思主义建党理论在中国遇到的新问题

中国共产党成立后，把列宁创建的布尔什维克党作为自己建设的榜样，为中国无产阶级革命斗争奠定了良好的基础。但由于中国的特殊国情和特殊的革命任务，在后续中国共产党发展壮大的过程中，尤其是大革命失败后转入农村继续革命的斗争中，按照马列主义建党思想建立的党组织，遇到了在马列主义的书本上找不到现成答案、在国际共产主义运动史上也没有过的新问题。

第一，中国共产党是在以农民占主体的农业国家中建立的。虽然近代以来中国工人阶级得以产生并不断壮大，为中国共产党的建立奠定了阶级基础，但中国毕竟是一个落后的农业国家，工人阶级的人数很少，1919年约4亿人口的中国，大约有200万产业工人，并且主要集中在几个大城市，农民占了中国人口的80％以上。中国共产党成立初期主要在大城市干革命，领导中国工人阶级进行了伟大的革命斗争。

1927年大革命失败后，中国革命的重心由城市转移到乡村，客观的斗争环境决定了这时党员的主要成分不是工人，而是农民。中国共产党要夺取革命的胜利，就必须大量吸收农民和其他小资产阶级中的革命分子加入党的组织，以发展党的力量。据1928年中共六大时统计，"党员有百分之七十六是农民，仅只有百分之十是工人"②。到1929年6月党的六届二中全会时，工人比例更是减少，"工人党员的成份仅占全党百分之七"③。

---

① 《列宁全集》第三十二卷，人民出版社1958年版，第233页。
② 中央档案馆编：《中共中央文件选集》第4册，中共中央党校出版社1989年版，第443页。
③ 中央档案馆编：《中共中央文件选集》第5册，中共中央党校出版社1989年版，第215页。

第二，大量农民入党对无产阶级政党先锋队性质产生冲击。按照马列主义的建党理论，党应由无产阶级先进部分组成。但在中国特殊的社会条件和农村革命斗争环境中，党正在成为以农民为主体的政党，造成了无产阶级政党应由本阶级中先进部分组成这一原则在事实上的瓦解，无产阶级政党阶级基础受到冲击。

同时，农民阶级的思想意识也严重影响马克思主义理论的指导。农民阶级有其自身的特点。中国农村是以一家一户为生产单位、以手工劳动为主的自给自足的自然经济。在自然经济条件下，农民生活和生产地域分散、孤立，缺乏广泛的互通和协作，相互交往是以血缘为纽带，以地缘为界线。思想观念上，土地依赖意识强，乡情和亲情观念浓厚，存在"不患寡，而患不均"的平均主义观念；而中国农民又处于社会的最底层，深受封建统治者和地主阶级的双重剥削和压迫，其身份特征中虽然有反抗的一面，但也有顺从、懦弱的一面。农民这些分散性的特点和保守落后的观念，在加入共产党后，不可避免地带到党内来，对于无产阶级政党组织的整体性、为绝大多数人谋幸福的先进理念、同广大人民群众保持密切联系的群众性、勇于斗争的精神等要求都产生严重的影响，尤其是造成民主集中制这一组织制度的失灵。列宁在革命实践中，特别强调"民主集中制"，并把这一原则推广到共产国际各国党的建设中。少数服从多数是民主集中制的重要原则，但在农村革命斗争的环境下，当党员大多数是农民出身时，如果按照民主集中制少数服从多数来组织开展活动，占据多数的农民的意见成为主流时，就不可避免导致党的无产阶级先进思想遭到冲击，从而动摇马克思主义思想的指导地位。

既要坚持党的工人阶级先锋队性质，又要把党建设成为具有广泛群众性的革命政党，成为中国共产党在革命斗争中面临的一个崭新课题，也是国际共产主义运动史上出现的崭新课题。这一新问题在随后红四军党组织建设中突出地表现出来。核心问题是红军存在各种非无产阶级意识，否认党对人民军队绝对领导，从而影响了人民军队的性质、任务、宗旨。

（二）红四军的创立及党对军队领导的探索

大革命失败后，中国共产党开始以武装斗争反抗国民党的反动统治，进行创建人民军队的伟大实践。

1. 大革命的失败及中国共产党人对武装领导权的认识

1927年4月起，蒋介石集团和汪精卫集团与帝国主义和大地主大资产阶级勾结，发动了反革命政变，导致大革命失败。血的教训给中国共产党人上了极为深刻的一课，革命领导权问题开始引起全党的重视。1927年8月1日，在以周恩来为书记的中共中央前敌委员会领导下，举行了南昌起义，打响了武装反抗国民党反动派的第一枪。南昌起义标志着中国共产党独立领导革命战争、创建人民军队和武装夺取政权的开端。①

1927年8月7日，中共中央在汉口召开紧急会议，会议确定了实行土地革命和武装反抗国民党反动派的总方针。八七会议后，党派出许多干部赴各地恢复整顿党组织，开展武装斗争，中国共产党实现了斗争形式的转变。这些武装斗争，虽然大多数由于敌我力量悬殊、领导者实行了错误的政策或客观条件不成熟遭到失败，但革命的火种并没有熄灭。各地起义中保存下来的一部分革命武装，深入农村，开展游击战争，实行土地革命，建立革命政权，为以后红军和根据地的更大发展奠定了初步基础。

2. 井冈山会师及红四军的组成

在八七会议上当选为中共中央临时政治局候补委员的毛泽东，以中央特派员身份到湖南传达八七会议精神。1927年9月9日，毛泽东在湘赣边界领导了秋收起义。但由于敌强我弱，加上缺乏作战经验，起义很快失败。毛泽东率领起义军放弃了原计划攻打长沙的目标，决定往敌人力量薄弱的农村山区寻找落脚点。当部队到达江西省永新县的三湾村时，进行了著名的三湾改编，将党的支部建在连上，成立各级士兵委员会，实行民主管理制度，政治上官兵平等，从组织上确立了党对军队的领导。三湾改编后，毛泽东带领起义军于10月来到井冈山，得到当地农民武装袁文才和王佐的帮助，创建了第一个农村革命根据地。

1927年，南昌起义部队在江西失利后，往闽西、广东撤退，主力部队到达潮汕地区遭到国民党军队围攻，损失重大。朱德、陈毅率领南昌起义

---

① 《中国共产党简史》，人民出版社、中共党史出版社2021年版，第37页。

保存下来的队伍离开粤东,经过福建进入赣南,进行了天心圩、大余、上堡三次整顿后,进入湘南,会同湘南特委发动了湘南暴动。暴动失败后,朱德、陈毅率领起义部队上了井冈山,于1928年4月24日前后,与毛泽东率领的秋收起义部队胜利会师,建立了工农革命军第四军,这是人民军队建军史上的重要历史事件。6月根据中央的要求,工农革命军第四军改称工农红军第四军(简称红四军)。

根据《陈毅关于朱毛军的历史及其状况的报告(一)》(1929年9月1日),红四军主要由以下部分组成:"朱部二千余人,湘南农军八千余人,毛部千余人,袁王各三百人,如此庞大军队有统一指挥训练的必要,乃决定成立红军第四军以朱为军长,毛任党代表,改编为三师,卒以枪械及人数不足乃改编为28、29、30、31、32、33六团,取消师部由军部直接指挥。全军约万余人,枪仅二千余。"① 主要力量是第28团、第31团,即参加南昌起义和秋收起义的队伍。

1928年7月22日,彭德怀、滕代远等在平江领导起义,并转战于湘鄂赣边。12月中旬,彭德怀、滕代远率领红五军一部分到达井冈山与红四军会合,改编为红四军第30团(对外仍称红五军)。

3. 红四军党的领导体制及党组织的完善

从1928年4月朱毛红军会师井冈山,成立红四军开始,就成立了红四军党的最高组织——军事委员会。同年11月,根据中央指定,成立由毛泽东为书记的前敌委员会。前敌委员会是红军初创时期中共中央的代表机构,主要领导人及其组织成员由中央指定,为红四军及其游击活动地区党的最高领导机关,在红四军内部直接领导军委的工作。

从党的组织建设情况看,毛泽东高度重视军队中党的建设。早在秋收起义部队进行三湾改编时,就确立了"支部建在连上"的原则,班、排设立党小组,营、团设立党委,连以上设党代表,全军置于前委领导下,确立了"党指挥枪"的原则。"红军所以艰难奋战而不溃散,'支部建在连

---

① 中央档案馆编:《中共中央文件选集》第5册,中共中央党校出版社1989年版,第751页。

上'是一个重要原因。"① 而南昌起义部队，在朱德和陈毅率领下，1927年10月进入赣南，也针对队伍中出现的旧式军队带来的一些问题，进行了"赣南三整"，重点就是加强党对军队的领导。可见，中国共产党人在独立领导军队初期，已经开始认识到党的建设对加强党对军队领导的重要意义，并进行了有益的探索。

（三）红四军转战赣南、闽西及闽西根据地的创建

随着红四军下井冈山转战赣南、闽西，闽西根据地得以创建，红四军党组织和军队也得以发展壮大。

1. 柏露会议及红四军主力下井冈山

1929年1月，蒋介石调集了3万多兵力，开始对井冈山地区进行第三次"会剿"。由于井冈山农家不多，红军的给养成了大问题。1929年1月4日，前敌委员会在柏露召开了联席会议。会议决定由彭德怀率第30团和袁文才、王佐部队留守井冈山。毛泽东、朱德率领红四军主力3600人下井冈山，以打破敌人的经济封锁，并采用"围魏救赵"之术，解井冈山之围。

1929年1月14日，红四军主力约3600人在毛泽东、朱德率领下，从井冈山出发，向赣南游击。沿途遭到敌人围追堵截，当红四军到达罗福嶂时，召开前委扩大会议，作出军委暂时停止办公，由前委直接领导军内各级党委的决定。主要原因是在向赣南出击途中，行军作战特别是遇到突发事变时，机构重叠不便于当机立断。会后，红四军沿闽、赣边境经过福建武平折向江西会昌、瑞金。大柏地战斗取得胜利后，红四军到达东固休整了一个多星期，沿闽、赣边界向南转移，进入闽西。

2. 红四军入闽西及闽西良好的革命基础

1929年3月12日，红四军首次入闽作战，到达长汀县四都镇，在闽西党组织的配合下，在长岭寨消灭了国民党当地驻军福建省防军第二混成旅郭凤鸣部，击毙旅长郭凤鸣，并乘胜占领长汀城，夺取了一个拥有新式缝纫机的军服厂和两个兵工厂，取得红四军入闽的第一次大胜仗，揭开了创建闽西革命根据地的序幕。

---

① 《毛泽东选集》第一卷，人民出版社1991年版，第65—66页。

闽西，位于闽粤赣三省交界处，物产丰富、商业发达，有较好的经济基础，也是当时敌人力量比较薄弱而党和群众基础又比较好的地区。早在1926年夏，闽西第一个共产党组织——中共永定支部成立。1928年3月至6月，闽西党组织在张鼎丞、邓子恢等共产党人领导下，贯彻执行中央八七会议精神，先后领导发动了后田、平和、蛟洋、永定暴动，史称闽西"四大暴动"，建立了福建第一块红色区域，也是全国最早的农村革命根据地之一。暴动"为红四军入闽后迅速开辟大块闽西苏区根据地准备了有利的条件和基础"①。7月，中共闽西临时特委成立，从此闽西党组织有了统一的领导核心。

1929年2月24日，中共福建省委根据得到的朱毛红军的情况，"指示上杭、武平、长汀三县，要他们设法与红军发生关系"②。做好迎接红四军入闽西的工作。当3月12日红四军进入长汀四都时，闽西党组织发动群众欢迎红四军，并向红军提供军政情报和各种帮助。

3. 红四军在长汀的收获及中国革命的重要转折

长汀位于福建西部，与江西瑞金毗邻，是福建的西大门。长汀县城是历史上汀州府城的所在地，曾是古代闽西的政治、经济、文化中心，是当时闽西八县的首府。长汀还是闽赣交通枢纽，汀江航运推动了闽粤赣三省物资交流，是闽赣两省边界一个繁华的县城。

红四军进长汀城后，筹措了5万多银圆，决定每个官兵发4元零用钱，这也是红四军成立后第一次发饷；汇一大笔钱给上海党中央作为活动经费；制作了4000套军装，使红四军第一次统一了着装，队伍面貌焕然一新。为适应大范围游击和创建苏区的任务，红四军在长汀进行整编，将团建制改为纵队建制，改编为3个纵队；实行政治部制度，军和纵队两级设立政治部，毛泽东兼任军政治部主任，各纵队党代表兼纵队政治部主任。政治部与司令部平行，对内做官兵的政治训练工作，对外做群众宣传工

---

① 张鼎丞：《中国共产党创建闽西革命根据地》，福建人民出版社1982年版，第24页。

② 古田会议纪念馆编：《古田会议文献资料》，中共党史出版社2017年版，第10页。

作。毛泽东还在长汀召开"六种人"①座谈会,了解长汀的社会、政治、经济和阶级状况。

长汀辛耕别墅——红四军前委扩大会议会址

红四军在闽西的收获,以及毛泽东开展的调查研究,为随即在辛耕别墅召开的会议作出重要决定提供了依据及其实践基础。

1929年3月20日,红四军前委在长汀辛耕别墅召开红四军前委扩大会议,讨论时局和红军的行动,决定"在国民党混战的初期,以赣南闽西二十余县为范围,从游击战术,从发动群众以至于公开苏维埃政权割据,由此割据区域以与湘赣边界之割据区域相连接",并强调这一计划"无论如何不能放弃,因为这是前进的基础"②。会议作出的决定,是伟大战略计划,第一次描绘了创建赣南、闽西革命根据地的一幅蓝图。与井冈山相比,赣南、闽西空间很大,正是这一富有前瞻性的伟大决策,使红四军走出低谷,不仅改变了江西和福建的革命局势,以瑞金为政治中心、以长汀

---

① "六种人"指钱粮师爷、老衙役、老裁缝、老教书先生、老佃农、流氓头。
② 古田会议纪念馆编:《古田会议文献资料》,中共党史出版社2017年版,第27—28页。

为经济中心的中央苏区根据地得以建立,而且对中国革命的发展也产生了重要的影响。这是毛泽东"工农武装割据"思想向"农村包围城市"理论的方向迈出的重要一步。这次会议是中国革命的一个重要转折。

4. 红四军再次入闽及闽西革命根据地的建立

辛耕别墅会议后,红四军回师赣南,把长汀决定的行动计划付诸实施,首先开辟赣南割据区域。1929年5月中旬,红四军鉴于赣南敌军集中、而闽西国民党主力奉命入粤与桂系混战,闽西防务空虚的情形,决定再次入闽西,分兵游击,创建闽西革命根据地。

1929年5月19日,红四军再次入闽西,目标是直下龙岩城。龙岩是除长汀以外的闽西另一个政治经济中心。红四军三次攻占龙岩城取得胜利后,在龙岩中山公园召开军民祝捷大会。至此,闽西大部分地区已处于红四军以及闽西革命武装力量的控制下。

上杭蛟洋文昌阁——中共闽西一大会址

红四军在短短的半年时间二次入闽,推进了闽西各级党组织的进一步建立和闽西群众的暴动。到1929年7月前后,以上杭古田和龙岩大池、小池为中心区域的闽西革命根据地初步形成。1929年7月,中共闽西一大在上杭蛟洋文昌阁召开,毛泽东亲自指导,会议通过了由闽西特委书记邓子恢起草,并经毛泽东修改的《政治决议案》《土地问题决议案》等主要文件。因此,中共闽西一大的基本精神,体现了毛泽东在这一时期的思想观点。特别是闽西革命斗争的总路线的正确制定及强调土地革命的任务,对于闽西革命根据地的扩大及巩固起了重要作用。

到 1929 年 11 月,闽西革命根据地进一步扩大到龙岩、上杭、永定、武平、长汀、连城 6 个县,在纵横数百里的红色区域内,建立了 4 个县级、50 多个区级、400 多个乡级苏维埃政权,约 80 万群众分到了梦寐以求的土地。① 闽西大地呈现出"收拾金瓯一片,分田分地真忙"的大好景象,为古田会议在闽西顺利召开提供了可靠的保证。

(四)历史的新课题和红四军党内的争论

在转战赣南、闽西的过程中,红四军取得了不少的胜利,但也遭遇了很多挫折,尤其是在闽西革命根据地发展壮大过程中,出现了无产阶级思想和非无产阶级思想的碰撞与斗争。在农村环境下,党的先进性如何保持、中国革命的道路怎么走、武装斗争怎么开展、人民军队怎么建设等一系列根本性重大问题,成为必须解决的历史课题。

1. 红四军党和军队组织出现的农民情况

从红四军党组织的阶级基础看,红四军进入赣南、闽西后,党员人数不断壮大,但红四军党内的农民比例也非常突出。据 1929 年 5 月统计,红四军 1329 名党员中,工人 311 人,占 23.4%;农民 626 人,占 47%;小商人 106 人,占 8%;学生 192 人,占 14.5%;其他 95 人,占 7.1%。② 显然,红四军党组织中农民、小生产者的比例占了绝大多数,导致红四军党组织的无产阶级基础弱化,有人担忧会出现农民党。这一严峻的问题考验着红四军党的组织。

从红四军的成分看,井冈山时,主要是工人农民及游民无产者。红四军到赣南、闽西后,队伍不断壮大。1929 年 1 月下井冈山时 3600 多人,到达闽西时约 3000 人,而入闽后到 9 月,发展至 7000 多人。队伍的成分结构比起红四军刚组建时,发生了很大的变化。《陈毅关于朱毛军的历史及其状况的报告(一)》(1929 年 9 月 1 日)讲道:"叶贺旧部到现在大半

---

① 中共福建省龙岩市委党史研究室:《闽西人民革命史(1919—1949)》,中央文献出版社 2001 年版,第 161 页。
② 古田会议纪念馆编:《古田会议文献资料》,中共党史出版社 2017 年版,第 86 页。

成了干部分子,现在还在当士兵者为所极少,以官兵夫合计,此项人数约占全军人数十分之二,湘南农军约占全军人数十分之四,历史(次)俘虏敌方士兵所改编的约占十分之二左右,在赣南闽西新招募的约占十分之二。"① 可见,红四军成员大多数是农民、小资产阶级及被解放过来的兵士;中下级军事指挥人员,甚至高级军官也大多是从旧式军队过来的。中国历史上农民起义大都淹没在历史的长河中,即使成功了,建立了新的封建王朝,也成为统治阶级改朝换代的工具;而中国历来有"兵随将走,武人政治"的个人领兵传统,中国共产党领导的军队怎么避免重蹈旧式军队的覆辙,又一个严峻问题考验着红四军。

2. 红四军党和军队出现各种浓厚的非无产阶级思想

伴随着红四军党和军队的壮大,源源不断地加入队伍中的农民、小生产者的各种保守、落后的思想,以及旧式军队的思想、习惯、制度,在红四军党和军队中不断地表现出来。主要体现在以下几点:一是自由散漫。一些人"完全从个人观点出发,不知有阶级利益,亦不知有整个党的生活,只知有自己个人"②。旧军队带来的肉刑也比较严重存在。二是极端民主化。"上级的命令未经下级讨论,下级便不执行或者说上级包办,说上级是家长制。"③ 三是单纯军事观点。习惯于旧军队领导方式,喜欢"长官说了算"。对于红军帮助群众建立苏维埃政权的任务不关心,喜欢"走州过府"④,打到哪里吃到哪里的流寇思想严重。四是小团体主义。"小团体主义的色彩就很浓重,各团为各团争利益,如(各)营为各营争利益,各连为各连争利益"⑤,斗争的对象不明确,斗争的目的在于夺取财物,斗争

---

① 中央档案馆编:《中共中央文件选集》第 5 册,中共中央党校出版社 1989 年版,第 769 页。
② 中央档案馆编:《中共中央文件选集》第 5 册,中共中央党校出版社 1989 年版,第 808 页。
③ 中央档案馆编:《中共中央文件选集》第 5 册,中共中央党校出版社 1989 年版,第 776 页。
④ 古田会议纪念馆编:《见证古田会议》,中共党史出版社 2017 年版,第 47 页。
⑤ 中央档案馆编:《中共中央文件选集》第 5 册,中共中央党校出版社 1989 年版,第 776 页。

方式上不相信群众。

针对红四军中浓厚的非无产阶级思想表现,毛泽东为队伍担忧,严肃地指出:"四军党内显然有一种建立于农民、游民、小资产阶级之上的不正确的思想,这种思想是不利于党的团结和革命的前途的,是有离开无产阶级革命立场的危险。"① "与阶级先锋队的组织——共产党,或它的武装组织——红军不相容的。"②

3. 红四军党内在探索解决问题过程中的一场争论

面对红四军党内碰到的新问题,毛泽东和朱德等红四军的领导人高度重视,但在探索解决这些问题的过程中,发生了一场认识上的争论。

争论的起源:前委和军委问题。早在红四军下井冈山转战赣南、闽西时,因前委军委机构重叠,不利于应对严峻和复杂多变的形势,暂停了军委工作。5月上旬,从苏联回来的刘安恭受中央派遣抵达红四军,被委以政治部主任之职。不久决定成立临时军委,刘安恭担任临时军委书记兼政治部主任。但是,刘安恭对红四军发展的历史与现状缺乏了解,对毛泽东的带兵方式与作战原则不以为然,主张按照苏联红军的做法,整顿红四军,在军委会上作出限制上级党委的决定:前委只讨论行动问题,不要管军队其他事。这种有悖于组织原则的做法,引起许多同志的不满,也使军中最高领导机关前敌委员会的工作陷入了困境,从而引发了一场关于建党建军原则的大争论。

争论的焦点:党与军队的关系。红四军内党的领导问题是当时争论的焦点问题。在红四军第二次入闽后的一个月,在三打龙岩城的过程中,经历了几次激烈的争论,而拉开这场争论是在红四军攻占永定后开始的。为了解决党的工作范围、支部工作等问题,毛泽东在永定湖雷主持召开了前委扩大会议。会议围绕"是否党管一切、一切工作是否归党支部、党员个

---

① 《毛泽东军事文集》第一卷,军事科学出版社、中央文献出版社1993年版,第81页。
② 《毛泽东军事文集》第一卷,军事科学出版社、中央文献出版社1993年版,第80页。

人在党组织内是否自由"这三个议题展开①,并对要不要设立军委展开讨论。但是,会上一些人对毛泽东主持下的前委提出尖锐批评,认为前委管得太多了,权力太集中了,包办了下级党组织的工作和群众工作,甚至指责前委搞书记专政、家长制,试图用恢复军委来削弱前委的权力。而支持毛泽东的人认为只有在前委的领导下才有利红军的行动,军委有分权现象,主张取消。

由此可见,永定湖雷的争论,已经涉及红军建军原则的分歧,是关系党能否领导军队的问题。随后6月8日在上杭白砂召开的前委扩大会议上,试图解决湖雷会议未能解决的争论问题。会上涉及的争论问题,包括党的领导方式、党在军队的地位和作用,以及党的领导机关与军事的关系。会上,毛泽东认为军委和前委分权,不能放手工作,请求辞去前委书记职务。这就使要不要成立军委的问题再次引发激烈争论。最终以少数服从多数,作出撤销红四军临时军委的决定。但红四军争论的实质问题并没有解决。

在红四军进驻连城新泉后,毛泽东根据白砂会议的要求,1929年6月14日,毛泽东在《给林彪的信》中分析了红四军建立以来的情况,全面阐述了这场争论的历史渊源、争论的主要问题,归纳了红四军内存在的14种问题。在这些问题中,"个人领导与党的领导"是主要问题,即要不要坚持党对军队绝对领导的原则问题,这是红四军历史问题的"总线索"。虽然三湾改编时规定了党对军队绝对领导的原则,红四军组成后,成立了由毛泽东任书记的前敌委员会、朱德任书记的军事委员会,建立了党代表制度及各级党委、支部制度,在红四军形成了较完整的党的组织系统,但是,由于旧思想、旧习惯和旧制度的影响,思想认识不统一,党对人民军队的绝对领导这一原则还未确立,在政治思想问题上还存在许多模糊认识。因此,毛泽东创造性地提出了党对军队绝对领导的根本原则,第一次提出了党的"思想路线"和党内生活"政治化、科学化"等重大理论问

---

① 蒋伯英:《1929朱毛红军与古田会议》,福建人民出版社2009年版,第142页。

题，较系统地提出红军建设的制度规定，为中央全面了解和正确解决红四军党内争论提供了重要根据，为古田会议的召开提供了重要的理论基础。①

为了统一思想认识，尽快结束党内争论，红四军党的第七次代表大会在龙岩召开。但由于会议是在条件还不成熟的情况下召开的，毛泽东提出的正确主张没有被大多数代表接受。大会改选前委，毛泽东落选前委书记，陈毅当选前委书记。

争论的最终裁决是中央九月来信。红四军党的第七次代表大会毛泽东落选前委书记后，争论暂告一段落。会后，前委书记陈毅赴上海向中央汇报。按中央的要求，陈毅在几天内写出了《关于朱毛军的历史及其状况的报告》《关于朱毛红军的党务概况报告》《关于朱、毛争论问题的报告》等5份报告。陈毅把红四军成立以来的情况作了全面的实事求是的汇报，为中央客观全面分析红四军的现状，提出解决问题的正确意见提供了前提条件。中央成立了三人小组，由周恩来主持，讨论红四军问题。9月28日，根据周恩来的意见，陈毅代中央起草了《中央给红军第四军前委的指示信》（即九月来信）。中央九月来信对红四军争论的焦点问题，即党与军事的关系问题作了明晰的回答，对红军党的建设提出一系列指导原则。九月来信认为，红四军党内的争论焦点是党与军事的关系问题，指出必须坚持党的集中统一领导，"党的一切权力集中于前委指导机关，这是正确的，绝不能动摇。不能机械地引用'家长制'这个名词来削弱指导机关的权力，来作极端民主化的掩护"②。针对红四军中党内存在的各种非无产阶级思想，九月来信指出，这是由于红军及党员大部分来自农民，而又缺乏思想政治教育而造成的，认为这"于红军前途有极大的危险，前委应坚决以斗争的态度肃清之"③。中央九月来信肯定了毛泽东建党建军主张，同时指

---

① 蒋伯英：《毛泽东〈给林彪的信〉奠定〈古田会议决议〉的思想理论基础》，《苏区研究》2020年第2期。
② 中央档案馆编：《中共中央文件选集》第5册，中共中央党校出版社1989年版，第486页。
③ 中央档案馆编：《中共中央文件选集》第5册，中共中央党校出版社1989年版，第487页。

出着眼于通过思想教育来解决问题的原则，并要求党的领导机关对错误思想开展坚决的一致的斗争。这体现了周恩来观察问题的敏锐，关键时刻对红四军许多亟须解决的问题的准确决断；也体现了陈毅坦荡无私的坚强党性。中央九月来信，为统一红四军领导人的思想，成功召开古田会议及提出思想建党原则指明了方向。

苏家坡树槐堂——中共闽西特委机关旧址

（五）古田会议的成功召开及建党建军里程碑纲领的诞生

在中央九月来信精神指导下，古田会议成功召开。会议通过的古田会议决议，成为建党建军的纲领性文献。

1. 红四军领导人达成团结统一

10月22日，陈毅携带《中央给红军第四军前委的指示信》，在广东东江地区松源，找到在这一带活动的红四军，立即向朱德和前委传达了中央九月来信的精神。朱德、陈毅及红四军前委的其他成员都一致赞同中央九月来信的意见，并决定在全军贯彻。同时，陈毅派专人把九月来信送给在闽西养病的毛泽东，并先后两次致信请毛泽东重返红四军，主持前委工作。

11月18日，红四军重返闽西，到达上杭官庄，23日，再次占领长汀。毛泽东接到信后，立即从上杭苏家坡起程到达长汀，与朱德、陈毅会合。随即召开前委会议，决定贯彻中央九月来信精神，准备召开红四军党的第九次代表大会。由此可见，红四军领导人在中央九月来信的指导下，已经在政治上思想上达成了团结统一。毛泽东在长汀给中央的信中已明确体现："我病已好，十一月二十六偕福建省委巡视员谢同志从蛟洋到达汀州，与四军会合，遵照中央指示，在前委工作。""陈毅同志已到，中央的意思已完全达到。"①

2. 新泉整训

由于赣军向闽西边境集结，红四军转移到群众基础好的连城新泉，进行为期10天左右的军事和政治整训，为召开红四军党的第九次代表大会作准备。毛泽东和陈毅一起主持政治整训，他们深入连队召开座谈会，找干部战士谈话、谈心，召开红四军各级党代表的联席会，仔细了解和检查部队和党内存在的各种问题，虚心听取各种不同意见。期间，毛泽东深入老百姓中调研，召开农民座谈会，听取群众的需要和愿望，了解他们对红军的看法，为他随后起草红四军党的第九次代表大会决议提供了大量的第一手资料。朱德主持军事整训，举办基层军事干部训练班，并主持制定红军的各种条例、法令。直到今天，在他们住的新泉望云草室厅堂石灰墙壁上，还保留着"军事政治训练"红军标语。

这一期间，蒋介石加紧对红四军和闽西苏区发动第二次"三省会剿"，向长汀方面增兵。为确保党代表大会的顺利召开，前委决定向闽西苏区的中心区域古田转移。

3. 古田会议的成功召开

1929年12月上旬，红四军从连城新泉进驻上杭古田。这是上杭县北部的大集镇，与龙岩、连城两县交界，四周群山环抱，地势险要。闽西革命根据地形成以后，这里与龙岩大池、小池成为闽西苏区的中心区域，有较好的群众基础。

红四军进驻古田后，毛泽东、朱德、陈毅继续为红四军党的第九次代表大会的召开进行各种准备工作。毛泽东主持召开了红四军党内基层组织书记、组织委员、宣传委员的联席会议，号召大家一起来讨论，弄清楚红四军党内存在哪些不正确的思想倾向，提出纠正的办法。会议采取分组专

---

① 《毛泽东书信选集》，人民出版社1983年版，第26页。

题讨论的方式。各小组把意见集中起来，写成提案，送交前委研究。这些提案，实际上构成了即将召开的党代会决议的组成部分。毛泽东根据中央九月来信的精神，思考两年多来红四军建设的许多问题，总结实践经验教训，梳理部队调查讨论的成果，集中大家的智慧，起草了《中国共产党红军第四军第九次代表大会决议案》，并在会前印发给了大家。

古田会议会址

1929年12月28日，中国共产党红军第四军第九次代表大会在古田曙光小学（原系廖氏祠堂，民国初为"和声小学"，红四军进驻古田后改名为"曙光小学"）召开，参加大会的代表120多名。毛泽东作了政治报告，朱德作了军事报告，陈毅传达了中央九月来信精神。大会讨论通过了毛泽东起草的《中国共产党红军第四军第九次代表大会决议案》。会议根据政治观念正确、工作积极、有斗争历史三个条件，选举产生了新一届中共红四军前敌委员会，毛泽东重新当选为前委书记。12月29日会议圆满结束。

4. 建党建军的纲领性文献

毛泽东主持起草的《中国共产党红军第四军第九次代表大会决议案》（以下简称"古田会议决议"），全文约二万字，共分八个部分①：

一、纠正党内非无产阶级意识的不正确倾向问题

---

① 中央档案馆编：《中共中央文件选集》第5册，中共中央党校出版社1989年版，第800页。

二、党的组织问题

三、党内教育问题

四、红军宣传工作问题

五、士兵政治训练的问题

六、废止肉刑问题

七、优待伤病兵的问题

八、红军军事系统与政治系统的关系问题

这八个部分都是关系到党和红军建设的极为重要的问题。而其中的第一部分,是整个决议的核心部分。这部分内容涉及的都是红四军党内争论的问题。决议根据中央九月来信精神,在调查研究的基础上,有针对性地指出了红四军党内存在的各种非无产阶级思想,列出表现,分析来源,提出了纠正的方法。决议第一部分,列出八种错误思想:单纯军事观点、极端民主化、非组织观点、绝对平均主义、主观主义、个人主义、流寇思想、盲动主义残余。① 这些错误思想,严重影响党的无产阶级先锋队性质。决议提出必须立足从思想上、政治上建设党和军队,用无产阶级的思想纠正各种非无产阶级思想。决议规定了红军的性质、任务和宗旨,确立了党对人民军队绝对领导的原则,确立了军队政治工作的方针、原则、制度,从而把红军建设成为一支新型的人民军队。

二、古田会议的精神内涵

古田会议是早期中国共产党在极其艰难曲折的环境下,坚守党的初心和使命,实事求是,坚持真理,善于斗争,勇于探索,团结一心,奋斗前行,进而凝聚形成了走向成功的强大力量。古田会议的精神内涵体现为:思想建党、政治建军、实事求是、群众路线、勇于斗争、团结统一。

(一)思想建党

党的建设问题,是中国革命成功的关键问题。思想建设是党的建设的

---

① 中央档案馆编:《中共中央文件选集》第 5 册,中共中央党校出版社 1989 年版,第 801—810 页。

前提和基础。思想建党就是通过加强思想建设，来保持党的先进性和纯洁性。这是中国共产党对马列主义建党学说的一大贡献，也是党的建设的基本原则和基本经验。这条原则的确立，正是古田会议能成为中国共产党建设史上里程碑的重要原因。

1. 用马克思主义的观点科学分析党内存在的浓厚的非无产阶级思想及其危害

古田会议正视现实，立足保持党的无产阶级先锋队性质，从中国国情和党情出发，坚持问题导向，用马克思主义的观点科学地分析党内存在的各种非无产阶级思想及对中国革命的危害。古田会议决议一开始就指出："四军党内各种非无产阶级意识非常之浓厚，对于党的正确路线之执行，加了极大的妨碍，若不彻底纠正，则中国广大革命斗争加于四军的任务，是决然担负不来的。"① 决议科学地分析了不正确倾向的根源主要有两点：一是"由于党的组织基础最大部分是建筑于农民及其他小资产阶级成分之上"，二是"党的指导机关对于这些不正确倾向缺乏一致的坚决的斗争，缺乏对党员正确路线的教育"②。决议强调"努力去改造党的组织，务使党的组织确实能担负党的政治任务，才算得到成功"③。

2. 提出用无产阶级思想教育来纠正党内各种非无产阶级思想的基本途径

党内的各种非无产阶级思想，从根本上说，是农民成分的局限性带来的，可以通过党内教育来纠正。决议提出教育的重要性，"红军党内最迫切的问题，要算是教育的问题。为了红军的健全与扩大，为了斗争任务之能够负荷，都要从党内教育做起"，强调把党内教育作为党的重要任务，"有计划的进行党内的教育，纠正过去无计划的听其自然的状态，是党的

---

① 中央档案馆编：《中共中央文件选集》第 5 册，中共中央党校出版社 1989 年版，第 800 页。

② 中央档案馆编：《中共中央文件选集》第 5 册，中共中央党校出版社 1989 年版，第 800 页。

③ 中央档案馆编：《中共中央文件选集》第 5 册，中共中央党校出版社 1989 年版，第 811 页。

重要任务之一"①。决议明确教育的原则是,"用马克思主义的方法去作政治的分析和阶级势力的估量,以代替唯心方法的分析和估量"②,并要求领导机关要担当起教育责任。针对党员队伍质量差的问题,决议提出着重从政治思想上把好党员入口关,明确了新分子入党的五个条件,首要条件就是"政治观念没有错误的(包括阶级觉悟)"③。如果不符合这些条件,"不论干部及非干部,一律清洗出党"④。通过教育、严把入口关和清洗不合格党员,来管好党员队伍。

3. 要十分注意教育的方法

为了达到教育的目的和成效,决议规定了10种教育材料和18种教育方法。10种教育材料包括适合党的领导干部使用的马列主义经典理论、社会科学研究、调查研究的方法、群众工作的策略和技术等,也有适合一般党员学习的政治理论、组织常识、形势教育等。

18种教育方法包括党报党刊的编制、组织学习、召开党内会议、举办训练班、个别谈话、分配党员参加实际工作、开展批评等。对于开会问题,决议强调党的会议要政治化,以提高质量,支部的党员大会、支委会、党小组会要定期开会等。

古田会议强调的政治导向、读书学习、集中培训、个别谈心、政治讨论会等,形成了一整套比较系统的教育方式,适应不同文化水平、不同职务的党员和各级党组织,收到了很好的效果。

4. 开展批评与自我批评是解决党内矛盾的武器

古田会议召开前,红四军党的领导人曾经因如何纠正红四军党内出现的错误思想,存在态度和方式上的争论,以至于各种错误思想长期得不到

---

① 中央档案馆编:《中共中央文件选集》第5册,中共中央党校出版社1989年版,第816页。

② 中央档案馆编:《中共中央文件选集》第5册,中共中央党校出版社1989年版,第807—808页。

③ 中央档案馆编:《中共中央文件选集》第5册,中共中央党校出版社1989年版,第813页。

④ 中央档案馆编:《中共中央文件选集》第5册,中共中央党校出版社1989年版,第813页。

纠正。中央九月来信对此提出了批评。鉴于此，决议号召党员和组织要正确运用批评与自我批评的武器，纠正党内的错误思想，提出党内批评是"坚强党的组织，加增党的战斗力的武器"①。但是批评要讲政治，"不能利用批评去做攻击个人的工具"，要纠正"许多党员不在党内批评而在党外批评"②的现象，要讲究科学方法，要有根据，注意原则，不能主观武断庸俗化。要敢于接受群众的批评，防止打击报复现象。

古田会议决议从政治化的角度，第一次比较系统地论述了批评与自我批评，成为健全党内组织生活，纠正错误倾向，化解党内矛盾，达成党内团结统一，保持党的生机和活力的有力武器。红四军领导人举起了批评与自我批评的武器，坚持真理、纠正错误，达成团结统一。红四军的其他官兵，也举起了批评与自我批评的武器，纠正存在的各种非无产阶级思想。古田会议后不久，第二纵队第四支队党委和各支部负责人带头作了自我批评，鼓舞和教育了支队全体指战员，许多官兵也自动检讨了自己。于是打骂士兵、不重视党的领导、不愿做群众工作、破坏俘虏政策、破坏群众纪律以及吃喝嫖赌等不良倾向成了众矢之的。

古田会议确立的思想建党原则，是以毛泽东为代表的中国共产党人，把马克思主义的建党理论与中国建党实践相结合的产物。古田会议决议中，第一次确立了思想建党原则，采取多种手段加强党的领导和统一党内思想，开了思想建党之先河，把一支以农民为主体的党员队伍，成功地改造成纪律严明、具有崇高信仰的无产阶级先锋队组织，成为中国共产党自身建设的独特道路和走向胜利的政治优势。决议提出的思想建党的原则，探索出了加强党的先进性建设的成功之路，为党赢得人民群众的支持奠定了政治基础。

（二）政治建军

党对军队绝对领导的根本原则和制度，发端于南昌起义，奠基于三湾

---

① 中央档案馆编：《中共中央文件选集》第5册，中共中央党校出版社1989年版，第804。
② 中央档案馆编：《中共中央文件选集》第5册，中共中央党校出版社1989年版，第805页。

改编，定型于古田会议，是人民军队完全区别于一切旧军队的政治特质和根本优势。古田会议决议作为人民军队建设的纲领，以独创的理论，解决了如何把农民为主要成分的军队建设成无产阶级政党领导下的新型人民军队的根本问题。

1. 确定了人民军队的性质

关于红军的性质问题，是中国共产党独立领导人民军队开始就非常重视的根本问题。中国历史上的封建社会，都是兵随将走、武人政治的局面。如曾国藩在家乡招募训练了一支以乡情友谊故交维系内部情感、忠于其个人的湘军队伍，成为镇压太平天国的重要军事力量，以此要挟清廷委以实权。李鸿章训练淮军，并以此逐渐形成一个庞大的淮系集团，由此成为在晚清政坛上颇具实力和影响、权势显赫的一位重要人物。中国历史千百年来多少揭竿而起的农民军，基本上都消失在历史长河中，即使刘邦、朱元璋率领农民起义成功后，也同样建立了封建政权。国民党的军队，仍然以个人为中心，派系林立，勾心斗角，相互混战。红四军两次顺利进入闽西，取得胜利，其中的一个重要原因是国民党军阀混战带来机遇。而红四军建立后，建设一支怎样的军队，成为摆在毛泽东、朱德等共产党人面前亟须解决的重大问题。由农民、旧式军队为主组成的红四军，虽然在井冈山时期，毛泽东和朱德等红四军领导人就针对当时红四军受土客籍矛盾、宗族观念、地域观念、裙带关系的影响而出现的各种问题，对军队建设进行了许多探索，提出了红军三大任务为打仗、筹款、做群众工作，但是由于封建传统观念未除和旧军队的习性、雇佣军队的思想等影响，红军三大任务没有很好实行。古田会议前存在的激烈的争论，就是围绕建立一支怎样的军队以及军队的领导问题展开的争论。这个问题不解决，红军就会走上旧军队旧军阀的老路。

古田会议决议在这个关系红军生死存亡的根本问题上，作了如下的规定：中国红军的性质"是一个执行阶级的政治任务的武装集团"，因此，"红军之打仗不是为打仗而打仗，乃是为了宣传群众，组织群众，武装群众，帮助群众建设政权才去打仗的。离了对群众宣传组织武装政权等目标，就完全失去了打仗的意义，也就根本失了红军存在的意义"①。决议规定的"执行革命的政治任务的武装集团"的论断，抓住了人民军队建设的本质，由此决定了红军的性质宗旨是为了人民，这是红军区别于其他任何军队的最显著的根本标志。为人民，是党对建设一支新型人民武装的价值追求。共产党领导的军队，不单纯要打仗，还要帮助群众建立政权。这就是人民军队存在的基因所在、血脉所在。

2. 从组织制度上确立了党对军队绝对领导的原则

红军的性质是一个执行革命的政治任务的武装集团，这决定了党对红军的绝对领导。但是，党怎样去领导军队，关系着党对红军的绝对领导能否落实执行。为此，决议从组织制度上重申了三湾改编的原则：红军中必须健全党的基层组织，"每连建设一个支部，每班建设一个小组，这是红军中党的组织的重要原则之一"②，并且要完善党小组的编制，以保证更好地把党的组织与广大士兵建立密切的联系，实现党的领导。

决议还明确了党委在部队中的核心领导作用。决议提出红军必须实行党委制，建立起党的"领导的中枢"③，防止党与军事分开、党不能领导军事的危险。针对军队中存在的极端民主化影响党的集中统一领导的问题，决议提出必须"厉行集中指导下的民主生活"④，其路线是：在集中层面，党的指导机关遇事要拿出办法，才能建立领导中枢。下级对于上级的指示，要坚决执行；在民主层面，提出党的指导机关决定问题前，要了解群众生活情况，这是形成正确指导的社会来源。决议一经作出，必须迅速地传达到下级机关及党员群众中。这些规定，奠定了民主集中制的理论基础，在机制层面明晰了民主与集中的关系，为坚持党对军队的领导提供了

---

① 中央档案馆编：《中共中央文件选集》第 5 册，中共中央党校出版社 1989 年版，801 页。

② 中央档案馆编：《中共中央文件选集》第 5 册，中共中央党校出版社 1989 年版，第 811 页。

③ 中央档案馆编：《中共中央文件选集》第 5 册，中共中央党校出版社 1989 年版，第 804 页。

④ 中央档案馆编：《中共中央文件选集》第 5 册，中共中央党校出版社 1989 年版，第 803 页。

根本组织制度保证。

党在军队中这些组织制度的确立，不仅确立了党在军队中的领导地位，而且从根本上解决了党的领导如何实现的问题。党对军队绝对领导原则的确立，奠定了无产阶级领导的新型人民军队的政治基础。

3. 确立了军队政治工作的地位

政治工作是人民军队的生命线，是战胜敌人的重要因素。早在井冈山时期，红军就非常重视政治工作，形成了红军官兵一致、军民一致、瓦解敌军的政治工作三大原则。古田会议决议回答了政治工作的地位和作用问题，"红军宣传工作的任务，就是扩大政治影响，争取广大群众"，所以"红军的宣传工作是红军第一个重大的工作"[①]。红军必须实行政治委员制度，红军中的政治机关是对党员干部进行党性教育的专职工作机构。决议还确立了思想政治工作服务于中心任务、与中心任务一同落实的基本原则，政治工作与打仗筹款工作不仅要结合起来，而且为后者任务的完成提供政治保证和思想基础。

为了切实提高士兵的政治觉悟，决议提出了政治训练的11种方法、19种政治训练材料，还规定了宣传工作的8项内容和12项宣传技术。

针对旧军队残余的肉刑，决议第六部分为"废止肉刑问题"。红军"官兵之间只有职务的分别，没有阶级的分别，官长不是剥削阶级，士兵不是被剥削的阶级"[②]，用明文废止了肉刑，取而代之的是说服教育。

决议规定的政治工作原则、制度和方法，构成了红军政治工作较为完整的法规体系，使红军的政治工作在古田会议上得以奠基，对人民军队的生存发展起到了决定性作用。

军队打胜仗的动力来自不断克服自身的缺点和错误，树立起崇高的精神力量。古田会议遵循"枪杆子里面出政权"的基本规律，运用马克思主义科学理论指导武装斗争，举起批评与自我批评的武器，勇于揭露自身错

---

① 中央档案馆编：《中共中央文件选集》第5册，中共中央党校出版社1989年版，第818页。

② 中央档案馆编：《中共中央文件选集》第5册，中共中央党校出版社1989年版，第827页。

误和不足,提高思想政治觉悟,让军队不仅懂得怎样打仗,而且懂得为什么要打仗,从而把来自山沟里的农民武装建设成一支新型的具有无产阶级性质的人民军队,成为一支有信仰、有灵魂的军队。人民军队的思想政治建设逐渐展开,成为统一全军思想,纯洁军队灵魂的根本手段。提高并巩固党在红军中的绝对领导的思想,政治工作是红军的生命线的思想,以及进一步阐明红军政治工作的任务、目的和宗旨等,成为建设一支"执行阶级的政治任务的武装集团"的新型人民军队的重要内容。从此,在中国共产党领导下,有了精神支柱的人民军队,在任何艰难困苦的场合,都英勇奋斗,团结统一,只要还有一个人,都要战斗下去。

(三)实事求是

实事求是是中国共产党思想路线的核心。只有把马克思主义的基本原理同中国的具体实际相结合,坚持从实际出发,实事求是,才能取得事业的成功。认识规律、把握规律、遵循和运用规律,是坚持实事求是的根本要求。古田会议是坚持实事求是的成功范例。

1. 坚持从中国实际出发,探索建党建军及中国革命道路

中国共产党成立初期,不但人数少,缺乏革命斗争的经验,而且在农民人口占多数的落后的东方大国开展革命斗争,也没有成功的先例可循,加上苏联的巨大影响力,苏联的道路模式就成为中国共产党唯一的选择。由于缺乏对中国国情和中国革命规律的认识,中国革命遭受了挫折。大革命失败后的中国共产党,开始探索适合中国国情的革命道路。古田会议前后,正是中国共产党艰辛探索怎样建设党、建设军队,以及中国革命走怎样的道路的时期。以毛泽东为代表的中国共产党人,基于对中国国情的深入了解,坚持把马列主义的基本原理同中国革命的具体实际相结合,初步形成实事求是的思想路线。这一概念的提出,体现在毛泽东《给林彪的信》。针对红四军中存在的各种错误思想,特别是苏联回来的刘安恭带来的照搬苏联的教条主义,指责毛泽东从中国实际出发的正确主张,引发了红四军内部在建军问题上的争论。毛泽东在《给林彪的信》中实事求是地分析了争论的来源,提出必须了解红四军的历史,才能明白争论的性质,明白红四军内部争论最主要的问题是党与军事的关系问题。信中写道:

"我们是唯物史观论者，凡事要从历史和环境两方面考察才能得到真相。我现举出了自有四军以来的历史问题的各方面，以证明近日的问题（军委问题，但原则问题）只是历史的结穴，历史上一种错误思想路线上的最后挣扎。"① 这封信是红四军成立以来关于人民军队建设的经验总结，为古田会议奠定了坚实的思想基础。古田会议正是站在实事求是的高度，从理论上系统分析了红四军党内各种错误思想产生的根源、表现及危害，确立了从思想上建设党和政治上建设军队的原则。古田会议后，毛泽东坚持实事求是，在古田的协成店写下了《星星之火，可以燎原》这一光辉著作，从而形成农村包围城市、武装夺取政权的思想。

2. 坚持实事求是，反对主观主义

古田会议在分析各种错误思想产生根源的基础上，指出主观主义是对党和红军最大的危害。各种各样不切实际的想法和做法归根结底是主观主义导致的，纠正的方法是坚持实事求是，用正确的思想教育党员，达到"党员的思想和党内的生活都政治化，科学化"的目的。具体办法是，"教育党员用马克思主义的方法去作政治的分析和阶级势力的估量，以代替唯心方法的分析和估量"，"使党员注意社会经济的调查和研究，借此来决定斗争策略和工作方法。使同志们知道离了实际调查，便要堕入空想和盲动的深坑"②。这些重要论述表明，必须运用马克思主义的立场观点方法，对中国的政治形势和阶级力量作具体的分析，而不是依据本本上现成的理论。一切斗争的策略和工作的方法，都要来自马克思主义同中国实际相结合的实事求是的分析和研究。马克思列宁主义的本质和灵魂，就是从实际出发、实事求是。古田会议决议提出的解决问题从中国实际出发的根本要求，标志着实事求是思想路线的初步形成，这也是古田会议的重大贡献，为中国共产党人提供了锐利的思想武器，成为中国共产党最丰厚的思想、宝贵的财富和政治优势。

---

① 《毛泽东文集》第一卷，人民出版社1993年版，第74页。
② 中央档案馆编：《中共中央文件选集》第5册，中共中央党校出版社1989年版，第807—808页。

3. 坚持实事求是，化解矛盾纠纷

实事求是是毛泽东思想的精髓，是鉴别党员党性原则的重要标准。古田会议是毛泽东、周恩来、朱德、陈毅等老一辈革命家坚持实事求是党性原则的实践成果。毛泽东针对农民占中国人口绝大多数的国情、党内农民成分占绝大多数的党情，以及农民军、旧式军队等复杂成分组成的红四军军情，冲破把共产国际指示和苏联经验神圣化、教条化的束缚，以大无畏的勇气，坚持了马克思列宁主义的真理，实事求是探索适合中国实际的道路。当然，古田会议的成功召开，不仅仅是毛泽东一个人坚持实事求是思想路线所得来的，而是一批实事求是、勇于创新的共产党人共同奋斗的结果。如果没有陈毅向中央作详细的、实事求是的汇报，就没有中央九月来信支持毛泽东重新回到红四军的领导岗位；如果没有周恩来等中央领导人在了解红四军党内争论情况的基础上坚持党性原则，实事求是正确分析红四军党内矛盾，坚持真理，严于用权，支持毛泽东的正确主张，也就没有正确指导红四军解决问题的九月来信。此外，朱德在毛泽东离开红四军后的革命斗争中，也在思考着毛泽东提出的意见。特别是在出击闽中和挺进东江失利后的实践中，逐渐认识到毛泽东意见的正确性，因此，攻下长汀城后把毛泽东请回来了。正是这些共产党人实事求是的精神，才有古田会议成功探索中国特色的建党建军之路。古田会议决议中对党的建设和军队的建设都提出了许多开创性的思想及举措，体现出实事求是的精神。

中国共产党的成功道路，就是一条实事求是、不断创新的道路。正如毛泽东后来讲到，共产党是靠马克思列宁主义的真理吃饭，靠实事求是吃饭，靠科学吃饭。要不唯上、不唯书，只唯实、只唯真。毛泽东依据这一思路，在后来的《反对本本主义》一文中，提出著名论断"没有调查，没有发言权"①，进一步明确阐述了理论联系实际、实事求是的正确思想方法。

（四）群众路线

古田会议不仅开辟了一条从思想上建设党、政治上建设军队的成功之

---

① 《毛泽东选集》第一卷，人民出版社1991年版，第109页。

路，而且为党的群众路线的形成奠定了重要基础。中央苏区在毛泽东关于坚持从群众中来、到群众中去，实事求是、调查研究思想的指引下，出现了一片欣欣向荣的景象。

1. **古田会议决议是践行群众路线的成果**

毛泽东率领红四军进入闽西后，广泛调查研究，从群众智慧中和实践中寻找党和红军建设的问题，为古田会议召开提供了许多素材。在古田会议召开之前，中央九月来信不仅确立了毛泽东前委书记的地位，而且肯定了红四军许多革命实践的做法，首次提出了"群众路线"的概念，论述了包括军队在内的党和群众的关系问题。根据中央九月来信的精神，1929年12月上旬，红四军在新泉进行了为期十天左右的政治和军事整训。期间，毛泽东广泛发动官兵群众讨论，"召开了由支队、大队干部和士兵代表参加的各种调查会，对红四军存在的各种错误思想及其表现进行调查，调查会采取讨论的形式，启发大家就会上提出的问题进行研究，并参加大家的讨论，引导大家统一到正确的思想上来"[①]。而在古田会议召开之时，与会官兵对决议草案也进行了认真而热烈的讨论。决议中充分体现出践行群众路线的过程："会议上要使到会人尽量发表意见，有争议的问题，要把是非弄明白，不调和敷衍下去。一次不能解决的，二次再议，以期得到明晰的结论。"[②] 可见，古田会议的成功正是以毛泽东为代表的共产党人践行群众路线的成果。

2. **要做好群众工作**

古田会议决议强调，红军不仅要打仗，"还要担负宣传群众，组织群众，武装群众，帮助群众建设政权"[③] 等重大的任务。在调查研究的基础上，比较系统地批评了红四军党内存在脱离群众的不良思想和问题，主要

---

① 中共中央文献研究室编：《毛泽东年谱（1893—1949）》上卷，中央文献出版社2002年版，第291页。

② 中央档案馆编：《中共中央文件选集》第5册，中共中央党校出版社1989年版，第804页。

③ 中央档案馆编：《中共中央文件选集》第5册，中共中央党校出版社1989年版，第801页。

表现在：对红军是执行党的政治任务的武装集团的性质不了解，过分相信军事力量，而不相信人民群众的力量；不重视对群众的组织和宣传，不愿深入群众，不愿在艰苦环境下做细小严密的群众工作，只想用流动游击的方法去扩大政治影响，或只希望跑到大城市去大吃大喝；"扩大红军的组织路线，不走由扩大地方赤卫队地方红军以至扩大非地方红军的路线，而要走'招兵买马''招降纳叛'去扩大红军的路线"①；甚至存在损害群众利益，出现"军纪松懈""不要群众基础的烧屋行为"②；一些党员干部"借口事情忙，实际是不愿意接近群众，又怕群众批评"，因此不参加党支部会议和小组会议，结果是"脱离群众、脱离党"，出现特殊党员。③

因此，古田会议提出要坚决纠正不执行群众路线的行为，强调做好群众工作是实现建设强大红军的最直接途径。古田会议决议中的八个部分都提到怎样做好群众工作，怎样宣传群众、组织群众、武装群众和怎样争取群众等相关内容。"一切工作在党的讨论和决议后，再经过群众路线去执行。"④ 决议把"群众工作的策略和技术"列入党内教育的重要内容。可见，古田会议决议体现了毛泽东所倡导的群众观，对党的群众路线形成和发展作出重要贡献。

3. 坚持调查研究的工作方法

调查研究与群众路线具有内在一致性。要走群众路线，就必须走到群众中去，考察群众状况，听取群众意见，才能形成正确的指导路线。古田会议决议指出：党的各级机关决定事情不要太随便，要到群众中了解，要有积极的注意和讨论。"上级机关要明白下级机关的情况，及群众生活情

---

① 中央档案馆编：《中共中央文件选集》第 5 册，中共中央党校出版社 1989 年版，第 810 页。
② 中央档案馆编：《中共中央文件选集》第 5 册，中共中央党校出版社 1989 年版，第 810 页。
③ 中央档案馆编：《中共中央文件选集》第 5 册，中共中央党校出版社 1989 年版，第 805 页。
④ 中央档案馆编：《中共中央文件选集》第 5 册，中共中央党校出版社 1989 年版，第 802—803 页。

况，成为正确指导的社会来源。"① 一切结论产生于调查情况的末尾，而不是在它的先头。了解群众，才能形成符合群众要求的决策，才能把党的政策变为群众的行动。

古田会议强调的群众路线和调查研究的工作方法，成为密切党群关系、军民关系的重要法宝，为古田会议之后红四军转战赣南取得胜利，及中央苏区根据地的形成，奠定了坚实的基础。古田会议之后，毛泽东通过深入乡村进行调查研究，先后写下了《寻乌调查》《兴国调查》《长冈乡调查》和《才溪乡调查》等农村调查报告，切实地了解了苏区的社会政治经济状况，从而为制定正确的路线方针政策提供了依据。党领导下的红军明白了是为千千万万劳苦大众翻身得解放，不再受压迫和剥削的政治目的，"压迫工农是红军最重的犯罪"②。因而，红军每深入一地，都发动群众，帮助群众实行土地革命、建立政权，形成军拥民、民拥军的热潮，党和军队赢得民心，革命根据地迅速发展，中央苏区根据地得到巩固。红军长征后，在群众的支持下，闽西苏区党的各级组织长期存在，一直坚持活动；革命武装长期存在，武装斗争从未间断；有14.6万人口的地区，有20多万亩的土地一直保留在农民手中，直至全国解放。这在全国是绝无仅有的，闽西苏区创造了20多年红旗不倒的奇迹。

（五）勇于斗争

中国共产党诞生于国家内忧外患、民族危难之时，从诞生伊始就铭刻着不屈的斗争精神。正如毛泽东在1938年扩大的六届六中全会上所作的《中国共产党在民族战争中的地位》报告中反复强调的，中国共产党的任务是"领导一个几万万人口的大民族，进行空前的伟大的斗争"③。古田会议正是中国共产党这种伟大斗争精神的鲜明铁证。古田会议点亮的星星之火，在共产党人不屈的斗争中，终于燃成席卷闽西革命根据地、中央苏区

---

① 中央档案馆编：《中共中央文件选集》第5册，中共中央党校出版社1989年版，第804页。
② 中央档案馆编：《中共中央文件选集》第5册，中共中央党校出版社1989年版，第770页。
③ 《毛泽东选集》第二卷，人民出版社1991年版，第533页。

乃至全国各个苏区的燎原之势。

1. 坚定共产主义必胜的信念，同国民党反动派进行斗争

中国革命事业要成功，需要一个有崇高理想的政党，需要党领导下的一支有坚定革命信念的部队。只有这样的党和军队，才能战胜各种艰难险阻而不溃败。1927年大革命失败后，保存下来的革命力量并没有失去斗争的精神。在毛泽东、朱德等人带领下的红四军，带着坚定的信念，在井冈山等地继续进行军事斗争。从井冈山斗争，到赣南、闽西革命根据地的开辟，期间，红四军经历了物质生活上的极度匮乏，军事上敌人的围追堵截，自然环境的极端恶劣及几次失败挫折等，但都没有动摇过坚定的革命信念。这一点，陈毅的《关于朱毛军的历史及其状况的报告》能够充分说明："在浓冬之际，边界丛山中积雪不消，红军衣领饮食非常困难，又因敌人封锁……红军官兵单衣御寒，日食红米南瓜，二月没有一文零用钱，物质条件如此困难，官兵奋斗精神并不低减。"[①] 一些动摇分子如第二营营长袁崇全叛变革命，但"因各连官兵不受欺骗胁迫，忠实于革命，自动脱离袁之羁绊，归回大队……此皆官兵忠实革命出于自动，此点实一般雇佣军队所绝不能有的"[②]。面对强大敌人的围追堵截及恶劣的环境，"仍能一致团结奋勇直前无怨言，从未发生叛变逃跑等事，足此以足打破集团军事行动之空前纪录"[③]。之所以能战胜这些困难，原因在于"红军是无产阶级的军队，为自己本阶级利益而战，没有雇佣性质"，"不是为的饷银而当兵"[④]。

正是红军广大官兵对共产主义理想执着的追求和坚信革命必胜的信念，面对国民党反动派的围追堵截，没有退却，没有溃散，而是保持旺盛

---

① 中央档案馆编：《中共中央文件选集》第5册，中共中央党校出版社1989年版，第754页。

② 中央档案馆编：《中共中央文件选集》第5册，中共中央党校出版社1989年版，第753页。

③ 中央档案馆编：《中共中央文件选集》第5册，中共中央党校出版社1989年版，第755页。

④ 中央档案馆编：《中共中央文件选集》第5册，中共中央党校出版社1989年版，第770页。

的战斗意志和视死如归的精神，同国民党反动派进行了坚决的斗争，才有大革命失败后中国共产党人擦干净身上的血迹，掩埋好同伴的尸体，继续革命。古田会议正是这段艰难斗争历史的有力见证和转折点。

2. 坚持自我革命的精神，同党内错误思想坚决斗争

红四军转战赣南、闽西之后，由于斗争环境的变化，党和军队内部单纯军事观点、极端民主化等各种非无产阶级思想进一步泛滥，普遍轻视政治工作，"认为政工干部只是摆样子，卖嘴皮子的，卖狗皮膏药的"①，甚至于前委书记毛泽东也在红四军七大上落选，对党的革命事业造成了极大的妨碍。但以毛泽东为代表的共产党人，并没有随波逐流，也没有无视问题的存在，而是坚持了自我革命的精神。毛泽东认为，"党内有争论问题发生是党的进步，不是退步，只有赶快调和敷衍了事，抹去了两方的界线，以归到庸俗的所谓大事化为小事才是退步"②。相反，只有把争论的问题彻底弄清楚，"四军的改造工作由此可以完成，四军的党由此可以得到一极大的进步，这是绝对无疑的"③。正是秉持要把是非弄明白，不调和敷衍下去的斗争精神，在中央九月来信精神的正确指导下，古田会议上红四军党内同错误的思想进行了反复而坚决的斗争。

在党内斗争中，古田会议特别强调要讲政治。一是要使"党员明了批评的意义，是加增党的战斗力以达到阶级斗争的胜利，完全不能利用批评去做攻击个人的工具"④；二是要教育党员懂得党的组织（会议等）的重要性，明白党内党外的批评是有区别的，对党内有所批评应当在党的会议上提出；三是要使党员明白批评的主要任务，是指出政治上的错误和组织上的错误，"要肃清唯心的和技术的作风，说话要有证据，讨论工作要注意他的政治意义"⑤。

---

① 古田会议纪念馆编：《见证古田会议》，中共党史出版社2017版，第20页。
② 《毛泽东文集》第一卷，人民出版社1993年版，第64页。
③ 《毛泽东文集》第一卷，人民出版社1993年版，第64页。
④ 中央档案馆编：《中共中央文件选集》第5册，中共中央党校出版社1989年版，第805页。
⑤ 中央档案馆编：《中共中央文件选集》第5册，中共中央党校出版社1989年版，第808页。

红四军通过古田会议开展积极的思想斗争，在这之前存在的缺乏纪律、极端民主化、组织松懈、流寇思想、军阀主义的残余等"许多这样的弱点都被克服了。大会讨论了改进的办法，消除了很多错误认识，通过了新的计划，这就为在红军中建立高水平的思想领导奠定了基础"①。会议选举产生了新的前委，就是按照"政治观念正确、工作积极、有斗争历史"的要求选出来的。

3. 以自觉的斗争开辟新道路

古田会议通过积极而正确的斗争，探索出以农民为主的党员队伍保持无产阶级先进性政党的道路。在马克思主义的政党学说中，建立一个无产阶级先锋队性质的党和怎样建设党的问题是关系革命事业成功的关键问题。古田会议正是为了中国革命事业的成功，基于坚持和发展马克思主义建党学说，针对党主要由农民、小生产者组成的现实带来的各种非无产阶级思想，按照建立无产阶级先锋队性质的要求，确立了思想建党的原则，通过进行党内的思想斗争，成功地探索出了在农村战争的环境，以农民为主要成分的党员队伍，怎样建设成无产阶级先锋队的新道路。

古田会议通过积极而正确的斗争，探索出创建新型人民军队的道路。红四军的组成除了南昌起义的部队外，更多的是农民、游民无产者及俘虏兵，原来的"士兵大部分是由雇佣军队来的"②。在农村环境中，士兵的来源成为问题，"能找到游民补充已属不易"③，不可避免导致各种非无产阶级思想在军队中泛滥，造成军队的混乱。在敌我力量悬殊的艰苦斗争环境中，如何凭借这支军队夺取革命的胜利，是个迫在眉睫的重大历史课题。毛泽东认为，要清除士兵中存在的雇佣思想，"使士兵感觉不是为他人打仗，而是为自己为人民打仗"④。古田会议前后的一系列的斗争实践，终于解决了这个历史性的课题。古田会议决议明确规定红军是执行革命的政治任务的武装集团，必须绝对服从党的领导，创造了政治建军这条新道路。

---

① 《毛泽东自述》，人民出版社1996年版，第62页。
② 《毛泽东选集》第一卷，人民出版社1991年版，第63页。
③ 《毛泽东选集》第一卷，人民出版社1991年版，第63页。
④ 《毛泽东选集》第一卷，人民出版社1991年版，第63页。

协成店——毛泽东《星星之火，可以燎原》写作地

古田会议积极而正确的斗争，为探索中国革命道路理论奠定了基础。井冈山斗争时期，毛泽东提出了把武装斗争、土地革命、建立革命政权三者紧密结合起来的工农武装割据思想。在转战赣南、闽西的革命斗争中，毛泽东进一步深刻地认识到建立农村革命根据地的重要性，但红四军中泛滥的流寇思想，导致红军官兵缺乏建立农村革命根据地意识。古田会议对流寇思想进行了肃清，指出了流寇思想的来源、表现和纠正方法，在斗争的实践探索中，发展了工农武装割据思想。古田会议后的1930年1月5日，毛泽东在古田协成店写下的《星星之火，可以燎原》这篇著名文章，提出了把党的工作重心从城市转移到农村，建立农村革命根据地，"农村包围城市、武装夺取政权"的思想，标志着中国革命道路理论的形成。

（六）团结统一

中国共产党是按照马列主义的建党原则建立起来的无产阶级政党，个人利益服从革命的整体利益，是对共产党员的一条基本要求。坚持党和人民利益高于一切的基础上的团结统一，是革命事业胜利的基本保证。古田会议是在团结统一的基础上召开的，古田会议的成功，又为建立团结统一的党和人民军队奠定了坚实的政治思想基础。

1. 红四军党的领导人坚持了党性原则基础上的团结统一

古田会议坚持了在斗争基础上促进党的团结统一的马克思主义党建原则。古田会议召开前围绕党对军队的领导方式等问题，红四军的领导人展开了激烈的争论。古田会议决议指出，红四军党内各种非无产阶级思想浓厚的一个原因，是红四军党的指导机关缺乏一致的坚决的斗争。在解决这些思想分歧的过程中，红四军党的主要领导人毛泽东、朱德、陈毅等，既没有无原则地讨好对方的举动，更没有"打棍子""扣帽子"，趁机挤垮对方，从而达到争权夺利的行为，而是始终坚持从维护红四军党内的团结，维护红四军的统一，加强红四军党和军队建设的大局出发来讨论问题。在中央九月来信的指导下，毛泽东、朱德、陈毅都真诚地作了自我批评，检讨了自己的不足，从而消除了分歧，解开了疙瘩，舒畅了心情，解决了思想矛盾，使红四军党的领导人之间在新的思想认识高度上达成了团结一致，使古田会议得以顺利召开。这个党性原则基础上的团结统一在古田会议上确立了下来，也成为解决党内矛盾的宝贵经验。

2. 红四军党的领导人的表率作用带动了红四军的团结统一

毛泽东、朱德、陈毅等红四军主要领导人从革命大局出发、勇于纠正错误的精神和勇气，以及同志之间光明磊落、襟怀坦白、坦诚相见、不计较个人得失的品德，团结一致开好古田会议的表率作用，很快在红四军内部起了积极反应，带动和促进了整个红四军的团结统一。在中央九月来信的指导下，红四军领导人团结一致共同为解决存在问题而努力。古田会议召开前夕，毛泽东、朱德、陈毅多次召开红四军各级党代表联席会议、士兵代表会议、地方干部代表会议和妇女代表会议，在充分发扬民主的基础上，围绕部队中存在的各种非无产阶级思想和问题，进行了深刻、大胆、尖锐的讨论。古田会议决议总结了红四军成立以来的经验，纠正了一年多来存在的问题，达成政治思想上的团结统一。毛泽东在给中央的信中写道："四军党内的团结，在中央正确指导之下，完全不成问题。"[①] 正如当时的当事人所说："四军党内虽有争论，但都是站在党的立场上，在党的会议上公开讨论，虽有不同的意见，但没有什么派别的组织，只是同志间个人的争论，而不是形成了那一派和这一派的争论。"[②] 从此，红四军

---

① 《毛泽东书信选集》，人民出版社1983年版，第26页。
② 中共中央文献研究室编：《毛泽东传（1893—1949）》，中央文献出版社1996年版，第208页。

"纪律更好了，内部更团结了，战斗力提高了""部队面貌为之一新"①。

3. 红四军成为全国红军的模范

古田会议通过思想建党、政治建军的方针，通过反对主观主义，初步形成了一切从中国实际出发的思想路线，廓清了种种思想混乱和迷雾，在当时条件下最大限度地统一了红四军党内军内的思想和行动方针，减少了摩擦和相互排斥。古田会议后，决议发到部队让大家学习贯彻，并从思想上、组织上进行整顿。据当事人回忆："那时，我们都把决议当作党课教材，视为红军法规，也作为检查和衡量工作的标准。"② 1930年红四军领导人向中央作的《红军第四军状况》报告中讲到，"九次大会的影响，深入在四军同志的脑中，的确九次大会是四军党的第一幕重要的历史"，在江西两月中，各纵队都照着大会的方针去做，"从此会后，前委一直到支部，各级指导机关的指导路线就改变过来了""大家都在九次大会一贯的路线下进行工作"。③

在古田会议的指引下，红军将士提高了政治思想觉悟，规范了言论行动，达成了宝贵的团结局面，战斗力大大提高，"这次会议为在江西建立苏维埃政权铺平了道路。第二年我们就取得了一些光辉的胜利。几乎整个赣南都落到红军手里。中央苏区根据地建立起来了"④。按照古田会议精神整顿的红四军，凝聚力量去为人民的利益奋斗，成为"最有斗争历史和全国政治意义的红军"⑤。成为红军的主力，建立了最大的根据地——中央苏区。团结统一的精神也是达成思想建党、政治建军、实事求是、群众路线共识的价值观基础。

---

① 古田会议纪念馆编：《见证古田会议》，中共党史出版社2017版，第49页。
② 古田会议纪念馆编：《见证古田会议》，中共党史出版社2017版，第49页。
③ 古田会议纪念馆编：《古田会议文献资料》，中共党史出版社2017版，第513、515、516页。
④ 《毛泽东自述》，人民出版社1996年版，第63页。
⑤ 中央档案馆编：《中共中央文件选集》第6册，中共中央党校出版社1989年版，第58页。

三、古田会议的历史地位及时代价值

古田会议决议是中国共产党和红军建设的纲领性文献，是党和人民军队建设史上的重要里程碑。古田会议对党和人民军队建设，对中国革命取得胜利有重要作用，产生了积极的深远影响，有着历久弥新的意义，有很强的时代价值。

（一）古田会议的历史地位

古田会议是党的建设史上的重要里程碑。古田会议决议集中体现着重从思想上建设党这一独特的党的建设道路，是中国共产党建设的纲领性文献。会议纠正和肃清了各种非无产阶级思想，冲破了共产国际的经验束缚，提出了在农村进行战争的环境中如何将以农民为主要成分的中国共产党建设成无产阶级政党这个根本性问题的原则方向；成功解决了中国共产党的工作重心转到农村后，一直困扰着的党员数量和质量如何有机统一，农民占绝大多数的中国共产党建设道路该怎样走的问题。这不但为处于历史低潮中的中国共产党重新壮大提供了坚实的组织基础，也为党保持无产阶级政党的先进性，成为有战斗力的坚强组织提供了重要的政治思想保证，实现了党的阶级基础和群众基础的结合，从而建立起一个广泛的群众性的马克思主义政党。古田会议确立的思想建党原则，成为中国共产党建设的独特道路和政治优势；在中国共产党的历史长河中，在重要的历史关口，集中开展党内教育成为清理党员思想中的杂质、统一全党思想的重大举措。

古田会议是人民军队建设史上的重要里程碑，是在红军生死存亡的紧要关头召开的，会议确立了党对军队绝对领导的原则，奠定了无产阶级领导的新型人民军队的政治基础，铸造了红军的"军魂"。古田会议决议是红军建设的纲领性文献，"确立了军队政治工作的方针、原则、制度，提出了把以农民为主要成分的军队建设成为无产阶级性质的新型人民军队这个根本性问题的原则方向"[①]。"从那儿以后，在党领导下，我军由小到大、

[①] 《中国共产党简史》，人民出版社、中共党史出版社2021年版，第44页。

由弱到强，不断从胜利走向胜利。古田会议奠基的我军政治工作对我军生存发展起到了决定性作用。"①

2014年10月30日至11月2日，习近平总书记决策和领导在古田召开全军政治工作会议，研究解决新的历史条件下党从思想上政治上建设军队的重大问题。会议强调要把理想信念、党性原则、战斗力标准、政治工作威信四个带根本性的东西在全军牢固立起来。习近平总书记明确指出，新形势下，"我军政治工作只能加强不能削弱"，要"紧紧围绕实现中华民族伟大复兴的中国梦，为实现党在新形势下的强军目标提供坚强政治保证""充分发挥政治工作对强军兴军的生命线作用"②。"召开古田全军政治工作会议，恢复和发扬我党我军光荣传统和优良作风，人民军队政治生态得到有效治理。"③ 新时代，为完成好党和人民赋予的使命和任务，人民军队正在向全面建成世界一流军队目标迈进，全面加强党对军队的领导和党的建设就是保证。

古田会议和古田全军政治工作会议一脉相承，薪火相传，精神相通，主旨相同，在党和军队建设史上均具有里程碑意义。

（二）古田会议的时代价值

历史往往经过时间沉淀后看得更清晰。新中国成立后，古田会议精神继续发挥着重要作用。改革开放后，党和国家领导人不断强调继承和发扬古田会议精神，加强和改进党和人民军队建设。在1977年7月党的十届三中全会上，邓小平同志指出："把列宁的建党学说发展得最完备的是毛泽东同志。在井冈山时期，即红军创建时期，毛泽东同志的建党思想就很明确。大家看看红军第四军第九次党代表大会的决议就可以了解。"④

2004年，江泽民同志为古田会议题词：古田会议是我党我军建设史上的里程碑。

---

① 习近平：《论中国共产党历史》，中央文献出版社2021年版，第97页。
② 习近平：《习近平谈治国理政》第二卷，外文出版社2017年版，第401页。
③ 习近平：《决胜全面建成小康社会 夺取新时代中国特色社会主义伟大胜利——在中国共产党第十九次全国代表大会上的报告》，人民出版社2017年版，第6页。
④ 《邓小平文选》第二卷，人民出版社1983年版，第44页。

2005年，胡锦涛同志在新时期保持共产党员先进性专题报告会上指出："在一九二九年召开的红四军第九次党代会上，毛泽东同志针对党和红军中存在的种种非无产阶级思想及其危害，提出了思想建党的原则，强调党员不但要在组织上入党，而且要在思想上入党，要经常注意用无产阶级思想改造和克服各种非无产阶级思想。这一重要思想，对我们党的建设产生了极为深远的影响。"①

2014年，在古田全军政治工作会议上，习近平总书记指出："古田是我们党确立思想建党、政治建军原则的地方，是我军政治工作奠基的地方，是新型人民军队定型的地方。"②

1. 坚持政治统领，加强党的全面领导

党的领导是马克思主义的根本原则，是革命事业取得成功的根本保证。古田会议的成功，从根本上说就是确立了从思想上建设无产阶级政党和一支党绝对领导下的人民军队。古田会议决议紧紧围绕"天下百姓翻身得解放"的政治使命，明确了红军的性质、宗旨和任务，并通过组织制度保证了党对军队的领导，是人民军队具备完全区别于一切旧军队的政治特质和根本优势。从古田会议开始形成的中国共产党组织核心领导机制是中国共产党独特的组织机制，一直保持着强大的生机活力，党组织核心领导机制与集中指导下的民主机制是相关联的，由此形成了个人服从组织、下级服从上级、全党服从中央。古田会议在解决存在问题的过程中，红四军的领导人以高度的政治自觉，认真贯彻执行了中央九月来信的正确指示精神，正确处理党内矛盾，不但使毛泽东重回红四军党的前委书记的岗位，在红四军确立了党的领导中枢，而且达到了党内的团结，形成了党的集中统一领导，从而为党的事业成功奠定了坚强基石。

讲政治首要的是坚持党的领导。走过百余年光辉历程的中国共产党，正在带领全国人民迈上全面建设社会主义现代化国家的新征程。实现中华民族伟大复兴，最根本的保证还是党的领导，明确"中国特色社会主义最

---

① 《胡锦涛文选》第二卷，人民出版社2016年版，第265页。
② 习近平：《论中国共产党历史》，中央文献出版社2021年版，第96页。

本质的特征是中国共产党领导，中国特色社会主义制度的最大优势是中国共产党领导"，"坚持党对一切工作的领导。党政军民学，东西南北中，党是领导一切的"①。要坚持党的全面领导，最重要的是坚定拥护"两个确立"，坚决做到"两个维护"，党的十八大以来，以习近平同志为核心的党中央，应时代之变迁、领时代之先声、立时代之潮流，带领人民进行伟大社会革命和党的自我革命，取得历史性成就，中国特色社会主义进入新时代。习近平总书记党中央的核心、全党的核心地位，是群众公认、全党认同的，具有深厚的政治基础、思想基础、实践基础、群众基础。旗帜鲜明讲政治，就是把"两个维护"作为坚持党的全面领导、加强党的长期执政能力建设最根本的政治保证。"保证全党服从中央，坚持党中央权威和集中统一领导，是党的政治建设的首要任务。"② 因此，必须教育引导党员干部深刻领悟"两个确立"的决定性意义，增强"四个意识"、坚定"四个自信"、做到"两个维护"，不断提高政治判断力、政治领悟力、政治执行力。要坚决纠正一些地方和领域党的领导意识淡化，党的领导弱化，一些党员干部"四个意识"淡漠，对党是最高政治领导力量领会不足，"两个维护"践行不坚定，忽视政治、淡化政治、不讲政治的问题。

要坚持党的领导，就要严肃党内政治生活。通过增强党内政治生活的政治性、时代性、原则性、战斗性，使党员队伍在良好的政治环境中"强身健体"，在行动上坚定党的领导。回顾古田会议成功召开的历程，"朱毛之争"的成功化解，周恩来的严于用权，陈毅的"自铸尚方宝剑"请毛泽东出山等，凸显了严肃党内政治生活对于解决党内矛盾，达到党内团结统一，建设无产阶级先锋队性质的政党的基础性作用。古田会议开创了严肃党内政治生活的新篇章。习近平总书记指出，严肃党内政治生活，要坚持执行民主集中制、开展批评和自我批评、加强党性原则基础上的团结、严格党的组织生活这"四大法宝"。古田会议彰显了这"四大法宝"在党内

---

① 习近平：《决胜全面建成小康社会 夺取新时代中国特色社会主义伟大胜利——在中国共产党第十九次全国代表大会上的报告》，人民出版社2017年版，第20页。
② 习近平：《决胜全面建成小康社会 夺取新时代中国特色社会主义伟大胜利——在中国共产党第十九次全国代表大会上的报告》，人民出版社2017年版，第62页。

政治生活中的重要意义。老一辈革命家带头倡导、模范实践的法宝，是中国共产党取得成功的宝贵经验，是我们要弘扬好的优良传统。新时代坚持全面从严治党，就要严肃党内政治生活，就要同个人主义、分散主义、自由主义、本位主义、好人主义、宗派主义、圈子文化、码头文化、搞两面派、做两面人作斗争。要自觉遵守《中国共产党章程》《关于新形势下党内政治生活的若干准则》等党内法规，这是严肃党内政治生活的行动指南和行为规范。坚持以整风精神开展批评和自我批评，要有勇于思想交锋、揭短亮丑的勇气，坚持真理、修正错误，坚决防止和克服党内政治生活一团和气、评功摆好、明哲保身的倾向，营造风清气正的党内政治生态，确保全党在思想上政治上行动上同以习近平同志为核心的党中央保持高度一致，加强党的全面领导。

2. 坚持思想建党，保持党的先进纯洁

思想建设是党的基本建设，是党始终走在时代前列的决定性因素。共产党员要做到政治上的坚定，就要不断地掸去思想上的灰尘，这就离不开思想的教育。古田会议为我们提供了思想上建设党的成功经验，强调铲除非无产阶级思想，提高无产阶级的政治觉悟，以达到消灭敌人、改造社会、百姓翻身的目的。在此后的艰辛历程中，不论是血与火的战争环境，还是改变落后与贫穷的建设环境，思想建党原则都贯穿在党的建设的历程中，成为统一全党思想的重大举措。思想建党原则对我们党的建设产生了极为深远的影响，历久弥新并焕发出新活力，是我们党能够保持先进纯洁、不断发展壮大的重要武器。

今天，站在中华民族伟大复兴战略全局和世界百年未有之大变局的历史新起点，执政党面临"四种危险""四大考验"，社会各方面改革向深水区推进，迫切要求全党加强思想建设，形成高度统一。党的十九大提出"思想建设是党的基础性建设"的重要论断，其重要性在于为党的其他方面建设提供思想指导、理论支持和舆论保障。只有先解决全党思想上的问题，提高思想觉悟，才能更好解决其他方面的建设问题。新时代继续推进改革开放，坚持伟大斗争，坚定理想信念，就要充分发挥思想建设和理论武装的重要作用。这是党员干部补钙壮骨、固本培元的基础工程。

要坚持思想建党,就要强化理论武装,坚定理想信念。我们党的先进性,根本就在于指导思想先进;我们党有力量,也在于思想上的力量。习近平总书记指出:"中国共产党之所以能够完成近代以来各种政治力量不可能完成的艰巨任务,就在于始终把马克思主义这一科学理论作为自己的行动指南,并坚持在实践中不断丰富和发展马克思主义。这使我们党得以摆脱以往一切政治力量追求自身特殊利益的局限,以唯物辩证的科学精神、无私无畏的博大胸怀领导和推动中国革命、建设、改革,不断坚持真理、修正错误。"① 中国共产党在百年征程上,能够冲破黑暗、迎来光明、创造辉煌,就是有马克思主义这一指路明灯。马克思主义是立党立国的根本指导思想,是我们认识世界、把握规律、追求真理、改造世界的强大思想武器,背离或放弃马克思主义,党就会失去灵魂、迷失方向。古田会议让我们看到以毛泽东为代表的共产党人,怎样从中国国情和党情出发,实现马克思主义中国化。新中国成立后,我们党坚持和发展马克思主义,产生了邓小平理论、"三个代表"重要思想、科学发展观、习近平新时代中国特色社会主义思想等重大理论成果。政治上的坚定、党性上的坚定都离不开理论上的坚定。坚持思想建党,就是要用马克思主义武装全党,尤其要用习近平新时代中国特色社会主义思想武装全党。

理想因其远大而为理想,信念因其执着而为信念。中国共产党的坚强有力,既体现在全党对理想信念的坚定不移上,更体现在每一位党员对理想信念的坚定不移上。而坚定的理想信念,必须是建立在对马克思主义理论的深刻理解之上的。因此,要深入开展马克思主义理论教育,深入理解把握马克思主义中国化成果,特别是习近平新时代中国特色社会主义思想的科学性、真理性,系统掌握贯穿其中的马克思主义立场观点方法,不断提高马克思主义理论水平,从而保持对共产主义远大理想和奋斗目标的清醒认知和执着追求。引导广大党员干部认真读原著、学原文、悟原理,深入理解和掌握其核心要义、基本精神、实践要求,提升党性修养,提高思想境界、道德水平,推动学思用贯通、知信行统一,做到真学真懂真信真

---

① 习近平:《习近平谈治国理政》第二卷,外文出版社 2017 年版,第 33 页。

用，坚持不懈用党的创新理论最新成果武装头脑、指导实践、推动工作。

先进性和纯洁性是马克思主义政党的本质属性。加强党的建设，就要坚持问题导向。古田会议坚持问题导向，针对党内存在思想不纯的问题，从讲政治的高度，科学分析思想根源，提出切合实际有针对性的解决办法。每个时代总有属于它自己的问题。问题就是"有的放矢"的靶子，哪里有没有解决的矛盾，哪里就有问题。今天，党的环境、党员队伍、党的具体任务都发生了变化。党内出现了新的矛盾问题，从思想上来说，主要还是理想信念缺失、宗旨意识淡化的问题。正如习近平总书记指出："理想信念动摇是最危险的动摇，理想信念滑坡是最危险的滑坡。一个政党的衰落，往往从理想信念的丧失或缺失开始。"[①] 针对这一突出问题，必须重视加强思想教育。要教育党员干部经常重温党章、重温入党誓词，看看自己有没有违背党的初心的行为；要教育引导党员干部经常进行思想政治体检，同党中央要求对标，拿党章党规"扫描"，用人民群众新期待"透视"，同先辈先烈、先进典型"对照"，不断增强党性，建设一支保持先进性和纯洁性、能担当起新时代使命的合格的党员队伍。

3. 坚持群众路线，坚定人民立场

中国共产党能够取得革命胜利，最根本的是用自己的实际行动，让广大人民群众深切感到这个党是为人民谋利益的，是值得他们信赖和支持的。群众路线是党的生命线和根本工作路线，人民立场是中国共产党的根本政治立场，也是马克思主义政党区别于其他政党的显著标志。古田会议明确中国共产党领导的红军是"从斗争的工农群众中创造出的"[②]。党的工作要通过"群众路线去执行"[③]。决议提出的人民军队的性质、宗旨鲜明地体现出为了人民的价值取向。古田会议闪耀着群众路线的思想光芒。古田会议前后，毛泽东强调帮助群众建立政权，人民政权的一切权力属于人

[①] 习近平：《习近平谈治国理政》第二卷，外文出版社2017年版，第34页。
[②] 中央档案馆编：《中共中央文件选集》第5册，中共中央党校出版社1989年版，第810页。
[③] 中央档案馆编：《中共中央文件选集》第5册，中共中央党校出版社1989年版，第803页。

民。这在中国共产党群众路线创立、形成和发展史上,有重要的地位。2014年古田全军政治工作会议上,习近平总书记指出,在长期实践中,我军政治工作形成了一整套优良传统,其中包括坚持群众路线的根本作风。坚持群众路线凝聚了党心、军心,也赢得了民心,形成了血肉联系的党群关系、军民关系,这是党能战胜一切困难和风险的根本保证。

在新的历史条件下,中国共产党要立于不败之地,更需要时时处处把人民利益放在首位,更需要坚持党的群众路线,坚守中国共产党人的初心和使命。习近平总书记指出:"中国共产党人的初心和使命,就是为中国人民谋幸福,为中华民族谋复兴。这个初心和使命是激励中国共产党人不断前进的根本动力。"① 坚持党的群众路线就是坚守党的初心和使命。群众是我们的根、是我们的本。人民就是江山,江山就是人民。不论什么岗位,无论当多大的官,都要牢记从群众中来,不能脱离群众。

坚持群众路线就要反对"四风",特别是官僚主义、形式主义。官僚主义、形式主义是党内一个久治不愈的顽症,是违背党的群众路线的。古田会议提出反对从远方来的形式主义,反对主观主义。1943年,毛泽东同志又深刻指出:要把反对形式主义、官僚主义当作一件大事去办。"斗争愈是艰苦,就愈是需要共产党人的领导和广大群众的要求密切地相结合,愈是需要共产党人的一般号召和个别指导密切地相结合,而彻底粉碎主观主义的和官僚主义的领导方法。"② 新中国成立后,面对执政党的地位,容易出现高高在上、脱离群众的官僚主义,1963年,周恩来同志告诫全党,"官僚主义是领导机关最容易犯的一种政治病症"③,并精辟概括了官僚主义的20种具体表现形式,强调必须同官僚主义作斗争,经常反对官僚主义。改革开放以后,随着国家在经济上的崛起,工作条件日益优越,更要求坚持党的群众路线,否则容易滋生脱离群众的不良风气。事实上,一段时期,在一些地方和单位,各种特权思想、当官做老爷思想,各种奢靡腐败风气在滋长。长此以往,必将从根本上破坏党同人民群众的血肉联系,

---

① 习近平:《习近平谈治国理政》第三卷,外文出版社2020年版,第1页。
② 《毛泽东选集》第三卷,人民出版社1991年版,第902页。
③ 《周恩来选集》下卷,人民出版社1984年版,第418页。

从根本上摧毁党。党的十八大以来，坚持党要管党、全面从严治党，坚持问题导向，以整治"四风"为突破口，把反对形式主义、官僚主义作为突出要求，着力解决党内存在的突出问题，成效显著。但是，"四风"具有顽固性、反复性，力戒形式主义、官僚主义不能止步，作风建设永远在路上。

要坚持群众路线，就要牢固树立宗旨意识，着力解决群众最关心最现实的利益问题，真正把人民对美好生活的向往作为我们党的奋斗目标。为谁服务的问题是个最根本的政治立场问题。当年，毛泽东把帮助农民解决土地问题、建立工农政权问题，作为红四军的重要政治任务，并落实到行动中。红四军进入闽西半年的时间内，闽西80多万农民分得土地，建立了血浓于水的军民关系。习近平同志指出："始终坚持全心全意为人民服务的根本宗旨，是我们党始终得到人民拥护和爱戴的根本原因，对于充分发挥党密切联系群众的优势至关重要。"① 一个有百余年历程、拥有9900多万党员的大党，要永葆青春活力，就要解决"我是谁？为了谁？"这样的问题，要防止离群众的距离越来越远的问题。要把群众路线落到实处，坚持一切为了人民、一切依靠人民的群众观，切实解决教育、就业、就医、住房、环境等人民群众最关心、最直接、最现实的利益问题；真正把党的群众路线贯穿到治国理政全部活动之中，让人民共享经济、政治、文化、社会、生态等各方面发展成果，有更多、更实在的获得感、幸福感和安全感。

4. 坚持实事求是，坚定道路自信

实事求是是中国共产党人认识世界和改造世界的根本要求，是我们党的基本思想方法、工作方法和领导方法。古田会议前后，毛泽东高度重视调查研究，从对实际情况的掌握中找到解决问题的办法，展现了中国共产党人立足于马克思主义的立场观点方法，从中国国情出发解决革命实践问题的思想作风和新的思想方法，从而冲破了把马克思主义教条化的束缚，纠正各种错误思想，创造性地解决了在中国当时的实际条件下怎样建设无

---

① 习近平：《始终坚持和充分发挥党的独特优势》，《求是》2012年第15期。

产阶级政党和军队的道路问题,在科学分析中国社会性质和特点的基础上,把武装斗争、土地革命和党的建设结合起来,逐步探索并成功开创出一条农村包围城市、武装夺取政权的中国革命道路,并坚定了中国革命的道路自信,取得了革命的胜利。

道路决定命运。中国特色社会主义道路的选择,来自对历史的深刻总结。新中国成立后,党坚持实事求是思想路线,带领人民继续奋斗,在从站起来、富起来到强起来的伟大飞跃中,开辟了中国特色社会主义道路。找到中国特色社会主义这条正确的道路不容易,正如习近平总书记所说:"中国人苦苦寻找适合中国国情的道路。君主立宪制、复辟帝制、议会制、多党制、总统制都想过了、试过了,结果都行不通。最后,中国选择了社会主义道路。"① 中国特色社会主义是新中国成立后70多年持续探索自己道路的结果,是在改革开放40多年伟大实践中探索得来的。这是一条实事求是、适合中国国情的道路。因为走了这条道路,中国用几十年时间走完了发达国家几百年走过的发展历程。"鞋子合不合脚,自己穿了才知道。"新中国成立70多年来,从一个贫穷落后的国家,到今天正在走向强盛,这充分说明,中国人民正走在正确的道路上。中国共产党领导中国人民开辟的中国特色社会主义道路,必须坚定不移走下去,决不动摇。

建设中国特色社会主义,也不是轻轻松松、敲锣打鼓得来的。古田会议前后党探索出中国革命的道路,以及此后党带领人民经过浴血奋斗,无数的革命先烈用鲜血和生命换来了新中国的成立。在全面建设社会主义现代化国家的新阶段,各种风险考验只会越来越复杂,甚至会遇到难以想象的惊涛骇浪。在船到中流浪更急、人到半山路更陡的重要关头,不能有任何歇歇脚的念头。不管遇到什么困难,我们都要坚定中国特色社会主义的道路自信、理论自信、制度自信、文化自信,因为它来源于实践,来源于人民,来源于真理。要倍加努力,奋发有为,顽强奋斗,战胜一切困难和挑战,开辟新天地,创造新奇迹。

---

① 习近平:《在布鲁日欧洲学院的演讲》,《人民日报》2014年4月2日。

5. 坚持斗争精神,勇于自我革命

中国共产党和中国人民是在斗争中成长和壮大起来的。古田会议的胜利就是敢于同国民党反动派进行不屈不挠的斗争、同党内的错误思想斗争的见证和成果。斗争精神贯穿于中国革命、建设、改革各个时期。习近平总书记指出:"我们党诞生于国家内忧外患、民族危难之时,一出生就铭刻着斗争的烙印,一路走来就是在斗争中求得生存、获得发展、赢得胜利。越是接近民族复兴越不会一帆风顺,越充满风险挑战乃至惊涛骇浪。不忘初心、牢记使命,必须安不忘危、存不忘亡、乐不忘忧,时刻保持警醒,不断振奋精神,勇于进行具有许多新的历史特点的伟大斗争。"[①] 时至今日,我们比历史上任何时期都更有信心、有能力实现中华民族伟大复兴的目标,更要求我们有持之以恒的斗争精神。

坚持斗争精神,就要敢于直面问题、勇于修正错误。勇于修正错误,是无产阶级政党的显著特点和优势。古田会议针对红四军党内的浓厚的非无产阶级思想,号召同志们举起批评与自我批评的武器,红四军的领导人以上率下,同各种错误思想作斗争。党的十八大以来全面从严治党成效显著,但是政治不纯、思想不纯、组织不纯、作风不纯的突出问题尚未得到根本解决。"四大考验""四大危险"依然复杂严峻。要教育党员干部敢于直面问题、勇于修正错误,以刀刃向内的自我革命精神,检视自身存在的思想问题,坚决割除一切滋生在党的肌体上的毒瘤,从自我革命中不断提高自己,完善自己。

坚持斗争精神,就要敢于在大是大非面前亮剑。古田会议召开在大革命失败、敌我力量悬殊的革命战争年代。在艰难复杂的环境中,毛泽东、周恩来、朱德、陈毅等老一辈革命家,坚守党的初心使命,坚决同国民党反动派作斗争,使革命的星星之火得以燎原。当今世界正经历百年未有之大变局,我国正处于实现中华民族伟大复兴关键时期,我们党正带领人民进行具有许多新的历史特点的伟大斗争。复杂严峻的国际国内形势,要求

---

① 习近平:《在"不忘初心、牢记使命"主题教育总结大会上的讲话》,《求是》2020年第13期。

我们保持清醒的头脑、坚定正确的立场，牢牢把握正确斗争的方向。习近平总书记告诫我们，"凡是危害中国共产党领导和我国社会主义制度的各种风险挑战，凡是危害我国主权、安全、发展利益的各种风险挑战，凡是危害我国核心利益和重大原则的各种风险挑战，凡是危害我国人民根本利益的各种风险挑战，凡是危害我国实现'两个一百年'奋斗目标、实现中华民族伟大复兴的各种风险挑战，只要来了，我们就必须进行坚决斗争，而且必须取得斗争胜利"，"做到在各种重大斗争考验面前'不畏浮云遮望眼''乱云飞渡仍从容'"①。温室里长不出参天大树，懈怠者干不成宏图伟业。只有在风风雨雨中磨炼，在坎坎坷坷中成长，在艰苦的工作中增长才干，才能战胜各种风险，应对各种挑战。

坚持斗争精神，要增强斗争本领。斗争是一门艺术，蛮斗、乱斗、瞎斗是行不通的。必须善于斗争，要增强斗争的本领。古田会议召开时，毛泽东等老一辈革命家，在坚持党性原则基础上进行正确的斗争，从而正确地化解了矛盾，达成团结统一。中国特色社会主义进入新时代，我们党推进社会主义事业所涵盖领域的广泛，调整利益格局的深刻，涉及矛盾问题的尖锐，突破体制机制障碍的艰巨等，都是前所未有的新挑战。新时代孕育新形势，新形势呼唤新斗争，新斗争要求新本领。我们在新时代要推进伟大斗争，面对众多新的情况、新的矛盾，必须要不断增强适应新形势解决问题、处理矛盾的斗争本领。这种斗争本领，不是与生俱来的，是在坚持马克思主义理论科学指导下，通过思想淬炼、政治历练、实践锻炼形成的。党员干部要不断增强自己的斗争本领，认真接受党内教育，自觉加强理论学习，把习近平新时代中国特色社会主义思想学深悟透，在复杂严峻的伟大的斗争中，保持清醒头脑，坚定正确立场，牢牢把握斗争正确方向，真正锻造成为可以承担新时代、新斗争的烈火真金。

6. 加强制度保障，做到思想建党与制度治党有机统一

古田会议是我们党历史上首次以思想建党与制度治党紧密结合的成功探索。古田会议将思想建党和政治建军原则作为党的一项重要的规章制度

---

① 习近平：《习近平谈治国理政》第三卷，外文出版社2020年版，第226页。

在决议中确定下来，确保了思想建党和政治建军基本原则能够在红四军全军得到长久的贯彻。习近平总书记指出，全面从严治党必须以党章为根本遵循，把党的政治建设摆在首位，坚持思想建党和制度治党同向发力。既要解决思想问题，也要解决制度问题，把坚定理想信念作为根本任务，把制度建设贯穿到党的各项建设之中。古田会议的宝贵经验，对新时代坚持思想建党与制度治党的有机统一，仍有重要的价值。

思想建党是党的建设的生命工程、灵魂工程。制度由人来制定，也要由人来执行。而理想信念、思想觉悟对制度的制定执行至关重要。"革命理想高于天"，坚定的理想信念是我们党从胜利走向胜利的法宝。理想信念缺失，会导致出现一些违背党的性质宗旨、损害人民利益的制度出现；同样，再好的制度，如果没有切实有效地贯彻执行，也只能沦为一纸空文。今天我们党面临的风险考验增多，对制度的制定和执行都产生不利的影响，必须从思想上坚定党员和干部的理想信念，解决好世界观、人生观、价值观这个"总开关"问题，为制度治党确立根本的保障。

制度治党是党的建设的保障工程、筋骨工程。古田会议以党的决议的形式，紧紧围绕思想建党和确保党对军队绝对领导这一核心问题，将革命斗争中获取的宝贵实践经验总结升华，落实成为一项项强有力的制度，从党的制度上回答并解决了建党建军所面临的一系列重大原则性问题，确保了党的思想建设，引导革命走向胜利。今天，一个拥有9900多万名党员的百年大党，在14亿人口的大国执政的执政党，要让理想信念的法宝发挥更大、更长久的作用，必然要依靠规章制度的力量。思想问题是复杂多层面的，解决思想问题是一个长期的复杂的工程。管党治党必须多向发力，特别是执政党手中的权力，如果没有有效的监督约束，就会出现滥用，导致腐败。党的十八大以来，在全面从严治党的过程中，不断地总结经验教训，出台了一系列对党的思想建设具有关键性、引领性作用的法规制度。特别是针对出现的"稻草人""牛栏关猫"现象，强调制度建设的重点是规范权力运行，"把权力关进制度的笼子里"，一批基础性的制度立柱架梁落地生根，共同构筑起党要管党、全面从严治党的制度堡垒。修订党章，出台中央八项规定、《中国共产党廉洁自律准则》《中国共产党纪律处分条例》《中国共产党问责条例》《关于新形势下党内政治生活的若干准则》和《中国共产党党内监督条例》等基础性党内法规。要把这些制度落到实处，就要借鉴古田会议政治统领、思想建党、制度保障等经验，坚持新时代思想建党、理论强党。

制度的根本意义在于执行。古田会议决议不仅规定了一系列的制度，而且强调"一成决议，便须坚决执行"。古田会议后，红四军转战赣南两个多月，开展了思想教育和纪律整顿，使古田会议的有关制度得到有效的执行。今天推进制度治党，仍要借鉴和运用古田会议决议的方法，在广大党员干部中牢固树立纪律和规矩意识，在守纪律、讲规矩上作表率。党组织要把严守纪律、严明规矩放到重要位置来抓，努力在全党营造守纪律、讲规矩的氛围，真正使思想的作用和制度的保障有机统一。

第二章　才溪乡调查：深入群众、实事求是

才溪乡调查，是毛泽东在土地革命战争时期的一次著名的农村调查，也是毛泽东坚持一切从实际出发、理论联系实际，运用马克思主义的立场、观点、方法分析和解决实际问题的重要体现。毛泽东通过才溪乡调查为苏区局部执政树立成功的范本，为农村包围城市、武装夺取政权思想的发展提供了重要实践基础，是我们党历史上一次具有典型意义的调查研究，也是党的一笔宝贵的精神财富。如今，历史早已远去，但才溪乡调查中体现的"深入群众、实事求是、执政为民、勇于探索"的精神，对我们今天不断深化改革，推进全面建设社会主义现代化国家仍然具有重大时代意义。

才溪乡调查纪念馆序厅（才溪乡调查纪念馆供图）

一、才溪乡调查的革命实践

任何一个历史事件都是特定背景条件下的产物。才溪乡调查既是毛泽东等共产党人探索革命正确道路、解决发展困境的现实需要,同时也是毛泽东个人坚持求真务实工作作风的体现。

(一)才溪乡调查的历史背景

毛泽东一生当中三次到才溪从事革命实践,指导地方工作。第一次是在1930年6月,为进一步了解闽西地区土地革命和根据地建设情况,毛泽东在赣南寻乌开展社会调查后,带了一个警卫连,经杨梅、兰背、吉潭、滋溪,到福建武平、上杭的千家村(今珊瑚乡)来到才溪,住在下才溪上坑村。第一次到才溪,毛泽东深入群众,召开妇女代表调查会、区乡工作人员和耕田队长调查会、贫农和工人代表调查会,对土地问题、劳动问题和柴米油盐问题进行了调查,掌握了最基本的材料。才溪的耕田队工作赢得了毛泽东的赞赏,并建议将耕田队的组织提高为互助社。在毛泽东的指导下,才溪乡在1931年创办了全苏区第一个劳动合作社。这次毛泽东到才溪的活动时间大约是五六天。

第二次是在1932年6月,毛泽东率领红军东路军胜利攻克漳州,回师赣南的途中,来到才溪,住在下才溪塘子角。到达才溪的第二天,在大坪岗召开了万人祝捷大会,毛泽东在红军检阅台上作了重要讲话,朱德检阅了工农红军。这次毛泽东在才溪活动三天时间。经过这两次的实地考察,才溪人民轰轰烈烈建设农村革命根据地的状况给毛泽东留下了深刻印象。

第三次是在1933年11月下旬,毛泽东率中央政府检查团到福建上杭县才溪乡进行调查,先后召开由工人、农民和乡干部等参加的各种类型的座谈会,还走访红军家属和贫苦农民,对乡苏政权建设、扩大红军、经济建设、文化教育等问题进行了详细的考察和研究,随后,写出《才溪乡调查》(原题为《乡苏工作的模范(二)——才溪乡》)。①

---

① 中共中央文献研究室编:《毛泽东年谱(1893—1949)》上卷,中央文献出版社2013年版,第416页。

才溪乡调查的历史背景可以从宏观和微观两个层面去分析。从宏观层面讲，当时党内面临的错误路线和国民党第五次"围剿"给苏区的发展带来了极大的难题。

1. 党内"左"倾教条主义盛行

1931年临时中央开始在苏区推行"左"倾教条主义的方针政策。王明的"左"倾教条主义路线与毛泽东等人在赣南和闽西等根据地建设过程中总结的经验背道而驰。随之而来的是对毛泽东的一系列打压和抨击。

在1931年11月1日至5日召开的赣南会议上，"左"倾教条主义者集中批评毛泽东，把毛泽东等的正确主张斥责为"狭隘的经验论"和"农民的落后意识"，甚至指责毛泽东主张的"抽多补少，抽肥补瘦"的土地政策，"是模糊土地革命中的阶级斗争，也是同样的犯了富农路线的错误"①。会议通过了取消红一方面军总前委的决定。会后，撤销了毛泽东苏区中央局代理书记的职务，由项英代理。"左"倾错误开始影响苏区各项事业的发展。

为了贯彻执行临时中央的"左"倾冒险主义的进攻路线，解决红军行动方针的分歧，讨论和确定第四次反"围剿"的应敌方针，1932年10月，中共苏区中央局在江西宁都召开全体会议。毛泽东、朱德、王稼祥、顾作霖、邓发、任弼时、项英等出席了会议，史称"宁都会议"。会议在"左"倾思想占上风的情况下，通过了"左"的军事方针，要求红军在敌人合围前主动出击，以夺取中心城市，争取江西的首先胜利。在组织上，错误地决定取消前线最高会议制度，企图以此来排挤毛泽东参加前方指挥机关的集体领导，并拒绝周恩来"坚持要毛泽东同志在前方助理或由毛泽东同志负责主持战争责任"的正确意见，以"批准毛泽东同志暂时请病假"为由排挤毛泽东对红军的领导。10月12日，中央军委发布命令，调毛泽东回苏维埃中央政府主持工作，接着又撤销了他的红一方面军总政委的职务。②

宁都会议之后，毛泽东的处境非常困难。同年11月，中共苏区中央局

---

① 《二十世纪中国实录》第二卷，光明日报出版社1997年版，第1820页。
② 田克勤、于文藻主编：《中国共产党七十年1921—1991》（上），吉林文史出版社1991版，第156页。

给临时中央发去电报称,同意让毛泽东回到前线。但这个"召回"是有条件的。"我们可同意现在召回泽东同志与公开批评他的错误观点,批评方法应该说服教育,并继续吸引他参加领导机关的工作,不然,在目前将削弱我们的地位。"① 但坚持真理的毛泽东并没有为之所动,仍然坚持自己的正确主张。

随后,于1933年2月15日召开的中共苏区中央局会议作出了《关于闽粤赣省委的决定》,指斥罗明及其领导下的省委犯了逃跑退却的右倾机会主义错误,随后给予罗明纪律处分并撤销其职务,并在苏区开展了大规模的反对所谓"罗明路线"的斗争②,将毛泽东的支持者发配到偏远部门或闲杂单位。反对"罗明路线"的斗争实际上就是排斥和打击毛泽东等人在赣南和闽西根据地建设中形成的正确的经验总结和政策方针。

苏区开展的反"罗明路线"斗争让毛泽东的处境跌落谷底。但毛泽东作为坚定的马克思主义者,他从来都是服从安排,即便是正确主张没有得到认可,回到后方工作之后,他仍然将大量的时间和精力用在如何发展生产、满足苏区内部迫切的物资需求上。他在查田运动和经济建设中极力推行自己的正确主张,保障苏区军民的生产、生活。

2. 根据地建设困难重重

1929年3月,毛泽东、朱德率领红四军进入闽西,开启了以赣南和闽西为中心的农村革命根据地建设进程。1931年11月7日,中华工农兵苏维埃第一次全国代表大会在江西瑞金胜利召开(简称"一苏大")。③ "一苏大"的胜利召开标志着苏维埃政权的成立,共产党人开始进行局部执政的探索。苏维埃政权的成立极大鼓舞了全国工农劳苦大众的革命斗志,广大农民摆脱了帝国主义和封建主义的压迫,翻身做了主人,表现出极高的革命热情。在随后的两年多时间里,中央苏区的版图不断发展壮大。红军

---

① 中共中央文献研究室编:《毛泽东年谱(1893—1949)》上卷,中央文献出版社1993年版,第391页。

② 蒋伯英:《毛泽东才溪乡调查述论》,《福建党史月刊》2017年第5期,第18页。

③ 余伯流、凌步机:《中央苏区史》(上),江西人民出版社2017年版,第437页。

第四次反"围剿"胜利后，至 1933 年夏秋间，中央苏区疆域迅速发展，进入鼎盛时期。整个中央苏区是时设有江西、福建、闽赣、粤赣 4 个省和瑞金直辖县，共有 60 个行政县。① 据统计，江西省和粤赣省共 240 万人，福建省和闽赣省各 100 万人，加上中央苏区红军部队约 13 万人，全中央苏区 1933 年秋人口总数为 453 万人，时称 500 万人。②

苏区的发展壮大，再次引起国民党的恐慌。1933 年 9 月，国民党对革命根据地发起第五次"围剿"。此次"围剿"与往次有所不同，蒋介石采取"三分军事，七分政治"的策略。在政治上，采取"保甲制"和"连坐法"，试图将中央苏区与外界相隔绝。在军事上，蒋介石采取"堡垒主义"新战略，调集了 100 万军队、200 架飞机，对革命根据地进行大规模"围剿"，其中以 50 万兵力集中进攻中央苏区。③ 此外，国民党第五次"围剿"对苏区的经济封锁更为严酷。在"左"倾教条主义错误的指导下，苏维埃政权的巩固和建设面临诸多问题。

首先，政权建设面临困境。虽然建立了革命政权，但由于中国封建专制思想的长期作祟以及中国共产党缺乏建设新政权的经验，加之在艰苦斗争环境下缺乏对人民群众广泛而普遍的宣传教育，苏区的大多数人民群众和政府工作人员还不擅长甚至还不习惯行使民主权利，自然也尚未能在根据地政权建设中解决好民主政治的问题。很多干部身上的小农思想在作祟，农民以为土地革命成功后，革命就算成功了，只顾眼前各谋生活。在"左"倾教条主义错误的指导下，干部队伍里出现了强迫命令现象，很多干部不愿意做群众工作等，导致干群关系非常紧张。"现在许多地方的苏维埃机关中，发生了敷衍塞责或者强迫命令的严重错误，这些苏维埃同群众的关系十分不好，大大障碍了苏维埃任务与计划的执行。"④

"会昌各级苏维埃政府的组织，许多地方没有按照地方苏维埃暂行组

---

① 余伯流、凌步机：《中央苏区史》（上），江西人民出版社 2017 年版，第 577—578 页。

② 余伯流、凌步机：《中央苏区史》（上），江西人民出版社 2017 年版，第 578 页。

③ 《二十世纪中国实录》（二），光明日报出版社 1997 年版，第 134 页。

④ 《毛泽东文集》第一卷，人民出版社 1993 年版，第 276 页。

织条例，乡苏城苏的经常代表会议没有建立起来，只有少数人包办，政府脱离了群众，政府的工作方式还是命令的，每种工作不是使群众了解，而是压迫群众去执行，例如，扩大红军事先不做宣传鼓动的工作，到了期满没有送红军到补充团的时候，就用强迫欺骗的方法拉夫式的把老的少的群众拿来充数。这种工作方式不是苏维埃政府的工作方式，而是脱离群众的工作方式。"①

其次，扩红工作难度加大。从1930年10月到1933年9月，蒋介石先后发动五次"围剿"，敌我双方的人数差距越来越大，第一次"围剿"敌我双方人数比例为2.5∶1，而第五次"围剿"的时候敌我双方的比例达到了10∶1。兵力上的悬殊使得苏区的扩红压力非常之大。虽说我们成立红色政权，为扩红提供了制度保障，但事实上，新的政权建立之后，传统的旧的各种力量并没有随着消解。受"好铁不打钉，好男不当兵"的传统观念影响，有些地方的农民不愿意当兵，有的能接受加入地方武装，但不愿意加入到正规的红军部队。另外，封建社会中女人有"裹脚"习俗，使妇女丧失劳动能力，还有些人考虑到"男人走后，家里没有劳动力"，便不愿意上前线。所以说，虽然新的政权成立了，但是在广大苏区的农村地区，很多旧思维、旧思想仍然存在，加大了扩红工作的难度。

再次，民生问题愈加凸显。苏区的经济主要是指农业生产上的自给自足，由于苏区所辖区域多是农村偏远地区，很多物资比如食盐、药材等需要从白区购买，进行"赤白交易"。到了1933年夏天，国民党的封锁政策进入极端严厉时期，企图把苏区民众困死饿死，在严密的经济封锁之下，苏区的物资供给非常紧张。当时被周恩来称为"红色小上海"的长汀，在1932年后近80%的店铺因为没有进货无生意可做而停业关门。苏区内部食盐、土布、煤油、西药等物品奇缺。以食盐为例，暴动前每元10斤，1930年至1932年春仍是10斤，1932年夏贵至7斤；1933年每元买1斤，十一月每元仅买14两（旧制秤1斤等于16两）。极大的问题是要打破封锁。②

① 《红色中华》1932年8月4日，第30期。
② 《毛泽东文集》第一卷，人民出版社1993年版，第338页。

苏区民众因长期缺盐导致身体浮肿，酸软无力，甚至引发各种疾病。而盐的问题不仅关系到百姓的日常生计，更关系到整个队伍的战斗力。战士们"吃饭时，无盐无油，经常以辣椒和芋头干送饭。日子长了，大家感到力气不足"①。

最后，文化教育尤为迫切。如同旧中国文化教育落后一样，当时广大苏区文化教育事业非常落后，文化知识也极端贫乏，90%以上的农民不识字。在执行任务的过程中一度出现了这样的情况，上级的文件下级不识字无法阅读，只能上级走路到下级单位宣读文件精神，无形当中增加了很多的行政成本，降低了办公效率，影响了革命工作的开展。

中央苏区的乡村社会是一个以血缘和地缘为纽带连接的乡土社会。一个村基本都是同姓氏，一个支部中也大多数是同一个姓，基本等同于家族会议。长期以来小农意识作祟，中央苏区的基层政权建设陷入窘境，地方主义泛滥，甚至同一个地区的各乡、各村之间也存在浓厚的地方主义。

在过去几千年的传统封建社会中，农民是最末梢的社会阶级群众，同时也是受封建地主阶级专制最彻底的社会群体。我们的苏维埃政权巩固和发展要赢得农民这个主力军，就必须对中国农民阶级及其乡村社会进行改造，让农民接受新思想，形成新的民主政治的意识，构建政治人格等。所以，文化教育是当时的苏区建设中极为迫切的任务。

3. 才溪人民的光辉业绩吸引毛泽东进行探索和思考

才溪地处福建省龙岩市上杭县的西北部，为闽粤赣三省边界。土地革命战争时期，才溪先后隶属于上杭县、杭武县、新汀县、新杭县、新汀杭县。在中国共产党建立的苏维埃政府中，才溪设区，通贤乡隶属于才溪区。才溪区总面积为182.62平方千米，其中才溪109.82平方千米，通贤72.8平方千米，辖上才溪、下才溪、岭坑、文坑、通贤、东里、岭头、秀坑、同坑、障云、四坊、曾坑等12个行政乡，共有16000多人，主要人口集中在上才溪、下才溪。② 才溪是客家人聚居的地区，才溪人民勤劳勇敢，

---

① 罗明：《罗明回忆录》，福建人民出版社1991年版，第138页。
② 傅柒生、黄春开、赖文燕：《才溪乡调查》，中共党史出版社2013年版，第16页。

富有同情心、正义感和勇于牺牲的精神,为才溪创造"第一等"工作成为中央苏区第一模范区提供了天然的优势。

在土地革命战争前,才溪和全国广大地区普通人民一样受压迫受剥削,处在深重灾难之中,广大农民终日劳作,生活仍然非常艰辛,苦不堪言。当时在才溪流行这样一首山歌,描述了才溪民众的生活状况:

朝晨野菜昼边糠,夜铺稀粥照月光。

田里冇粒喂鸡米,桌上冇颗老鼠粮。

作田之人空米房,泥浆师傅住烂房。

做衫工人烂衣裳,木匠师傅篾缚床。

(注:客家话,昼边——中午,夜铺——晚上,冇——没有)①

才溪乡"土地全部之百分之八十集中于地主阶级手里,尤其肥沃的土地是完全为地主富农所有。但人口的阶级比例,则以贫农为最多,占全人口百分之七十以上。地主富农通过地租与高利贷的剥削形式,使一般贫苦农民与工人过着奴隶一样痛苦的生活"②。土地作为农民最重要的生产资料,是农民的根基。当时在才溪,占人口总数94%的农民只占有30%土地,而占6%人口的地主、富农却占有全部土地的70%。广大的民众为了生存,饱受各种苛捐杂税的重压,苦不堪言。

哪里有压迫,哪里就有反抗。1929年7月,在红四军一纵队的策应下,才溪党组织负责人罗化成、李天富等人成功领导了才溪的农民暴动,大会宣布成立才溪工农革命委员会,为苏维埃建设打下了坚实的基础。1929年农历八月初五,才溪在党组织领导下成立才溪农民协会,开展了轰轰烈烈的打土豪、分田地运动。

随着革命运动的日益高涨,上级派兰如玉同志为指导员来才溪指导革命工作。8月14日,在才溪文昌阁召开农民代表大会成立才溪区革命委员会,大会讨论并贯彻了中国共产党闽西第一次代表大会(简称"闽西一

---

① 傅柒生、黄春开、赖文燕:《才溪乡调查》,中共党史出版社2013年版,第17页。

② 江西档案馆、江西省委党校编:《中央革命根据地史料选编》上册,江西人民出版社1982年版,第394页。

大")提出的路线、方针、政策和各项任务。9月间,中共西三区(即才溪区)委、共青团西三区委成立。随后,上才、下才、通贤、东里、障云、秀坑、文坑等12个乡党、团支部相继成立,组织队伍迅速发展壮大。9月17日,才溪区首届工农代表大会召开。此次大会成立了西三区苏维埃政府,并选举了王仲玉为区苏政府主席,区苏政府下设有工农、检察、内务、文化、财务、粮食、经济、土地、劳动、裁判和军事11个部。同时,还成立了"拥护红军""优待红军家属"等各种委员会以及其他群团组织,把广大群众紧紧地团结在苏维埃政权周围,巩固和发展革命根据地。

才溪区苏维埃政府成立了土地"没收委员会"和"分田委员会",严格按照闽西一大的分田制度进行分配。当时通过不断完善土地政策,开展各项竞赛、奖励开荒等活动推动粮食增产,得到百姓的真心拥护,也极大激发了百姓投身苏区建设的热情。

在随后的几年时间里,才溪人民发扬"闹革命走在前头,搞生产力争上游"的精神,在苏维埃建设和发展过程中,开拓创新、真抓实干,创造了"第一等"工作,才溪在经济建设、政权建设、扩大红军、文化教育、

光荣亭(才溪乡调查纪念馆供图)

妇女工作等众多方面成了中央苏区的模范。才溪乡，曾经一个普通、贫穷、落后的小山区在短短的几年之间发展成了"中央苏区模范乡"。1933年，福建省苏维埃政府为了表彰才溪人民的光辉业绩，拨款修建了光荣亭。当时，在苏区内部《红色中华》《斗争》和《青年实话》等主要报刊不断报道才溪乡的先进事迹，引起了毛泽东的极大关注。

4. 毛泽东历来注重调查研究

毛泽东历来重视调查研究，在早年探索中国革命道路的过程中，他进行了很多著名的农村调查，写下了大量翔实生动的调查报告。1926年毛泽东在《中国佃农生活举例》一文中，通过调查研究了解到佃农一年的收入情况，指出"中国之佃农比牛还苦，因牛每年尚有休息，人则全无。然事实上佃农不能个个这样终年无一天休息地做苦工，稍一躲懒，亏折跟来了。这就是中国佃农比世界上无论何国之佃农为苦，而许多佃农被挤离开土地变为兵匪游民之真正原因"①。这篇文章成为中央农民运动讲习所中深受学员喜爱的教材。

1927年，他深入实际，到长沙等地开展调研，写下了《湖南农民运动考察报告》。他在湖南住了30多天之后，完全改变了之前的观点，对当时农民运动的问题有了更为清晰的认识。这篇文章曾被转载刊登在《共产国际》上，受到了共产国际的广泛关注。

1930年，为了进一步了解农民在土地革命前后生产、生活等情况的变化和发展，毛泽东进行了兴国调查，与8户农民进行座谈。在这次调研中，毛泽东了解到大部分的农民在土地革命中受益较大，因而他们革命的热情也较为高涨。

与此同时，毛泽东还对当时的商业情况进行专门的调查研究。1930年，为了更好地了解富农问题和城市发展状况，毛泽东开展了著名的寻乌调查。他后来在《关于农村调查》中谈道："我作了寻乌调查，才弄清了富农与地主的问题，提出解决富农问题的办法，不仅要抽多补少，而且要抽肥补瘦，这样才能使富农、中农、贫农、雇农都过活下去。假若对地主

---

① 《毛泽东农村调查文集》，人民出版社1982年版，第33页。

一点土地也不分，叫他们去喝西北风，对富农也只给一些坏田，使他们半饥半饱，逼得富农造反，贫农、雇农一定陷于孤立。当时有人骂我是富农路线，我看在当时只有我这办法是正确的。"① 寻乌调查之后，毛泽东结合实际制定出一系列关于贫农和小资产阶级的政策，同时也提出在分田政策上应该继续完善，对富农进行"抽肥补瘦"等。

1930年，毛泽东在《反对本本主义》这篇文章当中提出了两个非常重要的命题：一是"没有调查，没有发言权"②；二是"中国革命斗争的胜利要靠中国同志了解中国情况"③。同时，这篇文章还系统详细地介绍了调查的目的、方式方法等，成为中国共产党人开展调查研究的重要指导篇章。

综上所述，在党内"左"倾教条主义盛行之际，在根据地建设困难重重之际，面对如此复杂的局面，毛泽东亲赴才溪乡开展调查研究的目的主要体现在两个方面。

（1）为了总结复杂形势下苏区局部执政经验

1933年11月，反"围剿"战争正在进行。革命处于危急关头，根据地应该建成什么样的模式？乡村苏维埃政府应该如何执政？如何发动广大群众积极参与到革命战争？这些问题成为摆在全党全苏区人民面前的关键问题。为了更好地总结根据地建设的成功经验，满足应对革命战争的需要，进一步巩固苏维埃政权，中共中央决定召开全国苏维埃第二次代表大会（简称"二苏大"）。正如毛泽东所指出："苏维埃所处的环境同过去有许多不同了，它有了广大的领土，有了广大的群众，有了坚强的红军，它已经将许多散漫的力量集中起来，它已经组织成为一个国家，这就是我们的苏维埃共和国。这个国家已经有它的地方与中央组织，已经建立临时的中央政府。这个政府是一个集中的权力机关，它依靠广大的民众，依靠民众的武装力量——红军。"④

---

① 《毛泽东农村调查文集》，人民出版社1982年版，第78页。
② 《毛泽东农村调查文集》，人民出版社1982年版，第1页。
③ 《毛泽东农村调查文集》，人民出版社1982年版，第7页。
④ 江西省档案馆、中共江西省委党校编：《中央革命根据地史料选编》下册，江西人民出版社1982年版，第300—301页。

毛泽东作为中华苏维埃共和国临时中央政府主席，将在这次大会上作政府工作报告。为了筹备"二苏大"，他计划通过实地走访调研，总结经验，树立根据地建设的先进典型，将成功的经验向全苏区推广。

（2）为了回答党内关于战争条件下经济建设是否必要且可行的问题

由于国民党严密的经济封锁，苏区的经济陷入困境。对于在战争条件下是否要发展经济以及如何发展经济等问题，当时党内展开了激烈的争论。在"左"倾错误思想的影响下，党内很多同志把开展革命斗争与经济建设、改善群众生活完全对立起来。他们认为，在战争条件下，经济建设是不可能进行的，"认为革命战争已经忙不了，哪里还有闲工夫去做经济建设工作，因此见到谁谈经济建设，就要骂为'右倾'"①。而毛泽东则认为："只有开展经济战线方面的工作，发展红色区域的经济，才能使革命战争得到相当的物质基础，才能顺利地开展我们军事上的进攻，给敌人的'围剿'以有力的打击；才能使我们有力量去扩大红军，把我们的战线开展到几千里路的地方去，使我们的红军毫无顾虑地在将来顺利的条件下去打南昌，打九江，使我们的红军减少自己找给养的这一部分工作，专心一意去打敌人；也才能使我们的广大群众得到生活上的相当的满足，而更加高兴地去当红军，去做各项革命工作。"② 为了驳斥关于根据地建设的各种错误认识，正确地回答在战争条件下经济建设是否必要且可行的问题，毛泽东通过调查研究寻找苏区建设的样板，论证在战争条件下有没有必要开展经济建设以及怎样开展经济建设的问题。

综上所述，毛泽东历来注重调查研究的工作方法，深入实际了解社会情况。所以，从这意义上讲，才溪乡调查既是解决客观实际问题的需要，也是毛泽东秉承个人工作作风的必然选择。

（二）才溪乡调查的经过

1933年11月下旬，毛泽东继江西兴国的长冈乡调查后，率中央政府检查团一行人从瑞金出发，途经长汀水口，乘船到官庄回龙，走山路30多

---

① 《毛泽东选集》第一卷，人民出版社1991年版，第119页。
② 《毛泽东选集》第一卷，人民出版社1991年版，第120页。

才溪乡调查旧址（邱泉斌 摄）

华里，来到中央苏区模范乡——才溪。毛泽东在才溪乡调查期间，住所安排在才溪区政府隔壁的列宁堂（区工会所在地）。当时毛泽东住在左边厢房里。

到达才溪后，毛泽东首先召集才溪区委书记黄志祥、区苏主席黄来书、副主席钟福春和肃反委员会主席王文桥、区劳动部长阙宣先和其他各部长到区苏维埃政府召开了干部座谈会。在会上他将才溪乡调查的目的作了简要说明，还请了上才溪文书阙绍光做翻译。他向干部了解当时才溪在扩红运动中是如何开展动员工作的。当时，他从区苏主席的回答中了解到，才溪的扩红主要靠政治宣传鼓动，利用一切办法进行宣传，让群众明白参军参战的好处。对个别比较困难的群众或有后顾之忧的青年，区、乡政府帮助他们解决实际问题。

第二天，毛泽东开始召开调查会。"开调查会，是最简单易行又最忠实可靠的方法，我用这个方法得到了很大的益处，这是比较什么大学还要高明的学校。"① 毛泽东把调查会当做调查技术的重要方式，正如他在《反

---

① 《毛泽东农村调查文集》，人民出版社1982年版，第16页。

列宁堂（邱泉斌 摄）

对本本主义》一文中所指出的："只有这样才能近于正确，才能抽出结论。那种不开调查会，不作讨论式的调查，只凭一个人讲他的经验的方法，是容易犯错误的。那种只随便问一下子，不提出中心问题在会议席上经过辩论的方法，是不能抽出近于正确的结论的。"①

毛泽东在调查会上询问的过程非常细致。为了更清楚地了解国民党对苏区封锁造成的影响，为制定冲破封锁的方针政策，毛泽东特地认真调查了当地的物价，比较了在暴动前后老百姓日常所需的谷子、猪肉、鸡、鸭、豆子等商品的价格。甚至一次问到土纸的价格，当场没有人能回答（因暴动后无人造纸了），毛泽东刨根究底安排人特意去市场上问，也要搞清楚土纸的价格。

此外，毛泽东还到红军公田同区乡干部一起参加义务劳动，并在夜里走家串户，探望烈属，访贫问苦。林俊是毛泽东1929年率红四军首次入闽在长汀与朱德亲自任命的地方武装部队的副党代表，1931年11月在永定湖雷与敌作战时牺牲。毛泽东心情沉痛，决定去他家看望他的家属，同时也顺路去了解其他烈属并做社会调查，向红军家属们了解当时的红军家属优待措施。

---

① 《毛泽东农村调查文集》，人民出版社1982年版，第9页。

在才溪开展调查期间，毛泽东采取典型调查、实地走访、开调查会等方法获取了大量真实的第一手资料，听取了关于优待红属、生产支前、文化教育、经济建设、物价对比等情况的汇报。同时结合科学分析，由表及里、由此及彼，撰写了著名的《才溪乡调查》（原名为《乡苏工作的模范（二）——才溪乡》），将才溪乡建设的成功经验上升为指导革命的理论。

（三）才溪乡调查的内容

《才溪乡调查》全文不到 1 万字，共 7 个章节，主要内容体现在政权建设、扩大红军、经济生活和文化教育四个方面。这篇文章展现的是无产阶级政党局部执政条件下的一个模型，这个模型体现了马克思政治经济学当中经济基础决定上层建筑、上层建筑反作用于经济基础的基本原理，显示了马克思主义政党在政权建设、经济生活、文化教育和社会生活等方面的重构设计。

1. 政权建设的榜样

才溪乡是基层民主建政的典范。为了巩固苏维埃红色政权，确保苏区各项建设和土地革命顺利进行，才溪乡以民为本，积极进行民主建政的成功尝试，为中国革命积累了局部执政的成功经验。

才溪区委和才溪人民十分重视选举运动，创造出了全苏区一流的选举运动的成功经验。首先成立乡选举委员会，选举委员会的委员由乡党支部提名，由乡苏维埃政府及各团体的代表组成，乡党支部书记担任主任，选举委员会负责选举的全部工作，待选举出新的乡级领导班子，选举委员会才停止工作解散。

选举的宣传方法多种多样。如开各种会议，党团员先发动，后工会、贫农团、妇代会、互济会儿童团、少先队和宣传队在房前村口张贴标语，通过开展演讲、小品表演以及唱山歌等活动作广泛宣传，让老百姓了解选举的意义。为了保证到会的选民都有应得的选举权，不让搞破坏的坏分子混进来，选举委员会还组织选民登记，没有政治权利的人不能登记，不能参加选举的名单张榜公布。

党支部提出候选人名单，要注意工农成分，注意工农比例，妇女也有一定比例。选举委员会广泛收集候选人的表现，并将候选名单张榜公布在各村。在以乡为单位召开的选民大会上,乡苏政府报告工作,请选民对政府工作做检验,以充分发扬民主。中华苏维埃临时中央政府称才溪是"选举运动的好模范"。

才溪实行代表制度。"代表在各村,每村有十多个的,有二十多个的……此办法,一九三一年开始的。"① 区苏主席团每五天召开一次会议,执委会一月一次,代表们很重要的任务就是及时将群众的意见反馈上来。比较小的工作由乡里解决,解决不了的再往上汇报。通过这个制度"使全村民众像网一样组织于苏维埃之下"②。同时,才溪还设置了各种乡苏下的委员会,通过让民众以平等的身份加入到各委员会中,从事各项工作,改变了以往乡村封闭的人际关系,形成了大家团结互助的氛围,也提高了农民的政治斗争觉悟。

2. 经济建设的先锋

才溪乡是经济建设的先锋。在1933年的春耕运动中,才溪区苏维埃政府召开了主席团会议,并召集了各乡主席及土地委员的联席会议布置春耕生产,区苏利用各种形式宣传春耕运动与争取战争胜利,如组织宣传队、散发春耕运动传单、排演春耕戏剧等。经过动员,才溪区群众的劳动热情更加高涨,全区共组成12个耕田队、12个莳田队、15个管水队。

在敌人的军事"围剿"和经济封锁下,苏区急需的盐、布和医药等物资奇缺,才溪的物价也空前高涨。面对这一情况,根据中共闽西特委1929年9月《发动群众集股筹组消费合作社》的通知精神,10月,才溪区苏维埃政府在下才老圩上建起了才溪区消费合作社,这也是中央苏区第一个消费合作社。由于他们经营得法,所销货物又适合群众的需要,吸引了广大群众加入合作社,到1933年7月,社员发展到741名,12月发展到1410名。才溪区消费合作社的示范作用迅速在各乡引起积极反响,陆续建立起消费合作社。

才溪区先后共成立了14个合作社,如油、盐、肉、布、药材等合作

---

① 《毛泽东文集》第一卷,人民出版社1993年版,第323页。
② 《毛泽东文集》第一卷,人民出版社1993年版,第325页。

社。加入合作社的人家上才溪有 60%，下才溪有 90%，资金由群众入股，并逐步扩大。合作社事业有效地解决了当时物资紧缺的问题，得到老百姓的极大肯定，百姓纷纷竖起大拇指，称赞"合作社第一好"。

十八乡合作社复原场景（才溪乡调查纪念馆供图）

才溪乡的经济建设，能在战火纷飞的年代取得优异的成绩，是与党和苏维埃政府的坚强领导，与人民群众的大力支持分不开的。毛泽东在 1933 年 11 月下旬，经过十来天的社会调查总结道："我们重复地说，只有经济建设配合了政治动员，才能造成扩大红军的更高的热潮，推动广大群众上前线去。才溪乡在青年壮年男子成群地出去当红军、做工作之后，生产超过了暴动前百分之十……劳动合作社（别地称劳动互助社）、消费合作社、粮食合作社，组织了全乡群众的经济生活，经济上的组织性进到了很高的程度，成为全苏区第一个光荣的模范。"[1]

3. 扩红支前的模范

在土地革命战争时期，才溪总人口 16000 多人，而参加红军的共有 3400 多人（从 15 岁到 55 岁的青壮年男子中的 80% 都参加了红军），平均

---

[1] 《毛泽东文集》第一卷，人民出版社 1993 年版，第 339—340 页。

每五个人中，就有一个红军战士。据统计，1929年至1933年，才溪有3000多青壮年参加红军。其中，一家2人当红军的200户，3人当红军的46户，4人当红军的7户，5～6人当红军的各1户，父子当红军的9户，兄弟当红军的231户，叔侄当红军的6户，夫妻当红军的9户，而且创造了整排整连模范队以及整个支部加入红军的光荣例子。① 才溪成了闻名全苏区的红军之乡。"才溪区顶呱呱！数量又多，成分又好，党团员也不少。欢送的一队队，慰劳品一担担，最整齐，最特色，政治影响最扩大，优胜旗二把给他取去了！"② 才溪子弟兵在前线英勇杀敌，不怕牺牲。大批才溪儿女在革命战争中茁壮成长，为革命事业做出了杰出贡献。

才溪乡扩红运动模拟场景（才溪乡调查纪念馆供图）

4. 文化教育的尖兵

才溪人民遵照毛泽东的教导，开展了轰轰烈烈的文化教育运动。"每月每校办公费五角，群众募集的。"③ 没有教育经费群众自己募集，没有桌

---

① 中共福建省龙岩市委党史研究室：《闽西人民革命史》，中央文献出版社2001年版，第390页。
② 《红色中华》1932年11月14日，第40期。
③ 《毛泽东文集》第一卷，人民出版社1993年版，第341页。

椅群众就把自家的桌椅搬去。夜学没有灯，群众就自己上山砍松树枝做火把照明，有的群众还把家里的灯提到夜校供大家用。赤卫队员和儿童团员利用白天站岗时间，在地上学写字。"因老，因工作，因小孩牵累，不能入夜学的，便入识字班。"①"全乡一至十五岁儿童六百多人，内六岁至十五岁的三百二十三人，此数内入日校的一百四十一人，入区苏劳动学校的三十七人，尚有一百四十五人失学。"② 在下才溪建立的劳动小学，才溪有60多位革命烈士和8位共和国的将军、10位师级干部来自这里。

在不长的时间里，上下才溪以村为单位共办起了日学9所291人，夜学12所368人，识字班60组500人，还有俱乐部2个共100多人，内设图书报刊、娱乐。③ 同时，组织工农剧团，开展群众性的文娱活动，演戏、跳舞、唱歌等。还设立读报团2处，有100多人，每逢圩日读一次，读《斗争》《红色中华》《红军好》等，还经常学习红军作战捷报，并在道路口设置了识字牌11块，在日学的门口开辟了墙报。通过开展各种形式的群众学习，才溪人民在学习文化教育方面取得了很大成绩，提高了思想觉悟和文化水平，成为文化教育的模范，受到各方面的赞扬。《红色中华》在1933年9月的一篇报道中称赞：热烈进行文化教育活动，才溪不愧为"第一模范区"④。据《青年实话》第3卷第8号报道，才溪消灭文盲的成绩是"全区有人口八千七百八十二人，除小孩外，有六千四百余人，能看斗争报的约在百分之八；能看《红色中华》与写浅白信的约在百分之六。能看路票与打条子的约在百分之八；能识五十字以至一百字的约占百分之三十；如检查普通路条，妇女占有百分之三，现在统计不识字的只有百分之十"⑤。

二、才溪乡调查的精神内涵

才溪乡调查作为调查研究的典范，是一部独特的教科书，它体现了马

---

① 《毛泽东文集》第一卷，人民出版社1993年版，第341页。
② 《毛泽东文集》第一卷，人民出版社1993年版，第340页。
③ 张东瑞执笔：《才溪人民革命史》，北京广播学院出版社1997年版，第44页。
④ 《红色中华》1933年9月6日，第108期。
⑤ 暴红博、李勇：《红藏：进步期刊总汇（1915—1949）青年实话（6）》，湘潭大学出版社2014年版，第254—255页。

克思主义的基本立场、观点和方法。才溪乡调查的精神内涵，可以简要地概括成四句话，即"深入群众、实事求是、执政为民、勇于探索"。其中，深入群众是基本前提，实事求是是本质特征，执政为民是根本立场，勇于探索是品质要求。

（一）深入群众

深入群众是才溪乡调查的基本前提，也是才溪乡调查的显著特征。"……没有满腔的热忱，没有眼睛向下的决心，没有求知的渴望，没有放下臭架子、甘当小学生的精神，是一定不能做，也一定做不好的。必须明白：群众是真正的英雄，而我们自己则往往是幼稚可笑的，不了解这一点，就不能得到起码的知识。"① 毛泽东从内心深处认为人民群众是真正的英雄，是历史的创造者，是推动社会前进的动力。作为苏区的领导人，他在才溪乡调查期间召开区委区苏干部会议，而后分别组织召开工人代表、贫农代表、耕田队长和妇女代表调查会等。通过各种类型的座谈会，深入细致了解到才溪在政权建设、扩大红军、经济建设、文化教育等方面的举措。在调查会上，毛泽东每次都是最早到现场，把参会的代表当作是自己的老师，给参会的代表递烟、倒水。在座谈的过程中，毛泽东总是想方设法让自己所提的问题通俗易懂，重点突出，有的放矢，简单易答，对于实在有些难度的问题，他也采取解剖麻雀的方式，逐一深入剖析，直到问明白为止。而且，毛泽东能根据参会对象的知识水平和理解能力，用活泼生动的语言和代表们交流。比如，当时毛泽东在调查会上和参会代表们讲"团结"。他用筷子作比喻，一根筷子再坚固都容易折断，但十根筷子捆在一起就不容易折断了，以此来解释这就是"团结"的力量。毛泽东与苏区的广大群众坦诚相待，推心置腹，在他的影响下，参加座谈会的群众也纷纷敞开心扉、知无不言、言无不尽。

调查研究不仅是毛泽东了解实际情况的重要手段，更是问计于民的最好途径。面对国民党的第五次"围剿"，发动和领导广大人民群众参加反"围剿"，是临时中央政府的重要任务。为了完成这一任务，基层民主政权

---

① 《毛泽东农村调查文集》，人民出版社1982年版，第16—17页。

的建设和巩固是非常重要的一环，所以，毛泽东在可能的条件下对基层民主政权的建设给予了很大的关注。才溪乡的民主建政便是他要调查的重点之一，且特别要考察乡苏维埃代表会议和选举会议的召开，是否真正贯彻了"彻底的民主"。

为此，毛泽东首先从"代表会议"入手，主要分析了代表数、代表团、代表与居民的关系、代表的政治表现、代表的调动与补选以及女代表六个问题。他指出："乡的中心在村，故村的组织与领导成为极应注意的问题。将乡的全境划分为若干村，依靠于民众自己的乡苏代表及村的委员会与民众团体在村的坚强的领导，使全村民众像网一样组织于苏维埃之下，去执行苏维埃的一切工作任务，这是苏维埃制度优胜于历史上一切政治制度的最明显的一个地方。"① 通过这样的制度设计，有利于最大限度地将基层的民众组织起来，使广大民众紧紧围绕在苏维埃之下，推动苏区各项事业不断发展。

其次，毛泽东考察了1933年的选举情况。通过调查，他概括了涉及选举的九道程序：一是选举委员会领导选举。二是居民选民登记，发榜三张。三是公布候选名单。四是乡为单位开选民大会，乡苏报告工作。五是工人全乡为一单位，农民以村为单位。六是选举大会，选民到百分之八十。病的，放哨的，在合作社工作出外办货的，女子坐月的，共约百分之二十没有到。老人撑着棍子到会。七是为着选举开的会很多。八是选举大会上鼓动买公债，下才溪在会场中一天买了一千五百多元，上才溪六百三十元。大地乡选民大会中，动员了十三个人当红军，全乡赤卫军模范营两班中去了一班。九是新干部的当选：上才溪七十五个代表中，前任代表五十三个，有二十一个再当选了，落选的三十二个，新当选的占五十四个。下才溪九十一个代表中，前任代表七十三个，有五十个再当选，落选的二十三个，新当选的占四十一个。②

毛泽东通过对选举程序的考察和调研，认为："上下才溪的选举是一

---

① 《毛泽东文集》第一卷，人民出版社1993年版，第325页。
② 《毛泽东文集》第一卷，人民出版社1993年版，第326—327页。

般成功了的。他们的选举宣传,他们的组织候选名单与发动群众对候选名单的批评,他们的联系选举于别项工作,他们的组织工人与女子当选,都充分执行了中央政府的选举训令,成为苏区选举运动的模范。"① 通过充分的深入群众,充分的调查研究,毛泽东总结出才溪苏维埃政权建设的先进经验,并要求在"二苏大"会上推广到全苏区去。

为了真正做到深入群众、深入一线,毛泽东在才溪乡调查期间,坚持轻车简从,从不提特殊要求。在到学校调研的过程中,陈昌奉等警卫员给毛泽东安排床铺和办公地方,并到学校借了两张课桌。毛泽东得知课桌是从学校借来的,当场严肃地批评了他们。陈昌奉只得把两张课桌还给了学校,再向群众借来了一张四方桌。毛泽东还坚持与苏区的群众一起生产生活、同甘共苦。他到上坝段红军公田参加生产劳动,与妇女耕田队一起锄草和培土;每到一个村庄都带领警卫员下地帮助群众生产;在调研途中主动上前帮助群众劈柴;在田间地头与群众一起吃地瓜,在饭前饭后向群众嘘寒问暖,认为群众的生活问题一点都不能疏忽……才溪的群众称赞毛泽东对人谦虚,劳动是一把能手。② 在红军家属孔菊姑老妈妈家里时,毛泽东满脸笑容地问她的家庭和生活情况,有困难政府是否有帮忙解决。孔菊姑眉开眼笑地说自己的独生子孔宪章领头参加红军,还动员了30多位好青年一起参军,乡里的干部经常到家里看望他们红军家属,把他们的生活照顾得很好,柴、米、油、盐都想到了,她连水都很少挑,乡里还组织了人员帮助她犁田耙田。在上才溪乡苏召开的妇女代表会上,毛泽东听取了男参军、女生产的汇报后,还十分风趣地问妇女们会不会变心,妇女们笑着说男人上前线当红军,她们留在家里搞生产,前方后方一条心,一样闹革命,没有变心的道理。毛泽东在才溪与群众促膝谈心,关心人民群众的生产生活,为他获得第一手真实的资料提供了重要的基础。

毛泽东曾多次强调:"我们应该走到群众中间去,向群众学习,把他们的经验综合起来,成为更好的有条理的道理和办法,然后再告诉群众

---

① 《毛泽东文集》第一卷,人民出版社1993年版,第327页。
② 中共上杭县委党史研究室、毛泽东才溪乡调查纪念馆编:《才溪革命史资料汇编》,中共党史出版社2013年版,第133页。

(宣传),并号召群众实行起来,解决群众的问题,使群众得到解放和幸福。"① 通过才溪乡调查,毛泽东看到了广大人民群众的智慧和力量,从而对苏区建设充满了信心。这一探索党的工作方法和领导方法的伟大实践中所体现的深入基层的工作态度,体察民情的工作作风和求真务实的精神风貌,正是我们党不断走向胜利的重要法宝。

(二)实事求是

在才溪乡调查的伟大革命实践中,毛泽东满腔热忱,亲力亲为,实事求是,注重实效。比如,在才溪乡调查的经济生活部分,毛泽东为了驳斥"苏区群众不愿生产"的谬论,对"劳动力问题"进行了深入的调研,他在《才溪乡调查》一文中写道:"今年(一九三三)比去年增加二成(杂粮如番薯、豆子、芋子、大薯等,则比去年增加了百分之五十),超过了暴动前百分之十。暴动后全区荒了许多田,去年开发了一小部分。今年大开,开了一千三百多担。开山比开田更多,山占四分之三,田占四分之一,因田开尽,故进到开山。没有一片田塍没有种杂粮,能种番薯的田一概种下番薯了。开山开得女同志'争'起来,我要开,你也要开。竞赛的效力很大。"② 从这里完全可以看出才溪人民争相劳动的人热潮。同时,为了驳斥"左"倾机会主义污蔑苏区"群众生活没有改良"的谬论,毛泽东同志还调查了占70%以上贫雇农在暴动前后的生活情况,发现:从粮食方面来说,平均每人每年"吃饭改善了百分之一百";从吃猪肉方面来说,平均每人每年"增加了百分之一百";从穿衣方面来说,平均每人每年"增加了百分之二百",苏区人民群众的生活水平有了显著的提高。又比如,在扩红支前部分,毛泽东认为"左"倾机会主义者所持"根据地的人民不愿当红军,扩大红军靠动员和自愿是行不通的"观点是错误的,他必须用铁的事实来回应。为此他特别注意数据的统计,在《才溪乡调查》中,他开门见山地摆上有关数据③:

---

① 《毛泽东选集》第三卷,人民出版社1991年版,第933页。
② 《毛泽东文集》第一卷,人民出版社1993年版,第332页。
③ 《毛泽东文集》第一卷,人民出版社1993年版,第328—329页。

上才溪：六十人，动员了两排模范营。

另归队的十一人。还有两三个因病没有归队。

下才溪：六十五人，模范营一次动员了五十二个人。另一次个别动员，去了十三人。

另归队的十一人。还有十四人未归队。

全区十二个乡（未划分前），八月十五日那一次，动员模范营二百七十三人。新划区八个乡，共尚有未归队的五十多人。

毛泽东对数据进行了研究和分析：上才溪全部青年壮年男子（十六岁至五十五岁）五百五十四人，出外当红军、做工作的四百八十五人，占百分之八十八。下才溪全部青年壮年男子七百六十五人，出外当红军、做工作的五百三十三人，也占了百分之七十。① 让人一目了然地认识到才溪乡扩大红军的成果和模范地位。

经过进一步梳理，毛泽东还总结出才溪乡之所以大量的群众去当红军，主要得益于三个方面。

第一，政治上的充分宣传鼓动，废弃一切强迫办法。区乡党组织和苏维埃政府组织了扩红宣传突击队，深入到群众中去，访贫问苦，思想上做好动员，生活上解决困难，努力做到"政府、家庭、人人"三满意。每当扩红任务下达，乡召开党团支部会，进行扩红动员，党团骨干常常是以身作则带头报名。扩红宣传突击队经常分成小组深入到群众中去进行广泛的政治动员，同时，时时关心群众生活，处处注意工作方法，解决群众的困难。如上才溪乡雇农王雷发准备将自己的房子修好后去当红军，乡苏立即发动群众募捐，献工献料，将他的房子修好，结果他当日报名参军。广大翻身农民在"保卫土地革命成果""保卫红色政权"和"扩大红军"的战斗动员下，革命热情高涨，曾涌现出父母送子妻送郎、父子兄弟争相上战场的动人场面。如通贤白石坑黄三妹，全家五口，把三个儿子和一个媳妇都送上了前线；上坊村农民王葱娣的两个儿子报名当红军，先后光荣牺

---

① 《毛泽东文集》第一卷，人民出版社1993年版，第330页。

牲。① 下才溪贫农王秋莲，替丈夫孙松发报名参加红军。下才溪发坑村农民林攀信的三个儿子林金堂、林金森和林金香在扩红运动中争相报名，先后光荣参军，在前线英勇杀敌，壮烈牺牲，被誉为"红色三兄弟"。

第二，优待红军家属。《斗争》杂志在1933年第35期称赞说："上杭才溪区扩大红军是苏区的光荣模范，而优待红军工作上，亦写上光荣一页，真是不愧为'我们第一模范区'（中央给才溪的奖旗）。"② 上下才溪乡扩红成绩最好的主要原因还在于很好地优待了红军家属和慰劳红军。才溪区苏维埃政府在政治上给红军家属挂光荣牌，使红军家属受到人们的尊敬。如1932年8月15日才溪区在马道坝举行慰问红军家属大会，各乡红军家属4000多人参加大会，受到少先队的鼓乐欢迎。区里还摆出丰盛的宴席款待红属，使他们倍感光荣和自豪。在经济上，发给红属"土地税免税证"，在生活上发给红军家属"优待证""买货证"；在生产上，发给代耕通知书，使红属可以享受代耕待遇。劳力少的红属就多给劳动补贴，尤其是在春耕、夏耕、秋收大忙的时节，组织耕田队，10人为一组，帮助红军家属播种收割。妇女以乡为单位组织了看护队，10人为一组，帮红军家属工作，如担水、砍柴、种田、洗衣、烧火等。③ 红军家属有特殊困难的，立即帮助解决。

第三，健全的编制与训练地方武装。才溪区苏维埃政府组织了地方工农武装——上杭县赤卫团第十三大队（1930年改编为杭武第七区特务大队），同时还组织不脱离生产的武装赤卫军少先队，统一由区苏维埃政府军事部指挥。凡24岁至45岁的编为赤卫军，16岁至23岁的编为少先队，6岁至15岁的编为儿童团。少先队是广大劳动青年群众军事化组织，是工农红军的后备军。少先队中又组织模范少先队，由18岁以上身体强壮、政治觉悟高的男队员在自愿原则下组成，经常配合红军及赤卫军在本地区或外地区的对敌作战。赤卫军与少先队均设大队、中队、分队，45岁以上的

---

① 傅柒生、黄春开、赖文燕：《才溪乡调查》，中共党史出版社2013年版，第60页。

② 中国井冈山干部学院编：《斗争》（苏区版）第2辑，中国发展出版社2017年版，第371页。

③ 张东瑞执笔：《才溪人民革命史》，北京广播学院出版社1997年版，第42页。

第二章 才溪乡调查：深入群众、实事求是

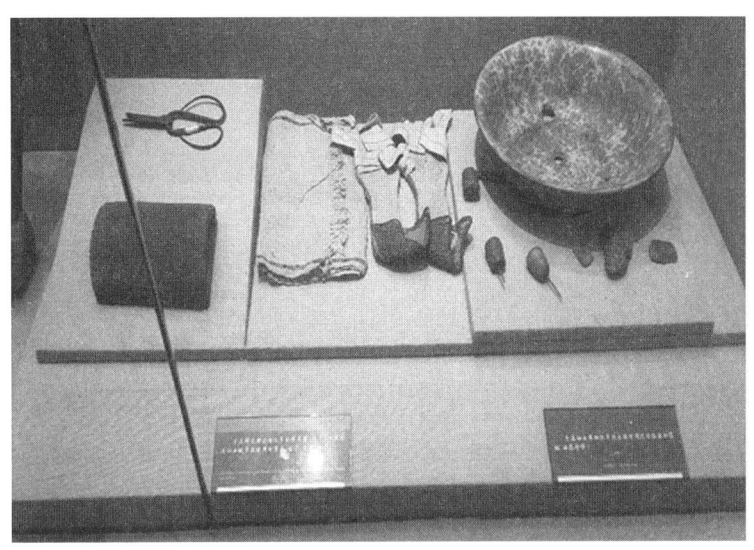

才溪妇女为红军做草鞋、洗衣服的工具（才溪乡调查纪念馆供图）

编成担架队、运输队、看护队、慰劳队和洗衣队，在全区所有路口、险要处设岗哨20处。白天每处都有儿童团、少先队或赤卫军3人站岗放哨，晚上有巡逻队。下田耕种随身携带鸟铳、暗镖等武器，若敌人来犯做到召之即来、来之能战，使根据地内外敌人无机可乘。正是由于赤卫队、少先队、儿童团夜以继日英勇顽强地放哨和参加作战，国民党官兵几次进攻才溪，都宣告失败，因此也不敢轻易入侵红色才溪。

　　苏维埃政权有效地组织了群众的生活，真正取得了群众对苏维埃政府的信任，广大群众为粉碎敌人的"围剿"奋力斗争。如毛泽东在《才溪乡调查》中所说："经济建设配合了政治动员，才能造成扩大红军的更高的热潮，推动广大群众上前线去。才溪乡在青年壮年男子成群地出去当红军做工作之后，生产超过了暴动前百分之十……这种经济战线上的成绩，兴奋了整个群众，使广大群众为了保卫苏区发展苏区而手执武器上前线去，全无家庭后顾之忧。"①

　　毛泽东以详尽的调查研究，用大量事实回答了那些"左"倾教条主义

---

① 《毛泽东文集》第一卷，人民出版社1993年版，第339—340页。

者不从实际出发，只会背书本知识、闭着眼睛瞎说"国内战争中经济建设是不可能的""苏区群众生活没有改善"等错误论调，充分证明了党领导的土地革命中，广大农民不仅在政治上翻了身，而且在经济上也翻了身。《才溪乡调查》全文不到一万字的文章，用了充分的数据和铁的事实去作结论的支撑，论证了苏维埃制度优越于历史上的一切政治制度。在中央苏区的发展面临重大问题的时候，毛泽东不唯上、不唯书，只唯实，善于从客观现实中寻找规律，这就是实事求是的体现。

（三）执政为民

"人们奋斗所争取的一切，都同他的利益有关。"① 人民群众是历史的创造者，要充分发动群众投身于一次又一次的反"围剿"斗争，投身苏区建设的各项事业中，就必须以群众的利益为根本出发点。毛泽东在总结党的工作经验时就指出："要得到群众的拥护吗？要群众拿出他们的全力放到战线上去吗？那末，就得和群众在一起，就得去发动群众的积极性，就得关心群众的痛痒，就得真心实意地为群众谋利益，解决群众的生产和生活的问题，盐的问题，米的问题，房子的问题，衣的问题，生小孩子的问题，解决群众的一切问题。我们是这样做了么，广大群众就必定拥护我们，把革命当作他们的生命，把革命当作他们无上光荣的旗帜。"② 毛泽东赴才溪开展调查研究，十分注重倾听群众的呼声，始终把群众安危冷暖记挂在心头，把执政为民作为开展调查实践的根本立场，充分体现了中国共产党人全心全意为人民服务的宗旨。

毛泽东深深明白根据地经济建设的重要性，所以非常关心群众的生产情况。当了解到长期的扩红导致农村劳动力锐减，严重影响生产后，他提出，人多智慧广，团结力量大，可以推行村帮村、户帮户的互助模式。在毛泽东的启发下，才溪成立了劳动互助社、耕田队和耕牛合作社，很好地弥补了劳动力不足的问题。此外，他还鼓励妇女代表动员乡内的妇女们积极投身生产，组织起来学犁田、耙田、莳田，同时鼓励妇女同志学会当家

---

① 《马克思恩格斯全集》第一卷，人民出版社，1956年版，第82页。
② 《毛泽东选集》第一卷，人民出版社1991年版，第138—139页。

管家。① 在毛泽东的号召下，才溪乡的妇女们热情高涨，既能很好地完成犁田、耙田、莳田等粗活重活，增加粮食产量和农副食品，又能照料好家中的一切事务。即便在敌人严密的经济封锁之下，才溪妇女仍然能克服布料紧缺等问题，集中做布、草鞋慰劳红军。"上才溪，8月500多双，9月100多双，10月90多双。下才溪，8月300多双，9月280双，10月300双，11月630双。"② 妇女俨然已经成为了对敌斗争中的一支主力军。在《才溪乡调查》中，毛泽东对才溪的生产经验给予了高度的肯定，他这样写道："荒田开尽，进到开山，没有一片可耕的土地没有种植，群众生活有很大的改良。"③ 在才溪乡调查期间，对于群众生活，从红军家属到普通百姓，从衣食住行到柴米油盐，从文化教育到医疗卫生，毛泽东无不细致关心，并帮助群众解决实际的困难和问题。受国民党经济封锁的影响，苏区内部药品奇缺，老百姓看病难、看病贵的问题极为突出。毛泽东经过仔细思考，建议才溪区苏维埃政府创办药材合作社，鼓励群众自己上山采药材，同时，还倡议创办中医培训班，让老中医集中起来为当地百姓看病，有效解决了百姓看病难的问题。在毛泽东的关心下，才溪乡不但解决了群众缺医少药的问题，还增加了合作社的收入。

在溪西村开展调查时，村内有一位叫陈美兰的大妈找到毛泽东，反映因为火灾，烧掉了两间平房，导致全家祖孙三代五口人只能挤在一间屋子，家中又无劳动力，生活十分困难。毛泽东一面宽慰陈大妈天无绝人之路，一面连夜召集区乡干部帮助陈大妈解决问题，强调"组织革命战争，改善群众生活，是党的两大工作任务"④，并耐心启发干部们发动群众互帮互助。后来，在乡苏干部带动下，大家捐献木料、瓦块、劳力等，帮助陈大妈建房子。半个月后，陈大妈的新房就建好了。陈大妈非常感动，称赞

---

① 中共上杭县委党史研究室、毛泽东才溪乡调查纪念馆编：《才溪革命史资料汇编》，中共党史出版社2013年版，第127页。
② 《毛泽东文集》第一卷，人民出版社1993年版，第329页。
③ 《毛泽东文集》第一卷，人民出版社1993年版，第339—340页。
④ 中共上杭县委党史研究室、毛泽东才溪乡调查纪念馆编：《才溪革命史资料汇编》，中共党史出版社2013年版，第169页。

"红军是天兵天将,是来给穷人消灾减难的"。在上坝段红军公田检查生产,参加劳动,帮助群众劈柴时,毛泽东听到"衰坑"这个村名后,告诉该村的干部和群众,在共产党的领导下,村子一定会兴旺起来,"衰坑"这个村名不好,不如改为"发坑"。干部群众欣然接受,纷纷一改过去因贫困产生的沮丧情绪,信心大振,更加积极地投身经济生产中,从此"衰坑"变为"发坑"。当看到有群众用竹笕把水引到家里时,毛泽东就启发群众要用类似的方法把水引到旱田里去,使旱田变成良田,更好地耕种。在调研的路上,毛泽东路过群众家门前,看到群众在劈柴,就问他们砍了柴是否还种回去,群众回答说,这四周都是山,没有想过栽回去。对此,毛泽东劝导群众,强调要有计划地砍柴,要边砍边栽回去,烧柴要节约。同时,毛竹的用途很大,能造纸出口,换回食盐布匹,还能编箩筐,每家每户都少不了它,连扁担也是竹子做的,大家要少吃竹笋,保护好竹林。[①]在战争年代,工作繁忙,但毛泽东仍然重视文化教育,特别提出要重视农民学文化的问题。"他在一次贫农、工会代表会议上提出,学校可以扩大些,提倡学文化,白天忙,晚上可以办夜校。有一二个教师也行,学生可以教学生。学生白天学了十多个字,晚上就教这十几个字,有那么几个人就可以教很多人,今天学几个字,明天学几个字,积累起来就多了。他倡导赤卫队员要学文化,才能知道查路条的作用。不认字,光站岗,只能完成部分任务。"[②]

毛泽东在离开才溪之际,还召开了一次干部座谈会,表扬乡苏的干部能深入群众,和群众打成一片,既能和群众一起闹革命,又能帮助群众解决困难,勉励大家应该把优良的工作作风继续保持下去。正是因为苏区各级党和苏维埃政府注意解决了群众生产生活中的实际问题,才使得广大群众真正围绕在党周围,热烈拥护苏维埃政权。在"二苏大"会上,毛泽东代表中央执行委员会和人民委员会作结论时强调要关心群众生活,注意工

[①] 中共上杭县委党史工作委员会编:《上杭人民革命史》,厦门大学出版社1989年版,第110—111页。

[②] 中共上杭县委党史研究室、毛泽东才溪乡调查纪念馆编:《才溪革命史资料汇编》,中共党史出版社2013年版,第128页。

作方法,指出对于广大群众的切身利益问题、群众的生活问题,一点也不能疏忽,一点也不能看轻。"因为革命战争是群众的战争,只有动员群众才能进行战争,只有依靠群众才能进行战争""真正的铜墙铁壁是什么?是群众,是千百万真心实意地拥护革命的群众。这是真正的铜墙铁壁,什么力量也打不破的,完全打不破的。"① 为此,要领导农民的土地斗争,分土地给农民;提高农民的劳动热情,增加农业生产;解决群众的穿衣问题、吃饭问题、住房问题、柴米油盐问题、疾病卫生问题、婚姻问题。总之,一切群众的实际生活问题,都应该提到议事日程上来。"要使广大群众认识我们是代表他们的利益的,是和他们呼吸相通的。"② "要得到群众的拥护吗?……就得真心实意地为群众谋利益。"③ 毛泽东的这些思想正是共产党人执政为民的生动写照。

(四)勇于探索

在土地革命战争时期,党内很多同志还停留在对苏俄成功经验照搬照抄的层面。而毛泽东善于从实践当中去探寻适合中国具体国情的革命发展之路,不断总结经验,探索出一条将武装斗争、土地革命和根据地建设三者结合,走农村包围城市、武装夺取政权之路的道路设计,并在实践当中不断去论证道路设计的科学性和可行性。

当时,根据地的建设并不是一帆风顺的,它内外都受到严重的干扰和破坏。1931年初,中共临时中央政治局由于路线错误,使党的工作遭受了严重损失,被迫迁到中央苏区。随着博古等人的到来,党内的"左"倾错误进一步发展,"左"倾教条主义从1931年至1935年1月在党内统治长达四年之久。也不管共产国际的指示是否适合中国的具体情况,就不折不扣地执行,甚至还要超越。结果忽"左"忽右,给中国的革命带来了巨大危害。④

王明等"左"倾教条主义者把革命战争与经济建设、战争动员与群众

---

① 《毛泽东选集》第一卷,人民出版社1991年版,第136、139页。
② 《毛泽东选集》第一卷,人民出版社1991年版,第138页。
③ 《毛泽东选集》第一卷,人民出版社1991年版,第138页。
④ 周国全、郭德宏:《王明传》,安徽人民出版社1998年版,第321页。

生活的改良、扩大红军与生产支前对立起来。一些上级机关干部在这种情形下，仍只知道发布命令和决议，却不知道乡、村苏维埃政权的具体工作和实际内容，还有许多地方的政府机关中存在敷衍塞责或强迫命令的严重错误，同人民群众的关系十分不好，大大阻碍了政府任务与计划的执行。① 加上国民党严密的经济封锁，造成苏区经济几乎窒息。他们认为在革命战争环境中没有进行经济建设的可能，要等战争最后胜利了，有了和平的安静的环境，才能进行经济建设。②

毛泽东作为真正的马克思主义的践行者，他坚信马克思主义的整个世界观不是教义，而是方法，提供的不是现成的教条，而是进一步研究的出发点和供这种研究使用的方法。这里所说的世界观是辩证唯物主义的世界观，辩证唯物主义世界观不提供解决问题的具体的现成的答案，而是提供从实际出发解决问题的研究方法。毛泽东坚持一切从实际出发，理论联系实际，在客观事实中去探索革命事业发展之路。毛泽东坚持认为在战争环境下经济建设是有必要且可行的，并且通过实地调查去探索复杂背景下苏区经济发展之路。

在宁都会议以后，毛泽东被迫离开了党内最高军事指挥领导岗位，当时他身患疟疾，于是向中央请假到汀州治病。临行前仍在组织面前表态，如果中央需要，随时回来。毛泽东作为一位伟大的马克思主义者，没有因个人受到不公正的待遇而灰心失望，相反，他勇于探索，敢于和"左"倾教条主义错误作斗争，敢于直面前进道路上的实际困难，沉着冷静地分析，善于用马克思主义的立场、观点和方法去解决实际问题，在调查研究中用事实去驳斥各种谬论。这体现出来的正是共产党人勇于探索的精神。

三、才溪乡调查的历史意义和时代价值

毛泽东的才溪乡调查是一次成功的社会调查，调查的结论有助于解决中国革命前进道路上的重大问题。《才溪乡调查》对如何加强党的领导、

---

① 张东瑞执笔：《才溪人民革命史》，北京广播学院出版社1997年版，第53页。
② 《毛泽东选集》第一卷，人民出版社1991年版，第119页。

进行政权建设和探索中国革命道路问题等方面提供了很多指导，是中国革命史上的光辉篇章。

（一）才溪乡调查的历史意义

1. 有力驳斥了当时党内的错误观点

对 20 世纪 30 年代的中国共产党人而言，中国革命的道路应该何去何从，这是时代赋予的重大课题。长期积贫积弱的中国，是处于半殖民地半封建社会的农业国家。中央苏区所辖的大部分区域皆以农业生产为主，多是经济比较落后的地区。在敌人严密的军事"围剿"和经济封锁的情况下，苏区 400 多万军民面临着严峻的挑战。应该如何突围，这是摆在当时的中国共产党人面前非常迫切需要解决的问题。在战争条件下"要不要""能不能"以及"怎样建设根据地"等一系列问题成为了重大时代课题。面对这样的困境，党内产生了激烈的争论。"左"倾教条主义者认为，在战争条件下经济建设是不可能进行的。而此时的毛泽东坚持把马克思主义与中国革命实际相结合，坚持实事求是、理论联系实际。面对党内的种种言论，毛泽东通过实地走访开展调查研究，在《才溪乡调查》中描述了才溪在政权建设、经济建设、扩大红军和文化教育等方面取得的辉煌业绩，有力驳斥了党内的种种错误认识。最后，他在《才溪乡调查》中得出重大的历史结论，"这一铁的事实，给了我们一个有力的武器，去粉碎一切机会主义者的瞎说。如像说国内革命战争中经济建设是不可能的，如像说苏区群众生活没有改良，如像说群众不愿意当红军，或者说扩大红军便没有人生产了。我们郑重介绍长冈乡、才溪乡、石水乡的光荣成绩于全体工农群众之前，我们号召全苏区几千个乡，一齐学习这几个乡，使几千个乡都如同长冈、才溪、石水一样，成为争取全中国胜利的坚强的前进阵地"①。

2. 为苏区条件下的治国理政提供范本

"苏维埃"的意思是工农兵代表大会。苏维埃政权是实行工农民主专政的为人民谋利益的革命政权。在苏维埃政权的领导下，全体劳动人民参政议政，第一次当家作主，建设属于自己的政权。但如何发动长期受封建

---

① 《毛泽东农村调查文集》，人民出版社 1982 年版，第 352—353 页。

专制思想压迫的苏区百姓参与到苏区建设的事业中,在敌人严密的经济封锁之下如何冲破困境,发展生产,改善民生?面对这些执政困境,才溪的经验做法成为中国共产党在复杂条件下局部执政的成功范本。在1934年1月召开的"二苏大"会议上,当时《才溪乡调查》以《乡苏工作的模范(二)》为题出现在毛泽东的政府工作报告里。毛泽东把这篇文章作为大会推荐的材料发给参会代表,让全苏区的群众向才溪学习。毛泽东才溪乡调查影响的最早也是最广泛的群体就是中央苏区各级干部和群众。"二苏大"的报告和结论在苏区的重要报刊《红色中华》和《斗争》上刊发,而当时《红色中华》发行量4万份,《斗争》发行量达到27100份,当时中央苏区人口400多万,读者的覆盖面是很广的,其影响的力度之大、范围之广不可估量。

"二苏大"会议之后,苏区各地纷纷组团到才溪参观学习,各种报纸杂志也刊文宣传才溪的光荣业绩,形成了新一波的影响。据初步统计,自1932年至红军长征前的1934年9月,《红色中华》《斗争》等报刊发表关于才溪的文章74篇,大多发表于才溪荣获"模范区"的1933年6月以后,占64篇。其中,从毛泽东作才溪乡调查的1933年11月至1934年9月,就密集发了23篇。在不到一年时间里,中央报刊涉及一个区乡发表这么多篇报道、特写和专论,是十分少见的。

3. 为探索中国革命道路提供科学实证

中国共产党自成立之初便开始探索中国革命的道路,在道路探索的路上艰难且曲折。1927年,受到陈独秀右倾机会主义的严重影响,大革命失败。大革命失败后,共产党人意识到只有枪杆子里面才能出政权,随后中国共产党领导发动南昌起义、秋收起义和广州起义,这为中国革命创建人民军队,从城市转入农村,建立农村革命根据地奠定了基础。1928年4月,朱德、陈毅领导的南昌起义、湘南起义部分部队和毛泽东率领的秋收起义部队,在井冈山(原宁冈县龙市镇)胜利会师,并随后在井冈山创建全国第一个农村革命根据地,把革命从城市转移到农村,成为中国革命的一个转折点。1929年3月14日,红四军从长汀四都镇进入闽西,在长汀的辛耕别墅召开红四军前委扩大会议,确立了开创中央苏区革命根据地的战略计划。毛泽东在不断的革命实践中总结出斗争经验，他认为中国的实际情况决定了不能照搬照抄苏联的模式，应该将武装斗争、土地革命和根据地建设三者结合起来，走农村包围城市、武装夺取政权的革命道路。1930年1月5日，毛泽东在上杭县古田镇协成店写下了著名篇章《星星之火，可以燎原》，成为农村包围城市、武装夺取政权道路基本形成的标志。但这条将马克思主义与中国实际相结合的道路设计，在革命的早期并未得到认可，反而遭到来自共产国际和党内连续出现的"左"倾错误思想的抨击，甚至有人公开在《红旗》等重要刊物上发表文章对毛泽东进行抨击。而才溪乡调查作为一个成功的社会调查，以模范才溪的苏维埃政权建设为典范，尤其是以农民阶级为主要成分开展苏区建设，引导中国革命胜利向前发展的模范事实，充分印证了毛泽东关于农村包围城市、武装夺取政权这条道路设计的科学性和可行性。所以说，才溪乡调查为毛泽东探索中国革命道路提供了科学实证，成为马克思主义中国化的重要成果。

（二）才溪乡调查的时代价值

"鉴往知来，温故知新。"才溪乡调查虽然已经过去90多年了，但其中蕴含的"深入群众、实事求是、执政为民、勇于探索"的精神仍然具有重要的时代价值。当前，中国特色社会主义进入新时代，全党全军全国各族人民正在进行具有许多新的历史特点的伟大斗争，我们正处在世界格局深刻调整、国际竞争日趋激烈、国内改革深化攻坚的关键时期，党治国理政的担子之重、难度之大前所未有，这迫切要求我们学好用好毛泽东《才溪乡调查》这本难得的教科书，不断继承和弘扬其所蕴含的精神伟力，为推进全面建设社会主义现代化国家提供强大的精神动力。

1. 深入群众，践行党的群众路线

才溪乡调查彰显了社会历史的人民主体性和创造性。马克思、恩格斯在《神圣家族》中明确指出："历史活动是群众的事业，随着历史活动的深入，必将是群众队伍的扩大。"[1] 在这里，马克思、恩格斯强调人民群众是历史的创造者，是推动社会发展的决定力量。列宁指出："随着人们历

---

[1] 《马克思恩格斯全集》第二卷，人民出版社1956年版，第104页。

史创造活动的扩大和深入,作为自觉的历史活动家的人民群众在数量上也必定增多起来。"① 毛泽东始终坚持马克思主义群众史观,在闽西开展了一系列的社会调查,他将征询到的群众意见与自己的思考相结合,写下了《才溪乡调查》这一光辉著作,得出了革命战争与经济建设的关系,得出了只有真切关心群众生活,人民群众才会把革命当成他们的生命,当成他们无上光荣的旗帜的结论。才溪乡调查从调查的目的和问题再到调查的对象和方法,都是毛泽东群众路线观的生动体现。才溪乡调查既是我们党全心全意为人民服务宗旨早期在福建的成功探索实践,也为党的群众路线形成完备的科学理论奠定了坚实的思想基础。

"历史和现实都告诉我们,密切联系群众,是党的性质和宗旨的体现,是中国共产党区别于其他政党的显著标志,也是党发展壮大的重要原因;能否保持党同人民群众的血肉联系,决定着党的事业的成败。"② 在革命战争年代,我们党忠实地践行群众路线,构建起党同人民群众的鱼水关系,人民群众成为党和革命事业的力量之源、胜利之本。百年来,正是由于我们党一切为了群众,相信群众,依靠群众,集中群众智慧,把群众的力量组织起来,才战胜种种困难,创造出一个又一个奇迹。密切联系群众是我们党的最大政治优势,脱离群众是我们党执政后的最大危险,群众路线是我们党的根本工作路线和生命线。中国特色社会主义已经进入新时代,我国正处于社会转型关键期,各种社会矛盾问题凸显,群体性矛盾日益突出,党的群众工作出现了新特点、新问题。

我们党的根基在人民,血脉在人民,力量在人民,密切联系群众是我们党的最大政治优势。但是,有些基层党员和群众反映,现在交通工具发达了,干部与群众的距离却远了;通信工具先进了,干部与群众的沟通却难了;干部的学历高了,做群众工作的水平却低了。③ 这样的情况应引起我们的警惕。面对当前的复杂形势和严峻任务,我们要做好新时代具有许

---

① 《列宁选集》第一卷,人民出版社1995年版,第127页。
② 习近平:《习近平谈治国理政》第一卷,外文出版社2014年版,第367页。
③ 中共中央组织部一局编:《入党教材》(根据党的十八大精神修订),党建读物出版社2014年版,第29页。

多新特点的群众工作,就应该继承和弘扬才溪乡调查精神,坚持深入群众,自觉践行群众路线。

一要"身入"基层。毛泽东当年以"俯下身子,甘当小学生"的精神深入基层开展调查研究,了解实情。正如毛泽东在中共中央招待陕甘宁边区劳动英雄大会上所言:"'三个臭皮匠,合成一个诸葛亮',这就是说,群众有伟大的创造力。中国人民中间,实在有成千成万的'诸葛亮',每个乡村,每个市镇,都有那里的'诸葛亮'。我们应该走到群众中间去,向群众学习,把他们的经验综合起来,成为更好的有条理的道理和办法,然后再告诉群众(宣传),号召群众实行起来,解决群众的问题,使群众得到解放和幸福。"① 我们今天仍应主动深入群众,拜群众为师,通过问计于民,汇聚民智,最终实现民之所想、民之所需。

二要"心至"群众。当年毛泽东在调查研究期间与老百姓同吃同住同劳动,把老百姓在衣食住行中的一切困难和问题都当成调查研究的重点。"蜻蜓点水、走马观花"式的调研,不但不能了解实际情况,反而会给基层的干部和百姓带来负担和困扰,同时败坏了我们党的风气。今天我们的干部只有真正带着责任,带着感情去调研,才可能是真正深入基层,才能赢得百姓的尊重和支持。

2. 实事求是,开创事业发展新局面

才溪乡调查体现了毛泽东重视调查、实事求是的一贯作风。我国革命、建设、改革的历史反复证明,只有制定符合实际的政策措施,采取符合实际的工作方法,党和人民事业才能走上正确轨道,才能取得人民满意的成效。② 正是由于我们坚持了尊重客观事实和客观规律,不断结合自身实际去探索符合中国国情的发展之路,才使得我们的事业不断向前发展。坚持实事求是,是我们共产党人的重要思想方法。2013年12月,在纪念毛泽东诞辰120周年座谈会上的讲话中,习近平总书记指出:"实事求是,是马克思主义的根本观点,是中国共产党人认识世界、改造世界的根本要

---

① 《毛泽东选集》第三卷,人民出版社1991年版,第933页。
② 中共中央文献研究室编:《十八大以来重要文献选编》(中),中央文献出版社2016年版,第43页。

求,是我们党的基本思想方法、工作方法、领导方法。"① 2014 年 8 月,在纪念邓小平同志诞辰 110 周年座谈会上,他强调:"实事求是,是邓小平同志一生最重要的思想特点,也永远是中国共产党人应该遵循的思想方法。"② 2016 年 11 月,在纪念朱德同志诞辰 130 周年座谈会上,他再次指出:"我们要把中国特色社会主义事业继续推向前进,还是要靠实事求是。全党同志一定要坚持解放思想、实事求是、与时俱进,随时准备坚持真理、修正错误。凡是有利于党和人民事业的,就坚决干、加油干、一刻不停歇地干;凡是不利于党和人民事业的,就坚决改、彻底改、一刻不耽误地改,不断开创事业发展新局面,不断开创马克思主义发展新境界。"③ 当前,我国发展站到了新的历史起点上,但中国特色社会主义事业依然任重而道远。2020 年全面建成小康社会,继而为实现第二个百年奋斗目标努力,让中华民族以更加昂扬的姿态屹立于世界民族之林,这是我们党坚持和发展中国特色社会主义必须完成的历史任务。未来的路并不平坦,需要面对和解决各种艰难问题。成功经验告诉我们,要解决好重大战略问题,开创中国特色社会主义事业新局面,必须继承和发扬毛泽东才溪乡调查中所体现的精神实质,坚持实事求是的思想路线和工作方法。

一要加强和改进调查研究。坚持实事求是,首先应该了解真实情况,坚持实事求是,基础在于搞清楚"实事",就是了解实际、掌握实情;关键在于"求是",就是探求和掌握事物发展的规律。④ 了解事物的真实情况,必须真正深入到群众中间去,既要到"先进地区"去调研,也要到"落后地方"去研究,既要进得了"政府大院",也要能入"农家小院","下马观花""解剖麻雀"了解实际情况,才能了解实情、理清思路。

---

① 中共中央宣传部编:《习近平新时代中国特色社会主义思想学习纲要》,学习出版社、人民出版社 2019 版,第 242 页。

② 习近平:《在纪念邓小平同志诞辰 110 周年座谈会上的讲话》,《人民日报》2014 年 8 月 21 日。

③ 《中共中央举行纪念朱德同志诞辰 130 周年座谈会 习近平发表重要讲话》,《人民日报》2016 年 11 月 30 日。

④ 中共中央宣传部编:《习近平新时代中国特色社会主义思想学习纲要》,学习出版社、人民出版社 2019 版,第 243 页。

二要切实转变工作作风。"知屋漏者在宇下，知政失者在草野。"坚持实事求是，要从根本上坚持以人民为中心的发展理念，真正把解决老百姓的实际困难和问题放在心上，听民意、解民忧，克服避重就轻回避矛盾，克服盲目指挥强迫命令，不断提高掌握实情的能力、科学决策民主决策的能力、解决问题化解矛盾的能力。

3. 执政为民，全力增进民生福祉

才溪乡调查展示了历史是人民创造的这一光辉思想。在实现中华民族伟大复兴中国梦的征程中，人民群众依然是推动历史前进的真正动力，必须继承和发扬才溪乡调查所体现的精神，坚持立党为公、执政为民，全力增进民生福祉，将"让老百姓过上好日子"作为一切工作的出发点和落脚点。

一要深入贯彻新发展理念。党的十一届三中全会后开启了改革开放的伟大进程，人民的生活水平有了显著的提升。1992年邓小平在南方谈话时提出"发展就是硬道理"的著名论断，强调抓住机遇，发展经济。党的十八大以来，习近平总书记提出创新、协调、绿色、开放、共享的新发展理念。为此，我们要努力把新发展理念贯彻运用到实际工作中，努力为持续不断改善民生奠定坚实物质基础。坚持高质量发展，推动各区域协调发展，增强人民的获得感、幸福感、安全感。

二要牢固树立以人民为中心的发展思想。党的十八届五中全会首次提出"坚持以人民为中心的发展思想"，彰显了马克思主义最根本的价值追求，体现了党热爱人民、服务人民、坚持人民至上的立场和感情。习近平总书记强调："要坚持以人民为中心的发展思想，把增进人民福祉、促进人的全面发展、朝着共同富裕方向稳步前进作为经济发展的出发点和落脚点。这一点，我们任何时候都不能忘记，部署经济工作、制定经济政策、推动经济发展都要牢牢坚持这个根本立场。"① 如今，社会主要矛盾发生了变化，老百姓对住房、教育、医疗、环境等方面的需求也随之变化，这就

---

① 中共中央文献研究室编：《习近平关于社会主义社会建设论述摘编》，中央文献出版社2017年版，第12页。

要求我们应该根据新形势下的新特点，不断调整具体的政策方针，抓住老百姓最急、最忧的问题，持之以恒做好各方面的民生工作。

4. 勇于探索，夺取伟大事业新胜利

才溪乡调查体现了我们党不畏艰险、不怕牺牲、勇于探索的革命精神，在它的感召和鼓舞下，一代代中国共产党人与各种反动和敌对势力、风险和挑战、矛盾和困难进行了不屈不挠的顽强斗争，取得了一个个伟大胜利，使我们党在斗争中一步步成长壮大，越来越成熟自信。

今天，我们比历史上任何时候都更接近中华民族伟大复兴的梦想，然而"船到中流浪更急，人到半山路更陡"，越是在关键的时候，前进的道路上面临的风险和挑战就越艰巨。要维护人民群众的利益，维护党和国家的利益，甚至维护整个人类的利益，我们更要发扬勇于探索的精神，不断创新，追求真理，推动各项事业向前发展。

一要树立开拓创新的思维。"创新是一个民族进步的灵魂，是一个国家兴旺发达的不竭动力，也是一个政党永葆生机的源泉。"① 当今世界，和平合作的潮流滚滚向前，开放融通的潮流滚滚向前，变革创新的潮流滚滚向前。综合国力竞争说到底是创新的竞争，在激烈的国际竞争中，惟创新者进，惟创新者强，惟创新者胜。面对新情况新问题，不是凭经验翻老黄历，不是循旧例找教科书，而是努力想新办法，找新出路，创造新经验，开创新局面，并且掌握创新的内在规律和诀窍，从而不断提升创新思维能力。在百年未有之大变局中，大到一个国家、一个地方，小至一个企业，唯有坚持把创新作为第一驱动力，不断深化改革，才能把握发展机遇，立足于时代潮头。

二要增强敢闯新路的勇气。进入高质量发展阶段，需要我们接续奋斗、勇闯新路。高质量发展是能够很好满足人民日益增长的美好生活需要的发展，是创新成为第一动力、协调成为内生特点、绿色成为普遍形态、开放成为必由之路、共享成为根本目的的发展。② 习近平总书记强调，"十

---

① 《科学发展观学习手册》，中国言实出版社2007年版，第170页。
② 中共中央宣传部编：《习近平新时代中国特色社会主义思想学习纲要》，学习出版社、人民出版社2019年版，第112—113页。

四五"时期我们国家再往前走,必须靠创新,随大流老跟着人家是不行的。现在就看谁能抢抓机遇,谁有这样的担当和使命感,谁有这样的能力做好。抓创新不问"出身",只要能为国家做出贡献,国家都会全力支持。所以,我们要不断提高把握新发展阶段、贯彻新发展理念、构建新发展格局的政治能力、战略眼光、专业水平,练就把握新发展阶段、贯彻新发展理念、构建新发展格局的内功,逢山开路,遇水架桥,抢滩攻坚,击水弄潮,奋力提升发展质量效益,保持经济持续健康发展,奋力谱写全面建设社会主义现代化国家新篇章。

"没有调查,没有发言权",才溪乡调查纪念馆外景。(才溪乡调查纪念馆供图)

才溪乡调查是我们党成为百年大党进程中的一笔弥足珍贵的精神财富,这是我们新时代加强和改进党的作风、提高领导干部干事创业能力的重要法宝,也是加强革命传统教育、培养一代又一代新人的坚强基石。新时代,面对波诡云谲的国际环境和艰巨繁重的国内改革任务,我们应大力弘扬才溪乡调查所蕴含的精神内涵,汲取智慧营养,思考使命担当,将调查研究这一优良传统传承好、运用好,深入调查研究,争当排头兵,做好领头羊,在强国建设、民族复兴新征程上书写新的辉煌篇章。

第三章 谷文昌精神:"四有"书记、不朽丰碑

习近平总书记指出,"焦裕禄、杨善洲、谷文昌等同志是县委书记的好榜样"①,"谷文昌同志的事迹同焦裕禄、杨善洲同志的事迹一样,展示了一名共产党员和一名领导干部的坚强党性、远大理想、博大胸怀、高尚情操"②。谷文昌作为县委书记的好榜样,其精神反映的是党的干部特别是县委书记在履职过程中所体现出来的思想意识;作为党员干部的优秀代表,谷文昌精神的形成与其所处的时代背景,特别是与他个人的经历密切相关。谷文昌在福建解放前夕由河南随长江支队南下,解放福建省东山县之后,就一直生活战斗在福建,特别是在东山县工作长达15年之久,谷文昌精神深深地烙下福建的特殊印记。

一、谷文昌精神

我们从谷文昌的主要经历,即在河南林县参加革命的实践活动,特别是在福建省东山县担任主要领导干部的实践活动,以及在"文化大革命"期间的特殊经历三个阶段来揭示谷文昌精神的形成。

(一)在林县的革命实践中确立初心

谷文昌走上革命道路,与他所生长的环境密切相关。谷文昌的故里是河南省林县(今河南省林州市),这里是河南省的最北端,与山西省平顺县接壤,位于南太行林虑山太行大峡谷之中。巍巍太行,乃华北平原与黄

---

① 习近平:《在会见全国优秀县委书记时的讲话》,《人民日报》2015年9月1日。

② 习近平:《论中国共产党历史》,中央文献出版社2021年版,第30页。

土高坡之间的天然屏障,历史上古木参天,林幽泉咽,多为隐士避居之所,但因兵燹天灾,到20世纪初已是童山濯濯,十年九旱,民不聊生。但恰恰是这样的环境,磨炼了林县人民顽强的性格。富有太行山刚毅顽强精神的林县人民,一方面为改善自然生存条件,始终不渝地进行着改造自然的艰苦斗争,包括新中国成立后苦战十个春秋修建了举世闻名的红旗渠,形成了红旗渠精神;另一方面为改善社会生存条件,始终不渝地进行着改造社会的长期的革命斗争。作为太行山优秀儿女的谷文昌,就是秉承了太行山刚毅顽强的精神走上了谋求解放和幸福的人生道路。

1. 家境突变,谷文昌深刻体悟到百姓的疾苦

谷文昌,原名谷程栓,1915年10月15日出生于河南省林县(今林州市)西乡坪区(今石板岩镇)郭家庄行政村南湾自然村。祖上因家境贫寒,为求生计从祖籍地任村镇杨耳庄逃荒落居南湾村。

谷文昌排行老二,弟兄三人到了适学年龄都因家庭穷苦而无法上学,谷文昌虽8岁进私塾,但只上了四个月的私塾学堂,9岁因故被迫无奈辍学,开始给地主放牛,帮扶家庭生活。

参加革命前为生活艰苦奋斗的小石匠谷文昌(情景模拟图)

林县人宁可拎把锤子给别人打工，也从不讨饭吃，这股犟劲便是谷文昌克服和战胜艰难生活的初始动力。谷文昌18岁开始到山西跟石匠师傅学习石工手艺，19岁就学会了石匠工艺。加上谷文昌凡事吃苦好学、精益求精的个性，他的石工手艺很快远近闻名。20岁时，因家庭变故及地主逼债，谷文昌家把能兑钱的家具物资全部卖了，几乎倾家荡产，家庭生活雪上加霜，八口之家仅靠六分山地养活。

祸不单行，父亲谷玘和为了生计，常年在山中靠砍柴挣点小钱。谷文昌21岁那年，父亲在山上砍柴时跌下万丈山崖不幸去世。谷文昌闻讯从山西赶回老家，经过三天三夜才从山谷底找回了父亲的尸体。谷家的生活陷入绝境。谷文昌没有被困境打垮，办完了父亲的后事后，暂时在老家以石匠为业，微薄的收入依然朝不保夕，度日维艰。

贫苦出身的谷文昌与老百姓同病相怜，深刻地体悟到百姓的疾苦。谷文昌像无数劳苦大众一样，多么希望有人能把他们从艰难困苦的绝望中拯救出来。

2. 耳濡目染，谷文昌自觉地接受了革命的道理

穷人的孩子早当家。穷则思变，谷文昌决定再次走出大峡谷，探索外面的世界，谋求没有压迫的自由幸福的生活。1937年，谷文昌凭着一身的力气和出色的石工手艺，与大哥谷程顺一起闯荡山西，打短工，做石匠，有时长途跋涉，奔波于山西和林县之间，不辞辛苦做点小买卖维持家庭生活。这段经历对谷文昌走上革命道路，形成正确人生观、价值观有着重要的影响。

早在1926年，林县就有了党组织活动。1937年抗日战争全面爆发后，按照党中央的战略部署，八路军一二九师挥戈北上，出师太行，创建了以太行山为依托的晋冀豫抗日根据地。这时，河南地下党组织和一二九师三八六旅赵（基梅）、谭（甫仁）支队第四游击队以及一一五师三四四旅来到林县发动群众，宣传救国道理，发展中共党员，建立党的组织。

家境困厄的小石匠在外打工的经历，让谷文昌看到了外面的世界，感受到了扑面而来的大革命的气息。革命的星星之火点燃了谷文昌心中的希望，他发现只有参加革命才能清算家仇国恨。

1938年，谷文昌与大哥谷程顺在山西与林县的奔波中，亲眼目睹了八路军在家乡的频繁活动，被许多可歌可泣的故事感动。如刘伯承拾米粒的故事、邓小平拨粮救灾的故事、黄克诚寒冬送军服的故事、杨秀峰不吃特殊饭的故事等。感人肺腑的革命故事激发了谷文昌返乡参加革命的念头，让他萌发了为人民谋解放、谋幸福的愿望。

1942年初，党组织派遣共产党员郭勋到西乡坪开展工作，1943年6月建立中共西乡坪村支部，8月，又在西乡坪建立了中共林北县第七区委。党组织的力量不断壮大，先后在各村建立了农会、民会、妇救会、儿童团等群众组织。

1942年的下半年，苦大仇深、饱经磨难的小石匠谷文昌决定回到家乡。由于他一直对共产党、八路军充满了向往，所以他主动与党组织接近，不久，他毅然参加了村农民抗日救国会（即村农会）。

3. 农会锻炼，谷文昌较快地提高了阶级斗争的觉悟

在郭家庄村，谷文昌以农会为平台，积极参加党组织的革命活动，初步懂得了"什么是阶级斗争""什么是革命"。在党组织的领导下，他积极组织群众，开展反奸、破除迷信等革命斗争。1943年，28岁的谷文昌已经成为一名坚强干练的村农会主席。

谷文昌故居

1943年冬天，党组织为了培养革命骨干，在西乡坪、车佛沟开办两所民校（冬学），谷文昌特别渴望明白一些革命道理，不顾别人笑他"毛三十的人还学艺"，率先报名入学。他学习刻苦认真，文化水平和阶级觉悟都有了很大的提高，成了西乡坪的"半路才子"。随后他便点燃了农会工作的"三把火"：一是动员青壮年参加民兵组织，壮大抗日力量；二是斗地主、富农，进行减租减息斗争；三是反对封建迷信，教育妇女废除裹脚陋习，指导儿童站岗放哨查路等。这"三把火"都在实践中取得了显著的成效。由于他在干石匠活的过程中，深得群众的好感，人缘好、威信高，又有了农会的锻炼，不仅从思想上提高了他对中国共产党的认识，而且在实践中提高了阶级斗争的觉悟和本领。他在实际工作中因善于发动群众而崭露头角，很快成了党组织培养的对象。

4. 加入党组织，谷文昌更快地树立了共产党人的初心

1944年3月，根据谷文昌的工作表现和个人积极要求，他光荣地加入中国共产党。一个石匠终于正式走上了革命的道路，成了中共林北县第七区早期共产党员之一。

1944年10月，谷文昌被调任中共林北县第七区区公所农会干事，仍兼郭家庄村农会主席。谷文昌在第七区很快摸索出团结组织群众、分裂瓦解地主富农的规律。他常说："要把工作搞熟、把群众情况搞透，就要开动脑瓜子。"在工作中，常常会遇到地主富农攻守同盟、串通一气的情况，谷文昌深入调查，利用大户之间的利益纠纷，进行分化瓦解，使大户结盟分崩离析，为人民群众争取利益。

1945年3月，谷文昌担任了抗日民主政府林北县第七区区长。第七区有14个行政村，缺乏耕地，谷文昌响应党的号召，开展生产自救，组织群众养山蚕、家蚕，增加农民收入。

1946年6月，林县与林北县合并后，原林北第七区与姚村区合并为第十区，谷文昌担任了第十区区长。1947年春始，谷文昌组织开展以清仓、清账、清库为内容的村级财政清理工作，成立财经管理委员会，通过财政清理、财产整顿，改变财政混乱现象，提高了生产救荒的工作成效。1947年夏天，姚村一带闹蝗灾。谷文昌急群众之所急，迅速成立剿蝗指挥部，

下设大队和分队，发动群众5300余人，制定有力措施，取得显著成效。老百姓称赞说"谷文昌是咱们老百姓的好区长"。

在群众的赞扬声中，谷文昌没有居功自傲，一如既往坚持党性，牢记入党誓词，坚守初心，发挥模范作用。在中共太行五地委召开的桑园整编会议上，他认真进行了"三查"（查阶级、查思想、查作风）、"三整"（整顿组织、整顿思想、整顿作风），深刻地作了批评与自我批评，检讨了自身的缺点和错误，再次提升了自己的马克思主义思想理论水平，增强了斗争观念、政策观念和纪律观念。

1949年，谷文昌（前排右一）在河南林县担任区委书记时的留影

1948年初至7月，谷文昌调任林县第二区（合涧区）区长。这期间他参与林县土地改革复查试点工作。在东山底村工作团，他负责了刘家洼村的土地改革复查工作，既查出了遗留问题，又整顿了基层党组织，解决了基层组织中思想不纯的问题，进一步巩固了土改成果，用实际行动维护了党在群众中的威信。1948年8月，谷文昌调任任村区区委书记，主持任村区的土改复查，整顿农会，动员群众踊跃参军支援前线。

从谷文昌在林县参加革命的经历中，我们不难发现，谷文昌已经树立了共产党人的初心，并且在林县的革命实践中为老百姓谋求解放和幸福，勇敢斗争，锻炼了在艰苦环境下对敌斗争的本领，已经具备了共产党人坚毅的品质。

5. 南下洗礼，谷文昌更加坚定了革命到底的决心

随着人民解放军在战略决战中取得节节胜利，解放区向全国迅速扩大，向新区输送干部便成了老解放区义不容辞的光荣任务。为了积极响应党中央"解放全中国"的号召，1948年12月，林县县委组织第三批干部随军南下工作，县委书记马兴元、组织部部长蔡良承、宣传部部长郭丹等领导干部发挥了模范带头作用。可是，许多土生土长的区级干部很难打破乡土观念和恋家情结，动员工作一度陷入僵局。这时，谷文昌对一位熟识的县干部说："走，我们报名去！人家马书记、蔡部长离开家乡来咱林县闹革命，现在人家又要随军南下，咱林县人也不能当孬种，我们也报名去！"在谷文昌的带动下，不少干部纷纷响应。

男子汉一言既出驷马难追！可是，人非草木，孰能无情，谷文昌毕竟是有妻子有女儿的人，他也为此犯难。但是，他想到这么多年党的关心与培养教育，家与国，孰轻孰重？谷文昌心里已经有分寸。于是，他与结发妻子促膝长谈，一番话别，毅然决定舍小家为国家，告别妻女而踏上了南下的征途。

南下工作前，谷文昌是如何说服其母亲的，已经无从查考，但是，谷文昌留下了一张《南征政民工作人员登记表》（现收藏于福建东山谷文昌纪念馆），在"家庭有啥困难"一栏里，填着"没有困难"。在"本人对家庭照顾的依托人姓名"一栏，填着"依托兄弟谷文德"。

谷文昌为革命南下不仅没有讲条件，反而担心给党组织造成负担。谷文昌等6人还向组织递交了一份保证书，写在烟盒背面："每人家庭早有准备，不会拖后腿。阴历正月初九早饭集中十区署，保证当天下午报到平房庄。特此保证。组长谷文昌，副组长杨永修。申周朝、郭玉守、元为德……共六人。"

在郭家庄村的欢送南下干部的会上，谷文昌等南下干部庄严表态："党需要我们解放江南老百姓，我已下定决心，不解放江南誓不回来，决不辜负家乡父老的厚望。"

一份保证书、一张《南征政民工作人员登记表》、一句慷慨激昂的表态，言语朴实，字字铿锵，彰显了谷文昌对党的忠诚和将革命进行到底的

决心，这无不说明了此时的谷文昌已是初心如磐、使命在肩。

谷文昌所在的部队，原来的任务是接管沪苏杭。俗话说，"上有天堂，下有苏杭"，大家还是相当满意的。可是，情势突转，上级要求他们继续南下接管福建。听说福建语言不通，气候湿热，"三只蚊子能炒一盘菜"，很多北方人犯怵了。这时，谷文昌第一个举手表态，安定大家的情绪："我们既然要解放全中国，就不能计较去哪里。福建不也是中国的土地吗？只要是中国的土地，共产党员就有责任去解放、去建设。我们决不能做革命的逃兵！"在谷文昌的带动下，大家稳定了继续南下的决心。

谷文昌坚定的脚步一直伴随着南下大军，渡黄河、跨长江、过沪杭，一直南征到福建省沿海地区。1950年5月12日，谷文昌随军解放了东山岛。从此他与东山岛结下了不解之缘，与东山军民携手奋斗了15个春秋，他的初心在这里得到了锤炼、坚守和绽放。

（二）在东山县的从政实践中逐渐形成

东山县是福建省漳州市辖县，全国第六、全省第二大海岛县。解放前，这里是个海岛，曾因风沙灾害严重，岛民难以生存下去，许多人因此外出讨饭谋生，因而改变东山恶劣的自然条件就成为东山百姓的夙愿。东山在历史上曾隶属漳浦县管辖，漳浦是台海英雄"蓝氏三杰"（蓝理、蓝廷珍、蓝鼎元）的出生地；东山则是理学家黄道周的出生地，戚继光抗倭扎寨的练兵地，郑成功、施琅收复台湾的出征地。历代先贤的优秀传统文化深深影响了东山百姓，闽南文化中所蕴含的爱拼才会赢的精神，爱国爱乡、自强不息、精诚团结的民族精神，勇于拼搏、敢于冒险、积极开拓的人文精神滋养着东山百姓，这些都是谷文昌精神在东山形成的重要外因。

谷文昌在东山县工作长达15年之久，历任东山县工委城关区区委书记、东山县工委组织部部长、县长、县委书记，尤其是他担任县委书记的10年间，真正做到"为官一任、造福一方"，被誉为"四有书记"，在老百姓心中树起了一座不朽的丰碑。

(左)2015年4月7日《人民日报》头版头条;(右)《不朽的丰碑》书影

1. 在东山解放初期的斗争中,谷文昌坚定了保卫新生红色政权的信心

1950年5月12日东山解放,东山县人民政府随之宣告成立。东山地处海防前线,新生红色政权面临严峻的考验。中国共产党东山县工委和县政府开展了卓有成效的工作,一方面,巩固政权建设,接管国民党政权机关,废除保甲制度,建立基层人民政权和民兵组织,宣传中国共产党和人民政府宗旨,镇压反革命,稳定社会秩序等;另一方面,恢复社会经济。1950年5月至1951年11月间,谷文昌担任城关区区委书记。当时的城关区(第一区)是县政府所在地,又是全县的政治、文化、手工业、商业、教育、医疗卫生的中心。为了进一步捍卫和巩固新生的人民民主政权,谷文昌在第一区开展了许多关乎民生、恢复经济的工作:在农业方面,实施"减租减息""土改""发放农业贷款"等政策,开展互助合作和爱国增产运动,发动群众防汛筑堤;在手工业方面,采取"保护、发展、提高"方针,予以扶持,试办手工业合作社;在渔业方面,发展渔业生产,开展民主改革,维护渔工合法利益;在商业方面,组织粮食供应和城乡物资交流,平抑物价,成立国营和集体商业贸易组织,疏通贸易渠道,推动城乡贸易发展;在文教卫生方面,恢复和发展中小学校,开展业余教育、卫生防疫和爱国卫生运动。经济恢复工作的有效推进,为巩固新生政权奠定了物质基础，也兑现了谷文昌在南下时所说的"只要是中国的土地，咱共产党人就应该去解放它，建设它"的革命誓言，彰显了谷文昌参加革命、捍卫新生红色政权的坚定信心。

2. 在解决"敌伪家属"的过程中，谷文昌升华了一心一意为人民的意识和勇于担责的境界

新中国成立之初，东山县人口大约 8.3 万，而国民党军队在撤离东山时，前后三次一共抓走了 4792 名壮丁，壮丁家属再加上姻亲约占了全县过半的人口。这些壮丁的家（亲）属被扣上"敌伪家属"的帽子，在政治上受歧视，经济上无法得到平等对待，困难户未能得到救济，孤寡老人得不到政府的赡养，似乎成了阶级敌人。谷文昌清醒地意识到，如果真是这样，那么为数众多的穷苦老百姓则成了我们的对立面，东山的国民经济恢复工作将困难重重，海防工作将岌岌可危，东山的社会主义革命和建设也将难以进行。

为了解决"敌伪家属"这一棘手问题，谷文昌多次到辖区的铜钵村调研，在了解到内情后，他深刻地认识到这是国民党抓壮丁造成的，是国民党造的灾。他"固执己见"："共产党人要敢于面对实际，对人民负责。国民党造灾，咱共产党来了，就应该救灾！"他大胆建议：将"敌伪家属"改为"兵灾家属"，政治上、生活上应该给这些"兵灾家属"公平对待，要让他们融入社会主义建设中，成为亲人而不是敌人。经过县工委五人小组的多次讨论，在没有上头的文件和政策依据的情况下，无法形成红头文件，只能以口头表态和举手表决的形式通过了谷文昌这个建议，将"敌伪家属"改称为"兵灾家属"，并且规定，这些"兵灾家属"在政治上平等对待，困难户由政府照顾，孤寡老人由政府赡养，农忙时节可以得到帮助。这项德政，让"兵灾家属"犹如枯木逢春，有了做人的尊严，有了活下去的信心，带着感恩之情，带着满腔热血，与共产党走到了一起、干在了一起。可见，谷文昌是以无所畏惧、敢于担责的勇气，去践行初心，升华了一心一意为人民的意识和勇于担责的境界。

3. 在东山保卫战中，谷文昌进一步坚定了捍卫新中国的决心

1950 年 6 月，朝鲜战争爆发，美国海军第 7 舰队入侵台湾海峡，让蒋介石"一年准备、两年反攻、三年扫荡、五年成功"的"反攻大陆"的梦想死灰复燃，也令东山岛笼罩在一触即发的战争阴影中。1953年7月16日5时许，台湾国民党当局蓄谋已久的东山岛之役终于爆发。台湾国民党当局出动海陆空约三个独立团、两个伞兵中队和海上自卫队，合计13000多兵力，以"大象吞蚂蚁"之势，妄图速战速决消灭我驻岛部队公安八十团的1200多兵力，拿下东山岛，作为其"反攻大陆"的桥头堡。

经过36个小时的激烈战斗，东山保卫战以台湾国民党当局的彻底失败而结束。东山保卫战，在攻防比10∶1的情况下，假如没有东山人民及邻县1万多人民的英勇支前参战，单靠驻岛官兵去打赢来犯的装备精良的国民党军，按常规推测是不可能取胜的。可是东山保卫战却取得了完全胜利，这主要是取决于党中央的坚强领导，取决于解放军战士的顽强战斗，得益于包括广大"兵灾家属"在内的人民群众的积极参与和全体军民的团结奋战。

时任东山县长的谷文昌是东山保卫战支前的总指挥，兼任驻岛部队公安八十团的政委。在东山保卫战中，东山人民组织担架队、救护队、运输队上火线，运送弹药，抢救伤员，特别是许多"兵灾家属"不顾家人还在国民党的军营里，毅然站在解放军这边，冒着枪林弹雨和解放军并肩战斗，甚至发出誓言说："做鬼也要为共产党守岛！"这正是由于谷文昌未雨绸缪，平时为老百姓办实事，战时就赢得了民心，赢得民心就能赢得战争。

"兵灾家属"在东山保卫战中英勇支前

东山保卫战的胜利,具有重大的意义,得到了毛泽东的高度评价:"东山保卫战的胜利,不光是东山的胜利,也不光是福建的胜利,而且是全国的胜利。"对于谷文昌来说,这还是他经历的一次大考,使他更加坚定了捍卫革命成果——新中国的决心。

4. 在改造自然的斗争中,谷文昌逐渐树立了保护自然的观念

东山保卫战胜利以后,摆在县长谷文昌面前的艰巨任务除了继续巩固海防、稳定大局以外,建设家园就成为当务之急。然而,恶劣的生态环境,依然是东山发展的最大障碍。

让谷文昌始料未及的是,东山岛的生态情况比河南老家还要糟糕,林县再穷也还有野瓜野果野菜,可是在东山,尤其是沿海村庄,秋冬时节风沙肆虐,无处可觅食,真是民不聊生。有东山民谣为证:"微风三寸土,风大石头飞。"新中国成立前的近百年间,风沙吞没了13个村庄、1000多座房屋和3万多亩耕地。海岛东南部横亘着30多千米长的沙滩,茫茫一片,寸草不生,还有40多个流动沙丘,随风势轮番向人们进逼。

解放了的东山人民,分到了田地,但有田无法种,种了无收成。许多老百姓只好扶老携幼,提着空篮破碗外出讨饭。谷文昌面对多灾多难的群众,反复思考着一个问题:"群众分到了土地,但种不出粮食,分地又有什么用?"谷文昌经过深思熟虑后提出:"共产党人不能做自然的奴隶,不能听天由命,不能在困难面前退缩!""要向风沙宣战,条件再差也要建设社会主义!"县委、县政府经过多次讨论达成了共识:"挖掉东山的穷根,必须先制服风沙。"

然而,制服风沙却经历了一个漫长的探索过程,这同时也是一个不断深化对自然的认识、不断总结教训、积累经验的过程。正如谷文昌在1963年11月5日的讲话报告——《用革命精神改造自然建设海岛》中所总结的那样,"从1952年至1956年整整五年中,我们并没有找到根治沙荒的方向""经过几年多次试验,1956年底,终于在白埕村沙滩上发现了几株生命力强、冬天不会落叶的木麻黄树。找到沙荒造林的理想树种,县委随即进行防治沙荒全面规划,提出了'以造林为主,综合治理,全面制服'的一系列措施。"根据这个讲话精神和治沙举措,我们认为,这里讲的"改造自然""与自然斗争",实际上就是指防治风沙灾害,即通过大规模造林,辅之以综合治理,来全面制服风沙危害,也就是改造被风沙破坏了的生态环境,保护宜居的自然环境,从而使人与自然和谐相处。经过几年的顽强拼搏,治沙工作取得了显著成效。许多外出几年回东山的人都觉得,全岛的颜色变绿了,全岛的面积扩大了,山海改观,五业兴旺,旧面貌简直难以辨认了。

我们无法考证谷文昌在早期接受马克思主义理论教育时是否学习过马克思主义的生态观,但我们以为,谷文昌在改造自然、与风沙斗争的过程中逐渐树立了顺应自然、保护自然的观念,并以这一理念指导广大干部和群众进行改造自然的斗争。

5. 在"大跃进"的考验中,谷文昌进一步强化了求真务实的作风

如果说在与自然的斗争中,要从实际出发,做到实事求是不易的话,那么,要在浮夸风盛行的"大跃进"运动中坚持实事求是,那就更难了!可是,谷文昌却做到了。

谷文昌(右二)到亩产"吨半粮"的地方实地考察

1958年,"大跃进"口号呼声震天,密植风、高产风铺天盖地。东山也不例外,上级派来的领导把"一亩地能产吨半粮、万斤薯"的典型吹上了天,要求推行密植和"移苗并丘"。面对"人有多大胆,地有多大产"这一来势汹汹的浮夸风,谷文昌并没有跟风盲从,也不顾上级领导批评,而是保持着一份冷静,坚持相信事实,用事实说话。他一边在夜晚组织全县农业骨干到亩产"吨半粮"的地方考察水稻密植"经验",结果发现水稻光着秆,不抽穗,识破了造假骗局;一边选择在当地的埭英、梧龙两个大队搞几分地试试看,试验的结果是,"一周后,叶黄了,根烂了"。同时,还在山后大队搞了一亩地做密植地瓜试验,结果是枝叶茂盛,不是"万斤薯",而是"万根须"。谷文昌用试验证明了搞并丘、密植是违反生产规律的,用事实阻挡了浮夸风和密植风在东山推行。

"大跃进"的大炼钢铁之风也吹到了东山,谷文昌用同样办法顶住了。谷文昌深知,东山岛缺乏炼钢所需的资源,根本不适宜炼钢。可是,面对全国大炼钢铁之声势,为了说服他人,他就找人先砌两个炉子试试看,试验结果证明这完全是"不切合实际的",既避免了因大规模炼钢带来的损失,又教育了干部群众。与此同时,他还从东山实际出发,把群众在"大跃进"中焕发出来的革命热情转移到植树造林和兴修水利工程的运动中。

在"大跃进"期间,谷文昌因工作"被动"曾一度被降为"二把手",但他把个人的名利置之度外,把坚持实事求是与对人民高度负责很好地统一起来,不仅在"大跃进"运动中经受了考验,而且创造性地坚持了实事求是,进一步夯实了求真务实的责任担当和作风。

6. 在种植木麻黄的漫长探索中,谷文昌不断磨砺了不屈不挠的品质

为了摸透风沙的脾气,探求植树治沙的规律,谷文昌踏遍了全县412座山头,探明了全岛的四大风口,查清了43个流动沙丘。面对如此严峻的风沙侵扰现况,如何制服风沙呢?他们先是沿用老习惯搬沙,可是大风一来,沙土随即滚滚而来,根本无济于事;再是尝试筑堤拦沙,在风口地带筑起了39条2米高、10米宽、全长22000多米的拦沙堤,可是,狂风呼啸而过,拦沙堤就被夷为平地;接着又种草固沙,但在沙滩上播下的草籽,不是随风搬家,就是被掩埋沙底,几乎没有成活的;再接着就试种各

谷文昌与群众一起进行山地造林

种乔木、灌木，也都干枯而死。"在这种困难的情况下，唯一出路只有埋头苦干，继续试验，试验失败了，总结经验再干，再失败了再总结经验去再干。"①

经过长期植树的实践，谷文昌深知，要把理想变为现实，既要有不怕困难、百折不挠、勇往直前、不达目的决不罢休的韧劲犟劲，又要坚持实践探索，讲究科学，按规律办事。功夫不负有心人，经过探索、失败、再探索、再失败的反复实践，谷文昌以不屈不挠的毅力和"打石匠"精益求精的精神，坚持深入造林一线，查找失败原因，总结经验和教训，终于总结归纳出栽种木麻黄"六大技术要领"。经过三年的奋战，8.2万亩的木麻黄在沙地上拔起，全县扩大耕地6万多亩，改造良田7万多亩。20世纪60年代初，东山人民成功制服了风沙，东山的穷根被彻底拔除，东山人民告别了千年的沙害。

谷文昌在找寻、种植木麻黄的漫长而艰难的过程中，不仅磨砺了不屈

---

① 韦悫：《福建省东山县——改造自然的一个范例》，《人民日报》1962年12月4日。

不挠的品质，而且创新了沿海防护林的模式：第一道防线是木麻黄，第二道防线是果树林，再往里是一方方良田。这种造林模式又被称为"谷文昌模式"，在20世纪60年代初已在福建省全面推广复制，为福建省沿海地区防护林建设做出了重大贡献。

7. 在为民办实事的过程中，谷文昌始终践行为人民服务的宗旨

东山老百姓有句口头禅："有代诗（本地话意思是'有事情'），找谷书记。"这是因为哪里有困难，哪里有需要，哪里就有谷文昌！谷文昌成为群众的"及时雨"、百宝箱，成为共产党人"守初心、担使命"的象征。

谷文昌在东山工作的15年，特别是在担任县委书记的10年间，始终把老百姓的冷暖放在心中最重要位置。他带领东山人民创造了数不清的政绩，这些政绩经历了时间、历史和老百姓的检验，至今还在发挥作用。比如，为了防治风沙灾害，他带领东山干部群众植树造林，制服风沙，保护美丽的海湾，有效地改善人民生产生活的环境；为了从根本上解决东山百姓往返大陆难的问题，他决定修筑八尺门海堤；为了防治台风海潮侵袭，他发动群众修建后澳避风港、南门防潮堤、港口海堤；为了解决水资源短缺问题，他主抓的民生工程就有红旗水库、湖尾地下水、东赤港防涝排涝工程等累计22座水库、705个水利工程；他还高度重视文化和社会建设，组建潮剧团、放映队，办学校，建人民会堂，建医院，实现村村通广播、村村通公路……这些事实无不说明，谷文昌在履职过程中始终不忘"一心

谷文昌在任时建成的民生工程——红旗水库

一意为人民"的初心，坚持在发展中改善民生，不断满足人民群众对幸福生活的新追求，用实际行动诠释了共产党人全心全意为人民服务的宗旨，展示了党的领导干部"一心为民"的光辉形象。

8. 在艰苦创业的年代，谷文昌涵养了克己奉公的为官品格

新中国成立初期，东山县风沙肆虐，气候恶劣，谷文昌作为领导干部，没有享受特别照顾，也从不搞特殊化，成为东山老百姓贴心的平民书记。谷文昌的警卫员潘进程说："谷书记起早摸黑，废寝忘食，下乡时和群众同吃、同住、同劳动，吃的是喂猪的厚叶菜，晚上睡在群众家里，在地板上铺上稻草就打地铺，有时一住就是好几天。"

谷文昌不仅是在工作中做到克己奉公，而且用克己奉公的品格培育家风。谷文昌经常告诫家人："干部家属不能特殊化。"他说到做到，言传身教，从不利用自己的权力和地位搞特殊、谋私利。谷文昌的小儿子谷豫东说："父母一辈子清贫、朴素，家里从没置办过什么值钱的家具，从河南到东山、福州、宁化、漳州，父母的行囊永远都只是两个樟木箱子，里面是一些简单的工作和生活用品。"谷文昌始终保持着农家子弟的本色，简朴持家，家风清廉，保持了共产党人的高风亮节。

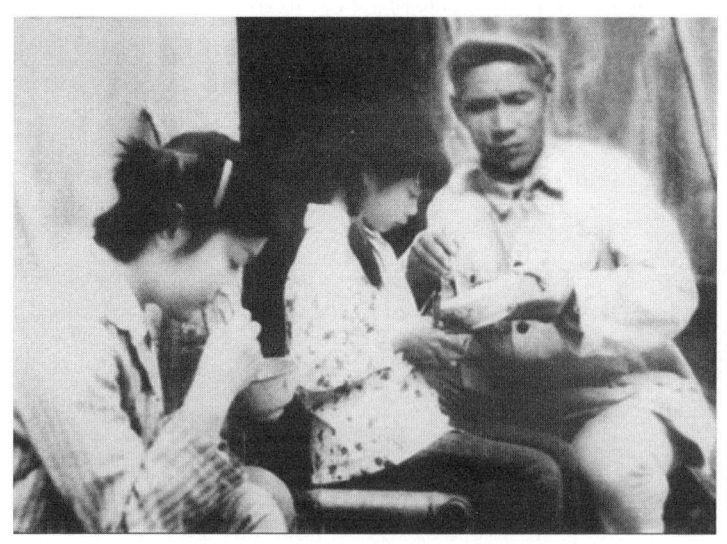

谷文昌教育子女

谷文昌的爱人史英萍也是一名南下干部，解放初和谷文昌一起来到东山，当时是县民政科科长，1952年转薪时定为行政十八级，在此后30多年的工作中，有几次提薪的机会，全让谷文昌给压下了，谷文昌要她"让给薪水更低的人""让给文化水平更高、口才更好的人"。就这样，史英萍一直干到谷文昌逝世后，解放初定的工资级别才随着全体自然增级而增了一级，行政职务才由科级提到副处级。谷文昌去世后，史英萍依然过着清贫的生活，省吃俭用之余热心公益。七年多时间里，她从微薄的离休金中取出积存的两万元资助了18位特困大学生。

谷文昌对待子女一贯严格，甚至显得有些"不近人情"。他的五个子女在工作、生活上没有得到过任何特殊照顾，甚至政策允许的事，他也不为子女"争取"。受谷文昌影响，他的子女从来都把自己看作是劳动人民中的一员，吃苦耐劳，生活简朴，真诚待人。良好的家风在子女中得到了传承。

在那异常艰苦的岁月里，谷文昌坚持克己奉公，不仅在工作中坚持和发扬了共产党人艰苦朴素、清廉为官、为民奉献的优良作风，而且培育了清白持家、简朴本分、为民奉献的良好家风。

（三）在曲折发展的逆境中经受考验

在"文化大革命"这个特殊历史时期，社会主义建设在曲折中发展，谷文昌则在逆境中艰难前行。尽管谷文昌遭遇坎坷，历经折磨，但他却能经受住各种严峻考验，谷文昌精神也在逆境中得到检验。

1. 在"文化大革命"初期挨批斗时，谷文昌仍然任劳任怨对党忠诚

1964年4月，谷文昌被提任为福建省林业厅副厅长。"文化大革命"开始不久，谷文昌被当作省委书记叶飞的"黑干将"被打倒，坐过"直升飞机"，蹲过"牛棚"，但他毫无怨言，对党忠诚如初。

1968年2月的一天，谷文昌被红卫兵押着，在东山县白埕村清洗沿街十几里路边的厕所，他正被村民围拢其中，林业队长林龙光闻讯赶来，分开人群，上前与他打招呼："谷书记！"谷文昌听见后抬头，阅尽沧桑的双眼充满着焦虑："龙光，丰产林有没有保护好？这是群众辛苦了十几年才种起来的，不能让人破坏了。"围观的群众唏嘘着："从来没有见过这样的人，自己的命都保不住了，还惦记着大家的林子。"逆境看胸襟，尽管此时的谷文昌身陷逆境，但他还是任劳任怨，宽以待人，始终忠诚于党和人民。

谷文昌曾经有一段时间被保护在东山县杏陈镇前何村港后自然村。据谷文昌生前的通讯员何坤禄回忆："当时，我只见过谷书记一次，我在谷书记面前大发牢骚，为他打抱不平，他却反过来教育我。谷书记说，人都有头疼脑热的时候，这是我们党的一次'头疼脑热，感冒发烧'，很快就会好的，你们要相信党，对党有信心。"逆境之中见忠诚，尽管谷文昌此时自己身受冤屈，但他还是对党忠贞不渝，始终恪守对党的信赖与忠诚！

2. 在下放宁化接受劳动改造中，谷文昌仍然不忘初心为民造福

1969年冬天，谷文昌全家被下放到福建省三明市宁化县禾口公社红旗大队参加劳动改造，开始了农民生涯。

宁化县是土地革命战争时期中央苏区的重要组成部分，是红军长征的出发地之一。在那"风展红旗如画"的峥嵘岁月里，为了民族解放和人民幸福，宁化人民做出了巨大的牺牲与贡献。可是，解放已经20年了，禾口仍然是远近闻名的穷山恶水，有民谣为证："禾口淮土，光山秃土，宁当尼姑，不嫁淮土。"当时全公社2800多亩土地，亩产和人均口粮都不到150公斤，最低工分值只有7分钱。置身于这片红色土地，谷文昌百思不得其解：难道我们共产党人当年出生入死从这里走出去，踏上二万五千里长征，现在却要走向死胡同吗？谷文昌深知自己当时的身份和处境，但他更没有忘记共产党员的责任，他认为个人荣辱得失可以置之度外，老百姓的艰难困苦怎么能袖手旁观？

为了解决村民挨饿问题，谷文昌到禾口的第二天就起了个早，开始到全村实地考察，到左邻右舍了解村情民情。经过深入调查，他已经对当地粮食产量低的原因心中有数了。他语重心长开导村干部："当干部担子重啊！不搞建设，不求发展，老百姓怎么能吃饱饭，不能饿着肚子革命啊！"他又为如何增产提出了周详的方案，发动群众开展生产自救。这时的谷文昌完全融入农民群众中，与农民一起干一样的活。他还以身作则，与夫人史英萍一同为集体捡猪牛粪充当农家肥。全村共同努力，有效地改善了土壤，这一年，粮食亩产跃千斤，群众称赞他为"谷满仓"。

为了彻底治理旱灾，宁化县决定修建隆陂水库，这是当时福建西北部地区第一座中型水库，工程浩大，任务艰巨。当时在这个山区县城找不到合适的人选当总指挥，最后选中了谷文昌这个曾经的石匠。到宁化的第二年，这个"走资派"又一次被推上指挥千军万马攻坚的第一线。在这重大关头，谷文昌没有退缩，他拖着腿疾，打着"改变禾口穷山恶水"的标语，与民工们日夜奋战在工地。在水库施工的日子里，谷文昌跟民工干一样的活，吃一样的饭，经过一年多艰苦努力，隆陂水库顺利完工，工程质量经受了时间的考验，如今水库依然福荫宁化百姓。

（左）谷文昌在隆陂水库工地参加劳动；（右）至今还在使用的隆陂水库

谷文昌在宁化只生活了两年多时间，虽然是下放接受劳动改造，但是他仍然不忘共产党人的初心，竭力为民造福，干出了不平凡的事业。谷文昌精神也在逆境中经受了考验，在逆境中大放异彩。

3. 在复出工作之后，谷文昌仍然初心不渝慎终如始

1972 年，谷文昌从宁化调回龙溪地区任林业局局长。他首先关心的是曾经与他并肩造林的老同志蔡海福。蔡海福是东山植树造林的功臣，他亲手种下的木麻黄不计其数。20 世纪 70 年代，东山的木麻黄已经亭亭如盖，绿遍海岛，蔡海福却贫病交加，裹着破棉絮蜷缩在又黑又矮又破又湿的老屋里。谷文昌踏进十几年前常来的老屋，看见此情此景，泪如雨下。蔡海福见到老书记也老泪纵横，气若游丝道："活不成了！"谷文昌随即安排蔡海福到龙溪地区医院治病，还专程去南靖伐木场为蔡海福挑选寿板，希望这位造林功臣身后有副棺材。1978 年，蔡海福去世，在谷文昌亲自关照下,地方民政部门批了 0.35 m³ 的杉木,林业楷模终于能在寿板中安眠。

在那时,谷文昌依旧关注着木麻黄的推广。1974 年,龙溪地区林业局局长谷文昌在一次地区林业会议期间,对参会的一位平和县委领导说:"希望县委下定决心来一次革命,首先从抓点开始,在点上出题目,面上做文章。先推出高标准造林的示范样板,争取几年内全县造林工作有一个新的突破。"会后,平和县委认为谷文昌的意见既中肯又符合实际,很快地组织全县 10000 名青年在国营天马林场东溪工区,按照"全炼山,深翻土、挖大穴、栽大苗"的要求,开发 1 万亩高标准的样板林,由此带动了全县植树造林的大革命,打破传统观念,开创高标准造林。谷文昌没有当"风水先生",而是陪同省林业厅厅长到现场视察。他不顾自己体弱,兴致勃勃地翻越了三个山头,边看边指导,从上午走到下午 1 点多才回到当地的指挥部吃午饭。谷文昌这种勤政务实的工作作风给人们留下了宝贵的精神财富。

1978 年至 1980 年间,谷文昌任龙溪地区行署副专员,分管侨务工作。当时正值拨乱反正和调整社会关系的关键年头,谷文昌不分昼夜,不顾疲劳,呕心沥血,短短两年,在龙溪地区处理安置了近 2 万名难侨长期被搁置的侨房归属问题。

谷文昌历经"文化大革命"的曲折与拨乱反正,复出工作后,虽然岗位平凡,但他仍然初心不渝,慎终如始,永葆共产党人的本色。

4. 在晚年病魔缠身之际,谷文昌仍然心系东山百姓冷暖

由于长年带病工作,辛劳过度,谷文昌晚年病魔缠身,尽管自己在住院治疗,但还是关心着东山的发展,关心着他的战友。东山保卫战一等功臣、"兵灾家属"刘杏的儿子王耀卿去看望他时,他却先反过来关心:"耀卿啊,你妈妈好吗?"他心里总是牵挂着他人,唯独没有自己。

东山县林业科副科长吴志成去探病时,谷文昌却关心防风林:"老吴啊,咱们搞起第一代防风林,第二代怎么办?"临终前,他还念念不忘那绿色的事业,叮嘱林业局局长,一定要做好林木的更新换代;还在向县里的老同志打听东山农业的收成情况,询问群众粮食够不够吃。真是"但得众生皆得饱,不辞羸病卧残阳"啊!

病魔剥夺了他病危时"好想回东山看看"的希望，临终时他对组织最后诉说的是："死后，请把我的骨灰埋在东山……"由此可见，谷文昌对东山百姓的感情有多深！

谷文昌从投身革命之日起，就把自己的一切交给了党和人民，直到临终前弥留之际，仍然牵挂着他身边工作人员的前途命运，牵挂着东山百姓的冷暖，牵挂着木麻黄的更新换代……他真正做到了慎终如始，用生命诠释了"不带私心搞革命，一心一意为人民"的誓言，完美地展现了共产党人的光辉形象。

二、谷文昌精神的主要内涵

在全党深入学习贯彻《党史学习教育工作条例》之际，让我们再次探究谷文昌精神的内涵和时代价值。谷文昌是一座不朽的丰碑，谷文昌精神具有丰富的内涵，需要深入挖掘和提炼。我们试从谷文昌的初心与使命、宗旨意识、工作态度与作风、领导作为与为官守则等方面来揭示谷文昌精神的内涵，将谷文昌精神的内涵概括为"不带私心搞革命、一心一意为人民、求真务实勇担责、百折不挠干事业、保护自然谋发展、克己奉公树正气"，并据此得出其时代价值。

（一）不带私心搞革命

从理想信念看，谷文昌精神表现为"不带私心搞革命"的纯朴信念。一个人用什么态度对待革命、怎么参加革命，这是一个根本性的问题。谷文昌用否定式作出了正确的回答，那就是"不带私心"。"不带私心"，铿锵而明确地表达了纯朴而又坚定的革命信心，折射出共产党人内心坚定的理想信念光芒。只有不带私心，才能无条件接受党的主张，才能坚定坚持共产主义远大理想和社会主义信念，才能做到对党忠诚，才能在履职中秉持公心。"不带私心搞革命"反映了谷文昌崇高的精神境界。

谷文昌"不带私心搞革命"，首先体现在参加革命的初心上。他说："共产党员，党说要去哪里，就去哪里。"1948年12月，林县县委组织干部随军南下。当时一些干部认为，在家乡工作，既熟悉情况，又能照顾家中老小，不愿南下。谷文昌不仅自己带头报名，还积极动员其他人报名。

> 不带私心搞革命，
> 一心一意、为人民，

谷文昌手迹：不带私心搞革命，一心一意为人民

入闽前，谷文昌担任中国人民解放军长江支队第五大队第三中队党小组长。部队原来的任务是接管苏沪杭，情势突转，上级要求他们随军南下，接管福建东山。有些人打退堂鼓，谷文昌发表慷慨激昂的演说，鼓舞了士气，一些思想发生波动的同志以谷文昌为榜样，跟着队伍继续南下。

谷文昌参加革命，没有掺杂任何私心，不是为了升官发财，而是因为心中怀有救民于水火、建立新中国、建设社会主义的崇高理想。正因为他对党的使命有着这样深刻的理解，才会有党需要去哪里就去哪里的行动，这是一个共产党员心怀坚定信念的自然流露。

谷文昌"不带私心搞革命"，还体现为在逆境考验中信念坚定。1969年冬，谷文昌全家被下放到三明地区宁化县禾口公社红旗大队当社员，妻子觉得有些委屈，说："我们为党做了这么多，还落得如此下场。"而谷文昌则说："当初南下时，我们的目的就是解放全中国、建设共产主义，个人的境遇又算得了什么？"在这里，谷文昌把自己的厄运置之度外，每月准时交纳3元党费，他从没忘记自己是名共产党员。哪里有困难，哪里就是他的新战场：到生产队当农民，守在田里检查虫害，领着技术员日夜试验，终于让全村人从年头到年尾吃粮不断顿。"谷文昌，谷满仓"，他的名字就这么传响了。

逆境最能见襟怀。谷文昌在逆境之中，在遭遇挫折时，依然信念坚定。他把个人的名利、地位看得很轻，把党和人民的利益看得很重，始终做到初心如故、信念如磐。

（二）一心一意为人民

从宗旨意识看，谷文昌精神表现为"一心一意为人民"的宗旨意识。为什么参加革命？用多少心思和力气参加革命？谷文昌言简意赅明确无误

地回答：是"为人民"而参加革命，是"一心一意"，即全身心、尽全力参加革命。只有明确参加革命是"为人民"，立场才会坚定，才能始终站在人民的立场上，才不会迷失方向；只有"一心一意"，才能坚定理想信念不动摇，才能心无旁骛，不为利诱，不为物惑。"一心一意为人民"，深刻诠释了"为人民服务"这一根本宗旨，折射出谷文昌高尚的人格光芒。

八尺门海堤

谷文昌"一心一意为人民"，首先体现在解决老百姓的需求上。解放前夕，东山岛上的妇女到内陆割草砍柴，船经八尺门海峡，突遇风浪，全船覆没，造成九尸十命的悲剧。东山岛虽距内陆不过五六百米，但八尺门海峡水深浪高，给群众的生产生活带来很多困难。修一条海堤，把海岛变半岛，是东山人民梦寐以求的愿望。1959年夏天，谷文昌到东山县后林大队指导工作，听说了"九尸十命"的悲惨事件，还目睹岛上居民在八尺门渡口排着长队等候渡船接送，不禁想起1953年在东山保卫战中，八尺门这一天险曾经给援军带来的不小麻烦。谷文昌认为："无论是民生需要，还是海防和军事需要，建设八尺门海堤与大陆联通，都十分必要，必须建成。"回到县里，谷文昌立即组织县委、县政府主要领导进行讨论，并形成决定：修筑海上长堤，以促进海岛经济，扩大对外联系，解除群众舟楫之苦。说起来容易做起来难。困难时期的东山，人力、物力、财力、技术力量非常薄弱，许多领导同志出现畏难情绪，开始打退堂鼓，有的同志甚至私下找谷文昌，试图说服他暂时放弃这个计划，等以后条件成熟了再干。谷文昌坚定地说:"人民的需要就是我们的工作,我们要克服困难,勇往直前。当官不为民着想,革命要干啥?"

面对解放后的东山百姓想与内陆通航的强烈需求,谷文昌一贯坚持党的为人民服务宗旨,始终一心一意把老百姓的事放在心头,扛在肩上,体现了他心中强烈的宗旨意识和公仆情怀。

谷文昌"一心一意为人民",还体现在把群众利益作为最高追求。谷文昌作为党员干部,为官恪守两条原则,其中一条就是"只要对百姓有利的事,哪怕排除万难也要做到"。1963年东山遭受百年不遇的特大旱灾,241天无雨,几千亩水稻枯焦到划一根火柴就能点着的程度。谷文昌代表县委提出:"天上无雨地上找,地面无水地下挖!"谷文昌带领大家四处寻找水源,终于在一个叫官路尾的自然村找到了沙泉,大家决定马上开采这一带的地下水。经过7天奋战,挖出了长80米、宽45米、深2.5米的大水池。随后,由省水文地质队刘队长带领队伍,探明在东山岛东南部海滨的湖尾村一带沙滩地下水源最为丰富,这为湖尾地下水开发工程建设提供了科学依据。在沙地取水,谈何容易!经过反复试验,谷文昌成功发明了滤沙水管,并建立了当时全国最大的地下水工程,解决了千百年来困扰东山的农业用水问题。

面对群众生产缺水的问题,谷文昌认为民生无小事,只要对百姓有利的事,排除万难,也一定要千方百计去做,真正做到"为官一任,造福一方",用实践诠释了公仆情怀。

总之,"不带私心搞革命,一心一意为人民",从两个侧面反映了谷文昌精神的精髓,这就是他参加革命的初心与使命。他不仅是这样写的,更是这样做的。这是他一生的真实写照,真切地反映了谷文昌精神的要义。

(三)求真务实勇担责

从工作态度看,谷文昌精神表现为求真务实勇担责的科学态度。用什么态度对待工作,反映了一个人的工作观。谷文昌常说:"无论办什么事情都要有群众观点,为群众着想,从实际出发,不能随心所欲""说话要一是一,二是二,不能弄虚作假。"也就是在工作中要做到求真务实。求真务实勇担责,就是不断地认识事物的本质,把握事物的规律,并在这种规律性认识的指导下去实践。正是有了这种求真务实的科学态度，谷文昌始终能够从实际出发谋划事业和工作，创造出了经得起人民和历史检验的实实在在的业绩。也正是有了这样正确的工作观和与此密切相关的正确政绩观，无论在哪个岗位上，他都始终做到心中有责，不仅在面对矛盾、困难时勇于挺身而出，还在面对失误、过错时勇于承担责任，真正做到为官一任、造福一方。

谷文昌的"求真务实"，要求首先做到一切从实际出发。1958年，"大跃进"的口号震天响。"千斤稻，万斤薯，大肥猪，大如牛。"浮夸卫星接踵升空。"怎么搞的，东山的猪画在评比表上，还没有人家猪尾巴大！"县里一位主要领导去了趟地区回来后，大发其火。"我看这没关系，表上的猪画大了，栏里却没有那么多，还不是空的。"谷文昌不紧不慢地回答，"得实事求是。"到了年终，东山县超额完成生猪上调任务，评比表上的"猪尾巴"走在全地区前列。面对"钢铁元帅升帐"，各地筑起的小高炉鳞次栉比，炉火熊熊，人们毁锅砸鼎炼钢。"谷书记，岛外都在大炼钢铁，我们怎么办？"一天，县里的一位干部焦急地跑来问。"东山缺柴火，再说也没有矿石。"谷文昌苦笑了一下，"不然先搞两个炉子试试。"一试，炼不成。大炼钢铁，在东山没有铺开。"人有多大胆，地有多大产。"密植风铺天盖地而来，上头要求推行2寸×2寸的水稻密植和地瓜深穴密植，说这样的方法产量很高，"一亩地能产半吨粮、万斤薯"。谷文昌提出："我们共产党人说话办事，要从实际出发，不论在什么情况下，都要敢于实事求是，为人民负责。"

在"大跃进"运动中，谷文昌坚持真理、求真务实，使东山没有太大的损失，群众也口服心服。县委一班人乘势把群众对"大跃进"的热情，引向"上战秃头山、下战飞沙滩"的植树造林运动，维护了群众的利益，维护了党的威信。这也说明坚持人民立场与求真务实是一致的。

遇事"不能推诿"，是谷文昌的"勇担责"的突出表现之一。他说："县委不能推卸责任，也不能推诿。"1961年10月，谷文昌在县委扩大会议上作三年工作总结发言时说："三年中，执行人民公社政策所犯的错误，归纳起来有四不该：一不该刮'共产风'；二不该搞平均主义，取消按劳取酬；三不该生产瞎指挥，不因地制宜；四不该没有等价乱调劳动力，协作是对的，不等价协作就不对。"谷文昌进一步剖析根源："为什么会发生这些错误呢？最本质的问题，是对社会主义界限划不清。一句话讲，三年指导思想，过渡步骤走快了些，刮'共产风'破坏了所有制，而所有制变动不定，又破坏了按劳分配政策……我们没有弄清楚，由社会主义过渡到共产主义是一个相当长相当复杂的发展过程……不是想早就早，想迟就迟的……我们恰恰在这些最根本性的问题上思想糊涂。"在分析了最根本性问题以后，谷文昌对其他问题也进行了全面的查找，并坦诚地承认：三年来，我们在毫无根据地乱说乱干，并且提出了错误的口号。

面对错误，谷文昌勇于担责，敢于正视问题，虚心听取批评，坚决纠正错误。县委在谷文昌同志的带领下，赢得了群众的信任，重塑了县委领导班子"火车头"的良好形象。勇于担责是称职的领导干部应有的风格。

（四）百折不挠干事业

从对待事业的观念和行为举措看，谷文昌精神又表现为百折不挠干事业的创业精神。在种植木麻黄屡战屡败的征程中，面对二十万株木麻黄仅存活九株的惨败局面时，谷文昌却欣喜若狂，鼓励大家说："有九棵，就有九百棵，九千棵，九万棵！"这就是谷文昌百折不挠干事业的真实写照。百折不挠就是意志坚强，无论受到多少次挫折，毫不动摇退缩。这种不畏艰苦、勇于开拓的革命乐观主义精神，是谷文昌那一代共产党员最为耀眼的事业观，就是凭借这种创业精神，老一辈共产党人为我们打下了良好的基础。谷文昌正是凭着百折不挠的精神，带领全县人民拼搏奋斗，植树造林，治理风沙，修建水库，把荒芜的东山岛变成富饶的"东海绿洲"，干出了一番惊天动地的伟大事业。

谷文昌的"百折不挠干事业"，突出地表现在治理风沙的漫漫征途上。东山岛制服风沙的战斗从1952年开始。横亘东南沿海的荒沙滩，让东山人民费尽周折。挑土压沙，发动群众用"铁肩膀"搬沙，夜以继日，千万个东山愚公苦干两三年，肩膀挑红了，挑肿了，最终还是"园头堆起尺把沙，园尾卷走三寸土"。种草植树，数十个品种，数十万株，刚种下青翠欲滴，风沙一刮，绿色的希望又被埋没。筑堤挡沙，几十万个劳动力，换来2米高、10米宽的拦沙堤22000多米,还在堤顶压泥土、堤坡盖草皮,仅过了一年,风沙依旧,堤墙崩塌。整整五年,东山县委没有找到根治风沙的办法,灾荒和贫困依然笼罩着东山。风在呼号,百姓在叹息:"神仙也治不住风沙啊!"谷文昌用生命作为抵押,指天为誓:"不制服风沙,就让风沙把我埋掉!"谷文昌带领人民种植木麻黄树,虽然经历了八次大规模植树失败,但最终找到了木麻黄在东山的生长规律,彻底改变了东山穷山恶水的面貌。

在困难面前,谷文昌没有退缩,勇往直前,一句"不制服风沙,就让风沙把我埋掉!"喊出一个时代的最强音,彰显了共产党人战天斗地、百折不挠的顽强意志。百折不挠是领导干部干事创业取得成功不可或缺的重要品质。

谷文昌的"百折不挠干事业",还表现在对事业的执着追求上。他要做的事情,总是一直咬住一直做下去。沙滩造林的成功,使谷文昌看到了绿化东山的美好前景,但他认为还有很长的路要走。东山是丘陵地带,全岛一无河流二无湖泊,又是沿海风带,蒸发量大,历史上就流传着这样的民谣,"三日无雨火烧埔""十年九旱"。缺水让东山90%以上的耕地成了"望天田",全县只能种地瓜、花生、高粱等作物,水稻十分稀少。天旱时,小孩被大人绑着腰吊下十几丈深的井底淘点救命水,经常有妇女要跨海到对岸的云霄洗衣服,有些地方甚至把淡水作为陪嫁品。缺水给人民的生产生活带来极大的困难。在谷文昌任县长、县委书记期间,东山全县一共兴修了22座水库、705个永久性水利工程、800多个临时性水利工程,东山形成了地面库、塘、井、坝、闸星罗棋布,地下沟、渠、管纵横的水利化新格局。东山从此水美田丰,不再受旱涝之苦,为后来东山的全面发展奠定了坚实的基础。

谷文昌把解决水利问题看成是改变全岛一穷二白面貌的关键之一。他发动群众采取挖塘凿井、坡地围塘、山坑建水库、水沟建闸、开发地下水等措施,兴建了一大批水利工程,体现了干事创业的奋斗者情怀。

(五)保护自然谋发展

从主政一方的领导主导发展的思路和行为看,谷文昌精神又表现为保护自然谋发展的思路。所谓保护自然，就是指党的干部在推动发展的过程中，要树立尊重自然、顺应自然、保护自然的绿色理念。保护自然是谷文昌那一代人在东山恶劣生态条件下探究与自然相处的生动实践的真实写照。在新中国成立之初，东山岛生态环境极其恶劣，谷文昌在领导东山人民进行社会主义建设的过程中，特别是在治理风沙灾害的过程中，探索人与自然和谐相处的发展方式，彻底挖掉了东山的"穷根"。

谷文昌的"保护自然谋发展"，生动地体现在植树造林上。据记载，东山一年中刮6级以上大风的时间长达150多天，194平方千米的土地上森林覆盖率仅仅为0.12％。谷文昌从踏入东山岛就发现，东山人民至穷至弱的根源在于恶劣的自然条件，"春夏苦旱灾，秋冬风沙害，一年四季里，季季都有灾"。在总结多年治沙经验教训的基础上，在谷文昌的主持下，县委制定了防治沙荒的全面规划，提出了"以造林为主，综合治理，全面制服"的一系列措施，保护自然谋发展终于取得了成效。在1963年11月5日的《用革命精神改造自然建设海岛》的报告中，谷文昌说："按照群众的说法：孤岛变半岛，沧海变盐田，秃山变树海，沙荒变林带，旱地变水田，穷岛变富岛，铜山变金山（东山古名铜山）。"在这里，谷文昌巧妙引用群众的评价，用7个"变"系统总结了五年来东山自然环境全方位的巨大变化，涵盖交通建设、滩涂开发、荒山绿化、沙荒造林、经济发展、总体变化等，富有说服力。

面对风沙肆虐的恶劣自然条件，谷文昌从人民求生存盼发展的需求出发，通过综合治理方式尊重自然，顺应自然，保护自然，探索人与自然和谐相处的发展方式。

谷文昌的"保护自然谋发展"，还体现为在保护自然的基础上关注民生。他坦然地说："共产党如果不为群众办事，群众还会拥护我们吗？"为进一步改变东山的面貌，实现长远为群众造福，谷文昌把目光继续投向经济、社会、文化、教育等一批东山的民生短板上。那时，东山的这些民生项目几乎一片空白。谷文昌因地制宜发动群众围海造盐田，发展盐业生产，建起了两个地方国营盐场，让大海为人民造福。建盐场改进渔业生产，开拓了财源，有了财政收入，谷文昌开始兴修公路。截至1964年，东山新建公路50千米，大车路140千米。20世纪五六十年代，农村文化生活缺乏，谷文昌便下决心普及农村有线广播网。1962年，谷文昌四处筹款，让东山成为福建第一个村村通广播的县份。1957年，谷文昌启动兴建东山第一中学。建成后的东山第一中学，为国家输送了许多建设人才，如今已是闽南地区一所重点中学。

谷文昌首先解决群众在东山求生存的问题，接着解决群众谋发展的问题。作为主政一方的领导干部，循序渐进推进党的事业，体现了谷文昌从东山实际出发，通过发展解决群众生产和生活需求的理念，彰显了一张蓝图绘到底的领导智慧。

（六）克己奉公树正气

从谷文昌作为地方主要领导干部的为官守则和行为看，谷文昌精神还表现为克己奉公树正气的为官品格。谷文昌常说"当领导的要先把自己的手洗干净，把腰杆挺直"，这其中包含深刻的哲理，只有克己才能挺直腰杆奉公。克己奉公就是指领导干部约束自己的私欲，以公事为重，对自己要求严格，一心为公。谷文昌总是身体力行克己奉公。无论是主政东山，还是就任于林业系统，他从不忘记自己的身份，事事处处自觉一心为公。同时，作为领导干部，不仅要严格管好自己，更要严格管好家人和身边的工作人员，这形成了东山老百姓称道的"谷式家风"。这种风气不仅深刻影响了谷文昌身边的工作人员，还带动了良好社会风尚的形成。

谷文昌的"克己奉公树正气"，首先表现为严于律己、刚正不阿。1964年，谷文昌调任省林业厅副厅长。从东山带到福州的家当，只有两只皮箱、两只木箱、两瓮咸菜、几麻袋杂物。这就是在东山履职15年，担任过组织部部长、县长和县委书记的谷文昌一家子的全部家当。1972年，谷文昌调回龙溪地区任林业局局长。他仍然坚持不添置木制家具，就是子女，他也要求他们不买木制家具。他的二女儿结婚，想让他批点木材做家具，谷文昌严词拒绝："我管林业，如果我或者我的家人做了张桌子，下面的人就会做几十张、几百张；我犯小错误，下面的人就会犯大错误。当领导的要先把自己的手洗干净，把自己的腰杆挺直！"林业局局长避嫌，不买木制家具，这是一种自律，更是一种警醒。

谷文昌和他的家人

谷文昌克己奉公首先是严格要求自己,始终能够做到身体力行,为防止利用职权谋私或侵犯公众利益,勇于避嫌。无论是主政东山,还是就任于林业系统,他从不忘记自己的身份,事事处处自觉避嫌。谷文昌自觉抵制享乐主义,处处谨小慎微,防微杜渐,保持了共产党人的浩然正气。

谷文昌的"克己奉公树正气",还表现在带头自律、树立榜样。20世纪60年代初,谷文昌到龙溪地区检查身体,地委接待处为他安排了一套客房。这一天,通讯员陪谷文昌看完医生,来到宾馆办理入住手续,得知住一个晚上要10元钱,谷文昌对服务员说:"你再看看有没有便宜的房间,只要能住就好。"服务员无奈地说:"您是东山县委书记,我们是按照级别给您订的房间。"谷文昌摆摆手说:"我们东山是贫困县,不能住这么好的房间。"立马就拉着通讯员到外面去找旅店。他带着通讯员走遍了市区的大街小巷,找到了一家小旅店住下,名叫"大众旅社",客房没有卫生间,床铺也比较小,每天住宿价格1.2元,谷文昌连声说好。陪他来的通讯员都看不下去了,心疼地说:"您身体有病,住着不方便,睡着也不舒服呀。"谷文昌说:"人家干一天活,一个工价才几毛钱。我没有参加劳动,哪还有理由要求住好的呢?晚上我们两个人同挤一张床,不是可以为公家省下几块钱吗?"自从知道这家旅店便宜后,他每次到市里开会出差都选择这家旅店作为他的"下榻宾馆",只是为了省一点公家的钱。党风正,政风优,民风淳。谷文昌不仅以身作则,还以自身的言行影响了身边的工作人员,以好家风带动政风、民风,营造了良好的政治生态。

综上所述,我们认为这六个方面比较全面地反映了谷文昌的精神风貌。其中"不带私心搞革命,一心一意为人民",是谷文昌精神的要义;"求真务实勇担责"和"百折不挠干事业",是在工作态度和作风上的反映;"克己奉公树正气"是道德情操的体现;"保护自然谋发展"则是谷文昌富有特色的精神体现。这些无不展示了"四有书记"的精神风貌,也完全符合新时代好干部的要求。

三、谷文昌精神的历史地位与时代价值

谷文昌精神是中国共产党优秀县委书记的一个典型代表,具有重要的时代价值。

(一)谷文昌精神的历史地位

习近平同志用"不朽的丰碑"来肯定谷文昌及其精神的历史地位,这个评价是极高的。我们可以从以下几个方面来理解。

1. 谷文昌的先进事迹和崇高精神生动诠释了"四有书记"的内涵,成为县委书记的榜样

2015年1月12日,中共中央总书记、国家主席、中央军委主席习近平同中央党校第一期县委书记研修班学员进行座谈时说:"焦裕禄同志以自己的实际行动塑造了一个优秀共产党员和优秀县委书记的光辉形象。做县委书记就要做焦裕禄式的县委书记,始终做到心中有党、心中有民、心中有责、心中有戒。"① 谷文昌的一生完全契合"四有"的要求。在这次座谈会上,习近平总书记在讲到要"心中有民"时,就将谷文昌作为典型榜样来谈。此后不久,《人民日报》头版发表了《三十四年后的追寻 "四有"书记谷文昌》的文章,高度评价谷文昌就是"四有"书记。

谷文昌精神与"四有"要求完全一致,他不带私心跟党搞革命,是由

---

① 习近平:《做焦裕禄式的县委书记》,《学习时报》2015年9月7日。

于心中有党；一心一意为人民的宗旨意识，就是心中有民；求真务实勇担责，就是心中有责；他把克己奉公作为为官守则，说明心中有戒。谷文昌的先进事迹和崇高精神生动诠释了"四有"书记的内涵，和焦裕禄、杨善洲一样，是县委书记的好榜样。在习近平总书记提出"四有"书记之际，谷文昌即被公认为"四有"书记，这必将有力勉励县委书记们以他为榜样，始终做到心中有党、心中有民、心中有责、心中有戒，努力成为党和人民信赖的好干部。

2. 谷文昌的先进事迹和崇高精神生动诠释了为人民服务的要义，成为老百姓心中不朽的丰碑

"为人民服务"，是毛泽东于1944年9月8日在张思德同志追悼会上提出的。此时，党中央是把"为人民服务"作为对革命军队新四军和八路军的要求。"为人民服务"或"全心全意为人民服务"，后来成为中国共产党立党宗旨的高度概括。"为人民服务"在中华人民共和国成立后，还被中国共产党各级党政机关及其工作人员作为座右铭和行动口号加以使用。历史经验证明，为人民服务是中国共产党取得成功的秘诀。习近平总书记把"为民服务"作为好干部的标准之一，要求党的干部必须做人民公仆，忠诚于人民，全心全意为人民服务。谷文昌的先进事迹和崇高精神生动诠释了"为人民服务"的要义。

"不带私心搞革命，一心一意为人民"，这不只是谷文昌写在笔记本上的诺言，更是他身体力行的真实写照。他为民服务，既能帮助百姓解决柴米油盐这些家庭小事，又敢于解决"敌伪家属"这样的棘手难题；既能解决群众眼前的生活疾苦，又能着眼长远久久为功，为防治风沙灾害建成了一道惠及子孙后代的防护林；既量力而行帮助群众解决当下的生产困难，又尽力而为为百姓长远利益谋划发展。他为民服务是全心全意的，真正做到了急群众之所急，想群众之所想，谋群众之所需，即便是身处逆境下放劳动改造期间，他也能心系百姓，为宁化百姓改造良田，建设水库，造福一方百姓。正如纪录片《谷文昌》的主题曲《梦圆》所歌颂的："你播撒一路春风，只为百姓梦圆……你抛却一生名利，只为百姓梦圆。"谷文昌毕其一生为民服务、为百姓圆梦，成为百姓心中一座不朽的丰碑。

3. 谷文昌的先进事迹和崇高精神生动诠释了党的群众路线的要求，成为践行党的群众路线的表率

党的群众路线，就是一切为了群众，一切依靠群众，从群众中来，到群众中去。"一切为了群众"，是我们党一切工作的根本出发点和目的；"一切依靠群众"，是我们党一切工作的力量源泉，它要求党在一切工作中，必须相信群众，依靠群众，并组织群众用自己的力量去解决自己的问题；"从群众中来，到群众中去"，是我们党的根本领导方法和工作方法，它要求实行领导和群众相结合，一般号召和个别指导相结合。也就是说，党在制定方针政策时，要交给群众讨论、执行，并在讨论、执行过程中不断根据群众的意见进行修改，使之逐步完善。历史证明，党的群众路线是党的生命线和根本工作路线。谷文昌的先进事迹和崇高精神生动诠释了党的群众路线的要求。

谷文昌之所以能自觉践行党的群众路线，就在于心中牢固树立一心一意为人民的宗旨意识，始终贯彻求真务实的要求。在工作中，谷文昌始终坚持"一切为了群众，一切依靠群众"。他说"受一样的苦、干一样的活，群众才会信任我们"，他相信"把群众当亲人，群众才能把你当亲人"。他始终把群众放在心上，跟群众同坐一条板凳，和民工一起抬石头，和农民一块喝地瓜粥。战天斗地的场景中，总有他冲在最前的身影。谷文昌始终做到"从群众中来，到群众中去"。他经常深入群众进行调查研究，无论是植树造林，还是解决"敌伪家属"问题，或是发展生产问题，他总要进行深入且周详的调研，从群众中吸取智慧。谷文昌每次下乡，他至少交三个朋友：一个老贫农，一个队长，一个困难农民。全县 400 多名生产队长，他几乎都叫得出名字。可见，始终把群众放在心中最高位置，"从群众中来，到群众中去"，是谷文昌一贯坚持的思维方式和工作方法，他也因此成为践行群众路线的表率。

4. 谷文昌的先进事迹和崇高精神生动诠释了保护自然的理念，成为生态文明建设的先行者

党的十八大以来，我们党围绕生态文明建设提出了一系列新理念新思想新战略，开展了一系列根本性、开创性、长远性工作，生态文明理念日益深入人心。我们党深刻认识到，生态兴则文明兴，生态衰则文明衰，建设生态文明就是造福人类；深刻认识到，"自然是生命之母，人与自然是生命共同体，人类必须敬畏自然、尊重自然、顺应自然、保护自然"，保护自然就是保护人类；深刻认识到，生态环境是人类生存和发展的根基，生态环境变化直接影响文明兴衰演替，生态文明建设是关系中华民族永续发展的根本大计；深刻认识到，生态环境是关系党的使命宗旨的重大政治问题，也是关系民生的重大社会问题，生态环境没有替代品，用之不觉，失之难存。要像保护眼睛一样保护生态环境，像对待生命一样对待生态环境。人与自然的关系问题由来已久，其中既有深刻的教训，也有一些有益的尝试。不难发现，谷文昌在东山保护自然、修复自然的生动实践，符合生态文明建设理念之要求。

面对东山恶劣的生态条件，谷文昌没有气馁，他表示："要向风沙宣战，条件再差也要建设社会主义！"经过对东山县自然条件的细密调研，他认识到一个地方老百姓的生产生活对于环境的依赖性，清醒地意识到要挖掉东山穷根，必须先治服风沙。他提出了建设美丽东山的战略目标——"举头不见石头山，下看不见飞沙滩，上路不被太阳晒，树林里面找村庄"；提出了建设美丽幸福富裕新东山的战略举措——"上战秃头山，下战飞沙滩，绿化全海岛，建设新东山"。在治沙的过程中，先后采取了筑堤拦沙、种草固沙、造林防沙等办法，最终找到了适宜当地气候的树种木麻黄并取得了成功。与此同时，他还谋划建水库，挖地下水，合理利用水资源，修筑堤坝等一系列修复、保护与利用自然的工程。虽然，在当时并没有提出生态文明建设的理念，但这些做法却折射出生态文明建设的思想光芒。正如习近平同志在浙江省委十一届四次全体（扩大）会议上的讲话中所说，谷文昌"在福建，带领东山人民改造自然和社会，变昔日的荒山秃岭为现在的'国家级生态示范县'和'全省环境最佳县'"[①]，谷文昌不愧为生态文明建设的先行者。

---

① 姜信治主编：《不朽的丰碑——谷文昌精神干部学习读本》，党建读物出版社2015年版，序言第2页。

（二）谷文昌精神的时代价值

"谷文昌，生命有涯而精神不死。"① 谷文昌离开我们已经 40 多年了，但这种跨越时空的精神，在新时代仍然显示其弥足珍贵的价值。

1. 建设忠诚干净担当的高素质干部队伍，迫切要求学习和弘扬谷文昌精神，不断涵养"四有"的情怀

正确的政治路线要靠正确的组织路线来保证。进入新时代，习近平总书记不仅提出了新时代党的组织路线，而且强调指出，"贯彻新时代党的组织路线，建设忠诚干净担当的高素质干部队伍是关键"，要"努力造就一支忠诚干净担当的高素质干部队伍"②。建设忠诚干净担当的高素质干部队伍是一项系统的工程，就组织而言，要建立健全干部素质培养体系、知事识人体系、选拔任用体系、从严管理体系和正向激励体系等各项制度体系；就个体而言，党员干部要努力做到心中有党、心中有民、心中有责、心中有戒。"四有"与"忠诚、干净、担当"在价值取向上具有一致性。习近平总书记在与县委书记培训班学员座谈时，还专门从"心中有党、心中有民、心中有责、心中有戒"四个方面，阐述如何"做焦裕禄式的县委书记"。可见，修炼"四有"，是成为具有忠诚干净担当政治素养的、党和人民需要的好干部的内在要求。

谷文昌既是"四有"书记，也是具有忠诚干净担当政治品格的好干部。党员干部要做到"四有"，学习和效仿谷文昌是便捷而有效的办法。谷文昌始终牢记"自己是党的人"，他对党有感情，相信党，对党忠诚，做到心中有党。谷文昌始终把群众放在心上，忧百姓之忧，乐百姓之乐，倾毕生之力为民造福，做到心中有民。谷文昌把使命扛在肩上，坚持勤政务实，做到了心中有责。谷文昌常说："当领导的要先把自己的手洗净，把自己的腰杆挺直！"做到了心中有戒，保持了一生清廉。

进入新时代，建设忠诚干净担当的高素质干部队伍，我们还要持之以

---

① 尤权：《谷文昌，生命有涯而精神不死》，《人民日报》2015 年 4 月 15 日。
② 习近平：《在全国组织工作会议上的讲话》（2018 年 7 月 3 日），《当代党员》2018 年第 19 期。

恒学习谷文昌精神，"见贤思齐焉，见不贤而内自省也"，不断涵养"四有"情怀。

2. 保持共产党人的政治本色和前进动力，迫切要求学习和弘扬谷文昌精神，不断增强守初心担使命的自觉

中国共产党成立以来，团结带领全国各族人民，经过艰苦卓绝的斗争，取得了革命、建设、改革的伟大成就，根本原因就在于我们党始终坚守了为中国人民谋幸福、为中华民族谋复兴的初心和使命。历史证明，中国共产党人的政治本色和前进动力源于初心使命，"不忘初心方能行稳致远，牢记使命才能开辟未来"。进入新时代，在新的历史起点上进行具有许多新的历史特点的伟大斗争，实现"两个一百年"奋斗目标，我们党仍然要保持政治本色和前进动力。

在新时代，我们党要始终保持政治本色和前进动力，就要把"不忘初心、牢记使命"作为加强党的建设的永恒课题，作为全体党员干部的终身课题。党员干部要回答好"不忘初心、牢记使命"这一终身课题，就要加强党性修养，不断磨砺初心、砥砺使命；就要像谷文昌那样，以党的宗旨为宗旨，以党的使命为使命；以坚定的信念守护初心，以勤政务实的作风担当使命，恪尽兴党强党之责，自觉为党的初心使命和壮丽事业贡献力量。

走进新时代，保持共产党人的政治本色和前进动力，我们还要持之以恒学习谷文昌精神，让初心和使命在广大党员、干部内心深处铸牢，在思想深处扎根，不断增强守初心担使命的自觉。

3. 坚持马克思主义群众观，迫切要求学习和弘扬谷文昌精神，不断提高贯彻党的群众路线的本领

马克思主义群众观，是指马克思主义政党对待群众的立场和态度。马克思主义认为，人民群众是历史的创造者，人民群众不仅是物质财富和精神财富的创造者，而且是社会变革的决定性力量。中国共产党人由此衍生的群众观点还包括：虚心向人民群众学习的观点、竭诚为最广大人民谋利益的观点、干部的权力是人民赋予的观点、对党负责和对人民负责相一致的观点等。"以人民为中心"，是对坚持马克思主义群众观的发展，它体现了中国共产党"一切为了群众"的价值追求,体现了中国共产党"一切依靠群众"的逻辑要求,体现了"从群众中来,到群众中去"的方法论遵循。坚持马克思主义群众观,是由我们党的性质和国家政权的性质决定的,也只有坚持马克思主义群众观,才能做到与人民群众保持密切联系。

在新时代贯彻以人民为中心的发展思想,仍然必须坚持马克思主义群众观,密切联系群众。谷文昌之所以能够始终与群众保持密切联系,就在于他善于走群众路线。一方面,他对群众有着感情,与老百姓心相连、情相依,始终站在群众立场上想问题、办事情,成为老百姓的贴心人,与群众打成一片;另一方面,他常年深入到群众中,体会群众冷暖,了解老百姓心声,知道百姓想什么、需要什么,老百姓需要什么,他就决定做什么,成为老百姓的代言人。最为关键的是,他能够把群众的意见集中起来形成正确的决策,在决策实施过程中又能转化为群众的自觉行动,最终给老百姓带来获得感。谷文昌在他的勤政务实活动中,大到植树绿化防治风沙灾害、修建水库发展生产,小到走家串户嘘寒问暖,无不体现了为民服务的情怀和走群众路线的本领。

进入新时代,贯彻以人民为中心的发展思想,我们还要持之以恒学习谷文昌精神,既要对群众充满感情,又要坚持密切联系群众,不断提高贯彻党的群众路线的本领。

4. 建设美丽中国,迫切要求学习和弘扬谷文昌精神,不断提高与自然和谐相处的水平

生态文明建设是关系人民福祉、关乎民族未来的长远大计。党的十八大提出了中国特色社会主义"五位一体"总体布局,把生态文明建设摆在改革发展和现代化建设全局位置;党的十九大明确了到本世纪中叶把我国建设成为富强民主文明和谐美丽的社会主义现代化强国的目标。建设美丽中国得到高度重视,被确立为社会主义现代化强国的目标之一。我国现代化是人与自然和谐共生的现代化。建设美丽中国,既要不断深化生态文明体制改革,又要树立和践行绿水青山就是金山银山的理念,积极推动形成绿色发展方式和生活方式。特别是在我国生态文明建设还处于压力叠加、负重前行的关键期,尤其需要领导干部提高保护自然、与自然和谐相处的能力和水平。

建设美丽中国,作为党员干部,特别是领导干部,要做生态文明建设的表率。要像谷文昌那样高度重视人居环境的保护与改善,把当代人居环境问题看成是关系到老百姓民生的重大社会问题来对待;要像谷文昌那样以"不治服风沙,就让风沙把我埋掉"的胆魄与灾害作斗争,坚决迈过当前治理生态环境突出问题这道坎;要像谷文昌那样善于向实践学习,在新的实践中不断提高修复自然和保护自然的本领;要像谷文昌那样不追求轰轰烈烈的"显绩",而是长期默默无闻地、坚持不懈地做"潜绩"——在沿海建成了一道惠及子孙后代的防护林,把人间荒岛变成海上绿洲。

进入新时代,建设美丽中国,我们还要持之以恒学习谷文昌精神,强化保护自然的理念,增强保护自然的本领,不断提高与自然和谐相处的水平。

第四章　三钢建设：艰苦创业、开拓创新

三钢全景图

福建省三钢（集团）有限责任公司（简称三钢）总部位于福建省三明市梅列区沙溪河西岸，是我国钢铁行业中的特大型现代化钢铁企业之一，是福建省知名企业。1958年6月15日，三明钢铁厂动工兴建，1959年1月3日炼出第一炉钢，结束了福建省没有工业化炼钢的历史。从建厂伊始到1997年的近40年间，三钢经历年钢产量从0到80万吨的艰难发展历程。2008年，三钢钢综合产能达到500万吨水平。2008年以来，三钢发展成为以钢铁业为主、多元产业并举的跨行业、跨地区、跨所有制的大型企业集团。2014年，三钢抓住钢铁行业发展低谷的机会，兼并位于沿海的福建三金钢铁有限公司，至2016年，一跃成为钢年产能1000万吨的钢铁企业。2018年，吨钢利润、吨钢利税、经济效益综合指数排名全国同行业第一位。2020年，三钢主要技术经济指标保持同类型企业先进水平，钢年产

能突破1300万吨，跻身世界钢铁企业50强。

一、三钢建设的历程

三钢选址在三明列西，是因其拥有得天独厚的优势。从地理条件看，中央把建设基础工业的重点放在内地，充分考虑到三明地处福建中部山区，属"小三线"，鹰厦铁路通车，来自永安大湖的石灰石，龙岩苏邦的无烟煤，产于漳平洛阳、潘田的铁矿均可直接由铁路运输。古田水电站正在兴建，一期工程即将完工，电站离三明150多千米，投产后可有5万至8万千瓦供电给三明，为三明提供了交通上的便利和电力资源的保证。从自然条件看，列西厂址开阔，新中国成立初期曾拟建机场，可资建厂面积约达3.4平方千米以上；同时，该地水源充足，沙溪河流量平均每秒320立方米，最旱期为每秒26立方米。

1958年6月15日，3万多军学民组成的建设大军，在亘古流淌的沙溪河畔，在千年葱郁的龙岗山峦，开始"上盖天，下铺地，风餐露宿不怕

3万人在三钢建设工地大会战

苦，流血流汗建三钢"的壮举。建设者用镐头削平座座山坡，用独轮车运走130多万土方，用人拉肩扛，土法上马，安装了5500吨金属构件。一年零六个月后，一座年产20万吨铁、12万吨钢、15万吨钢材的新兴钢城拔地而起，开创出全国工业建设史上的奇迹。在建设过程中，三钢人铸就了"艰苦创业、开拓创新、团结协作、勇于担当"的精神内涵。

（一）社会主义制度集中力量办大事

三明钢铁厂从诞生起就坚持党的领导，充分体现了社会主义制度能够集中力量办大事的优势。1958年，来自全国各地的10万建设者听从党的召唤，云集三明沙溪河西岸，在这片热土上艰苦奋斗，拉开了三明重工业基地建设的序幕，三明这座中国共产党亲手缔造的新兴工业城市就此崛起。

1. 福建省委发展重工业意志坚定、决策得力、执行到位

1958年，三明重工业基地的崛起，是中国共产党领导下地方工业建设中的一个创举和奇迹。资料显示，新中国成立前的三元县，人们印象深刻的就是国民党特务办的梅列集中营，以及民间顺口溜："小小三元县，三家豆腐店。城里磨豆腐，城外听得见。"1956年7月设立的三明县，是一个偏于一隅的穷乡僻壤山区小县。人口8万多人，三元城关只有6000余人。以小农经济为主，国营工业企业只有一个小火电厂，年产值1400元，发电量3400度。称得上工业的，还有铸铁、碾米、制茶、锯木、酿造等。铁路通车前基本上没有进行基础建设，1950年至1957年只完成投资31万元。据1957年统计数据，当年全县国民经济总产值2174万元，而工业（含手工业）总产值只有208万元。

20世纪50年代的福建"手无寸钢"，工业基础非常薄弱。1957年7月，冶金部召开会议，同意在福建投资兴建一座年产20万吨矿石、10万吨生铁、5万吨钢锭和4万吨钢材的钢铁厂。福建省委立即要求省工业厅提出具体的筹建方案，几乎同时，化肥厂的项目也在努力争取中。1957

年,陈云采纳化工部提出的试制小化肥建议,建了一批小型化肥厂。[①] 福建省委、省人委的领导得到这个消息后非常激动,当时的态度是"(化肥厂)就是当了裤子也要办"。一周后,副省长许亚带着省工业厅试验室主任陈明一同北上争取项目。1957年10月,化工部批准了化肥厂的设计方案。在厂址选择上,省工业厅提出"以厂带市"的设想,把工厂建在山区,既可以将沿海密集的人口疏散到内地,又可以带动山区新城镇的建设。于是,省委成立的选址小组沿着鹰厦铁路线进行勘察选址。第一次勘察是1957年8月16日,由工业厅基建处处长黄计运带队,勘察了15个点,认为其中条件比较好的厂址有福州埠头村、桐口村,南平水汆头村,沙县琅口,三明列西,永安黄历,厦门嵩屿、杏林和禾山9个地点。第二次勘察是1957年9月10日至9月13日,由工业厅副厅长杨友合带队。此次勘察,钢铁首选厂址为三明列西,比较厂址有永安黄历、南平沙溪口。选址小组的"福建省钢铁厂厂址选择报告"正式向省委建议以三明列西作为钢铁厂和化肥厂联合厂址。省委将"厂址报告"上报国家计委、建委和国务院化工部、冶金部。1958年1月10日,化工部、冶金部复查小组抵达三明进行复查,并于1958年1月20日在厦门召开会议,研究确定福建钢铁厂和福建化肥厂的厂址,定下目前三钢所在厂址——三明列西。

1958年4月,省委决定以三明县委和各筹备处为基础,成立党政合一的三明重工业建设委员会,直属省委和省人委领导。张维兹担任三明重工业建设委员会党委书记兼主任,领导来自五湖四海的10万大军,拉开了建设三明的序幕。当年的建设者来自全国各地,其中有省内的晋江地区民工1.2万多人,南平400多人,龙溪3500人,福安近1000人,龙岩360多人,还有驻守闽南的9128部队2000多名官兵,厦门大学中文系师生200多人。后来,又有从西安调来的西北第三建筑工程公司和从东北调来的沈阳第八冶金安装公司近万名干部职工,再加上三明本地区几个县支援的民工,大约有10万人。三明重工业建设委员会向省委提交请示报告,称三明

[①] 刘家栋:《陈云同志"十五字诀"纵横谈》,中国方正出版社2005年版,第27页。

除正在建的钢铁基地外,还有合成氨肥料厂、石灰氮肥厂、冶金矿山机械厂、机修厂、电线电缆厂、水轮机制造厂、电厂等8个工厂。这些厂全部建成后,三明县将成为一个拥有20万人口的新兴工业城市,因此,申请成立三明人民公社。1959年2月6日,中央批复了福建省委、省人委提交的《关于设立三明人民公社党委和筹备委员会人选的请示》:

(一)同意你们把三明新建城市与三明县合并,成立三明人民公社党委会和三明人民公社筹委会,直属省委和省人委领导。

(二)同意省委书记伍洪祥同志兼任三明人民公社党委第一书记、省委委员、省委工交部副部长,原三明建委第一书记张维兹同志任三明人民公社筹委会主任(兼党委书记处书记),范元辉、孟健、侯林舟等同志任人民公社党委书记处书记。①

于是,三明人民公社正式成立,成为福建省最大的一个人民公社。三明成立公社后,对外联系工作遇到了麻烦。到了1959年底,省委向中央提出申请,要求改变建制。1960年1月,经国务院批准,三明人民公社改为三明市,由伍洪祥任第一书记。

福建省委第一书记、省长叶飞写信请求中央调贺敏学到福建省担任副省长,主管全省建设,贺敏学不久赴任。叶飞同贺敏学畅谈了省情:福建的工业相当落后,国防建设、发展农业林业和改善人民生活都受到影响,造成落后的原因,一是新中国成立前就落后,二是新中国成立后福建一直被当作前线。今后不能这么搞下去,要搞建设,就要重视工业问题。叶飞还告诉贺敏学,毛泽东和许多中央领导都表示支持福建搞些必要的工业。贺敏学问,海峡两岸还处于炮战中,如何建设。叶飞回答,不要怕打破坛坛罐罐,既要保卫祖国,又要建设福建,尽快结束福建工业落后的状况。刚上马的三明工业基地任务艰巨,基建任务繁重。1958年,贺敏学亲率一支短小精悍的工作班子赶赴三明,着手组织施工前期工作。年过半百的贺敏学,白天下现场,晚上开会研究,连续工作40多天,甚至有时带病工作,为三明这个新兴工业城市,也为福建省重工业基地铸造雏形做出贡

---

① 伍洪祥:《伍洪祥回忆录》,中共党史出版社2004年版,第589页。

献。省委书记伍洪祥兼三明人民公社党委第一书记，主管三明工业基地工作，与贺敏学并肩战斗。回忆这段往事，伍洪祥说，三明工业基地建设，贺敏学是有功的。1958年12月，三明钢铁厂一期工程的土建部分宣告完成，开始安装调试。叶飞闻讯，兴奋不已，提出三明钢铁厂于元旦出钢，来个开门红。三钢等厂矿企业要早日上马，必须解决水的问题。省建一公司干部和工人18天就建成了水厂厂房。没有敷设水管的铁管，工人们硬是用木条箍制成大水管，铺通三钢、三化的供水道。1959年元旦深夜，三明水厂开始向三钢供水。① 1959年1月2日，三明钢铁厂一号转炉炼出了红彤彤的第一炉样钢，标志着福建进入现代钢铁工业生产新的阶段。②

三钢的发展离不开中国共产党的领导，始终是在中共中央和福建省委的坚强领导下，虽有曲折坎坷，但不断发展壮大，创造辉煌。尤其是在创业初期，三钢建设如此之快，得益于省委的坚定决心，以及及时成立组织机构的决策。省委第一书记叶飞提出一切以发展三明重工业基地为重，并多次亲临三明，选派了得力干将坐镇三明重工业基地领导指挥建设。

2. 党和国家领导人的视察和关怀

三钢的发展离不开党和国家领导人对三钢的关心支持。三钢人也没有辜负党的期望，始终不忘初心、牢记使命，艰苦创业、开拓创新，团结协作、勇于担当，为国家、为社会做出自己的贡献。

(1) 20世纪60年代，全国人大常委会委员长朱德视察三钢

1961年2月12日，大年除夕夜前夕，75岁高龄的朱德冒着严寒来到三明，关心支持三明重工业基地的发展建设。在三明市委第一书记张维兹的陪同下视察三钢，听了当地同志的汇报后，朱德写下《三明新市》一诗，诗云："上饶集中营，拘留尽群英。军渡长江后，迁移到三明。多少英雄汉，就地遭非刑。青山埋白骨，绿水吊忠魂。将此杀人地，变为工业

---

① 钟兆云：《贺敏学的风雨人生》，山西人民出版社2015年版，第259—262页。
② 福建省地方志编纂委员会编：《福建省志·总概述》，方志出版社2002年版，第97页。

城。"① 朱德以这首诗感慨革命的付出与牺牲,赞叹三明重工业基地建设取得的伟大成绩。

(2) 20 世纪 80 年代,国家领导人视察三钢

1983 年 11 月 2 日,国家主席李先念与中央财经领导小组成员兼秘书长杜星垣等领导到三钢视察连铸生产,关心支持三钢的发展。一个多月后,1983 年 12 月 23 日,国务院副总理谷牧来三钢视察连铸生产,关心支持三钢的发展。1985 年 1 月 19 日,国务院副总理、中央"五四三活动"委员会主任万里在省委领导项南、马兴元等陪同下来到三明市视察。万里极其关心三明市社会主义精神文明建设,指出三明环境很好,发展起来很有前途,但还要解决好"水不秀"的问题。在三明钢铁厂连铸车间,万里戴着钢铁工人的防护帽,察看各工段生产情况,详细地询问了这套从西德引进的设备的设计能力和产品、产量以及炉龄等。他对厂长吴松光说,这里能否改一改,连铸坯出来以后,马上进行轧钢。吴松光回答,目前正在研究这个问题。1985 年 12 月 21 日,全国人大常委会副委员长叶飞视察三钢,关心三钢的建设,重点巡视了新建的 3 号高炉和连铸机生产线。1986 年 5 月 22 日,中共中央书记处书记、全国人大常委会副委员长陈丕显在伍洪祥、温秀山同志的陪同下视察了三明,在三明期间听取了市委书记周厚稳的工作汇报,深入三明钢铁厂了解连铸工段生产情况。陈丕显在三明饭店接待厅接见三明市党政军领导和离退休老同志时感慨地说:二十五年前和叶飞、伍洪祥、江一真同志一起在三明过五一节,二十五年这里变化很大,二十五年前省委希望在三明建立工业城市,三明人没有辜负党的重托,把工业城市建立起来了。之前,陈丕显曾多次来过三明。早在 1959 年初夏,他在上海市委书记处书记任上就到三明参观炼钢、炼铁车间。看到几名健壮的工人在高炉基地上挥汗如雨时,三明市委书记张维兹趁机问道,这些小伙都还不错吧?陈丕显还未反应过来,张维兹接着问,上海能不能支援三明一些轻纺工业,这里都是重工业,男工多,轻纺企业女工

---

① 朱德:《三明新市》(1961 年 2 月 12 日),中共中央文献研究室编:《朱德诗词集》(新编本)(下),中央文献出版社 2007 年版,第 299 页。

多,到三明不愁找不到好小伙,也免得三明的小青年老打光棍。陈丕显被逗得大笑说,这是在挖墙脚呀,但他还是愉快地接受了张维兹点的"鸳鸯谱"。从1960年开始,上海三星糖果厂、长宁印刷厂、傅振兴锁厂、奇美衬衣厂、毛巾厂、针织厂、橡胶厂、皮革厂、有色金属制品厂、玻璃厂、纺织厂、印染厂、胶合板厂等企业先后迁入三明,填补了三明轻工业生产的空白,也解决了三钢、三化等重化工业男工们的后顾之忧。

(3) 进入新世纪,在福建工作的习近平同志视察三钢

习近平同志在福建工作期间,曾一年内两次亲临三钢调研指导。2000年1月3日,时任福建省委副书记、代省长的习近平同志到三化第二尿素车间调研,强调"要坚持建立现代企业制度和改革方向,把改革、改组、改造和加强管理结合起来,转换企业经营机制,加大扭亏增盈力度,最终实现脱困目标"[①]。2000年8月10日,时任福建省委副书记、省长的习近平同志再次深入三钢厂区车间进行一整天的调研,冒着高温酷暑深入炼钢转炉炉前、连铸机台、棒材、高线生产现场,深入劳模代表、科技人员代表、困难职工家中慰问。习近平同志在现场和员工们座谈,最后还召开了专题座谈会,他在会上指出:"要增强搞好国有企业的信心。三钢在科技创新、人才引进、产业结构调整以及可持续发展、生态环境建设、党建、思想政治工作等方面走在全省前头,改革发展积累了很好的经验,具有典型示范意义,要在全省推广。"[②] 并对三钢科技创新、人才引进、产业结构调整以及可持续发展、生态环境建设、党建和思想政治建设等工作提出具体要求。

20多年来,三钢认真践行习近平同志当年的重要指示,按照供给侧结构性改革要求,坚持不懈完善现代企业制度、调整优化产业结构、强化创新驱动发展、推动绿色转型发展、强化党建引领发展。2000年完成公司制改革,2007年三钢闽光在深交所上市,现已成长为年产钢1300多万吨的大型现代企业集团,形成三明本部、泉州闽光、罗源闽光、漳州闽光四大

---

① 中共三明市委:《推进国有企业攻坚脱困 加快重点项目建设步伐》,《三明日报》2000年1月6日。

② 福建省三钢(集团)有限责任公司:《三钢经验具有典型示范推广意义》,《福建三钢》,内部资料,2000年8月16日。

生产基地，拥有全资及控股子公司 16 家、紧密型企业 1 家，并连续 30 年跻身中国企业 500 强，先后荣膺"全国先进基层党组织""全国五一劳动奖状""全国文明单位"等称号。

（二）企业管理者的改革创新

三钢取得今天如此巨大的成绩，是三钢全体职工共同努力、艰苦奋斗的结果。同时，三钢能跨越 100 万吨钢、500 万吨钢、1000 万吨钢里程碑，跟三钢的企业经营管理者在关键时期的科学决策和改革创新是分不开的。企业经营管理者是开拓者、创新者，是企业发展的领头雁、舵手，是把科学技术发明引入经济生活之中，把企业发展不断推向前进的人。

1. 跨越 100 万吨钢里程碑

1984 年 3 月 24 日，时任三钢厂长的吴松光等福建 55 位厂长的呼吁书《五十五名厂长、经理呼吁——请给我们松绑》在《福建日报》全文刊登，这成为当年度最具轰动性的企业事件。呼吁书写道："我们认为放权不能只限于上层部门之间的权力转移，更重要的是要把权力落实到基层企业。为此，我们怀揣冒昧，大胆地向你们伸手要权。我们知道目前体制要大改还不可能，但给我们松绑，给点必要的权力是可以做到的。"[①] 一周之后，一向被认为是政治风向标的《人民日报》，也在第二版头条显著位置报道了 55 位厂长呼吁"松绑放权"的消息，使得"松绑"成为全国性的改革诉求。一位经济学家这样评价道：呼吁信是我国企业改革史上企业经营者第一次吃"螃蟹"，第一次向政府要权，是我国解放思想的一大成果，它为中国国有企业改革吹响了进军的号角。1995 年 10 月，一场以"如何深化三钢改革"为主题的大讨论务实地展开，全厂"学邯钢，看三钢，做奉献"系列活动加速了企业转型和突破。第九个五年计划实施时期，三钢的新一届班子通过内涵挖潜，继续填平、补齐和优化生产结构，由粗放型向集约型转变，吹起向年产钢 100 万吨进军的号角。1997 年是不平凡的一年，面对社会主义市场经济大潮中千帆竞发的局势，三钢领导班子审时度势，顺应时代潮流，提出了在 20 世纪末实现"年产 100 万吨钢、创省级文

[①]《五十五名厂长、经理呼吁——请给我们松绑》，《福建日报》1984 年 3 月 24 日。

明单位、建立现代企业制度"的三大目标。为配合三大目标的实现,三钢大打沿海"阻击战"、沿边"渗透战",在"铁心拼搏夺百万,同舟共济渡难关"精神的感召下,三钢跨进了"省级文明单位"行列。现代企业制度初步建立,推进主辅分离,对辅助机构实行风险抵押,联利承包,自负盈亏(共分流3538人),引入市场机制,强化成本核算,提高成本考核比重,强化科技创新,推进劳动工资人事制度改革。工艺技术进一步完善,主要经济技术指标迈入行业前列,烧结平均品位、高炉利用系数、高炉休风率、转炉平均炉龄、轧钢综合成材率位居全国第一。1998年12月10日上午8时,三钢整整经历了40年的历程,实现年产钢100万吨,工业总产值突破20亿元,迈入大型钢铁企业行列。年产100万吨钢的实现,承载着几代三钢人的期待。三钢人不会忘记,为了这个100万吨的梦想,三钢人拼尽了自己的聪明才智,让这个梦想的实现整整提前了两年。

1998年12月10日,三钢实现年产钢100万吨目标

2. 跨越 500 万吨钢里程碑

2006 年是"十一五"规划开局之年,三钢制定了发展规划,主要内容是:再建一个 1000 立方米级高炉,再增加 100 万吨钢的产量,达到年产 400 万吨钢的规模。2006 年是三钢迈向年产 500 万吨钢征程的关键之年。在"消耗极限、管理极致、质量极品"理念的引领下,各工序瞄准历史最高水平和同类型企业先进指标,自我加压,高起点、高水平地进行突破和超越。高配比非炼焦煤炼焦技术、快速炼焦技术、顶装炉改捣固侧装技术、烧结防漏风技术等一批新技术在生产过程中得到转化和应用,有效降低了成本,增加了效益。与高等院校密切合作,成功研发了国内首创的转炉无渣出钢冶炼法;自行设计开发成功烧结台车全密封和机头机尾的全磁密封技术、统结增效剂技术;转炉双联法炼钢工艺、5$^\#$连铸机塞棒自动控制系统技术、二高线高压水除磷技术、销售客户电子商务安全网关等一批新工艺、新技术的实施和应用,取得明显成效。一年中,新立项科技进步项目 320 项,其中"转炉无渣出钢技术""柳螺钢研发""干熄焦技术研究"等获得省科技计划项目立项。"细晶带肋钢筋生产技术研发"和"生产过程制造执行系统应用与开发"获省科技进步二等奖。2008 年,钢的综合产能达 500 万吨水平,开创了三钢发展史上又一个里程碑。

2008 年,三钢综合产能达 500 万吨

3. 跨越 1000 万吨钢里程碑

2010 年，国家四万亿巨额投资刺激钢铁投资的急剧增长，导致产能大幅度增加，随后钢铁产能高位释放、下游需求不旺、钢价持续低迷，导致钢铁行业效益下滑。在这种大背景下，三钢采取"眼睛向内"的办法，苦练内功，降低成本，通过开展学习方大钢铁、萍钢、中天钢铁等，从对标国企转向学习民企，不断与先进企业对标，不断查找差距，从而大幅度降低制造成本。通过学习台塑管理制度化、制度表单化、表单信息化，利用 MES 信息化系统，实现生产过程精确控制、精准考核。2014 年，公司领导班子经过反复论证，决定兼并重组民营钢企——福建三金钢铁有限公司，不仅提高了省内钢铁产业的集中度，使三钢跨入了千万吨级特大型钢铁企业行列，还为三明本部产能转移创造了条件，形成了从内陆到沿海，从闽西北到闽南、再到闽东的三足鼎立之势，实现了三钢人梦寐以求的沿海布局梦想。2015 年，历经钢铁寒冬、产能过剩，三钢人通过深挖企业内部发展潜力和资本运作，募集资金，整合人力资源，以自动化、信息化、智能化为发展抓手，以企业转型升级、双轮驱动为发展目标，以走出三明、向沿海发展、走出国门为发展方向，以坚实的步伐，时刻以如履薄冰、如临深渊警诫提醒自己，克服重重困难，突出重围。2016 年，三钢实现年产钢 1000 万吨的目标，实现企业的扭亏为盈。

2016 年，三钢钢产量突破 1000 万吨

在时代的大潮中,三钢人没有听天由命,而是敢于直面困难和问题,尤其是经营管理者们在关键时期抓住了三钢发展的有利时机,科学决策,大胆改革创新,团结协作,顽强拼搏,使三钢的钢产量上了三个大台阶,成为千万吨级特大型现代化钢铁企业。

(三)职工群众的接续奋斗

三钢从 1958 年 6 月 15 日动工开建发展至今,涌现出许多先进人物、榜样人物。正是在这些人物的影响感召下,三钢人艰苦创业,不断开拓创新,团结协作,勇于担当作为,取得了辉煌成就,为党、为国家、为社会做出了巨大贡献。这些成绩的得来,是一代代职工群众共同努力、接续奋斗的结果。

1."革命的老黄牛"吴家山

吴家山,男,中共党员,先后三次获得"福建省劳动模范"称号,1978 年获得"冶金系统劳动模范"称号,是全国第五届人大代表。1958 年 6 月,吴家山积极响应国家号召,来到了三明钢铁厂。创业初期的工地上,吴家山与 3 万劳动大军用镐头铲平了一个个山坡,用汗水拼出了一块平坦的立足之地。父母写信问他是不是很辛苦,吴家山告诉父母:不辛苦。1969 年高炉复产后的几年中,吴家山多上 14400 小时班,为国家多创造劳动价值 20 多万元。1972 年,在 2 号高炉中修过程中,吴家山以身作则,带头冲进炉膛扒红焦,为整个工程节约劳力 1650 个,增加产值 15 万元。工友们都说他是特殊的机器人,吴家山笑着说,年轻劲多,而且大家也都那么干!吴家山以厂为家,时时关注变废为宝、降本节耗工作。他常常带着一家人到车间拣钢条碎铁、捡竹片、推板车……班组同事在他的感召下也一起动手参与其中。"众人拾柴火焰高",仅 1980 年,他和班组同事就拣出废钢 21.9 吨,为炼铁增加收入 2119 元。由于对三钢的眷恋,吴家山让儿女们长大后也要和自己一样扎根三钢。多年后,他的儿女毕业后也成了钢城光荣的劳动者。[①]

---

① 三钢集团公司党委工作部:《榜样》,内部材料,第 32—35 页。

2. 全国劳动模范许家辉

许家辉，男，曾任炉长，炉前高级技师。他带领的班组连续二十多年被三钢评为"标杆班组"。20世纪80年代初，三钢炼铁炉前烟尘弥漫、酷热难当，不少年轻人退缩了。而许家辉却把理想锁定在炼铁炉台上，踏踏实实地干。他从一名炉前工、工长、副炉长逐步成长为一名优秀炉长。2004年，许家辉被三钢集团公司授予"能工巧匠"；2005年，荣获三钢集团公司第一届"金牌工人"称号；2007年，荣获"福建省五一劳动奖章"；2013年，荣获"福建省劳动模范"称号；2015年，荣获"全国劳动模范"称号，成为三钢建厂以来，第一个获此殊荣的一线工人。他提出了不休风更换撇渣器中间挡梁的大胆建议，不仅解决了影响产量的难题，还缩短了停产维修时间，每年为公司创造效益达280多万元。许家辉通过统一高炉工长操作管理，三班统一操作，加强高炉、冷却设备监控，着力维护烧损冷却壁、铜棒和烧红的炉壳，保证高炉煤气流稳定，合理维护好操作炉，延长了老高炉的炉龄，3号高炉达到了单位炉容铁产量1万吨以上的国际先进水平。①

3. 中国共产党第十八次全国代表大会代表张英

张英，女，中共党员，曾任炼钢厂运转车间党支部副书记、副主任。2004年初，因工作需要，在原二炼钢回收车间当班长的张英调到钢松运转车间煤气工段担任工长，具体负责转炉煤气回收、加压、外送及钢松系统煤气用户管道的检修前吹扫等工作。在钢松系统投产调试的180天里，每天在现场的时间都在10个小时以上。勤奋的汗水没有白流，如今，张英就是煤气站的"活地图"。2011年，张英被全国总工会评为"全国五一巾帼标兵"；2012年，当选为中国共产党第十八次全国代表大会代表。2017年9月的一天，板坯操作工巡检时发现火切机附近的固定式一氧化碳报警器有间断性声光报警，报警器显示100－150 ppm左右。于是，张英被叫到了现场。她果断地让板坯人员试气，火切机大火点燃后，在场的人立即闻到一缕淡淡的焦油味，分段对箱内管道喷射肥皂水，几分钟后，在一个小

---

① 三钢集团公司党委工作部：《榜样》，内部材料，第36—39页。

压力表后端接口处冒出了气泡,问题找到了!"像一颗螺丝钉一样,牢牢地钉在自己的岗位上",张英至今仍然清楚地记得自己入党时的初心。她巾帼不让须眉,练就了一身过硬的本领,至今转炉煤气站没有发生过一起人身、设备事故。①

4. 技术精湛的技能大师叶凌飞

叶凌飞,男,中共党员,特级技师,拥有两项"发明与新型"专利。1991年7月,叶凌飞从福建省冶金技工学校毕业后,先后在一轧厂、高线厂、中板厂干过检修工。2015年12月,在福建省首届钢铁行业职业技能竞赛上,叶凌飞以过硬的技术摘得装配钳工第一名,被公司授予"技术状元";2016年4月,他荣获"金牌工人"称号;2017年6月,获"福建省省属企业高级技能(工匠)人才"称号;2018年3月,荣获福建省"技能大师"称号;2019年1月,获"国务院政府特殊津贴高技能人才"称号;2019年4月,获"三明市劳动模范"称号。在生产现场,叶凌飞的一大"杰作"——更换检查台架翻板机连杆只需3个小时(原先需用千斤顶,耗时10个小时)即可完成。解决这一难题,他是利用力学"四两拨千斤"的原理。近年来,他先后参与20多项技改攻关项目,提出30余项改善提案,解决了轧机机架辊故障多、矫直辊系短寿命、圆盘剪卡钢、粘辊等技术难题,提高了钢板合格率,为中板厂创效300多万元。②

5. 全国青年岗位能手张祥远

张祥远,男,中共党员,硕士研究生。他扎根炉前一线,先后担任过二炼钢转炉车间炉前工、副炉长、技术员、炉长、调度长。2012年,从贵州大学研究生毕业的张祥远到了三钢炼钢厂二炼钢转炉车间,成为了一名炉前工,从最基础却又最艰苦的一个环节干起。每次炉长冶炼的时候,张祥远都会拿个小本子跟在他身后,遇到不懂的就问、就记,记录了十三四本,然后进行提炼归类、反思总结。从拿钢钎、测温取样的炉前工到可以独立操作摇炉的副炉长,张祥远仅用了10个月。2016年,张祥远当上了

---

① 三钢集团公司党委工作部:《榜样》,内部材料,第78—81页。
② 三钢集团公司党委工作部:《榜样》,内部材料,第124—127页。

炉长。他参与各种冶炼模式的试验与摸索，不仅为改善冶炼过程喷溅、降低料耗提供宝贵的数据支撑，也提高了自己的冶炼水平。特别是在降低钢铁料耗、无喷溅冶炼攻关等方面，曾实现连续3个月无氧枪消耗的纪录。2016年9月7日，在第八届"鞍钢杯"全国钢铁行业职业技能竞赛中，夺得第11名，获得"全国钢铁行业技术能手"荣誉称号；2019年，被评为"全国青年岗位能手"。①

在三钢，像吴家山、许家辉、张英、叶凌飞、张祥远这样的先进人物数不胜数，这里仅仅挑选了几个不同时期进厂的先进典型。正是许许多多像他们这样的三钢职工群众的艰苦创业、开拓创新、团结协作、勇于担当，才使三钢始终立于不败之地，并不断超越自我。我们有理由相信，在中国共产党的领导下，三钢一定会涌现出越来越多的榜样人物、先进人物，在新时代的大潮中乘风破浪，把三钢继续推向前进。

二、三钢建设的精神内涵

（一）艰苦创业

艰苦创业是指为了国家、民族和人民的共同利益和共同理想，为了发展社会主义事业，在艰苦的环境中开拓、奋斗。艰苦创业时，创业者身上总是会背着满满的责任感、使命感以及害怕不能成功的危机感，但是这也能激发创业者奋斗的热情和拼搏的精神，磨炼其不屈不挠的意志。

1. 艰苦创业，响应号召

1956年中共八大召开，会上指出"人民对于建立先进的工业国的要求同落后的农业国的现实之间的矛盾，人民对于经济文化迅速发展的需要同当前经济文化不能满足人民需要的状况之间的矛盾"是国内的主要矛盾。这个主要矛盾的判断，明确了党和全国人民当前的主要任务，就是要集中力量来解决这个矛盾，把我国尽快地从落后的农业国变为先进的工业国。当时福建的工业水平是相当落后的，"手无寸铁、路无寸轨"是当时福建的状况，按当时福建人口计算，平均摊在每个人手里的只有4钱8厘的土

---

① 三钢集团公司党委工作部：《榜样》，内部材料，第82—85页。

铁，相当于一根小铁钉的重量，因此福建人民也都非常期盼福建工业的大力发展。1957年8月，曙光来临，国务院冶金工业部颁布了第二个五年计划全国地方钢铁工业设计任务，确定在全国建设18个项目，其中一个项目在福建。经过科学慎重的选址，最终选在福建三明建设响应国家号召、人民期待的钢铁厂，并于1958年6月15日正式破土动工。

1958年8月，中共中央发出"全党全民为生产1070万吨钢而奋斗"的号召，三钢更是紧锣密鼓筹备起来。但是三钢的建设过程并不是非常顺利，遇到了很多困难。

一是移山填谷问题。三钢的厂址选在一个大山坡的位置，要想将这个东西宽1000多米、南北长3000多米的丘陵变成平地，单单移山填谷的土方就有130多万立方米。如果把这

三钢原始地貌

些土方按长宽高都为1米堆成土堤排在一起，长度加起来相当于厦门到福州距离的两倍，这是一个大工程。而当时三钢工地上现代化机械水平约等于零，所有工程都是靠手搬肩挑板车推，按现在来看，这应该是不可能完成的任务。但是所有的建设人员面对高山丘陵、满目荆棘，没有任何怨言，开始了艰辛而伟大的创业。施工过程中，参与建设的部队有一位副班长，推着板车奔跑时，脚掌心不小心扎进一块两寸长的尖竹片，为了不干扰其他工友干活，他吭都没吭一声，连叫周边的伙伴来看一看都没有，自己咬牙用手把沾满血的竹片拔了出来，然后默默推着板车离开了。榜样的力量是无穷的，其他工友看在眼里，疼在心里，劳动热情瞬间燃烧得更旺。推板车运土，一开始是四人一车，然后变成两人一车，最后直接变成

一人拉一车，极大提高了工作效率。①

二是住宿和粮食问题。当时会集到三钢工地的建设者有3万多人，而三明县仅是一个6000多人口的小县，吃住都面临严峻的问题。为了照顾从本溪、上海等地来支援的工程技术人员、年龄较大的师傅，厂党委特意将当地民房、柴火间、谷仓、寺庙等地方打扫干净，墙上糊上旧报纸，搭上木板当床，就算为他们安家了。有些同志连自己的房间也没有，直接就睡在大厅、过道里。到1960年底，三钢建成第一栋砖木结构的职工家属宿舍，厂党委决定首先安排给他们，厂长和书记一直到1962年还是住在民房和破庙里。后面来的同志没地方住了，就直接上山砍杂木、毛竹，割茅草，自己动手搭盖草棚，经常遇到外面下大雨、里面下小雨的事。厕所更是简单挖了一个土坑，就开始使用，下雨天也经常发生滑到粪坑里的事故。住的问题算是解决了，吃的问题也很令人头疼。吃的粮食是工人到几十里甚至几百里外的边远山沟，毫无运输工具，用肩扛回来的死角粮。由于当地农民很少种菜，采购人员只能去厦门或者沿海一带调运，青菜都非常老，嚼不烂，不好下咽。为此，三明建委发起学习南泥湾精神的号召，提倡自给自足，自己开荒种菜，挖塘养鱼，发展畜牧业，缓解了生活上的困难。

建厂初期比较"豪华"的住房

三是天气问题。八月的闽西北秋雨绵绵，此时也是三钢工地上最艰苦

---

① 福建省三明钢铁厂《三钢志》编纂委员会：《三钢志》，内部材料，第7页。

的时候——建 1 号、2 号高炉基础部分，这个工程需要挖掉土方 1.4 万立方米，从山顶往下挖 7 米深。但是由于天气恶劣，工程进展非常缓慢。为了不耽误工期，全体建设者冒着风雨整天站在没膝的泥水里，挥舞着铁锹，推动着板车，每到吃饭休息的时候，也仅是简单扒几口，就继续工作，一天加班加点十几个小时。工作的艰辛，加上冒雨施工，大家身上的衣服又湿又冷，很多人感冒发烧，更糟糕的是当时又有痢疾流行，患病者下腹疼痛、腹泻不止。在这样的情况下，医生对很多病患开出"不能再继续工作，要休息调养"的医嘱，但是建设者们自己悄悄地把医嘱单撕掉，毅然决然加入到建设大军中。

建厂初期职工开荒种菜的场景

在这样艰苦的环境下，看似不可能完成的任务，最后都克服了困难，圆满地完成了。三钢不负党和人民的期望，从 1958 年 6 月正式动工到 1959 年 1 月第一炉 6 吨钢水炼成，仅用半年时间就结束了福建无钢铁的历史。在这样的条件下，用这样的速度完成了这项工作，可以说是一种奇迹。如果不是三钢建设者具有艰苦创业的宝贵精神，如果不是三钢建设者满怀对党的忠诚、对人民的责任,就不可能实现。这些宝贵的品质也代代相传,现在的三钢人珍惜老一辈艰苦奋斗打下的基业,艰苦守业,保持初心,每个人都默默地奋斗在自己的岗位上!

三钢炼出第一炉钢的场景

2. 艰苦守业,永葆初心

创业难,守业更难。三钢人艰苦创业成功后,并未有丝毫的松懈、享乐,而是赓续不断、再接再厉,保持着最初忠诚于党和人民的情怀,继续向前。

吴金锰就是一个典型的例子。1997年5月,他遇到了一件事——烧结成品系统振粒除尘引风机经过三年的运转,风叶磨损造成失衡现象,振动异常。而当时风叶没有替换品,如果不立刻解决,除尘系统就会全部瘫痪,那么职工岗位上的粉尘就会超标,继而影响生产的正常进行。这件事让吴金锰愁得睡不着觉,他想出了一个方案,又立刻推翻了这个方案,经过一宿翻来覆去的思考,他得出最终的解决措施:对磨损严重的风叶进行人工修补,并以堆焊耐磨层的办法现场找静平衡。这个方案不仅需要过硬的电焊技术,还需要过硬的实践经验才能完成,连车间的领导都没有十足的把握。吴金锰在大家信任又有些担心的目光中钻进了只能容纳一个人的狭小风叶罩里,实施现场就位焊补。外面的温度高达32 ℃,而风叶罩里的温度更是高达40 ℃。外面的人穿着夏天的工装,而吴金锰身上又多穿了一件长袖厚工装,以防电弧烧伤。其间,车间领导想叫人替换他出来休息一下,但是被他果断地拒绝了,因为他担心不同人手势不同,电焊多一点,就会导致风叶重量不一样,所以他坚持一个人完成。五个小时过后,电焊机停了下来,从孔里钻出一个满脸被烟气熏得黑乎乎,双眼被电弧光击得红彤彤,两个脚面被电焊渣烫得全是水泡,半个小时直不起腰的人。他出来的第一句话就是"可以试机了",最终风叶在大家的欢呼声中平衡高速地旋转着。其实,五个小时的背后还有其他故事,即一般的修补可能只要两个小时就能完成,但是吴金锰本着对工作精益求精的态度,在修补磨损风叶时,又给每个风叶都焊了一层耐磨层,这样增加了一倍多的工作量,却延长了每个风叶的使用寿命,他当时没有跟任何人提起这件事情,默默地做了。[①]

这样细小又平凡的事情,在三钢随时随地都在发生,每个人都在将本职工作做好的前提下,又一直致力于为三钢创造更大的价值,因为他们知道如今的幸福生活来之不易,只有大家共同守业,永葆初心,才能让三钢砥砺奋进,勇攀更高的山峰。党的十八大以来,以习近平同志为核心的党中央将做强实体经济、继续抓好制造业作为国家的重大战略选择,着力推动我国由制造大国向制造强国转变。三钢响应国家号召,把将三钢打造成"全行业最具竞争力的一流企业"作为发展目标,持续推动企业高质量发展。这个目标深入每一个三钢人的心底,大家共同努力,让三钢又好又快向前发展。

(二)开拓创新

创新是指在特定环境中,运用现有的知识和物质,改进或者创造新的事物,并获得一定成果的行为。开拓创新的精神可以让我们不畏眼前任何

---

① 三钢集团公司文明办:《道德之光耀钢城》,内部材料,第32—37页。

困难，坚定信心，找出破解难题的办法。2020年9月，习近平总书记在湖南长沙考察调研时强调："自主创新是企业的生命，是企业爬坡过坎、发展壮大的根本。"① 确实如此，因为无论是理念创新、制度创新还是生产技术创新都能给企业带来崭新的生命力。而三钢人也正是有了这开拓创新的精神，才能克服一个个困难，破解一个个难题，从炼成第一炉钢发展为现在年产千万吨钢的大型企业集团。

1. 开拓创新，破水电之难题

1958年艰苦创业之初，三钢遇到的难题较多。为了在1959年元旦能够顺利出钢，需要水电的供应，而当时热电厂还在安装施工中，水电站的高压线路也未通，在这样的环境下，只能另谋出路。省委书记叶飞向国家水电部租借了列车电站，但三钢铁路专用线还未铺设完成，要让列车电站发电，必须解决定位问题。热电厂全体干部职工紧急动员，全力筑路铺枕木，而负责钢轨的人员则日夜兼程赶往其他铁路部门借来钢轨。可当一根根沉重的钢轨运达工地时，工作人员却发现它们的规格不一，没法立即铺在枕木上，需要自行设计、加工夹板。这时热电厂的机修工人马上点燃锻工炉，拉风箱，自行锻打夹板，夹板制作完成后，立马扛起钢轨，铺设轨道。仅用了七天时间就铺设1000多米长的正轨和岔道，最终列车电站也如期进轨定位。电的问题解决了，水的问题还在路上。像三钢这样的钢铁企业，炼钢炼铁所需清水每日都是以千吨、万吨来计算。因为用水量的巨大，所以当时也相应配套建设了一座综合性的水厂，当这个水厂土建工程完毕时，离元旦出钢仅剩几天时间，但是供水的铸铁水管还没到货，这真是急坏了当时的建设者。他们苦思冥想，最终想出了一个替代办法：将圆木锯成9米长的木条，再用钢箍将木条箍成水管，一直敷设到三钢的高炉和炼钢车间。水电的及时供应，保障了炼钢每一个环节的正常运行，最终三钢人在1959年1月完成了出钢任务。

在过去什么都缺的环境下，三钢人正是因为具有开拓创新的精神，才

---

① 《习近平在湖南考察时强调 在推动高质量发展上闯出新路子 谱写新时代中国特色社会主义湖南新篇章》，《人民日报》2020年9月19日。

能披荆斩棘，渡过一个个难关。而这种精神存活在三钢人的血液里，传承了下来，现在的三钢人遇到阻碍，仍然敢于直面困难，刻苦钻研，永不服输，采用创新创造的方式解决工作中遇到的各种难题。

2. 开拓创新，破技术之难题

三钢职工似乎天生都有一种面对困难百折不挠的开拓创新精神，而陈重赟、陈德成正是其中的典型代表。

陈重赟，男，1989年参加工作，脚踏实地，敢于创新，从一名普通的连铸浇铸工一步一步成长起来。2006年，三钢为了提高市场竞争力，投建了一台中厚板板坯连铸机，派学习能力强的陈重赟到外厂参加培训。培训期间，外厂发生了一次漏钢事故。知道消息后，夜间两点多，陈重赟顶着寒风，骑了30多分钟的自行车赶到事故现场了解情况。到现场后，他看到结晶器、零段、扇形段被大量钢水烧损、包死，一片狼藉。他协助现场师傅顶着高温、冒着烟尘，艰难地收拾着，直到当天晚上8点多才恢复生产。经历过这次事故，"如何才能避免漏钢"的问题留在了陈重赟的心里。学习归来之后，板坯连铸机马上要开机投产。当时外厂新板坯连铸机刚开机大多是请武钢、鞍钢等大型钢铁厂经验丰富的老师傅帮忙操作，自己开机并成功的情况几乎为零。但是陈重赟却表示他想试一试，他认为别人能够做到的，三钢也能做到，别人没有做到的，不代表三钢不能做到。为了确保开机成功，他整理出一套开机操作流程，细化到每个操作工的站位，并结合外厂漏钢事故的分析材料，整理出开浇过程中可能会遇到的异常情况，做好应对准备。他制定出开机确认表，将各岗位设备点检的要点详细列在其中，足足有400多条！陈重赟细心认真、敢想敢做的作风，为往后工作的开展打下了坚实的基础。一切工作准备就绪，2007年2月7日，三钢第一块板坯顺利拉出，标志着三钢板坯连铸热负荷试车成功，第一次参与板坯连铸并自己开机成功的案例在国内是很少见的。[①] 这次开机的经历，给陈重赟打了一针强心剂，他开始认真专注研究板坯连铸在生产中如何才能达到无漏钢的世界先进水平。他组织工友们分头行动查找资料、请教同

---

① 三钢集团公司文明办：《道德之光耀钢城》，内部材料，第54—57页。

行以及制订实验方案，不怕失败，不断尝试。曾经有一次为了获取一组关键实验数据，陈重赟顶着六七十度的高温一直蹲守在铸机旁，到了约定时间也没见他回操作室，工友们担心就急忙拨打他的电话，可是电话那头却传来"您拨打的用户已关机"。工友们赶紧跑去车间寻找陈重赟，发现他仍然一动不动蹲守在那里，事后才知道因为长时间的高温炙烤，手机死机了。像这样的事情发生太多太多次了，陈重赟这种忘我的工作态度也一直感染着周围的同事。经过不懈努力，大家终于从"人、机、料、法、环"等方面创新出了一套防漏钢的工作方法，并达到了良好效果。截至2020年12月31日，三钢两台板坯连铸机连续无漏钢生产跨过9万炉大关，这标志着三钢板坯连铸无漏钢技术指标已经达到了世界领先水平。除此之外，以他名字命名的"陈重赟结晶器在线更换操作法"成为三钢小方坯连铸多次达到世界纪录的关键技术支撑，三钢小方坯创造并保持着同类机型连浇时间、连浇炉数、单组浇铸产量三项世界纪录。同时，陈重赟领头组织成立的"陈重赟劳模工作室"共获得"板坯离线翻转装置"等实用新型专利授权22项，开发专有技术5项，实施31项技术创新项目，为三钢创造效益2280万元。①

陈德成，男，曾为三钢炼铁厂高炉车间热风炉工段长、高级技师。24岁时，陈德成从铜矿转到三钢炼铁厂高炉车间热风炉岗位工作，凭借好学、责任心强、勇于创新解决难题，仅工作四年就任热风炉工段长。炼铁热风炉从手动操作到全自动烧炉送风，高炉煤气从湿法除尘到干法除尘，高炉风温指标跃居全国同类型高炉首位，高炉二次能源得到充分利用，炼铁生产从年产铁约20万吨到500万吨，这些显著的成绩都与他相关，因为他有一颗探索之心，总是能在工作中不断总结经验，发现问题，勤于思考，用新的工作方法解决困难。他曾解决了布袋除尘寿命短的问题。炼铁干法除尘所使用的布袋为氟美斯（FM9806），烟尘进入布袋后，可以自动过滤粉尘、硫和各种杂质气体。根据厂家说明，该布袋使用寿命最高为一年，在别的厂使用过程中甚至出现过使用寿命仅短短几个月的现象。虽然

---

① 三钢集团公司党委工作部：《榜样》，内部材料，第70—73页。

一条布袋的价格并不贵——260元，但目前五座高炉干法除尘需要投入上万条布袋，因此这些布袋如若能延长一年的寿命，那给企业减少的生产成本能达到上百万元。陈德成针对本厂干法除尘的特点，制订了许多相关措施，如严格控制进入箱体的煤气温度；使用合适的反吹氮气压力，尽可能减少反吹次数；加强设备点检、维护工作等，从而有效延长了布袋的使用寿命。从2004年炼铁厂4号高炉开始第一次使用干法除尘系统至今，几座高炉的布袋使用寿命最长的可达7年6个月，最短的也能达到3年7个月，从而为三钢创造了经济效益，节省了大量生产成本。[1]

像陈重赟、陈德成这样敢创新、勇创新的人物事迹在三钢不胜枚举，正是因为有了他们，有了他们骨子里、血液里的创新精神，三钢才能一直保持着年轻的、充满活力的状态，才能从年产钢1万吨的企业发展成如今年产钢千万吨，并形成以钢铁业为主、多元产业并举的跨行业、跨地区、跨所有制的大型企业集团。

（三）团结协作

团结协作是指在团队中相互尊重，虚心诚恳，明确自身在团队中的角色和任务，大家为了共同目标一起相互协作、互帮互助，使得工作效率提升，直至目标达成。团队协作就像一股绳，它将团队中的伙伴紧紧地联系在一起，你中有我，我中有你，大家朝着共同的目标不懈奋斗。习近平总书记强调："团结是铁，团结是钢，团结就是力量。团结是中国人民和中华民族战胜前进道路上一切风险挑战、不断从胜利走向新的胜利的重要保证。"[2] 三钢人正是因为有了团结协作的精神，创业至今才能完成一个个看似不可能完成的任务。

1. 创业之初的团结协作

1958年，三钢在移山填谷时，需要挖掉130多万土方。参加过三钢大会战的人不会忘记那热火朝天的流动红旗竞赛的场面：以班组为单位，哪个班组挖的土方多，红旗就插在哪里。红旗能高高飘扬在自己的班组上，

---

[1] 三钢集团公司文明办：《道德之光耀钢城》，内部材料，第50—53页。
[2] 《庆祝中华人民共和国成立70周年招待会在京隆重举行》，《人民日报》2019年10月1日。

是一件光荣又自豪的事情，集体的荣誉感引发大家团结协作，共同奋进。参与建设的部队以连队为单位开展流动红旗竞赛，在300米远运送土方的竞赛中，七连的战士创造了9小时推车78趟的纪录；八连不甘示弱，增加到82趟；五连又刷新了数字，创造了推车118趟的纪录，相当于每小时推车近14趟。① 就是在这样的氛围下，三钢工地上才能及时出现这一大片平坦的宽阔土地。团结协作看似是以连队、班组作为单位，其实不然，它是以三钢工地上3万多建设者为一个大单位，以按时、保质、保量完成三钢建设作为共同奋斗目标，带着不负国家和人民期望的使命感和责任感，互帮互助，才能仅用半年的时间就完成了这看似不可能完成的任务。现在三钢人建设、再创业虽然早已不再是过去那种艰苦的环境，但是团结协作的精神仍旧延续着，通过这股精神，三钢人拿下了一个又一个项目，为企业创造了一次又一次可观的经济效益。

2. 兼并之时的团结协作

2014年7月22日这一天对三钢而言，是具有历史意义的一天。三钢集团公司领导班子经过反复论证之后，做出了一个重大决策：兼并重组民营企业福建三金钢铁有限公司（简称三金钢铁）。这家公司坐落于福建省福州市罗源县罗源湾，当时由七八个长乐民营老板合资建设，因为经营不善，面临破产的境地。但是这家公司对三钢而言却有重大意义。因为远离港口、市场以及原燃料产地，三钢物流吨成本比沿海企业要高出100多元。除此之外，由于三钢是建设在市区内，环保压力也越来越大。而三金钢铁这家企业毗邻港口码头，具有独特的区位优势。重组三金钢铁，不仅可以提高产业集中度，还能为未来本部产能转移创造条件。2014年7月22日，三钢与三金钢铁签署了资产转让框架协议和资产租赁合同，同时设立了福建罗源闽光钢铁有限责任公司（简称罗源闽光），租赁、收购三金钢铁的钢铁生产业务资产。第二天，三钢派出先遣队40多人，他们来自三钢本部各分厂各部门，有管理人员和技术骨干，分别涉及供应、生产、设备、销售、运输、财务等全套人马，正式开始接管三金钢铁。但是一切并没有这

---

① 福建省三明钢铁厂《三钢志》编纂委员会：《三钢志》，内部材料，第7—8页。

罗源闽光外景

么顺利，迎接他们的是一个烂摊子。

先遣团队分别从以下五个方面着手，有条不紊地进行着工作。一是恢复生产。经过先遣团队不分昼夜全面检修一周后，2014年8月1日，停炉一个多月的炼铁2号高炉点火，8月3日出铁口顺利流出第一炉铁水；随后8月26日，停炉8个月之久的1号高炉点火，8月29日顺利出铁。随着一罐罐铁水被运去炼钢，一包包钢水被铸成红坯，一根根红坯在轧机里穿梭，一圈圈线材从吐丝机里脱出……看着这一切，团队里的队友相互看了看对方，脸上露出欣慰的笑容，一周的辛劳没白费，这些成果仿佛就像在往冰冷的躯体里注入沸腾的血液，眼前似乎出现了生机。

二是技术改造。生产恢复了，只是漫漫长征路的第一步，因为面临的问题实在是太多了：各处设备损坏严重，有的上料皮带破损严重，原料从破损皮带上掉落；有的万向节没备件，断了焊，焊了用，影响生产进度；短路烧过的配电柜开关没备件，只能拆东墙补西墙；使用多年已经过期的润滑油；与生产能力不匹配的大电机"大牛拉小车"电能消耗惊人等，这些都是制约生产的因素，有的更是安全隐患。鉴于此，团队连夜召开会议商讨解决方案，经过激烈讨论，最终达成一致意见。一方面，相关部门及时申报采购。2014年8月全公司处理此类紧急情况86处，9月处理41处，10月处理18处，逐月递减。2014年底，此类情况基本得到控制。另一方面，2014年8月至2015年6月，三钢前后共投资2000多万元对8处重点项目进行技术改造，其中轧钢厂的"一大攻关、两大改造"直接为公司降低成本2000多万元,技术改造的功效正在发挥大用处。

三是科学管理。首先,接管三金钢铁时,人员流失严重,针对这个问题,团队协商之后决定对技术含量较低的工种采取劳务外包,这种做法直接降低年用工成本、工资成本以及管理费用300多万元。其次,接管三金钢铁时,一开始还是沿用它的运输框架,之后,供应、销售、设备、动力等部门联合协作对市场展开调研,调整运输策略。2014年8月做方案,9月对外公开招投标,10月按照新的运输方案执行,效率是如此之快。新的运输方案为三钢节省了一大笔开支,例如罗源湾码头运费中标价格铁矿类与前期价格相比降幅48.35%,燃料类运费中标价格降幅52.52%等。最后,接管三金钢铁后,团队迅速构建生产信息化系统,完成了罗源闽光协同办公系统建设,包括采购管理、进出厂计量管理、质量检验管理、销售发货管理等系统的建设,实现了采购、计量、质检、生产和销售等部门信息共享和有效协作,大大提高了工作效率。

四是降本增效。管理团队尽可能从各方面挖掘公司潜能,达到降本增效的效果。首先,原燃料的库存不超过7天的量,供、销采取快进快出的方式,降低库存量,减少资金占压,降低成本。其次,积极寻找最合适的运输方式,不断对比水运和陆运的价差,按最优方案执行。再次,由于公司轧钢生产能力不能满足市场需求,因此经过团队协商,公司采用低成本寻找合作伙伴的方式,委托其他公司帮忙加工,全年可增加效益4000万元。最后,除了生产工序外,对非生产性物资的消耗把控更为严格。例如对办公用品的申报、采购、领用都严格把关;接待客人时选择公司食堂用餐;严格控制公务车的使用,外出办事人员的时间尽可能调整在一起等。通过这些方式,尽量减少公司的开支。

五是稳定人心。员工是一个企业最重要的资本。一个企业成与败直接与员工密切相关,而三钢的企业理念就是以人为本,尊重员工,爱护员工。在新旧公司交替之际,由于将要发生的一切都是未知数,所以人心不稳。为了稳住人心,增强员工的凝聚力,管理团队采取了以下举措。首先,管理团队分别找到三金钢铁优秀的中层管理人员、技术骨干,极力挽留他们,将他们充实到管理团队中,原公司的人员变成了现在的管理人员,原来跟着他们干活的员工心里也有了依靠。其次,原来的薪酬标准是按照与人面谈的方式确定,同岗位薪酬有时会相差500至1000元,同工不同酬的现象,员工意见很大。接管后,管理团队对薪酬体系进行重构,降低与岗位不匹配的高薪人员的收入,适当调高最低工资收入的标准,按岗位来确定薪酬,力争做到公平、公正,从而稳定员工队伍。最后,管理团队采取人文关怀。一接管公司,就对近300户的夫妻房减免30%房租;由于厂区夏季有台风,板房住户不安全,公司立即制定住房建设方案,两栋公寓楼拔地而起;将生产工人两班倒的工作制变成三班倒,保障了工人的劳动权益等。早会上,三钢高管"我们每天都在煎熬中度过"这句话给人留下了深刻的印象,因为大家知道这个团队是付出了多少的汗水和艰辛,才能使一个濒临破产的企业在不到一年的时间,实现了一次次跨越,创造了一个个奇迹。2014年8月至2015年6月,钢产量从最初的3500吨/日提升至5000吨/日,铁产量从3000吨/日提升到4500吨/日,燃料比从570公斤/吨降至530公斤/吨,钢铁料消耗从1090公斤/吨降至1065公斤/吨……①

团结协作的精神根植于三钢人的灵魂深处,他们为了实现公司的集体目标,忘却小我,不辞辛劳。团结协作使三钢人不畏项目的艰难,因为他们知道背后有一个强大的团队支撑着。正是因为有了团结协作的精神,三钢才能不断壮大,拥有三明本部、泉州闽光、罗源闽光、漳州闽光四个钢铁生产基地,并拿下像福清核电站用钢这样一个又一个大项目。

(四)勇于担当

勇于担当是指企业积极主动担当社会责任,能力越大,责任也就越大。企业是经济活动的重要主体,在社会发展中具有重要的支撑和引领作用,因此必须要增加自身履行社会责任的荣誉感和使命感,甚至不惜为了履行社会责任,使自身受到一定的经济损失。2020年7月,习近平总书记在企业家座谈会上强调:"企业既有经济责任、法律责任,也有社会责任、道德责任。任何企业存在于社会之中,都是社会的企业。社会是企业家施

---

① 福建三钢党委宣传部、企业文化部:《力量》,内部材料,第165—173页。

展才华的舞台。只有真诚回报社会、切实履行社会责任的企业家，才能真正得到社会认可，才是符合时代要求的企业家。"① 而三钢一直以来都主动承担社会责任，积极贡献社会，致力于将自身行为效应扩大化，带动周边的中小企业也积极投身于奉献社会的行动之中。

1. 在万寿岩遗址保护中显社会担当

石灰岩可作为助溶剂和沉淀剂冶炼钢铁，经济快速发展需要大量的钢材予以供应，石灰岩的短缺问题在三钢生产过程中尤为明显，因此在1978年4月7日，省计委下达《关于岩前石灰石矿山进行土法开采的批复》，确定由三钢负责成立岩前石灰石矿筹建组。岩前的"岩"就是指万寿岩，而万寿岩属于喀斯特地貌，石灰石矿储备丰富，品质优良，经粗略测量，万寿岩矿区石灰石矿储量高达6000多万吨。5月5日，岩前石灰石矿筹建组成立。1979年11月，三钢岩前石灰石矿正式建成投产。面对如此优质的矿产资源，三钢直接花大价钱买断了其开采权。1982年9月21日，省计委下达《关于三明岩前石灰石矿开采计划任务书的批复》，批准同意将三明岩前石灰石矿作为三钢附属矿山进行开发。三钢投入的现金多达六七千万元，用于水、电、桥、路的开通，并特意修建了一条从厂区直达万寿岩山脚下长30千米的公路，还在矿区周边建起了配套工厂，如采矿厂、石灰石破碎厂、水泥厂及石灰窑厂。1998年底，岩前村村民在爆破过程中发现了疑似动物化石的物品，向三明市有关部门上报，认为万寿岩中存有文物，需对其进行保护，停止开采。三明市有关部门召开会议，认为有必要对万寿岩的洞穴价值进行鉴定，但是一旦鉴定，三钢开发了20来年的石灰石矿就要叫停，矿源紧张，开矿工人停工，这些都成了问题。在多方协调下，三钢作出了让步，暂缓开采，同意由福建省博物院、三明市文物管理委员会和三明市博物馆组成的联合考古发掘队对万寿岩进行考古发掘，并提供经费支持，但时间仅有一个月。一开始的挖掘并不顺利，考古队并未发现任何足以保护万寿岩的文物遗迹。一个月期限就要来临，就在这时，

---

① 习近平：《在企业家座谈会上的讲话》（2020年7月21日），《人民日报》2020年7月22日。

具有珍贵价值的鹅卵石铺就的地面,以及巨貘等万年之前灭绝的哺乳动物化石被发现了。万寿岩被保留下来了,但是为此付出的代价可不小。三钢是三明经济的重要支撑,如果停采,直接损失石灰石矿储量约 4000 万—5000 万吨,价值达 30 多亿元,影响三钢长期效益 20 亿元以上,不仅会造成三钢投入的 6000 多万元资金建成的厂房、设备废置以及大量的富余人员等待重新安置,而且还要外购石灰石满足生产需要,使石灰石成本大幅上升。在这样的情况下,文物保护和经济建设出现了矛盾。1999 年 12 月底,省文化厅向省政府提交了《关于三明万寿岩旧石器时代洞穴遗址保护有关情况的紧急汇报》。2000 年 1 月 1 日,时任福建省代省长的习近平同志作出重要批示,明确指出:"保护历史文物是国家法律赋予每个人的责任,也是实施可持续发展战略的重要内容。万寿岩旧石器时代洞穴遗址作为不可再生的珍贵文物资源,不仅属于我们,也属于后代子孙,任何个人和单位都不能为了谋取眼前或局部利益而破坏全社会和后代的利益。"他要求:"三明市政府立即采取有效的安全防范措施,加强对洞穴遗址群的保护;协调、帮助三明钢铁厂尽快在异地选定新采矿点,做到保护文物和发展生产两不误。"① 同时,决定由省财政拨款 50 万元,用于遗址群的考古发掘和保护工作。时隔不到一个月,1 月 25 日,习近平同志在省人大常委会《关于依法保护三明万寿岩旧石器时代洞穴遗址的意见》中再次批示:"省政府高度重视三明古代遗址保护,已于去年底专题协调,做过初步保护安排。请省文化厅进一步提出全面保护规划和意见。"② 一锤定音,万寿岩遗址得以整体保留。在这样的情况下,三钢认真贯彻落实省领导的批示精神和省政府的决定,坚持保护文物与发展生产两不误。一方面,三钢一以贯之地对遗址的挖掘和保护工作提供大量的人力、物力、财力上的支持。考古队进入岩前之后,三钢不仅在考古队的生活经费上给予支持,还派出人力、机械设备参与了发掘工作,如提供装载机、水泵等设备,安装照明线

---

① 《闽山闽水物华新——习近平福建足迹》(下),福建人民出版社、人民出版社 2022 年版,第 497—498 页。

② 《闽山闽水物华新——习近平福建足迹》(下),福建人民出版社、人民出版社 2022 年版,第 498 页。

路,制作防护铁栏杆,无偿提供供游人参观的设施等。另一方面,在企业内部向广大职工宣传保护文物的重要性,教育职工要服从大局,要积极支持配合考古队的发掘工作,并对停产后所造成的富余人员,做好思想政治工作,进行分流转岗。2000年6月1日,矿山公司从岩前万寿岩全面撤出,公司主体迁至三钢厂区。通过寻找新的矿山、广泛联系外购矿点、用技术改造来降低石灰石的消耗等举措,力争减少企业的损失。在省政府的大力支持协调下,三钢在其他地方找到了新的采矿点,虽然石灰石每吨成本会高出许多,但毕竟"矿石易找,文物难求",作为国有企业,这是应尽的社会责任担当。

星空下的万寿岩

2. 在南纺抗洪现场中显社会担当

2010年6月18日,一场特大暴雨使得位于福建南平地区的福建南纺股份有限公司(简称南纺)遭了殃。一条横穿南纺厂区的小河水位暴涨,后山滚滚而来的泥石流瞬间淹没了整个厂区,厂区一片狼藉——厂房、设备、原料、产品全部浸泡在泥水中。这一切都牵动着省领导的心,省国资委向三钢发出支援南纺抗灾的指令。三钢接到指令后，立即召开紧急会议，制订救灾方案，精心挑选参与救灾的人员，准备相应的救灾器具。6月26日上午，一支由党员、公司骨干组成的抢险队，驾着新购的五台自卸车赶赴南纺。到达南纺后，展现在眼前的一幕惊呆了所有人。洪水退却之后，现场满目疮痍，到处都是没膝的泥浆。车间墙壁上留有2米多高的水迹，一排排纺织机上的纱锭、布料全部浸泡在泥浆里，仓库里原来白花花的棉纱、布匹全部掩埋在泥浆中，道路旁、河沟边处处可见一包包、一捆捆裹着黄泥巴的成品、半成品。根据统计，此次灾害造成南纺厂房、设备、试验仪器等固定资产损失2.8亿元，成品、半成品、原辅材料等流动资产损失1.5亿元。面对如此惨景，要让南纺恢复生产，首先要做的就是清淤，而清淤需要大量的车辆、手推车、铁锹等工具。三钢立刻采购184台手推车，300把锄头、铁锹，以及其他抗灾物资，装满四台平板车后连夜马不停蹄将这些物资送往现场。6月27日，南纺再次向三钢请求车辆支援，三钢没有丝毫的犹豫，立即决定将新购的五台还未挂牌的自卸车支援南纺。三钢首批到达的抢险队被派到了灾情最严重的二染整车间，由于这个车间靠近山坡，所以是泥石流最先侵袭的地方，遗留的土方量最大，有的地方泥浆甚至深达2.6米，比1个人的身高还高出许多，道路损毁也相当严重，基本已经无路可行。在这样的情况下，三钢抢险队没有任何的退缩，五辆自卸车的驾驶员在南纺工作人员的指引下，开始投入战斗。自卸车清理的物品都是比较大型的整捆布匹、树木、杂物等，不能随便往河里倾倒，必须运到30多千米之外的垃圾处理厂进行填埋，才不会造成二次污染。平常的30多千米并不是什么问题，但是现在整个南平市都是损毁严重的道路以及救灾的车辆，堵车十分严重，30多千米要跑上几个小时。尽管如此，他们也没有任何的怨言，为了节省时间，他们采取24小时全天作业方式，每辆车配2个司机，每人12个小时连轴转，做到人休车不休。这种方式就让吃饭、休息成了一个大问题，如果司机在厂区刚好遇到南纺送盒饭的时间，就在驾驶室里狼吞虎咽扒拉几口，如果堵在半路或者在垃圾厂卸车，就吃不上饭，有时连交接班也错过时间，导致一天休息时间不足6小时。尽管这样，司机们都没有找任何借口休息，而是积极主动请战、连续作战，一切听从组织领导，服从安排。这次南纺救灾，三钢总共调派10辆大型自卸车、2台装载机、多辆维修车和工具车。经过6天的高强度连续抢险，三钢获得了南纺职工、家属一致称赞，而群众的口碑才是最实在、最高的赞誉。7月1日南纺抗灾抢险总结会上，省国资委领导用了十几分钟的时间表扬了三钢的大爱精神，省外经委、南纺联合献上了"大灾有大爱，患难见真情"的锦旗，表达对三钢的感谢和敬意。三钢积极主动承担了社会责任，处处做表率，在抢险救灾中起到了良好的带头示范作用，感染着周围的人，大家共同努力合作，才能在如此短的时间里为南纺日后尽快复工复产清除障碍。①

三钢支援南纺的抢险救灾车到达受灾现场

像上述三钢积极主动承担社会责任的例子还有很多，因为三钢人知道，企业是社会的企业，只有主动承担社会责任，才能得到社会的认可，才能在社会上走得更远更久。而能力越大，责任也就越大，像三钢这样年产钢超千万吨的大型国有企业，更应该身体力行，在众多中小微企业中起带头示范作用，营造勇于担当作为的良好氛围。

---

① 三钢集团公司文明办：《道德之光耀钢城》，内部材料，第161—163页。

三、三钢建设的特征和时代价值

（一）三钢建设的特征

三钢建设蕴含的"艰苦创业、开拓创新、团结协作、勇于担当"的精神内涵看似简单，但其实是经过了六十多年漫长岁月的打磨和沉淀才逐渐凝聚而成的。无论是在艰苦创业时期，为响应国家号召、人民期待，解决缺钢缺铁问题时的奋勇当先，还是在文化遗产保护、台风抢险中的责任担当，都在不断丰富、充实着它的内涵。

1. 党的领导，筑牢根基

三钢坚持将加强党的领导和完善公司治理相统一，不断提高企业党委把方向、管大局、保落实的管理水平，始终坚持发挥党组织的领导核心和政治核心作用，坚持围绕企业生产经营开展工作，推动企业不断做优做强，形成了"以党建促发展"的三钢发展模式。三钢还将党建工作写入了公司章程，明确要求党组织研究讨论是董事会、经理层决策重大问题的前置程序，这从制度上确定企业党委在公司决策中的核心地位。目前，已完成集团公司和23家控股企业章程修订工作，集团公司和二级企业全面实现党政一肩挑，并配备专职党委副书记，96%的支部书记兼任行政职务，形成了公司党委、二级党委、车间科室支部多层次、全方位讨论和决定重大事项的决策网络。

中国特色国有企业之"特"，就在于它的政治属性，也是它的首要属性，必须要坚持和加强党的领导。只有坚持和加强党的领导，国有企业才能坚决地贯彻落实党的主张、意志以及路线、方针、政策，才能成为维护国家经济安全，保障社会稳定，实现人民安居乐业的坚实力量。只有坚持和加强党的领导，国有企业在改革发展过程中才能找准正确方向，把握好改革的秩序、节奏和力度，确保改革稳步推进，才能摆脱传统发展模式，顺利转型升级。三钢在六十多年的发展历程中，正是因为将党的领导贯穿于全过程，才能发动、组织、团结群众完成了一个又一个不可能完成的任务，克服了一个又一个不可能克服的困难。如今，国有企业在党的领导下，团结群众，凝聚群众力量，调动群众的积极性，围绕中心工作共同发力,朝着既定目标共同努力,在改革发展的道路上披荆斩棘,所向披靡。

2. **不忘初心,永葆动力**

三钢不忘当时建厂的初心和艰辛,一直激励自己加强企业改革发展,不断向前。虽然1958年的三钢地处偏远山区,运输受限,资源短缺,生产成本高,但是三钢人并没有"等、靠、要",而是想尽一切办法解决面临的难题。从1959年第一炉6吨钢水的炼成,1998年钢产量突破100万吨,2008年钢产量突破500万吨,到现在已成长为年产钢1300多万吨的大型现代企业集团,形成三明本部、泉州闽光、罗源闽光、漳州闽光四大生产基地,拥有全资及控股子公司16家、紧密型企业1家,并连续三十年跻身中国企业500强。如今,三钢一直坚持创新、协调、绿色、开放、共享的新发展理念,以"打造全行业最具竞争力的一流企业"为目标,继续推动企业向高质量不断发展。

艰苦创业的精神,不仅仅只是物质层面上的艰苦朴素、勤俭节约,更是精神层面上的一种态度,它能让人排除一切障碍,不断进取。现在国有企业正处在改革发展、转型升级、承前启后的关键时期,只有不忘"为国创业,为民造福"的初心,继续传承艰苦创业的精神,国有企业才能攻坚克难、无往不胜,才能永葆发展的动力,奋勇向前。幸福的生活是奋斗出来的,奋斗的过程是艰辛的,这时候要大力弘扬艰苦创业的精神,充分发挥国有企业员工不怕吃苦、敢于创造、躬先表率的作用,体现出"爱岗敬业、争创一流、艰苦奋斗、勇于创新、淡泊名利、甘于奉献"的劳模精神,用这样的精神去指导工作、磨炼意志、提升技能,方能突破一个个瓶颈,创造一个个奇迹,谱写一个个辉煌,使企业和员工共发展,创未来。

3. **技术创新,激发活力**

技术创新,是推动企业发展的强大动力。三钢清醒地认识到自身在资源、区位、交通上不如沿海钢企,就更应在创新能力建设上培植优势。因此,三钢始终将创新作为企业发展的发动机,不懈推进技术创新,不断激发活力,提高创新水平,增强企业核心竞争力。三钢每年都在公司级、分厂级两个层面上开展立项攻关,以项目部的方式运作,组建跨部门、跨专业的创新团队,并设立科技进步奖、改善提案奖等激励机制。自1999年以来，每年设置100万元以上科技创新奖金，对有效益、有贡献的项目及个人进行奖励，有力地促进了创新能力的提高。截至2020年底，三钢共获得专利284项，其中发明专利14项，实用新型专利269项，外观专利1项；获得国家级科技进步二等奖1项，冶金科技一等奖1项、二等奖1项，省级科技进步一等奖4项、二等奖10项、三等奖16项。

以科技创新驱动高质量发展，是贯彻新发展理念、破解经济发展过程中突出矛盾的关键手段，也是加快转变经济发展方式、优化经济结构、转换增长动力的重要抓手。而国有企业是中国特色社会主义经济的"主心骨"，以科技创新引领高质量发展，不仅能够增强国有企业的核心竞争力以及可持续发展能力，还能对其他经济主体起示范和带动作用。习近平总书记曾经说过："谁牵住了科技创新这个牛鼻子，谁走好了科技创新这步先手棋，谁就能占领先机、赢得优势。"[1] 因此，国有企业更应该要勇于担当作为，毫不松懈抓好科技创新，加大科技创新研发投入，加快科技成果转化速度，以持续不断的创新激发企业发展活力，推动企业又好又快朝前迈进。

4. 以人为本，凝聚合力

职工"劲往一处使"是企业发展的有力保障。针对市场经济环境下人们价值取向的日趋多元化，三钢充分兼顾不同群体的利益，努力寻找平衡点，始终坚持以人为本，凝聚企业发展的合力和向心力。三钢始终坚持依靠员工办企业的理念，保证职工知情权、参与权、决策权和监督权的落实。凡是关系企业改革发展和涉及职工切身利益的重大事项都必须经过职工代表审议并于审议通过后才付诸实施。坚持实施职工代表提案督办制度，每年面向公司职工代表广泛收集提案，并及时落实、反馈。1997年以来，公司董事长每年都召开两次厂情发布会，通报企业改革发展重大事项，分析生产经营情况，解答职工关心的热点难点问题，让职工知家底、晓厂情，群策群力共同搞好企业，增强了广大职工的主人翁意识。正是因

---

[1] 《习近平在上海考察时强调 当好全国改革开放排头兵 不断提高城市核心竞争力》，《人民日报》2014年5月25日。

为三钢职工每个人都有主人翁意识和责任感，才能将三钢的事当成自己的事在办，才能牺牲自身的小利，团结协作达成企业的大利，为了同一个目标齐心协力。

现代企业之间的竞争已经从传统的技术、资金的竞争转化为品牌、文化的竞争。只有优秀的企业文化，才能吸引人才、汇聚人气、凝聚力量，形成企业的合力。国有企业在经营发展过程中，具有雄厚的资金和先进的技术，更应该要坚持以人为本的管理思想，才能具有更大的发展潜力。以人为本的理念，主要体现在三个方面。一是民主管理。通过让职工参与企业经营发展，增强归属感。二是人文关怀。通过关心、关爱、呵护职工，增强凝聚力。三是文化引导。通过宣扬企业文化，增强认同感。国有企业要建立以人为本的观念，注重与员工的情感交流，理解人、尊重人、关心人，关注员工的利益诉求和价值实现，培育共同的价值观和理想信念，与员工分享企业发展成果，把员工职业生涯设计与企业发展愿景联系起来，形成利益共同体，调动员工参与企业发展的积极性，团结协作，为了共同的目标不懈努力。

5. 勇于担当，彰显魅力

担当社会责任，三钢一直谨记于心。因为它知道，企业是社会的企业，只有承担社会责任，才会有社会信誉，才能得到各级政府的支持、市场的青睐、消费者的追随，企业才能越做越好，越做越大。三钢在担当社会责任的过程中，不断关注公益事业，2008年以来，三钢向汶川、玉树地震灾区，省内冰雪、洪涝灾区，以及社会公益事业等捐款捐物价值1000多万元。除此之外，三钢还一直致力于绿色发展，绿色钢铁建设取得了显著成效。1998年至2007年，三钢共投入环保治理资金达到6.77亿元；2008年至2017年，投入环保治理资金上升到11.31亿元；2018年10月，三钢制定了《三钢三年改造超低排放标准》，预计再投入5亿元，涉及改造项目123项。2020年与1997年相比，三钢集团三明本部钢产量由82.44万吨增长到649.98万吨，厂区面积由2.72平方千米增加到4.03平方千米，而降尘量却由1997年的43.37吨/平方千米·月降到2020年的8.39吨/平方千米·月。钢产量增加了7.9倍，但降尘量却缩小了5.2倍，实现了增产不增污、增产不增废、增产不增能耗的绿色钢铁目标。

国有企业属于公有制企业,从这个角度出发,国有企业本身应归人民所有,因此,国有企业在经营发展过程中,就应该充分发挥为人民服务的作用,履行社会责任。履行社会责任有两方面内容:一方面是做践行社会责任的主体,主动积极承担社会责任;另一方面是做践行社会责任的表率,带动其他企业也参与进来。国有企业要始终秉持履行社会责任的原则,因为企业发展得好不好,不仅取决于经营管理能力的水平,更重要的是取决于企业的价值观,特别是社会责任的担当,只有拥有崇高社会责任感的企业才能行稳致远。当前,我国正处在全面深化改革的关键时期,国有企业更应该以身作则,成为改革的先锋力量,加快改革发展、转型升级,肩负起推动经济高质量发展的责任与重担。

上述五点就是三钢建设"艰苦创业、开拓创新、团结协作、勇于担当"对国有企业改革发展稳定的具体诠释。三钢建设的精神内涵必然会随着时代的脚步不断丰富、拓展,这是一代代三钢人不断接续、锻造出来的品质,弥足珍贵,引领着三钢走过了一个个春秋,走向一个个辉煌。

(二)三钢建设的时代价值

伟大的事业必将催生崇高的精神,崇高的精神必定也会推动伟大事业的发展。中国特色社会主义新时代是一个充满挑战和机遇的时代,是奋斗者的时代,我们需要有崇高的精神推动中国特色社会主义事业向前发展,推动中国走向世界舞台的中央,屹立于世界民族之林。而三钢建设中所蕴含的精神就具有这样的时代价值,它不仅是中国共产党人的精神的具体体现,还继承和发扬了中华民族精神的精髓。这样的精神,是不会过时的,是历久弥新的,具有永恒的价值和穿透时代的影响力。

1. 三钢建设是中国共产党应对困难和挑战的成功范例

三钢是由中国共产党领导的一支能打胜仗的钢铁队伍。1956 年,中共八大明确了集中力量尽快地把我国从落后的农业国建设成为先进的工业国。面对全国全省严重缺钢缺铁的情况,面对人民群众迫切想要发展工业的愿望,三钢毫不犹豫承担起了建设钢铁基地的重任。这就是中国共产党人勇于担当、甘于奉献的精神,始终把人民、把国家放在首位,放在心里，为实现最广大人民的根本利益付诸行动，时刻了解人民群众的所思所想，知难不退、主动作为，做到民有所呼我有所应，民有所需我有所为。三钢在建设钢铁基地的过程中，面临了移山填谷、食宿短缺、天气恶劣、工具简陋等一系列问题，但是他们并未被困难吓倒，仍旧按时按点完成了党和人民托付的工作任务，这体现了中国共产党人敢于拼搏、敢于战胜一切困难的英雄气概以及遇事不惊慌、不惧怕、不退缩、不怕艰辛、顽强不屈的强大意志。他们始终牢记自身的使命任务，敢于开辟前人未走过的道路，善于用创新的办法、改革的思路攻坚克难，精于用新举措、新手段应对问题，注重团结协作，牢固树立大局意识，在任何时候、任何情况下，始终保持集中统一、高度协调的状态。

2. 三钢建设为传承民族精神贡献力量

民族精神是一个民族赖以生存和发展的精神支撑。中华民族精神是在中华文明五千多年历史中沉淀下来代表民族价值取向的精神财富，是推动中华民族向前不断发展的力量源泉，是中华民族在发展过程中凝聚起来的富有生命力的优秀思想、高尚品格以及坚强意志的集中体现。三钢建设中蕴含着中华民族自强不息、百折不挠的精神，即使面对艰苦恶劣的环境以及看似不可能完成的任务，仍然拥有乐观豁达的拼搏精神，拥有自力更生、艰苦创业的实干精神，拥有开拓创新的探索精神，拥有团结协作的大局精神，拥有勇于担当的奉献精神，这些都是中华民族精神的精髓，在伟大的实践中迸发出来。因此，三钢建设传承了优秀的中华民族精神，并在原有的民族精神上不断创新和发展，形成了具有鲜明时代特点的精神财富。

3. 三钢建设助力国企改革发展

在我国，国有企业的特殊性决定了它不仅需要帮助政府调节经济，还需要承担起为社会提供基础服务、创造社会福利的职责。它在调节市场失衡、参与公益事业以及完成国家重大战略目标的过程中都发挥着中流砥柱的作用，为国民经济和社会发展提供重要保障。中国特色社会主义进入了新时代，中国社会主要矛盾也已经转化为人民日益增长的美好生活需要和不平衡不充分的发展之间的矛盾。在新时代中，国有企业仍然是中国特色社会主义事业的重要支撑，是党和国家执政兴国的重要基础，更应该要为解决矛盾，满足人民更高层次的需求发挥作用。这就需要全面深化国有企业改革，让企业主动承担起满足人民需求的社会责任，同时还有利于企业自身的发展，在做大做强的同时提升市场竞争能力。国有企业要大力发展先进制造业，在创新引领、绿色低碳、共享经济等领域培育新的增长点，加快传统产业转型升级，提高供给的质量和多元性。除此之外，还要加快体制机制改革，解决企业内部深层次的矛盾。改革不可能一蹴而就，是一个艰难的过程，而三钢建设中蕴含的精神正是在六十多年发展过程中不断积累、提炼出来的优秀品质，以此作为引领，不断内化于心、外化于行，必能克服改革过程中的重重困难，勇往直前。

第五章　龙江风格：顾全大局、团结协作

漳州是一座富有革命传统和光荣历史的红色城市，龙江风格即孕育和形成于此。1963年，处于九龙江流域腹地的龙海县遭遇了百年不遇的特大旱灾。为了战胜这场旱灾，龙海县决定在九龙江西溪堵江截流，引水抗旱，堵江地点选在榜山公社洋西大队。当地农民群众支持县委决定，以大局为重，响亮地喊出"丢卒保车"的口号，淹掉自己1300亩麦田、秧田，确保了堵江工程顺利进行和下游十万亩水稻溶田插秧，谱写了一曲榜山风格新赞歌。这种为保全大局而牺牲自己利益的感人事迹，迅速在龙溪专区各个县市广泛传颂，成为各地争相学习的榜样，这些事迹汇聚形成了龙江风格。时人高度评价龙江风格："'龙江风格'是龙海人发扬大局精神，以集体的力量战胜自然灾害的伟大壮举，也是我国农村社会主义思想道德建设的结晶。"①

龙江风格展示了"顾全大局、舍己为人、无私奉献、团结协作"的丰富内涵，并得到毛泽东、周恩来的充分肯定，受到全国亿万人民的称赞颂扬。1972年7月30日，毛泽东在接见京剧《龙江颂》的女主角时说，"《龙江颂》这个戏不错，我看过四次电视，一次电影。五亿农民有戏看了"，"《龙江颂》拍成电影就好了，广大农民就可看到了"②。京剧《龙江颂》很快在神州大地巡回演出，还被周恩来指定作为招待外宾的专用剧目。北京电影制片厂把它搬上银幕，在全国反复上演，产生了巨大的轰动

---

① 年月：《龙江人寻找龙江颂》，作家出版社2002年版，第2页。
② 《毛泽东年谱（1949—1976）》第六卷，中央文献出版社2013年版，第443—444页。

效应。新闻媒体的报道和文艺工作者的演出，把龙江风格演绎得淋漓尽致，家喻户晓，使之与"铁人精神""雷锋精神"等一起，成为一个时代全国人民学习的榜样，成为传颂半个多世纪，鼓舞和激励九龙江沿岸人民积极投身社会主义现代化建设事业，不断攻坚克难，从胜利走向胜利的强大精神动力。

龙江风格是龙海人民的骄傲，是龙海的一张闪亮的名片，是一座跨越时空的精神丰碑。它所代表的集体主义、共产主义精神是大局观念的大发扬，是奉献精神的大发扬，是党的思想政治工作结出的丰硕成果。

一、龙江风格的形成背景

1963年，47万龙海人民在党的领导下，组织大规模协作抗灾，他们连续奋战8个月，接连打了抗旱春耕、抗旱保苗、抗洪抢收、抗洪保秋四个规模浩大的战役，丢卒保车、保车又救卒，最终战胜了百年未遇的特大旱灾，以及洪、涝、风、虫等多种自然灾害的严重威胁，以水稻为主的粮食总产量超过了历史最高水平，再度实现了水稻亩产千斤，夺取了堵江抗旱、粮食丰收的全面胜利。这一年，是龙海县水稻生产空前丰收的一年，也是龙海人民精神财富空前丰收的一年，是思想和生产双丰收。取得这一系列伟大胜利，有其深远的历史背景，也有现实的紧迫性和历史的必然性。

（一）龙海人民争取1963年粮食丰收

据1995年国家统计局、民政部编的《1949－1995中国灾情报告》记载，1959年至1961年，新中国遭受成立以来范围最大、程度最深、持续时间最长的自然灾害，粮食大幅度减产，农村严重缺粮，党和人民面临着新中国成立以来最严重的经济困难。据统计，三年中全国粮食因灾减产611.5亿公斤，1959年受灾最严重，约损失粮食378亿公斤，其中以旱灾为主造成的损失约为260亿公斤。农业是国民经济的基础，粮食是基础的基础。搞好粮食生产，解决好当时6亿人口的吃饭问题，才能更快更好建设社会主义国家。在这样的灾情面前，毛泽东、周恩来和全党全国人民迫切希望粮食问题尽快得到解决。为了快速扶持农业生产步入正轨，中共中央对农业发展进行了政策性倾斜，提出"要以'农、轻、重'为序进行社会主义建设"①，"必须更好地贯彻执行以农业为基础、把农业放在首要地位的方针，争取农业丰收，特别是争取粮食的丰收"②。

历史上福建一直属于缺粮省份，在全国自然灾害严重、粮食困难的大背景下，福建省委着重抓住了粮食增产这个最主要环节，使福建省不仅能自保，还能调粮支援国家。1961年初，遵照周恩来急需福建调粮支援国家的要求，龙溪专区勒紧自己的裤腰带，紧急调粮2亿斤支援缺粮省份，在国民经济最困难时期，为党中央、国务院统筹调配解决全国人民吃粮的大事做出了应有的贡献。③ 1959年至1961年，龙溪专区连续三年（1959年"8·23"、1960年"6·9"、1961年"9·13"）遭受特大风洪灾害，之后，又屡次遭受病虫害、干旱、水灾等多种自然灾害，人民群众的经济生产、日常生活陷入极度困难状态。1959年11月，福建省委派善于领导农业工作的马兴元再次回到龙溪专区任地委书记。马兴元到任后，带领全区人民顽强地与自然灾害做斗争，兴修水利，发展粮食生产。1962年夏收之后，马兴元参加龙海县三级干扩会，龙海县莲花公社山后大队在会上介绍了"矮脚南特号"水稻栽培的高产经验，龙海县委提出全县争取晚季更大的丰收，夺取1962年度水稻千斤县称号。可是由于受1962年下半年干旱的影响，愿望没能实现，距龙海县平均亩产1000斤目标仅差36斤，这个小小的数字鞭策着龙海人民，他们发愤苦干，努力了一个冬天，把各项备耕工作做得件件周到，决心要在1963年把"千斤县"拿到手。

（二）龙海县遭受百年不遇的特大旱灾

1963年是我国贯彻执行"调整、巩固、充实、提高"八字方针，克服三年经济困难，各项建设事业呈现出明显健康发展势头的一年。正当龙溪

---

① 《中国共产党简史》编写组：《中国共产党简史》，人民出版社、中共党史出版社2021年版，第194页。

② 中共中央文献研究室编：《建国以来重要文献选编》第十四册，中央文献出版社1997年版，第27页。

③ 中共漳州市委党史研究室：《中共漳州地方史大事记（1949—2010）》，（漳）新出（2010）内书第088号，第53页。

人民满怀信心准备夺取经济建设更大胜利的时候,一场百年不遇甚至可以说是千年不遇的特大旱灾考验着全区人民。从 1962 年 10 月至 1963 年 6 月,整整 8 个月全区没有下过一场透雨,有的地方竟达 280 多天滴雨未下。① 自唐贞元六年(790)至清乾隆五十六年(1791),合计 1001 年间,闽南地区最长的旱情只有 6 至 7 个月,不超过 200 天。1791 年至 1963 年也没有出现过这么严重的旱灾。1963 年的旱灾超过了历史上任何一次旱灾,旱情持续时间之长、受旱面积之大、涉及范围之广,为龙溪历史上所罕见。全区 22 个百万立方米以上的水库蓄水量仅有库容量的四分之一,88 万亩水田无水溶田,农地全部受灾。② 一些从来不旱的山区也受了旱,有些地方连吃水也发生了困难,出现按人配水、一水三用(先淘米,后洗菜,再洗脸),然后留着晚上洗脚,再倒去喂猪的现象。

龙海地处福建省东南部,平原广袤,是著名的水稻产区,也是福建省商品粮生产基地之一,福建省第二大江九龙江汇北溪、西溪、南溪之水贯穿全境,经海门水域出厦门港注入台湾海峡。1963 年立春,龙海县境内三大支流流量降至百年最低,西溪水流量 2.71 立方米/秒,北溪 22.5 立方米/秒,南港、官浮等下游渠道,干涸得可当路走,全县总蓄水量只有原蓄水量的 28%,纵横平原的六大引水渠道,蓄水量也只剩 4%,浮宫、海门当时得派船到石码载运淡水供应村民饮用。据当时调查统计,龙海县 30 多万亩水田 60% 田地龟裂,有 11 万多亩缺水溶田,占水田面积的 38.2%,还有占 16% 的秧田无水播种育秧。③ 面对河湖干涸、田地龟裂,如不切实解决引水溶田问题,稻田将有一半以上的面积要抛荒,导致颗粒无收、绝收。干旱使龙海人要在 1963 年实现"千斤县"的奋斗目标再次面临严峻挑战。

---

① 中共漳州市委党史研究室:《中国共产党漳州历史》第二卷(1949—1978),中共党史出版社 2016 年版,第 266 页。
② 中共漳州市委党史研究室:《中国共产党漳州历史》第二卷(1949—1978),中共党史出版社 2016 年版,第 266 页。
③ 政协龙海市文史资料委员会:《榜山风格纪实》,《龙海文史资料》第十四辑(总第十九辑),闽新出(漳)内书(刊)第 95035 号,第 4 页。

1963年龙海农田受旱实况（龙海区龙江精神展示馆供图）

与此同时，带队参加华东群英会的省委农工部副部长兼农业厅厅长肖文玉和龙溪专区副专员陈天才给马兴元打电话，告知山后大队夺得高产红旗的喜讯和群英会各省全国劳模纷纷到龙溪代表驻地访问杨金海、学习水稻高产经验的情况。"学山后"参观潮马上就要到来，马兴元在欣喜之余，敏锐地意识到把水稻高产技术及时传播出去，这是国家的迫切需要，而龙海县的抗旱斗争，如不采取果断措施，势必严重影响到再次实现"千斤县"目标的计划，这不仅是龙海县的生产计划，还是事关全省、华东地区乃至全国粮食生产大局的计划。

旱情仍在不断地发展，春耕迫在眉睫。正是在这种严峻考验的背景下，县委最终做出堵江抗旱的决定。榜山公社洋西大队面对抗旱的严峻形势和自身良田被淹的艰难抉择，毅然决定"宁淹千三救十万"，要保的就是九龙江下游粮食高产区的丰收。话剧《龙江颂》第一场台词就提到：堵江是事关全县、全省、全国的生产计划。

（三）学、比、赶的农业大生产运动

夺取粮食高产的农业大生产运动开展后，不仅后进的一方积极"学先进、比先进、赶先进"，先进的一方也热心帮助后进，出现了"帮的风格"。该运动后来进一步改称"比学赶帮"运动，成为20世纪60年代初期、中期全国性轰轰烈烈的一项工作。《人民日报》专门发表社论《更广泛更扎实地开展农村的比学赶帮运动》，运动中各行各业涌现出一批先进典型。劳动模范、党支部书记杨金海领导的龙海县莲花公社山后大队就是一个"比学赶帮"运动的典型代表。杨金海带领山后大队坚持科学种田，大胆创新，再创纪录，成功破解了粮食生产的难题，为探索创造水稻高产经验打下了良好基础。1962年山后大队创造了1000多亩水稻年平均亩产1421斤的高产量，超越我国水稻生产技术最发达的苏州地区和潮汕地区，夺得全国水稻亩产高产第一，成为全国水稻生产的标兵。

1963年2月1日至16日，中央华东局在上海召开华东农业先进集体代表会议（即历史上有名的华东群英会），这是新中国成立以来，华东地区的全国劳模、华东劳模进行的一场"学先进、比先进、赶先进"的大会。我国粮食高产方面的一些著名劳模，如江苏陈永康，江西彭光贤、丁长华，福建黄宝洛、杨金海，山东仲伟传等都参加了这次会议。周恩来出席了这次大会，并做了一个关于学先进、赶先进，掀起农业生产新高潮的动员报告，号召在全国"轰轰烈烈踏踏实实开展农业大生产运动"。

杨金海在首场交流大会上作了《克服"增产到顶"思想，高产再高产》的报告，分享水稻高产核心技术，即"矮脚南特号"栽培技术和搁田烤田技术的成功突破，引起了巨大反响。山后大队找到了生产更多粮食的办法，创造了可复制的高产再高产经验，给周恩来总理和群英会劳模们带来了惊喜，更给苦苦期待粮食丰收的全国人民带来了振奋人心的好消息，为福建省争了光，也确立了龙海县在全国农业的标兵地位。会后许多劳模表示他们将组织人员到龙海山后大队现场参观取经。会议期间，杨金海还代表全省群英会代表（劳模）在工农业劳模联欢会上倡议："掀起学先进、比先进、赶先进的农业大生产运动，以更多更好的农副产品支援国家、支援工业、支援城市。"杨金海这些体现顾全大局精神的倡议，引起省群英会代表的热烈讨论。在紧接着的省农业群英会上，劳模们把国家集体个人、把工业农业、把城市农村视为一个整体的大局精神，影响了全省农村干部群众。而杨金海"生产更多的粮食支援国家"的倡议，被创作成为《龙江颂》大结局——争交公粮。

（四）党的教育融合闽南文化优秀品格

1962年9月27日，党的八届十中全会通过的《关于进一步巩固人民公社集体经济、发展农业生产的决定》强调："要在农民中，在各级干部中，经常进行社会主义、爱国主义、集体主义的教育。"自此开始了社会主义教育运动。11月，龙溪专区开始在农村开展社会主义教育运动，12月抽调一批优秀干部到农村工作，加强对人民公社集体经济的领导，进一步巩固集体经济，大力发展农业，认真做好秋收冬种工作，积极开展副业生产，同时认真搞好甄别平反工作。1963年2月，龙溪地委召开三级干部会议，传达学习周恩来在华东农业先进集体代表会议上的讲话精神，部署在农村开展社会主义教育运动。①

"一方水土养一方人"，闽南文化具有丰厚的历史文化积淀，既与中华民族精神相统一，又富有鲜明的闽南特色，讲究"输人不输阵"，具有"爱拼敢赢、自强不息"的精神特质，"舍得给予、乐于助人"的优良品质。闽南文化还蕴含着海洋文化。闽南人祖祖辈辈进行深海捕捞、近海养殖、远洋运输、海上贸易，长年累月与大风大浪斗争，靠的是勇气和意志，靠的是相互间抱团取暖、守望相助。这种文化基因有爱国爱乡、重情重亲的优良传统，有团结协作、自强不息的拼搏精神，有顾全大局、无私奉献的高尚品质，展现了漳州人崇德向善、见贤思齐的胆魄胸襟和精神追求，代表了漳州薪火相传、蓬勃向上的形象气质和品格内涵，成为引领漳州人民筚路蓝缕、砥砺前行的不竭动力。

有一个非常典型的例子。堵江截流让九龙江水按照规划好的水路向受旱地区流去，可是到达翠林大队却怎么也流不过去。原来，水流到翠林大陡门时，桥下只有一个涵洞，要让水流畅通，必须多开几个涵洞。但翠林大队有个传说：大陡门有两株千年古榕，护着涵洞和涵洞上的小桥，以及从小桥上来来往往的村里人。老人们说，村后小山是龙身，村前榕树是凉伞，闸门正是龙吐水，多开几个涵洞就是破龙口。所以村里有些迷信的老

---

① 中共漳州市委党史研究室：《中共漳州地方史大事记（1949—2010）》（漳新出（2010）内书第088号，第58—59页。

人就躺倒在小桥上，不让人们多挖涵洞，在他们看来，挖涵洞就是"割龙须"，要"败地理"的。在这场科学与迷信、"割龙须"与"让水路"的交锋中，大队党支部通过用新旧社会对待旱情截然不同的态度和结果进行对比教育，使村民们清醒地认识到，要为了全局利益舍弃局部利益，"输人不输阵""洋西可以淹田地，我们何惜'斩龙须'"。结果仅一天一夜，原本反对最强烈、躺倒在小桥上的郑木虱和郑矮庆霍然站起来，二话不说拿起锄头和铁锹带头开挖涵洞，割了"龙须"，败了"地理"，让"风格水"哗哗地向受旱地区流去。①

榜山公社翠林大队破除迷信，把一孔涵洞变成五孔涵洞（龙海区档案馆供图）

二、龙江风格的丰富内涵

龙江风格之所以六十多年来仍然绽放着璀璨的光芒，是因为它有着深厚的中华优秀传统文化根基，有着我国社会主义建设伟大实践的滋养，是中国共产党人的价值观、革命观和群众观的集中体现，具有丰富的内涵，具有超越时空的价值和旺盛的生命力。

（一）龙江风格的丰富内涵

1. 顾全大局

顾全大局不仅体现在榜山人身上，而且体现在整个九龙江大大小小封江堵河、引水抗旱过程中的地方人民身上，在局部利益和全局利益的矛盾

---

① 政协龙海市文史资料委员会：《榜山风格纪实》，《龙海文史资料》第十四辑（总第十九辑），闽新出（漳）内书（刊）第95035号，第48—49页。

面前，从党员干部到普通群众，都坚定地维护抗旱保丰收这个大局，这是打赢这场抗旱斗争的核心要素。

（1）龙江风格彰显了共产党人统筹兼顾、勇于担当的政治品格

早在1938年，毛泽东在《中国共产党在民族战争中的地位》一文中就提出"共产党员必须懂得以局部需要服从全局需要这个道理"，大局观念不仅是党员干部的基本素养，也是衡量党员干部政治上是否坚定的重要标志。龙江风格是我国社会主义建设初期大局精神的一次大展示，成为人们处理个人、局部利益和集体、全局利益发生冲突问题的生动范例。

首先，县委作出堵江抗旱的决定是经过全盘考虑的。1963年1月19日至2月4日，在龙海县委召开的第二次代表大会上，莲花、东园、东泗等公社的代表提出堵江建议。依靠西溪灌溉的榜山、石码、莲花、东泗、东园等公社共约十万亩土地，是全县水稻高产区，必须马上动手，先堵西溪，保证这十万亩土地有水灌溉。在会议上，县委领导认真分析旱情，总结吸取1960年堵江引水的经验教训，但一时无法下定决心，原因在于堵江是全县性的大动作，牵一发而动全身，必须保证万无一失，否则劳民伤财、雪上加霜，后果不堪设想。

2月8日，这一天是元宵节。县委书记刘秉仁等县委、县政府领导带领水、电、农等有关部门同志，乘坐汽船沿九龙江西溪勘探水情，进行堵江截流的调研考察。① 通过现场调查分析：西溪每秒22立方米以上的水流量，若在榜山洋西堵江截流，将有每秒15立方米至17立方米的水可通过洋西水闸，进入迂回曲折的九十九弯和南港渠道，只需三五天即可流抵终点——南港灌区。在这基础上，步文从湘桥、颜厝从马州引水入田，便可确保全县大部分水田能按季节溽田插秧。② 可是，事有凑巧，那天突然飘起了毛毛细雨，怕堵江又碰到下雨，就决定再等三天看看。

2月11日，还是没有下雨。俗话说"人误地一时，地误人一年"，眼

---

① 中共漳州市委宣传部：《龙江风格》（"漳州力量"丛书），海峡书局2016年版，第5页。

② 中共漳州市委党史研究室、中共龙海市委宣传部：《龙江精神读本》，中共党史出版社2013年版，第4页。

看要误过农时。于是，县委果断地向全县人民发出"九龙江有水不算旱"的战斗口号，决定立即组织实施堵江抗旱方案。这个鼓舞人心的战斗口号立即响彻了整个龙海！2月11日下午，县委副书记李传荣和副县长杨松山召集了榜山、东园、东泗、莲花、石码五个公社代表及农业、水利、财贸、供销等单位负责同志，再次乘汽船来到榜山洋西村①，决定在榜山公社洋西一带实施堵江抗旱，即"舟中会议"。

会上，李传荣在简要开场白后，就要求各个公社代表就西溪堵江发表意见。石码、莲花、东园、东泗四个下游公社的代表一致赞同县委的方案，并希望行动越快越好。他们都急切地等待榜山公社代表、榜山公社宣委徐学文的表态。堵江后，榜山公社首先要承受部分损失，洋西等大队的低洼田地将因过水被淹。面对大家期待的眼神，正为如何当场表态左思右想、坐立不安的徐学文，忽然想起周恩来总理2月1日在华东农业先进集体代表会议上关于正确处理国家、集体和个人三者关系的讲话，同时想到下游干旱，堵江是唯一的选择，再大的困难，榜山公社也要服从县委的决定，心胸顿时豁然开朗。于是徐学文站立起来表态："县委堵江决策我拥护，小利要服从大利，小我要服从大我，我们从全局出发，没有意见。受损失的地区如果少数人想不通，我们可以做工作。"② 徐学文的发言引来一阵掌声，李传荣立即宣布："西溪堵江就这样定下来了！"根据潮水涨落的情况，定于2月15日动工，预计一星期内完成堵江任务。

"舟中会议"结束后，徐学文立即赶回公社向党委书记苏海成汇报县委的决定。第二天一早，苏海成先开了党委会，把县委的决定和当前的困难摆到桌面上，委员们一致认为既要不折不扣贯彻执行县委决定，又要做好深入细致的思想工作，充分调动广大干部群众的积极性，顾全大局，全力以赴，坚决完成堵江抗旱任务，并决定立即召开有各大队支部书记参加的党委扩大会议，统一思想，统一认识，"我们一定要发动群众来支持县

---

① 中共漳州市委宣传部：《龙江风格》（"漳州力量"丛书），海峡书局2016年版，第8页。

② 政协龙海市文史资料委员会：《榜山风格纪实》，《龙海文史资料》第十四辑（总第十九辑），闽新出（漳）内书（刊）第95035号，第12—13页。

"舟中会议"旧照(龙海区龙江精神展示馆供图)

委决定"。

党委扩大会议后,榜山公社洋西大队支部书记邱程溪召开了支委会,又召开了大队委员会,通过反复认真的讨论,决定采取摆事实、讲道理的方法,引导社员认识到小局要服从大局,眼前利益要服从长远利益,把只看到家门口几亩田转向"十万亩""千斤县"这个大目标,"要抗击这么大的天灾就得开展大协作,要协作抗天灾就不能各人只顾自己"。在社员大会上,邱程溪先引导大家"算账对比""回忆对比",三百亩多,还是十万亩多?紧接着,忆苦思甜,回忆抗日战争时期受灾年景,通过两个社会、两样灾年、两种现实的对比,让社员们渐渐意识到:没有共产党,哪来旱涝保收!没有社会主义大家庭,也就没有洋西人民今天的幸福生活。就这样,牺牲小我、顾全大局的思想观念逐渐在广大社员中树立起来,绝大多数社员都表示拥护县委的决定。

紧要关头,只要共产党员充分发挥示范和榜样的作用,就能展现基层党组织的战斗堡垒作用,这是一种无声的命令、一股无形的力量。一场声势浩大的堵江抗旱的斗争就此打响。

其次,堵江抗旱的方案是经过全盘科学论证的。堵江截流,是对龙海县委、县政府能否进行科学决策的一次检验。第一,方案的正确选择。水利人员认真总结吸取1960年西、北两溪和北港三大截流工程同时并举失败的深刻教训,从而选择了集中力量先堵西溪的方案。第二,坝址的正确选择。认真总结了1960年建"哑坝"不利于排洪的教训,选择在原旧址往下推移,拦江大坝从榜山洋西大队四孔进水闸下游,斜至对岸步文东墩三孔排洪闸上游,利用原有排洪工程设施进行截流。改线之后,虽坝身略长,但坝基多在沙滩之上,可就地取沙,比原来在水中捞沙易于操作,工效较高。最后,时间的正确选择。堵江截流时间选定在2月15日,这天是农历正月廿二,海潮早退晚涨,万名民工可以从早上7点至下午4点连续9个小时突击筑坝,又可抢在大潮到来之前突击合龙。① 正是这样科学的决策和全盘的谋划,为短期内组织大兵团作战,确保堵江截流引水工程取得成功奠定了坚实的基础。

九龙江西溪堵江截流工程的劳动场面,江中的船只为一号指挥船(龙海区档案馆馆藏资料,郑厚根提供)

合龙过程中,刚刚从工地回到县里的县委书记刘秉仁听到崩口的消息又急急忙忙赶回来。一个紧急会议在指挥船上召开了,大家认真地分析原因。刘秉仁斩钉截铁地说:"同志们,县委的决心坚定不移,现在最重要的是时间,再过两天,大潮就要来了,我们无论如何要抓紧时机,就是倾家荡产也要把江堵起来!"

由此可见,从县委领导班子到基层干部在这次抗旱斗争中都充分展现出统筹兼顾、勇于担当的精神,充分发挥了党的基层组织的战斗堡垒作用,有力地保证了堵江抗旱斗争的胜利。

---

① 政协龙海市文史资料委员会:《榜山风格纪实》,《龙海文史资料》第十四辑(总第十九辑),闽新出(漳)内书(刊)第95035号,第28—29页。

(2) 龙江风格展现了广大群众丢卒保车、重情重亲的大爱情怀

堵江截流关乎的不仅仅是某个人，而是整个大队，甚至是整个公社一年生计的问题。龙江人，特别是处在堵江截流风口浪尖的洋西人，在自身利益和全局利益的权衡中，最终克服"个人顾个人"的思想，彰显出勇于追求大我、舍弃小我的大爱情怀。

县委做出堵江截流的决策，堵江之后水位提高，洋西大队300多亩低洼田就会受淹，全年的农业生产势必受到影响，而整个榜山公社共有1300多亩低洼田受淹，将会出现总体得益、局部受损的矛盾。面对这一矛盾，女社员代表林兰（烈军属）说："树旺，叶才茂。要是下游几万亩插不上秧，我们受淹的300亩田，就是丘丘结的金子也没有用。"新中国成立前曾当过长工的贫农郑水龟也说："堵！一定要堵！咱不能光顾自己，宁可淹掉一小部分田，也要换来好几万亩好收成。这是丢卒保车，很值得！"一下子，大家意见统一了："堵江截流是当前压倒一切的中心任务！"其余受淹的大队社员与洋西社员一样做出了响亮而肯定的回答，并以实际行动踊跃报名参加了堵江战斗。

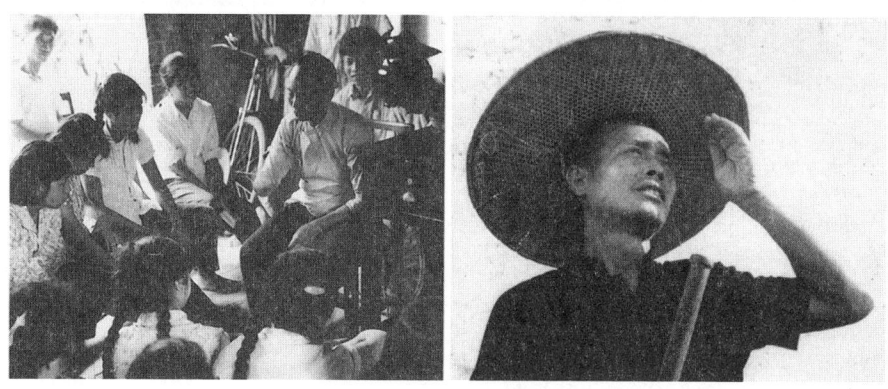

（左）女社员代表林兰；（右）新中国成立前曾当过长工的贫农郑水龟（龙海区档案馆供图）

郭小川在长篇通讯《旱天不旱地》中还记载了这么一件事：平和县安厚公社有四个大队在一条水边，由上而下依次是：东川、东寨、南门、白石。现在，南门受旱，东川要让水，但水得经过东寨。东寨、南门两个大

队曾经因抗旱争水常常发生械斗，双方死了 40 多人，50 年来仇深似海，互不往来，互不通婚。这次南门受旱，他们学习榜山风格，一方有难，伸手相助。东寨当时只问了对方亩产多少斤，得知南门去年亩产 420 斤，比本队 260 斤高 160 斤的时候，就马上决定让水，先顾南门！不但让东川的水通过，而且把本大队的水也送去，宁愿自己车水灌田，保证了 800 亩受旱的水田及时插上秧苗。可是水到南门，南门却决定先灌白石，因为白石更旱。两村群众深有感触地说：抗旱一家亲，冤家变亲家。

事实证明，只要紧紧依靠人民群众，充分发动人民群众，就一定能战胜困难，赢得胜利。在这场抗旱斗争中，受党教育多年的农民已经懂得如何处理整体与局部的关系，增加粮食亩产就是当时的大局，他们深深懂得千余亩地和十万亩地孰轻孰重的关系，做到了局部服从整体。是的，当只看到自留地，只看到自己一个大队的时候，有些人是想不通。可是，当党教育他们要把眼光由自留地和洋西一个大队转到全县、全省甚至全国的时候，这就提高了人民公社社员的觉悟。徐学文、郑水龟、林兰等这些展现很高思想觉悟的表态，是朴素无华的群众语言，是体现榜山风格的最早的经典语言，"丢卒保车"后来成为了他们高风亮节的代名词。

当前，我国正处于实现中华民族伟大复兴的关键时期，在顺利完成第一个百年奋斗目标、实现第二个百年奋斗目标的新征程中，我们必须在党的坚强领导下，弘扬龙江风格、顾全大局、齐心协力，依靠改革应对变局、开拓新局，把握工作主动权，打好发展主动仗，为全面建成社会主义现代化强国奠定良好开局。

2. 舍己为人

舍己为人体现的是舍小我成大我、舍小家为大家的不惧牺牲、无私奉献的精神。龙江风格所表现出来的舍己为人，不仅仅是一种理念、一种美德，更是一个个具体的行动。

（1）龙江风格彰显了共产党人率先垂范、舍己为人的思想高度

在这次抗旱斗争中，广大共产党员尽职尽责，没有他们的舍小家为大家的奉献精神，堵江截流这么大的工程就无法实现。这种牺牲精神、奉献精神彰显了共产党人的思想高度，为抗旱斗争提供了强大精神力量。

堵江成功后，溪、河、渠、沟通水了，溶田的、浸种的，一片繁忙。可是天旱地干，江水还是供不应求，越往下游越用不上水。要保证下游四个公社按节气育秧溶田，上游的榜山就要继续提高水位、继续让水，否则无法加速流量。榜山公社党委决定："救人就要救到底！"先顾秧苗、后顾大田，先让下游、再保上游，再让水五天！于是，水位一再提高，流量不断加速。堵江后的15天中，西溪上游来水量约2000万立方，从洋西水闸引入迂回曲折长达32千米的九十九弯等河渠，最终抵达南港灌区，共计引进九龙江水1000万立方。①

保"车"的斗争胜利了，"卒"是不是就这样白白丢了呢？

临近清明，大面积春插基本完成，水位逐渐回落，然而水流借路经过的洋西、文苑等六个大队被淹掉的1300亩田地，仍在受涝积水。要在人力、畜力、工具、秧苗严重不足的情况下，排积水、犁耙田、抢季节插上秧，时间十分紧迫。通过这次整体与局部利益权衡的考验，广大干部群众思想觉悟有了很大的提高。榜山公社党委一提出这个问题，大家都说："车保住了，一定还要把卒子救回来。"于是，紧接着又展开了一场救"卒"的战斗。

公社党委明确表示：洋西大队需要什么，我们就给什么。洋西大队干部回答也很干脆，我们什么都顶得住，当务之急就是缺秧苗。消息一传开，文苑大队马上传来消息，要洋西大队到他们秧田里拔秧。洋西大队党支书邱程溪、大队长郑流涎带人前往文苑大队拔秧苗，路过雳林大队，却被雳林大队党支书许老婴拦住了，他说："文苑远，雳林近，何必舍近求远，到我们大队来拔吧。要多少，给多少。"洋西大队妇女主任许水仙带着妇女们来到雳林，看到秧苗一片青翠，她们迟疑了，把这样好的秧苗拔走，雳林人肯吗？雳林大队妇女主任却说，拣最好的拔。洋西妇女一口气拔了七亩半秧地，临走时，许老婴又硬把准备自己用的五百把秧苗送给了她们。回到村里，她们才发现，平宁大队也送来了秧苗，芦州大队六个犁

---

① 政协龙海市文史资料委员会：《榜山风格纪实》，《龙海文史资料》第十四辑（总第十九辑），闽新出（漳）内书（刊）第95035号，第18页。

下游受旱的莲花公社山后大队及时进行插秧（龙海区档案馆供图）

手带来了六头牛。

这时，崇福大队也迅速组织排涝。水电局专门派水利人员进行现场勘测，决定筑起一道400多米长的环形防水堤，把积水排到九龙江去。各大队闻讯，都派出了精干劳力，扛着锄头，挑着茅草，抬着抽水机来支援。筑堤战斗打响了，党员方亚吹看到玉枕大队在修筑防水堤时，挑土的队伍要绕圈走弯路，影响了进度，而堵住直道的正是自己快成熟的麦田和九户社员的自留地。他立即与这几户社员商量，"为集体让道！"一说就拢。于是他们自己动手割掉尚未成熟的麦子，让挑土大军取直道，加速了修筑防水堤的速度，使工程提前一天完工，排出2万多立方米积水。在泥水中苦战四天四夜，崇福大队终于和洋西大队一样，在兄弟大队的大力支持帮助下，赶在清明后一天，胜利完成了早稻插秧任务。

可灾害并没有因此而停止，正当早稻黄熟和谷子尚未进仓之时，漳州又连续两次遭受台风暴雨的袭击。社员们发扬不怕疲劳、连续作战的精神，一面坚持抗洪护堤，一面突击排涝抢收，战胜了"三灾六难"的干扰，夺得了早稻丰收，终于在大灾年景收获了累累的硕果。榜山公社近2万亩水稻年总产量2858万斤，平均每亩单产达1439斤，实现了单产、总

榜山文苑大队向东园新林大队送支援抢收的感谢信（龙海区档案馆馆藏资料，郑厚根提供）

产双超历史最高纪录，成为龙溪专区水稻亩产量最高的一个公社。①

广大共产党员率先垂范，没有他们舍小家为大家的奉献精神，堵江截流的浩大工程就无法实现。而且，不仅"车"保住了，"卒"也没有丢，社员们自豪地说："下游旱天不旱田，上游淹水不淹田。"有的则赞叹，这真是"甘蔗双头甜"！

（2）龙江风格展现了广大群众互助互救、舍己为人的高尚品格

在抗旱保丰收的斗争中，舍己为人的先进事迹不断涌现。南溪堵江后，居于浮白渠道上游的白水公社，主动让水给下游的浮宫公社，自己宁愿降低水位，用两三层水车盘水上田。方田、溪山两大队，历年为水利闹纠纷，如今互相让水，方田让水给溪山，溪山又让水给方田。抗旱中抽水机很重要，可是莲花公社黎明大队却主动让出5台抽水机支援兄弟队，自己400多亩山垄田改用水车盘水抗旱。大旱天，海边的港尾地区，水比金钱还珍贵，而省山大队却在水源不太充裕、自己也需要用水的情况下，让出山坑水、水库水、潭港水4万立方米左右，解救梅市等四个大队260亩受旱田。社员们说："在抗旱大局面前，榜山可为借路淹田，我们省山何

---

① 政协龙海市文史资料委员会：《榜山风格纪实》，《龙海文史资料》第十四辑（总第十九辑），闽新出（漳）内书（刊）第95035号，第20页。

惜让水解旱。"① 雩林大队庵边两个生产队310亩水田，大半是高田和"望天田"。然而，在"洋西淹田地，翠林割龙须"的感召下，他们宁愿自己踏车戽水，也把一台刚买来的抽水机借给东泗公社虎渡大队。而园仔头大队港仔尾生产队则主动把三架新水车支援庵边两队。

在这场百年不遇的大灾面前，各个公社表现出互助互救、先人后己、舍己为人的精神境界，在艰苦砥砺中迸发出人性的光芒。

3. 无私奉献

无私奉献体现在这次堵江抗旱中，各级领导干部不计个人得失，不求回报，真诚无私地付出，为抗旱斗争的胜利提供源源不断的动力。

（1）龙江风格彰显了共产党人赤诚为民、无私奉献的忘我境界

中国共产党是中国工人阶级的先锋队，党的性质、宗旨和使命，决定了共产党员在任何时候、任何情况下始终都要把群众利益放在第一位。在这次抗旱斗争中，各级领导干部能够正确处理得与失的关系，与广大人民群众战斗在一线，携手共战天灾，生动展现了共产党人无私奉献的忘我境界。

西溪堵江的战斗打响后，县委书记刘秉仁任总指挥、副县长杨松山任现场指挥，全县2万名青壮劳力上场，县领导带领机关干部冲在一线。宁静的洋西顿时扬起震天动地的声浪。龙海县委既是决策者，更是指挥者，没有县委的无私奉献和坚强领导，就绝不可能抵抗住大灾。龙海县委不仅无私奉献，而且指挥部直接设在堵江截流的工地上，根据既定的决策方案对整个地区进行统筹协调，调动各个部门的力量，尽全力把抗旱工作做好。包括县手工业局、县木器厂、县机器厂、县造船厂、县供销社、县食品公司、县日杂经理部、县卫生局等各个部门的领导干部都以身作则，服从县委统一调度，细致部署工作。1963年上半年全县在抗旱中完成封江堵河截流18处、围溪筑坝142处、挖井开掘107个、开渠清沟373处、修复老水利工程20处、配套56处、其他抗旱设施178处，计投入劳力51.09万个工日，完成土石方56.59万立方米，总投资78.7万元。堵江抗旱前后

---

① 政协龙海市文史资料委员会：《榜山风格纪实》，《龙海文史资料》第十四辑（总第十九辑），闽新出（漳）内书（刊）第95035号，第8页。

共经历了 8 个月,全县人民完成了 6 个主体工程,县委突破了地域和个体的局限,发扬不怕困难、连续作战的精神,协调各个单位形成一盘棋,共同完成了如此浩大的工程。①

无私奉献,是共产党人的优秀品质,也是我们党的鲜明品格和精神追求。作为一名共产党人,就要不忘初心,无私奉献,时时想到国家,处处想到人民,把自己的理想同祖国的前途、自己的人生同民族的命运紧密联系在一起,扎根人民,奉献人民。

(2) 龙江风格展现了广大群众舍得给予、无私奉献的牺牲精神

面对百年不遇的特大旱灾,在整个建设拦江大坝的过程中,全县人民无私奉献,团结协作,上下一心,保持干劲,克服艰难险阻,他们以"一方有灾、八方支援"的大团结、大协作精神,凝聚成堵江截流的强大合力,在每一个平凡的岗位上书写出不平凡的故事,为抗旱贡献自己的力量。

和榜山风格同时出现的还有玉枕风格。位于九龙江入海口的莲花公社玉枕大队四面环水,全靠引用九龙江水灌溉农田,耕种着 2300 多亩田地。堵了江,就断了淡水,等于卡住了他们的脖子。玉枕人民没有半句怨言,坚决拥护县委的堵江决定,大家踊跃报名参加堵江战斗。经过五昼夜的苦战,一条拦江大坝终于建成。不料,在 2 月 18 日(农历正月廿五),大坝新堵的龙口被冲破一个口子,威胁着整条大坝的安全。玉枕人不顾生命危险,不怕天寒水冷,不怕连续作战,数十名打桩手把一根根丈把长的竹桩打进激流中。下午 4 点钟,指挥船上发出合龙的命令。顿时,几千袋沙包急风暴雨似的向龙口倾泻,浪花溅起一丈多高。九龙挣扎着,龙口越缩越小,江水咆哮得更加凶猛,浪头高高冲起,投下的沙包刹那间被冲出两丈多远,甚至把竹桩压弯了,冲倒了。九龙江水发狂似的翻滚,任你投下多少沙包,就是不肯就范……突击至天黑,人们终于完成了夯打木桩的任务。由于木桩打得牢固,保证了堵江合龙的胜利。20 日清晨 7 时,洋西江面上喊声震天,沙包再次狂风暴雨似的落在龙口上。35 分钟后,西溪再次

---

① 中共龙海市委宣传部、中共榜山镇委员会:《时代精神的典范——龙江精神研讨会论文选编》,华夏文艺出版社 2017 年版,第 28 页。

断流，大坝迅速地加固、壮大。至9时30分，一条长535米的拦江大坝横空而立，像一只钢打铁铸的巨手，把凶猛不羁的九龙擒住了。2万名青壮劳力经过自2月15日至21日七昼夜的奋战，终于征服了九龙，英勇的"擒龙手"们牵着九龙的鼻子，迫使九龙江水穿过洋西四孔大闸，顺着九十九弯渠道和南港渠道，流进龙海平原，灌溉九龙江下游十万亩受旱田。

为了在大潮到来之前实现大坝合龙，挑沙堵江的人们与潮水赛跑（龙海区档案馆馆藏资料，郑厚根提供）

在这场史无前例的抗旱斗争中，玉枕人发扬"把方便让给别人，把困难留给自己"的风格，顾全大局，舍己为人，自己承受了重灾的损失，早稻减产八成。然而这更激发出玉枕人大搞晚季超产、以秋补夏的信心，终于获得晚稻大丰收，比1962年晚季增产23.8%。从全年计算，减产还是严重的，但对比1946年百日大旱颗粒无收，1963年240天大旱还收成14万斤粮食，十四万比零，晚季还增产两成，这已经是最大的胜利。

4. 团结协作

在这场堵江抗旱的斗争中，各方面的智慧和力量都被充分凝聚起来，形成了心往一处想、劲往一处使的强大合力，充分保障了堵江截流的胜利。

（1）龙江风格彰显了共产党人总揽全局、协调各方的核心作用

堵江截流是全县性的大动作，是牵一发而动全身的大事，必须要有强有力的领导力量，才能有效避免工作中管理混乱、顾此失彼等问题的发

生。而能够担当这一重任的领导力量，只有中国共产党。党发挥着总揽全局、协调各方的不可替代的作用。

在工地上，所有干部一律和群众"三共同"：同吃、同住、同劳动。西溪堵江时，县农具厂9个工人通宵赶制40个夯头铁箍，本来需要8个工日，结果只用了3个半工日；县机器厂8个工人，因工地急需，奋战两昼夜共生产2214只螺丝，由每小时加工15只提高到32只。财贸系统广大干部、职工也积极响应县委的号召，积极投入抗旱斗争，除了主动组织部分干部、职工参加堵江截流工地劳动外，还承担了组织调运、供应抗旱物资的重任。他们先后组织120多名职工在工地开设临时供应站，不分昼夜供应抗旱堵江物资、工具及30多种民工日常生活用品，同时还组织货郎挑着货物到工地第一线，做到民工到哪里，服务就到哪里，什么时候需要，就什么时候供应。县供销社生产资料经理部急抗旱之所需，及时组织调运毛竹、麻袋等工地急需用品8万多件。日杂经理部组织人员日夜坚持划拨草袋加工、缝制打捆、搬运供应，尽力满足工地需要。县航运公司、船管站专门组织25条木帆船负责及时把各种抗旱急需物资运送到工地。卫生系统也闻风而动，全县各医院抽调56名医务人员，在县堵江截流指挥部的统一领导下，在西溪堵江工地成立卫生组，下设1个医疗室、13个医疗点和3个卫生防疫组。在民工上场前两天，白衣战士就先进驻了洋西大队。卫生防疫组对用水、工地工棚、民工住房和环境进行卫生消毒，并做好工棚、住房地板铺垫稻草等御寒保暖防病工作。民工上场后，他们就协同工地宣传组在工地建立卫生宣传栏，并通过有线广播天天向工地民工宣传卫生防疫知识。医疗室医务人员根据民工轮流休息的规律，坚持日夜值班就诊，并轮流背着药箱深入工地、工棚、民工宿舍巡回提供医疗服务。[①] 由于具体措施得力，确保了民工的身体健康，保证了堵江截流工程的顺利完成。

在龙海县委的坚强领导下，各级党组织带领广大党员和人民群众团结协作，努力在这场没有硝烟的抗旱斗争中，形成物资保障充足、各方协调

---

① 中共漳州市委党史研究室、中共龙海市委宣传部：《龙江精神读本》，中共党史出版社2013年版，第54—55页。

（左）医务人员背着药箱穿梭在堵江工地一线，图中竹棚为工地指挥部；（右）财贸系统干部把服务摊摆到工地边（龙海区档案馆供图）

有序的良好局面，为堵江截流提供了政治保证。

（2）龙江风格展现了广大群众团结协作、守望相助的胆魄胸襟

团结协作能够激发出人民群众昂扬的斗志，催生巨大的战斗力。面对来势汹汹的大旱，龙海人民团结协作、共克时艰，不但干部、职工积极参与抗旱斗争，普通群众也都非常关心、支持抗旱斗争。

为了支援堵江截流，东园、莲花、东泗、白水和浮宫公社各自抽调年富力强的青壮年组成突击队奔赴工地日夜奋战，工地上哪里有重活、累活，哪里就有突击队员的身影；垒建拦江大坝所用草袋之多难于估算，而现有的存量有限，为了不耽误工程进度，县直机关干部、石码镇居民通宵达旦赶制草袋；为了架设中港渡槽，使截流后的江水尽快惠泽紫泥公社、角美公社的农田，县手工业局组织百名铁木工人，奔赴工地日夜奋战。

整个工地上出现了许许多多令人感动而振奋的场面：熟悉的、不熟悉的，男的、女的，年富力强的青壮年、白发苍苍的老人，为了一个共同的目标——早日把拦江大坝建成而忙碌着、奋斗着。更值得称颂的是洋西人，尽管因堵江而即将淹掉自家农田、蒙受损失，榜山公社还出动了1300多名青壮劳力，最高峰时劳力上场达3000人，近百艘船只参战，成为堵江的主力军。即将受淹的洋西群众还主动腾出20多座砖窑瓦房和自家住宅让外地民工住宿，借出了200多件生活用品、用具供参加堵江的兄弟队使用。洋西大队妇女主动帮助外来民工烧饭煮菜，还和男同志一道参加筑坝工

作。在大坝合龙急需大量茅草时，洋西大队群众将储存用于烧砖瓦的5万多斤茅草全部献出。洋西人的精神和举动再次打动了参加堵江的干部群众，工程进展很快，拦江大坝如期完成。

在支援西溪堵江截流的战斗中，玉枕大队党支部精心挑选出40名体力强壮、熟悉水性，具有丰富筑坝修堤经验的社员组成突击队，由支委带队担负最艰巨、最危险的截流江坝合龙打桩任务。他们冒着生命危险，为夺取堵江截流全胜立下一大战功。紧接着，玉枕大队又派出劳力赶去支援架设南溪渡槽。引江水入渠溶田后，别人正忙着春耕插秧，他们又数次派出劳力、耕牛支援兄弟社队抢耕抢种。早稻收获季节，大家丰收了，而玉枕大队却蒙受了损失，2000多亩的稻子只有400多亩获得收成。可他们并不气馁，一方面派出劳力支援兄弟队抢收，一方面自己大挖河泥，大搞晚季超产运动，力争以秋补夏。当人们问起："你们自己受了灾，为啥还这样大力支援别人？"他们却回答："十万亩丰收了，也是我们玉枕的丰收；假如十万亩歉收，我们玉枕两千亩再好的收成也不够大家做种子。"他们的义举给榜山风格增添了耀眼的光彩。

石码居民彻夜在灯光球场赶缝草袋3万条支援堵江（龙海区档案馆供图）

（二）龙江风格的广泛传播

龙江风格是九龙江两岸广大人民群众在中国共产党的领导下，在抗击大自然灾害的斗争中培育起来的一种团结协作、无私奉献的精神风貌，一种顾全大局、舍己为人的精神风貌，一种自力更生、艰苦奋斗的精神风貌，一种集体主义、共产主义的精神风貌。

在九龙江西溪堵江引水抗旱的斗争中，涌现出了榜山风格和玉枕风格等先进典型；在粮食高产竞赛中，山后大队无私传授水稻高产经验给竞赛对手，提供高产良种支援各社队，这种"帮的风格"掀起龙海乃至全国"学山后、赶山后"热潮。它们的共同特点是：自觉主动地把方便让给别人，把困难留给自己，为了服从抗旱春耕这个大局而做出无私的奉献，最终夺得了"旱天不旱地，旱灾不旱市，粮食夺高产，亩产千斤县"的喜人成绩，成为各条战线、各行各业学习的好榜样。

1. 榜山风格名扬全国

九龙江西溪堵江截流于1963年2月15日开工，21日竣工。21日《漳州报》即以头版头条刊登龙海县委报道组报道的《龙海万人胜利堵截九龙江》，并配发工地全景壮观场面的照片。此后，有关龙海抗旱保春耕和榜山风格的报道，先后在《福建日报》《文汇报》《人民日报》等报刊出现，且多作为重点新闻刊登在比较醒目的位置。

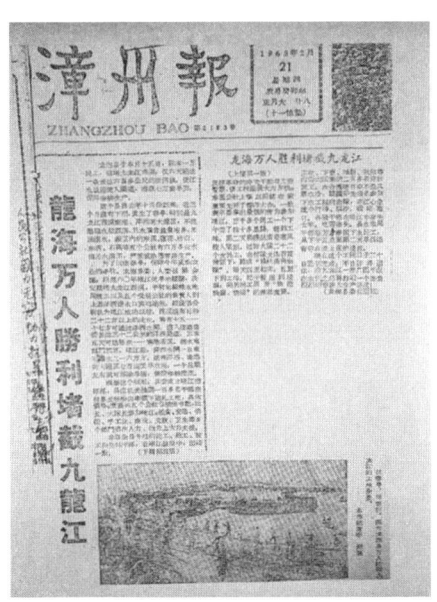

1963年2月21日，《漳州报》刊登《龙海万人胜利堵截九龙江》，配发工地全景壮观场面的照片

抗旱斗争中，龙海县榜山公社为了帮助其他公社抗旱春耕，支持县委堵江引水的决策，淹没了自己1300多亩长势喜人、丰收在望的麦田，让水流进邻近4个人民公社的沟渠，解除了10万亩水稻高产良田旱情。1963年4月7日，《漳州报》第一次以通栏大标题《榜山公社服从大局风格高尚》的文章报道了"堵江让水"的壮举，配上《"丢卒保车" 顾全大局》的评论，指出："在社会主义建设当中，要是没有千千万万这样的'傻瓜'，那么社会主义建设事业也不可能顺利地进行。全局精神的可贵之处，正在这里。让这种全局精神更普遍地发扬起来吧！"并于报头"黑板报"栏首提出"榜山风格"这个闪光的名词，使各地广为传抄宣扬。

随后，伴随着热火朝天的抗旱斗争，榜山风格走出榜山，在全县得到推广和发扬，在整个九龙江流域推广、普及，先后涌现了"先保十万、后顾二千，舍卒保车、全盘皆胜"的玉枕风格；涌现了"放小顾大，借路淹田""200多亩良田被淹是小局，拯救下游三万多亩水田是大局"的西岭精神；涌现了"损失八百亩算啥，救活六万亩要紧"的沙洲义举；还涌现了

1963年4月7日，《漳州报》以通栏大标题"牺牲自己部分庄稼，保证广大地区不受旱灾——榜山公社服从大局风格高尚"报道榜山公社

"敢为大局作牺牲，不让旱咸误收成"的紫泥公社先进典型，此外，云霄县的马铺、下河公社也"三让救急水"，保证下游莆美公社 12000 多亩高产田大面积丰收。

4月23日，《福建日报》头版刊登《榜山公社助人抗旱贡献大》，同时发表社论《高尚的风格》，高度评价榜山风格①，指出"龙海榜山风格顾全大局的事迹值得大书特书，广为宣扬"，肯定"这是无产阶级大公无私、高瞻远瞩的高尚风格"，评价它是"战胜困难，夺取胜利的强大精神力量"，推崇"榜山公社这种顾全大局的崇高思想和风格"，要"让它成为人们学习的榜样，让它成为人们战胜资产阶级利己主义的思想、心理、习惯

1963年5月10日，《福建日报》以头版头条新闻报道《玉枕队舍己为全局　受益队同心帮玉枕——抗旱春耕奏凯歌　九龙江上颂新人》，并配社论《"舍卒保车"全盘皆胜》

---

① 中共漳州市委党史研究室：《中共漳州地方史大事记（1949—2010）》，（漳）新出（2010）内书第088号，第59页。

的精神武器"。5月10日，该报又以头版头条新闻刊载《玉枕队舍己为全局　受益队同心帮玉枕——抗旱春耕奏凯歌　九龙江上颂新人》，并配社论《"舍卒保车"　全盘皆胜》。文章开头写道："这些天来，不论乡下还是城里，到处都在谈论舍卒保车的风格，人们钦佩这种风格，赞扬这种风格。但同时也关心着那些舍己为人的卒子：他们自己怎么办呢？他们留下的困难能够克服吗？今天报上登的龙海县莲花公社玉枕大队的新闻，很好地回答了这个问题。"文章特别指出："这个事实很生动地说明了卒和车、小局和大局的关系。"把社会主义建设比成是一盘棋，只有每一个卒子，每一个局部都来关心它、支持它、保护它，这一盘棋才能走好，才能会赢，整个建设事业才能取得胜利，也才能把大家引向共同富裕。文章最后号召："这种共产主义风格就是团结的风格，革命的风格，胜利的风格！让我们大家都来向榜山公社、向玉枕大队学习吧！"据统计，在这场抗旱斗争中，仅"龙溪专区受到地、市、县一级机关表扬的先人后己、助人为乐的抗旱先进集体和个人就有2700个社队，12000名干部和29000名社员"①。

6月21日，《人民日报》发表著名诗人郭小川长篇通讯《旱天不旱地——记闽南抗旱斗争》，作者以满腔的热忱，讴歌龙海人民发扬榜山风格，敢于战胜百年不遇的干旱威胁，并配短评《"榜山风格"的光辉》，充分肯定"闽南抗旱斗争取得了伟大的胜利"，指明"胜利的因素当然很多，而'榜山风格'所代表的集体主义、共产主义精神却显得特别光辉灿烂。进一步发扬这种'榜山风格'的伟大精神，在闽南争取农业好收成的斗争中，在其他地方的一切工作中，必将取得更大的胜利"！同日，《文汇报》发表《九龙江畔一曲抗天凯歌入云霄》，两大报联手把榜山风格推向全国，龙江风格感动了神州大地。

从此，榜山风格在全国各地引发了较大的反响。县委宣传人员充分运用报刊的报道，通过有线广播、组织读报组，加以宣扬消化，扩大了榜山风格的影响。由于各级党报对榜山风格的高度评价和推崇，反过来又对龙

---

① 福建省民政厅：《当前旱灾情况报告》，1963年。

1963年6月21日,《人民日报》发表郭小川长篇通讯《旱天不旱地》

海县掀起群众性学习榜山风格热潮起到了巨大的推动作用,谱写了一曲"舍己为人、丢卒保车"的龙江颂歌,并演变为龙江风格。

1964年11月27日、28日,《福建日报》刊登报告文学《抗天歌》,由时任《福建日报》记者江福全等10人集体采写,笔名"石刃",再次总结升华龙江风格,使之成为龙海乃至全国人民的宝贵精神财富。龙江风格迅速名扬各地,宣传从报纸到戏剧再到书籍,全面铺开。

2. "帮的风格"真诚奉献

1963年2月16日,龙海县西溪堵江会战正热火朝天进行着。同一天,华东群英会即将闭幕,《文汇报》头版《先进经验和先进事迹激起巨大反响 华东农业先进集体代表会议气氛热烈》,《解放日报》头版《华东先进集体代表力争先进更先进》,两篇文章都加了同一个副标题"学先进有了

榜样　比先进有了标准　赶先进有了办法"，双双刊登了仲伟传和许多劳模对杨金海领导山后大队创高产的学习感言。仲伟传是山东省龙口市黄县著名的全国劳模、全国科学种田标兵，被誉为"东莱英杰"。山后大队1962年水稻亩产1421斤，被誉为"天外有天"，还在《人民日报》头版受到表扬，对全国水稻生产起到标杆作用。

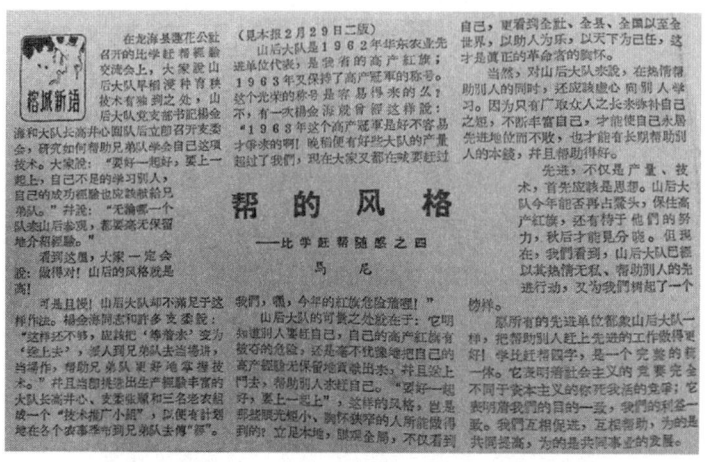

1964年4月24日，《福建日报》刊发赞扬杨金海传授高产经验的文章《帮的风格——比学赶帮随感之四》

1963年2月8日，龙溪专区发出全区"学山后、赶山后"掀起生产热潮的号召①，与华东群英会赞扬山后大队高产成绩的热烈气氛遥相呼应。

1963年2月18日，《人民日报》头版刊发《集体经济大大发挥了生产潜力　华东七百多个农业先进单位成绩显著》，把山后大队的高产再高产，作为华东七百多个农业先进单位成绩显著的代表进行突出的报道，一开头就用三百多个字的篇幅突出表扬"地处福建省九龙江下游的龙海县莲花公社山后大队创造了历史上最高的水稻高产成绩"，这让正在堵江抗旱的龙江人备受鼓舞。

华东群英会之后，许多全国农业先进单位纷纷到山后大队参观学习或

---

①《掀起学先进比先进赶先进的生产热潮——山后大队高产更高产　上游更上游》，《漳州报》1963年2月9日。

者派出技术骨干到山后大队蹲点取经。杨金海说:"大家来参观,是对我们的鼓励,也是对我们的督促。介绍经验是我们应尽的责任,花点时间算不了什么……如果大家都能创造出高产新纪录,意义就更大了。"①杨金海跟支委们说:"无论哪一个队来山后参观,都要毫无保留地介绍经验。""应该把'等着来'变为'送上去',派人到各个兄弟队当场讲,当场做,帮助兄弟队更好地掌握技术。"不仅如此,山后大队还推选出生产经验丰富的大队长、支委和三名老农组成技术推广小组,以便有计划地在农事季节到兄弟队去传经送宝。《福建日报》对杨金海领导的山后大队的这种风格曾多次做过报道。根据龙海县委办秘书室原干事郑厚根老人回忆,1963年全国有 18 个种植水稻的省份到龙海山后大队参观取经,至 1964 年形成了一条闻名全国的龙海水稻高产参观线路。

学习参观团一拨又一拨从山后大队的田埂走过,田埂踏陷了,马上修好,修后又踏陷,再修。杨金海带队介绍忙不过来,就由支委带队介绍;支委们忙不过来,就小队长补上,老农也上了,每天一遍一遍走着、介绍着,脚酸软了,继续走。真诚的传经,无私的讲解,让来参观学习的人们感动不已。"高产之花处处开,帮的风格人人夸。"时任省委书记叶飞于 1965 年 2 月与龙溪地委书记马兴元一起接见杨金海时,对杨金海"帮助别人赶超自己""要好一起好,要上一起上"的"帮的风格",给予了充分肯定和赞扬。

杨金海的这种大局精神被《福建日报》评论、赞誉、命名为"帮的风格"(1964 年 4 月 24 日《福建日报》),这是龙江风格的有机组成部分,也为话剧《龙江颂》丰收凯歌大结局增添了丰富的内涵和亮丽的光彩。话剧《龙江颂》于 1964 年春天携带着现实中龙海丰收的喜气晋京演出,周恩来、李先念、邓子恢等中央领导和曹禺、田汉等文艺界著名人士先后观看了演出,并给予了高度评价。

3. 龙江风格家喻户晓

从 1963 年至 1965 年,以榜山风格为题材的戏剧曲艺被搬上了舞台。

---

① 《九龙江畔探丰收——秋收前夕访龙海农村》,《福建日报》1963 年 11 月 7 日。

深受群众欢迎并发挥较大影响的有芗剧《碧水赞》、芗剧表演唱《榜山风格赞》、话剧和现代京剧《龙江颂》。

芗剧《碧水赞》，1963年5月由龙溪专区芗剧团陈志亮、汤印光等六人创作，赶在"七一"前首次公演。该剧在闽南各地广泛演出，还于1965年3月参加了华东地区戏曲会演。剧本于同年4月入选《华东地方戏曲丛刊》，由上海人民出版社出版发行。① 龙江风格播撒在华东六省一市。

芗剧表演唱《榜山风格赞》，1963年5月6日由龙海县人柯振兴、魏乃聪创作。节目除在本县、本专区演出外，还于1964年春参加了福建省第五届农村业余文艺会演，被列为优秀节目，同年6月由福建人民出版社出版发行单行本。

在省内外、全国影响比较大的是话剧《龙江颂》。1963年夏，省文化局局长陈虹带领省话剧团创作人员，深入榜山公社和九龙江沿岸一些社队采访、体验生活，经过多方面征求意见，反复推敲修改，编成五幕话剧《龙江颂》，首先在南平市公演7场，观众多达600多人。人们为龙江大队社员"丢卒保车"的崇高共产主义风格所深深感动。从此，以榜山风格为原型塑造的龙江大队的共产主义风格，就被人们称之为龙江风格而广为传颂。②

1963年12月25日至1964年1月22日，话剧《龙江颂》参加在上海举行的华东区话剧观摩会演，并入选晋京参加全国话剧观摩演出大会，荣获文化部优秀话剧创作奖、演出奖。1964年，福建省话剧团在中南海紫光阁汇报演出《龙江颂》，受到周恩来等中央领导同志的亲切接见。剧本于同年7月，由上海文化出版社出版，发行3万多册。

1968年初夏，上海新华京剧团50多人前往龙海县洋西大队深入体验生活20多天，将话剧《龙江颂》改编成京剧《龙江颂》，同年国庆节在上海首演，并参加了全国京剧现代戏观摩会演。后来，革命现代京剧《龙江

---

① 政协龙海市文史资料委员会：《榜山风格纪实》，《龙海文史资料》第十四辑（总第十九辑），闽新出（漳）内书（刊）第95035号，第112—116页。

② 政协龙海市文史资料委员会：《榜山风格纪实》，《龙海文史资料》第十四辑（总第十九辑），闽新出（漳）内书（刊）第95035号，第117—122页。

颂》被列为八个样板戏之一，并拍成电影，在全国各地整整演唱了十几年，几乎是家喻户晓、老少称颂。龙江风格成为当年战胜困难、共渡难关的时代强音！

1993年1月14日，《闽南日报》头版发表了王仲莘（笔名楚怡）《勿忘"龙江风格"》一文，20世纪60年代龙海人民在那场人与自然、个人与集体的矛盾中，以大局为重，勇于牺牲自我的龙江风格再次进入人们的视野，正是因其源于群众，才获得了历久弥新的生命力。

1993年1月14日，《闽南日报》头版发表了时任福建省委宣传部副部长王仲莘（笔名楚怡）的《勿忘"龙江风格"》

三、龙江风格的时代价值

历史是一面镜子，以史为鉴，可以知兴替。只有把每一时期的历史放在当时特定的环境和条件下去理解、去考察，才能了解和把握人类历史发展的规律和方向，在纷繁复杂的形势下坚持科学指导思想，才能坚定理想信念，带领人民走对路，把中国特色社会主义不断推向前进。

龙江风格诞生于龙海人民的生产斗争中，是一段由龙海人民创造的集体主义英雄历史。在中国共产党的领导下，龙海人民团结一致，千方百计，因地制宜，采取了封江堵河、飞架渡槽、劈山凿渠、机电抽水、挖井修塘等措施，确保抗旱斗争全面胜利，获得旱季农业丰收。龙江风格蕴涵了团结协作、无私奉献、顾全大局、舍己为人、执政为民、勇于担当、艰苦奋斗、科学决策的精神财富，契合了中华民族的优秀传统美德和新时代的精神脉动，是社会主义核心价值观的重要内容和生动写照。堵江截流的场面已经过去50多年了，但龙江风格为我们树立了一个时代的典范，一直激励着我们不忘初心、继续前进。在推动实现中华民族伟大复兴的中国梦的历史进程中，大力弘扬这种朴实的奉献精神和大公无私的风格，具有重大的时代价值。

（一）龙江风格体现了中国共产党执政为民、科学决策、身先士卒、勇于担当

中国共产党是为中国人民谋幸福的政党。一百多年来，一代又一代中国共产党人英勇奋斗、勇于担当，带领人民创造了一个又一个彪炳史册的人间奇迹。龙溪地区严重的旱灾，引起了党中央、华东局、福建省委的高度重视，地委多次召开常委会会议研究部署。① 堵江抗旱，最终夺得粮食大丰收，自始至终在党委的坚强领导下开展。龙江风格是龙海县委执政为民、科学决策、身先士卒、勇于担当的生动写照。面对百年不遇的旱情，龙海县委县政府和人民群众同呼吸、共患难，迎着困难上，及时大胆地提出"九龙江有水不算旱"的豪迈口号，号召群众群策群力战胜灾害。

习近平总书记指出："我们要保持经济社会持续健康发展，必须深入研判、深入调查、科学决策。"② 为了引水抗旱，县委书记刘秉仁和几位县领导曾两度带领有关部门人员，乘汽船沿九龙江西溪勘探水源、了解灾情，进行堵江截流的调研考察，然后科学制定抗灾计划，把开展大协作组织万名民工、百艘船只上场等任务分配到有关公社和部门，采取有力措施确保取得抗灾保丰收双胜利。堵江截流的全过程都体现了科学决策的重要性，县委领导善于科学部署是打赢这场抗旱斗争的关键要素。当年堵江截流这个决策并不是县委书记一个人拍脑袋独断专行做出的决定，而是龙海县委领导班子领导各公社、各大队的干部，以执政为民的理念、勇于担当

---

① 中共漳州市委党史研究室：《中国共产党漳州历史》第二卷（1949—1978），中共党史出版社2016年版，第266页。

② 《习近平在吉林考察时强调 坚持新发展理念深入实施东北振兴战略 加快推动新时代吉林全面振兴全方位振兴》，《人民日报》2020年7月25日。

的勇气、科学决策的精神，经过反复考察、广纳民意、多方论证之后才做出的决定。可以说，"党委决策正确，农民一呼百应"，这是龙海县堵江截流成功，直到最后战胜1963年各种灾情的主要原因。① 比如堵江截流的合龙口，是整个工程最艰巨、最复杂、最关键的部分，也是堵江的难点，施工操作时采取了"全面铺开，先易后难；一时脱险，继续加固；流下龙口，逐步前进"的办法。施工过程中，每个队设有负责人，加强技术指导和做好检查验收工作。合龙口选定于沙滩地带，挡潮部分采取优质土料维护，急流位置采取竹笼填土抛掷，后与挡水墙并举一齐填沙，可起到逐步加固、继续伸展的作用，避免了合龙失败。实施堵江合龙时，安排莲花民工担任主攻；靠洋西一侧，安排玉枕民工为第一梯队，下寮民工为第二梯队，由康金溪负责；靠东墩一侧，安排埭新民工为第一梯队，珠浦、豆巷民工为第二梯队，由蔡芳才负责；担任打桩重任的是常年与大海打交道、有丰富打桩经验的玉枕人。大坝合龙后，留下600名民工与技术人员继续做好大坝的加固和管理养护工作。当技术员发现漏洞、管涌现象时，果断采取措施堵住漏洞，同时加大坝身断面，杜绝后患。事实证明堵江截流是正确的，而且是非常必要的，这正体现了只有在党的坚强领导下，广大干部群众才能攻克一个又一个看似不可攻克的难关，书写如此伟大的历史篇章。

习近平总书记在回应意大利众议长菲科提出的问题"您当选中国国家主席的时候，是一种什么样的心情"时曾说："我将无我，不负人民。"② 无我是一种为着一种信念、一个目标心无旁骛、矢志不渝向前奋斗的至高境界，是共产党人的历史使命，也是共产党人的人生追求，更是共产党人的精神支柱。一代代共产党人用自己的一言一行乃至宝贵生命生动地诠释了以人民为中心的使命担当。龙海各级干部与群众共同劳动，既是指挥员，又是劳动者。县委书记刘秉仁等同志就在劳动大军中，既深入现场指挥，又抽空和青年突击队员一起劳动。"他们就存在于浩浩劳动大军中，

---

① 年月：《龙江人寻找龙江颂》，作家出版社2002年版，第5页。
② 《习近平主席访问欧洲微镜头："欢迎你到中国去"》，《人民日报》2019年3月24日。

存在于七百万老百姓的心中。"① 哪里最艰辛，哪里就有党员、团员带头突击。如在合龙的关键时刻，玉枕大队的突击队员在大队长蔡厝亮的带领下，不顾生命危险，冒着刺骨的严寒，在急流中担负着合龙口打桩的艰险任务。群众看在眼里，服在心里。堵江抗旱是当年龙海县委各级领导干部与人民群众同甘共苦、战天斗地的生动写照，成为龙江风格的重要内容。

回顾中国共产党的发展历程，我们党之所以能够从成立时的50多名党员，经过100多年的艰苦奋斗，发展到现在拥有9900多万名党员，并在一个拥有14亿多人口的国家长期执政，究其原因，其中很重要的一条就是，中国共产党始终坚持全心全意为人民服务的根本宗旨，心系群众、为民造福。正是因为有了这样的宗旨和初心，我们党才能永葆先进性，才能为历史、为人民所选择，才有统一思想、凝聚人心的光辉旗帜，才有战胜困难、夺取胜利的力量源泉。当前，我们要始终保持在党为党、心系人民的政治情怀和吃苦耐劳、夙夜在公的工作状态，勇于担当、奋发有为，认真回应人民群众新期待，让老百姓的生活越来越好，这样才能保持党风正、民心顺，从而源源不断地获得前行的力量，筑牢执政之基。

（二）龙江风格体现了人民群众顾全大局、舍己为人、无私奉献、团结协作

习近平总书记指出，如何认识人民群众在历史上的作用，是社会历史观的重大问题。② 在革命、建设、改革各个历史时期，我们党都坚持紧紧依靠人民。当年抗旱斗争之所以能够取得胜利，重要的一条就是依靠广大人民群众，相互协作，互相支援，发挥"一队有难，数队支援；一社有灾，数社援助"的集体主义精神。龙海人民发扬风格，排除万难，自觉主动地把方便让给别人，把困难留给自己，龙江风格最集中地展现了小利服从大利、小局服从大局的高尚风格，是龙海人民顾全大局、舍己为人、团结协作、无私奉献的生动写照。龙海人民在龙海县委的坚强领导下，在抗

---

① 年月：《龙江人寻找龙江颂》，作家出版社2002年版，第5页。
② 习近平：《坚持历史唯物主义 不断开辟当代中国马克思主义发展新境界》，《求是》2020年第2期。

击百年罕见的特大旱灾的斗争中,发挥集体主义优势,创造了大灾之年大丰收的奇迹,充分展现了社会主义新型农民在抗灾大战中,正确处理个人与集体、小集体与大集体、集体与国家之间的矛盾时所表现出来的共产主义思想风格,闪烁着人民群众的革命精神和集体智慧的光芒,奏响了一曲集体主义、爱国主义、共产主义的胜利凯歌。

1963年堵江截流的时候,龙海人民在物质上是贫穷的,但他们的精神信仰力量是无比强大的。榜山和玉枕这种牺牲自己利益、顾全大局的高尚风格,逐渐形成为一切工作的巨大精神动力,凡遇局部与整体发生矛盾时,都有这种风格出现,先进思想不胫而走,迅速传遍龙海大地。1964年2月1日,《福建日报》头版报道《玉枕"舍卒保车" 大家"以车保卒"》,编者按语中指出:"这种风格,比粮食、比金子还可贵;这种风格,将产生更伟大的物质力量,将创造出千万斤粮食。"

随着社会经济的不断发展,人们的物质生活越来越富足,有一小部分人却存在一种错误的观点,认为共产主义太遥远,是无法实现的乌托邦,讲风格已经不合时宜。这种论调是极其荒谬的。习近平总书记指出:"共产党员特别是党员领导干部要做共产主义远大理想和中国特色社会主义共同理想的坚定信仰者和忠实践行者。"① 理想信念是共产党人精神上的钙,理想信念坚定,骨头就硬;没有理想信念,或理想信念不坚定,精神上就会"缺钙",就会得"软骨病"。

试想,我们党在成立之初,以当时的革命条件甚至无法预知什么时候能取得斗争的胜利,更不要说能否建立社会主义国家政权,那是什么支撑我们的革命先烈为了实现共产主义这个目标抛头颅洒热血,不正是对共产主义的坚定信仰吗?如今我们已经建立了社会主义制度,反而有些人认为共产主义离我们太遥远了,这岂不是历史的倒退?无数事实证明:人有了坚定的信念,就能产生无坚不摧的精神力量。信仰是人生的灯塔,指引着人们前进的方向。

---

① 《习近平在新进中央委员会的委员、候补委员学习贯彻党的十八大精神研讨班开班式上发表重要讲话强调毫不动摇坚持和发展中国特色社会主义 在实践中不断有所发现有所创造有所前进》,《人民日报》2013年1月6日。

邓小平在总结中国革命成功的经验时说："为什么我们过去能在非常困难的情况下奋斗出来，战胜千难万险使革命胜利呢？就是因为我们有理想，有马克思主义信念，有共产主义信念。我们干的是社会主义事业，最终目的是实现共产主义。"① 正是这种信仰，使老一辈革命家们能够历经磨难而勇往直前。龙江风格激发了龙海人民进行粮食生产的精神动力，同时满足了龙海人民一直以来改变家乡面貌的精神需要，成为龙海人民不断寻求高质量发展的强大精神支柱。

今天，随着时代的发展，我们所处的社会环境和人民群众生活水平不断得到改善，更不能忽视精神的需求及作用。习近平总书记2013年在全国宣传思想工作会议上的讲话中指出："巩固党的群众基础和执政基础，不能说只要群众物质生活好就可以了，这个认识是不全面的。党的群众基础和执政基础包括物质和精神两方面。精神上丧失群众基础，最后也要出问题。"② 对于这个问题，2015年，习近平总书记在中共中央政治局进行第二十次集体学习时指出，我们党始终把思想建设放在党的建设第一位，强调"革命理想高于天"，就是精神变物质、物质变精神的辩证法。我们必须毫不放松理想信念教育、思想道德建设、意识形态工作，大力培育和弘扬社会主义核心价值观，用富有时代气息的中国精神凝聚中国力量。③ 辩证唯物主义并不否认意识对物质的反作用，而且认为这种反作用有时是十分巨大的。当前，我国社会各种利益关系十分复杂，这就要求我们要根据时代变化和实践发展，善于处理个人与集体、局部和全局、当前和长远、重点和非重点的关系，树立正确的世界观、价值观、人生观、权力观、事业观，不断深化认识，不断总结经验，作出最为有利的战略抉择。龙海人民几十年来的发展历程也印证了理想信念的支柱作用。1963年，龙海县委组织全县人民开展堵江截流抗旱保丰收的战斗，打赢了抗旱斗争，解决了

---

① 《邓小平文选》第三卷，人民出版社1993年版，第110页。
② 中共中央文献研究室编：《习近平关于全面建成小康社会论述摘编》，中央文献出版社2016年版，第103页。
③ 习近平：《坚持运用辩证唯物主义世界观方法论提高解决我国改革发展基本问题本领》，《人民日报》2015年1月25日。

几十万亩良田的收成问题。如今,龙海人又提出,要坚持稳中求进的工作总基调,坚定不移实施"工业强区、港城兴区、生态立区"发展战略,使龙海在富裕的基础上实现高质量发展。这正是龙江风格与地方发展结合起来的奋斗过程。

(三)龙江风格体现了当代社会主义核心价值观的重要内容

历史是最好的营养剂,可以让我们不断接受思想洗礼和精神滋养,可以丰富人们的精神世界,提高人们的品德修养。社会主义核心价值观与中华优秀传统文化和人类文明优秀成果相承接,凝结着社会主义先进文化的精髓,是中国特色社会主义道路、理论体系和制度优势的价值表达。习近平总书记曾指出:"一个民族最深沉的精神追求,一定要在其薪火相传的民族精神中来进行基因测序。"[①] 龙海人民所表现的战天斗地、顾全大局、舍己为人的共产主义风格,不仅在堵江抗旱中迸发了巨大的力量,而且在全县形成了一种社会风气。龙海人民说:"1963 年这样大的自然灾害都被我们战胜了,以后还有什么困难能难住我们!"

龙江风格是在党的领导下由一群普通的平凡的农民群众首创的,在这么严重的灾害面前,他们能够如此步调一致地顾全大局,而且在更多的农民群众中得到实践和弘扬,这是非常难能可贵的。中国农民很优秀,勤劳勇敢,富有艰苦奋斗的创业精神。龙江风格的诞生,有我们党长期以来坚持开展的社会主义、共产主义理想教育和党的坚强领导的政治基础,也有中华民族与大自然作斗争的历史经验基础,以及深厚丰富的优秀文化、绵长温馨的传统美德基础。也正因为有这些历史经验和文化道德作为基础,才使得龙江风格自诞生以来立即得到广大人民群众和社会的热烈欢迎和高度赞誉,才使得龙江风格虽历经半个多世纪岁月的冲刷和磨砺而不被遗忘、不被淘汰,反而更加深入人心,更加熠熠生辉,更加光彩夺目。中华文明源自于人民的实践创造又服务于社会文明。六十多年来,龙江风格传承了几代人,教育了几代人,激励了几代人,成为人们在处理全局与局

[①] 习近平:《在德国科尔伯基金会的演讲》(2014 年 3 月 28 日),《人民日报》2014 年 3 月 30 日。

部、集体与个人之间利益关系时的精神坐标。可以说，龙江风格是社会主义核心价值观的重要体现和生动写照。

龙江风格发出了人类文明集合力量战胜自然灾害的铿锵之声。中国地大物博、幅员辽阔，但是一直以农耕为主要的经济发展形态，引水灌溉、治水为民一直是中华民族生存发展的主旋律。探索中华治水文化的光辉历史，我们不难发现，取得治水成功的，不管是个人还是集体，都是在长期的治水斗争中，逐步掌握了治水规律，逐步形成了治水智慧。几千年来艰苦卓绝、不屈不挠的治水斗争，铸就了以公而忘私、民族至上、民为邦本、科学创新等为内涵的中华民族治水精神。最早被人们传颂的大禹治水的故事，形成中华传统文明的一部分。早在春秋时代，管子就已经提出，善为国者必先除水旱之害；清康熙名臣慕天颜也说过这样一句富有远见的话："兴水利，而后有农功；有农功，而后裕国。"① 治水是农耕立国之本，关系到社会的兴盛与衰败。新中国成立初期，大兴水利成为共产党领导人民走向温饱与富裕的立国之策，全社会广泛兴起了各种治水热潮。龙海县人民的治水与农功，继承和弘扬了中华治水文化，发挥了龙海人民富有智慧、勇敢、无私的地域人文特色。龙海人民面对这场特大干旱的考验，以自己英勇无畏的实践历程，在中华传统治水文化上写下了厚重的一笔，丰富了新中国的时代文明，为全社会留下了珍贵的文化遗产。

龙江风格也是闽南文化这个具有鲜明地域特色与时代精神相融合的新农村文化的典型代表，构成了中华优秀传统文明的一个有机部分。闽南地区物产丰富，是全国著名的鱼米与花果之乡。在鱼米与花果生产过程中，逐步形成了闽南人的无私与感恩的性格；在出海捕鱼战胜大海的过程中，逐步演绎出了"爱拼才会赢"——敢于战胜困难的决心与勇气，形成了互相协作、互利互惠的集体意识；在构建集体社会文明的现实秩序中，形成了局部服从大局的原则意识与认识智慧，所有这些构成了闽南文化的重要内容。龙江风格成为闽南文化最具魅力的现实表达形态。

---

① ［清］同治《苏州府志（一）》卷十一《水利三》，《江苏府县志辑》第七册，《中国地方志集成》，江苏古籍出版社1991年影印本，第293页下栏。

当年演绎龙江颂歌的广大干部以及各行各业的人民群众，充分发扬同吃同住同劳动的群众实践精神，他们集体怀有"牺牲小局，服务大局"的认识智慧，自觉要求奋战在工地的最前线。这样的文明成果，必然受到社会各界的欣赏，并以艺术的形式进一步演绎与传唱。广大文学艺术工作者，也一再深入龙海大地搜集资料，用群众喜爱的演绎方式，不断地向社会各界介绍龙江风格的来龙去脉。龙江风格的时代光辉，将引导龙海人民继续创造新的业绩。

（四）龙江风格体现了中国共产党重视解决粮食问题

龙江风格发端于抗旱保丰收，是龙海人民"生产更多的粮食支援国家"的生动写照。龙江风格之所以得到毛泽东、周恩来的高度重视和充分肯定，正是因为"当时六亿人民最大的梦想是能够吃饱饭"；《龙江颂》之所以受到全国亿万人民的喜爱，正是因为"堵江抗旱""丢卒保车"等，要保的就是九龙江下游粮食高产区的丰收。

同时龙海人民积极探索粮食增产的办法，并掀起全国粮食生产的"比学赶帮超"热潮。当年劳动模范、党支部书记杨金海领导的龙海县山后大队为了"生产更多的粮食支援国家"，坚持科学种田，再创纪录。1963年2月，华东群英会之后，龙海县也因此承担起为全国水稻生产提供榜样的历史重担，山后大队把自己的经验毫无保留地介绍给前来取经的参观者。这种创造高产的科学创新精神和传播高产经验的"帮的风格"，是来自全国各地参观者能够亲身感受到的龙江风格。山后大队这种"帮的风格"和榜山风格、玉枕风格一起成为龙江风格的重要内容，是龙江颂歌的精彩篇章。

仓廪实，天下安。粮食安全是世界性的重大课题，粮食安全举世关注。习近平总书记告诫全党全国人民，"确保国家粮食安全，把中国人的饭碗牢牢端在自己手中"①，"十几亿人口要吃饭，这是我国最大的国

---

① 习近平：《决胜全面建成小康社会　夺取新时代中国特色社会主义伟大胜利——在中国共产党第十九次全国代表大会上的报告》，人民出版社2017年版，第32页。

情"①。2020年9月,中央全面深化改革委员会第十五次会议再次明确,"要把保障粮食安全放在突出位置"。

粮食安全是治国安邦的头等大事,是国家安全的重要基石,事关国家长治久安。倘若粮食受制于人,必然被别人牵着鼻子走。靠别人解决吃饭问题,是靠不住的。我们不能忘记当年国家粮食困难时期,人们探索创造水稻高产的艰辛历程。1949年新中国刚刚成立,美国国务卿艾奇逊以中国人口多、土地不堪负担为依据,预言中共解决不了吃饭问题。事实使这位国务卿的预言破产了。新中国成立后特别是改革开放以来,中国人民经过艰苦卓绝的努力,创造了用占世界7%的耕地养活占世界20%的人口的奇迹,实现了由"吃不饱"到"吃得饱"进而"吃得好"的历史性转变。龙江风格为解决中国人吃饭问题提供了重要精神财富。

复杂严峻的形势和历史经验教训都警示我们,保障粮食安全是一个永恒课题,粮食关乎国运民生,粮食安全是实现经济发展、社会稳定、国家安全的重要基础,要坚决扛稳国家粮食安全重任。要切实增强保障能力,牢牢掌握粮食安全主动权。面对世界百年未有之大变局和中华民族伟大复兴的战略全局,只有做到"手中有粮",才能确保"心中不慌",才能应对各种风险挑战,才有"乱云飞渡仍从容"的战略定力,中国人一定要把饭碗牢牢端在自己手中。

报告文学《抗天歌》在文末豪迈地写道:从"顺天"到"逆天",从只顾自己到"丢卒保车",这是历史的转折,也是人们精神世界的升华。它说明了龙海人民1963年所做的斗争的艰苦卓绝,说明了龙海人民不畏艰难、敢于斗争、敢于胜利的崇高风格,也说明了一个更加重要的真理:没有党的领导,就没有这一切!龙海人民以他们的行动和战绩,为这个伟大的真理做出了生动的注脚!

---

① 习近平:《以更高站位更宽视野推进改革开放 真抓实干加快建设美好新海南》,《人民日报》2018年4月14日。

第六章　向东渠建设：众志成城、攻坚克难

被誉为"江南红旗渠"的向东渠引水工程从根本上改变了福建省漳州市云霄县和东山县严重缺水的状况，改善了当地基本生存条件，促进经济和社会发展，是实现漳州南部水资源优化配置的重大战略性工程。向东渠建设过程中孕育的"勇于担当、团结协作、攻坚克难、开拓创新"精神，有其深厚的历史渊源、文化基础和时代价值。

一、向东渠的建设

向东渠是20世纪70年代初，福建省云霄、东山两县人民在党的领导下兴建的重要水利工程。这一时期，我国国民经济出现较大起伏，但在党和人民的共同努力下，各项工作在艰难中仍然取得了重要进展。[1] 向东渠工程建设是这一时期党带领人民进行社会主义建设曲折探索的一个时代缩影。

（一）向东渠概况

在福建漳州南部，有一条全长85.81千米的引水工程，从云霄县西北部矾山南麓到东海之滨东山岛，把漳江上游的水尾、下墩两条溪流拦腰截断，筑起大坝，逼水上山，穿嶂越涧，劈开24座山头，跨越15条溪河，跨越八尺门海峡，直入东山岛红旗水库，它就是被《人民日报》誉为"江南红旗渠"的大型水利工程——向东渠。向东渠是峰头水库（库容1.77亿

---

[1] 本书编写组：《中国共产党简史》，人民出版社、中共党史出版社2021年版，第207页。

立方米）的主干渠，是于 1970 年 9 月动工、1973 年 3 月竣工的引水工程，是云霄、东山两县有史以来规模最大、最为艰巨的建设工程之一，也是当时福建省较大的引水工程。

向东渠开工动员誓师大会现场

1. 向东渠建设历程

云霄、东山地处福建南部，是相邻的两个县。新中国成立前，两县人民饱受旱魔之害。云霄县背山面海，境内群山连绵起伏，虽然漳江从境内流过，但由于河床低，几乎没有水利设施，水资源没能得到合理利用，易涝易旱。东山县是一个风沙肆虐、水源稀缺、十年九旱的海岛，全县境内没有一条溪流，真是"滴水贵如油"。

新中国成立后，云霄、东山两县人民在党的领导下，积极同自然灾害作斗争。特别是东山县，县委书记谷文昌以高度的责任感和顽强的意志，带领人民打石井、挖水塘、植树造林、治沙抗旱，改善生产生活条件，促进生产生活水平提高，深得民心。东山干部群众没法从根本上改变海岛的自然条件，遇到旱年，"全县投入抗旱的劳动力高达 120 多万个工日"①。

---

① 《不尽"江水"滚滚来——记云霄、东山两县人民兴建向东渠引水工程》，《人民日报》1974 年 3 月 13 日。

第六章 向东渠建设：众志成城、攻坚克难

1970年春，旱情严重，云霄县领导决定从漳江上游拦江筑坝、劈山砌渠、引水浇田。云霄县委书记李文庆到东山县参加龙溪地区抗旱现场会议，目睹东山县严重旱情，被东山干部群众群策群力抗旱行动所震撼。云霄县领导胸怀大局，把支援东山县人民解决水的问题当作义不容辞的使命责任，提出与东山共建向东渠的想法，得到东山干部群众积极响应。在龙溪地区领导协调下，两县决定扩大工程规模，团结协作共建。李文庆郑重提出，"不把漳江水送进东山岛，就算不得解决云霄县的水利问题"①，并决定改变原定的引水计划，重新测量定线，提高渠首水位，扩大工程规模，确保渠水自流进东山岛。云霄县领导成员翻山越岭，亲临勘测第一线，上移拟新建的截流漳江滚水坝位置，确保进水口高程达到50米，比原计划提高了20米，把施工桩号沿着渠道线路一直插到八尺门海堤，确保过八尺门海堤的渠道高程达到20米，比原计划提高12米。

云霄县干部群众的高尚风格，深深鼓舞了东山县各级领导和东山人民群众。为了减轻云霄县人民的负担，东山县主动承担繁重任务，决心在云霄境内兴建1座滚水坝，打通2个隧洞，开挖和扩建从云霄杜塘水库到东山红旗水库37.5千米长的渠道，架设4400多米长的渡槽。

1970年9月17日，

向东渠工程施工现场

---

① 李文庆：《向东！向东！——向东渠引水工程回忆录》，福建人民出版社2014年版，第87页。

向东渠工程破土动工，云霄、东山两县 5 万余名建设者从山村和滨海络绎不绝步行会集到了向东渠工地。一场劈山跨海造长河、敢教日月换新天的战斗，在云霄、东山两县打响了。历经两年半的艰苦施工，1973 年 3 月 12 日向东渠全程竣工，向东山岛红旗水库输送第一池清洁淡水。《福建日报》1973 年 5 月 28 日以《劈山跨海造长河》为题、《人民日报》1974 年 3 月 13 日以《不尽"江水"滚滚来——记云霄、东山两县人民兴建向东渠引水工程》为题，报道云霄、东山两县人民团结协作共建向东渠的光辉业绩。

《人民日报》报道向东渠工程建设

向东渠引水工程包括引水渠、滚水坝、渡槽、倒虹吸管、隧道、排水闸、溢洪堰等大中小型建筑物 447 处，是多种专业技术交叉作业的综合性水利工程，工程浩大而艰巨，其中"首战巨量土方工程战役""会战 18 座石拱渡槽工程战役""激战 637 米长的上窖倒虹吸管工程战役"令人难以忘却。

向东渠建设历时两年半，顺利建成通水。云霄、东山两县建设者在上级领导的关心指导和驻地部队的协助支持下，终于筑成了一条气势恢宏的"人工长河"。1973 年 3 月 12 日、13 日，云霄、东山两县分别举行了竣工通水仪式。据统计，向东渠建成后，云霄县受益耕地面积 16 万亩，东山县 7 万亩，占两县耕地总面积 75%—80%，实现了两县人民千百年来的夙愿，从根本上改变了两地的农业生产条件。向东渠被人们称为"幸福渠"。

物质变精神,精神变物质。云霄、东山两县人民在建成向东渠引水工程的鼓舞下,开阔了眼界,解放了思想。云霄县各社队在兴建向东渠的同时,自己又兴建了小型水利工程479处,而且在建设向东渠工程如火如荼的1972年,农业生产非但没受影响,反而获得大丰收。云霄县1972年粮食比1971年增产了500多万公斤,达到了历史最高水平,花生也增产近5成。东山县在1/3劳力投入向东渠引水工程建设的情况下,农业生产也得到了长足发展,1972年粮食比上一年增产近两成,花生总产量翻了一番。

大埔渡槽,长225米,水流量12立方米/秒

向东渠工程竣工后的1973年4月,东山县开始建设流量1—3立方米/秒的支渠,经过3年多努力,完成杏陈、城关、前楼3条支渠和陈城支渠分水闸至官路尾段,共通水35.55千米。其中较大型建筑物有坑内U形薄壳砼渡槽180米;康美、后林、建宅3座钢丝网渡槽共长1418米;顶西铪渡槽376米;县农械厂、下湖、古港、钱岗、坑北、径里等地段的7座石拱渡槽共6218米、8座石砌暗涵共长1418米;其他中小型配套建筑物285处。全程完成土石177.03万立方米,投入劳力405.83万个工日,国家投资476.71万元。

1978年9月,"向东渠石拱渡槽"设计技术荣获"全国科学大会奖"和"福建省科技成果奖"。1979年,由福建省水利科学研究所主编的《石拱渡槽的拱式木拱架》专著出版。同年,该工程副指挥何荣玉被国家水利电力部授予"科技先进工作者"称号,并被省人民政府评为"劳动模范";1994年,指挥部施工组组长张意平被省人民政府评为"劳动模范"。

向东渠建成后,国家批准投建配套的大型水库——峰头水库,蓄水量达1.77亿立方米,建成后与向东渠引水工程和现有的水利设施,配套组成漳江灌区,进一步科学合理利用漳江水源。

2. 向东渠的突出特点

在向东渠建设中,引水渠道所经过的地形复杂,建筑物多,高架渡槽多,施工难度大。在缺乏机械设备的条件下,技术人员、建设者们集思广益攻克技术难关,创造出向东渠的独特风景线,长期稳定发挥着综合效益。2017年,向东渠入选"福建农业文化遗产"名录。①

《天有丰年——福建农业文化遗产综览》书影

(1)云霄、东山两县建设者发扬集体智慧,在肩挑、锄挖、手提的艰苦条件下,精心设计,用心施工,创造了高架石拱渡槽等一批品质优良的工程,成为闽南水利工程的时代典范,也成为横亘于云霄、东山大地上的艺术品。比如,长135米的下墩滚水坝和长30米的水尾滚水坝,长330米的水尾隧洞和长160米的土地岭隧洞,浇筑内径2米、总长637米的钢筋混凝土双管倒虹吸管工程;更令人惊叹的是建成18座石拱渡槽,其中距离地表最高的是世坂段渡槽,最高达31米,相当于10层楼高,这一渠段延续长达840米;单段最长的是八尺门海堤段渡槽,长1080米,平均高度20米。18座石拱渡槽中,槽孔跨度最大25米,

---

① 福建省政协科教文卫委员会等编著:《天有丰年——福建农业文化遗产综览》,福建人民出版社2017年版,第112页。

最小 6 米，槽墩平均高度 18 米，拱下实际净高最高值达 29 米。整个渠道共建有 4 座总长 910 米的暗涵。此外还建有排水闸、溢洪堰、便桥等 447 处建筑物。迤逦百里的向东渠，宛如一条赭石色调的巨龙，蜿蜒游走，穿嶂越海，气势恢宏，大美无言，不仅成为福建省农业文化遗产，更见证了新中国成立以来闽南水利工程的奇迹。

（2）向东渠建有国内第一座跨海引水渡槽。中国首座跨海引水渡槽——八尺门渡槽，是在云霄、东山交界的八尺门海堤上兴建的。八尺门位于福建省漳州市东山县东山岛北端，与云霄县陈岱镇隔海相望，是东山岛通往大陆

土方运输靠肩挑手提

的咽喉地带，为历代兵家必争之要隘。1960 年，时任东山县委书记的谷文昌倡导建起了全长 620 米的八尺门海堤，堤坝入水最深处达 16.6 米，堤基宽 13.6 米。1971 年，来自东山县的民工团在其上建起了规模宏大的向东渠八尺门渡槽，这是目前有资料可查的国内第一座跨海引水渡槽。

这座悬空越海的渡槽施工难度，主要在于这里两侧临海，经常有六七级以上摧枯拉朽的海上阵风，而东山县干部群众仅用 3 个月的时间，完成了 258 座槽墩和陆地上 201 跨石拱渡槽的建设任务。与此同时，要把 57 跨

每跨七八吨的U型钢丝网水泥渡槽吊装到海堤上20米高空，并使每一跨精确合拢，无缝隙衔接起来。在缺少大型吊装机械的20世纪70年代，要完成吊装衔接任务似乎是异想天开的事情。施工中，东山、云霄两县"三结合"技术革新小组，经过反复试验，研制一部重达5吨、高达30米的"∧形龙门吊"。接着，他们又在漳州糖厂技术工人王朝伦的帮助下，把这部龙门吊稳稳地耸立在八尺门海堤的工地上，

长637米的双管倒虹吸管工程

为吊装加速进行创造了基础条件。经过240个日日夜夜奋战，跨海渡槽终于顺利建成了，从漳江上游引来的如醴甘泉，源源不断地通过八尺门渡槽，一路翻腾奔涌，直达干旱已久的东山岛。

当时东山的每个生产大队都参与了向东渠兴建，一个生产队负责一座槽墩，半个多世纪过去了，海堤上57座花岗岩石垒起的高大槽墩依然壮观。漫步槽墩下，一座座槽墩条石上镌刻的"澳角大队""下湖大队"等标识，如一块块标准化合格产品出厂铭牌，又如一帧帧工程质量保证书，在海涛天风中饱经岁月风霜洗礼，却依旧清晰可辨，回响着激情岁月集体劳动竞赛的铿锵号子，吟唱着云霄、东山两县人民携手同心铸就水利工程奇迹的创业诗篇。

（3）向东渠具备协调民生和经济长远发展的生命力。向东渠的建成为云霄、东山两县经济发展创造了良好条件，1973年至1986年的13年间，向东渠引水6950万立方米，年均引水496.4万立方米。向东渠成了云霄、

中国首座跨海引水渡槽——八尺门渡槽

东山人民的生命渠，不仅向县城输送生产生活用水，也是拦洪分洪的主要渠道，从峰头水库建成到 2014 年，累计分别向云霄和东山供水达 4.76 亿立方米和 1.25 亿立方米。直到今天，向东渠还在发挥着重要作用，仍然是东山岛红旗水库的主要水源，是东山生产生活和工农业用水的重要来源。据云霄县向东渠管理处统计，2018 年、2019 年、2020 年，向东渠向东山岛供水天数分别达到 202 天、208 天、249 天，2021 年继续供水不断，呈逐年递增趋势。今天，向东渠除了承担供水东山岛任务之外，还承担了古雷开发区和常山开发区的供水任务。

（二）向东渠建设的历史背景

向东渠建设有其深厚的历史渊源、文化基础和时代背景。

1. 中华民族千百年治水理念的滋养

水是生命之源。在人类社会发展中，水帮人类从狩猎者和捕鱼者，变成农耕者，从"穴居野游"游移不定的生活，转为定居生活，从"采食经济"到"广食经济"。农耕经济的确立，使人类摆脱了单纯依靠大自然赐予的被动生存的状况，开创了人类历史的新纪元。而农业文明的发展，必须具备一定的自然地理条件。水，滋润万物，孕育文明，人类尽享水之利。水，又能威胁社会文明，连绵不断的旱灾、水患给人类带来灭顶之灾。治水是人类生存的本能，中华文明伴水而生。如果说，土地是老百姓的命根子，那么水则是影响制约农业生产的决定性因素。不管是大禹治水、西门豹治水，还是李冰父子治水，有关水的传说总是与中华文明史有着极为密切的关系。在和水的斗争中，中华民族充满苦与乐、爱与恨、生与死的情感，有着深刻的切身体悟，因而形成了一个爱水、用水与治水的民族，建立了与水相依相伴的中华文明。为了适应农耕文化、抵御旱涝灾害、保障农业丰收，自尧舜以降，中华民族先贤便开始了大规模的艰苦卓绝的治水活动。可以说，与中华文明进程交织的是水患不断、治水不息。在不屈不挠的治水实践中，中华民族萌发了原始的治水哲学，逐步形成了独特的治水理念，并由此萌生了伟大的治水文化，进而潜移默化地影响了整个中华民族文明史和价值观。在古代，为了祈水，云霄、东山人民寄希望于各路神仙，修建了许多庙宇，祈求神祇助力，降甘霖、驱旱魔、保丰登。在云霄、东山，水是吉祥和财富的象征，许多人的名字都与"水"字有关，开工剪彩遭遇下雨，则认为财运亨通、大吉大利，可见当地百姓对水的期盼之情。缺乏淡水的自然环境，促成云霄、东山人民改善水资源环境的动力。新中国成立后，国家对农业的投入逐年增加，并集中力量治理了淮河和修建了荆江分洪、黄河下游防洪工程等骨干项目，初步改变了旧中国江河堤岸年久失修、水患频繁的状况。各地还大力整修水渠塘堰，扩大农田灌溉面积。[①] 农田水利建设取得重大成就。这些基础设施建设，促进了农业生产的迅速恢复和发展。大型枢纽骨干工程和各类水库，在当时和以后相当长的时期内发挥了重要作用。[②] 向东渠引水工程的兴建，是全国治理水患和干旱而兴修水利设施的一个缩影。向东渠引水工程的兴建，其本意在于解决水资源短缺造成的无水可用、旱涝不均、用水困难等问题，达到治水保农业、保民生、保发展的目的，是千百年来中华民族独特的农耕治水理念的集中再现。

[①]《中国共产党简史》，人民出版社、中共党史出版社2021年版，第162页。
[②]《中国共产党简史》，人民出版社、中共党史出版社2021年版，第201页。

2. 中华优秀传统文化的培育

爱国爱乡、人民至上、团结互助、艰苦创业是中华民族精神的重要体现，中华传统文化中，有"乐以天下、忧以天下"的忧民理念，有"公而忘私、国而忘家"的报国风范，也有"苟利社稷、死生以之"的救国情怀。这种爱国主义精神，滋养中华儿女创造人间一个又一个奇迹。唐垂拱二年（686），陈元光在云霄建立漳州府，使得中原文化与生产技术在漳州传播，形成了"修水利、重农耕、倡兴学、惠工商"的开漳文化。在向东渠建设中，云霄、东山两县人民从中华民族传统文化中汲取营养，在新的历史条件下创造性地实现转化。云霄、东山两县人民为了向东渠这项利国惠民的工程，在用地、投工、出粮等一系列环节中，重情义、顾大局、能奉献、敢牺牲，保证了工程的顺利实施，体现了云霄、东山两县人民宽广的胸怀和优秀的文化品格。

3. 云霄、东山革命历史和红色基因的孕育

云霄地处红色文化资源深厚的漳州南部，这里是辛亥革命先驱人物秋瑾出生地、中共闽南地委机关所在地，是中央苏区、革命老区。东山是东山保卫战和谷文昌精神的形成地。云霄和东山的青山绿水、碧海银滩，都印证了人民争取民族独立、人民解放和经济社会发展的斗争历程。崇高的革命信仰，"不带私心搞革命，一心一意为人民"（谷文昌语）的公仆情怀，如同源远流长的漳江水，无声无息地滋润着云霄、东山儿女的心田；厚重的革命历史，坚韧的红色基因，为向东渠的建设提供了最好的营养剂。

4. 社会主义革命和建设时期时代精神的传承引领

从新中国成立到改革开放前夕，是我们党领导人民艰辛探索社会主义革命和建设道路的历史时期。虽然经历了严重曲折，但仍取得了巨大建设成就。我们党领导人民在旧中国一穷二白的基础上，进行了中国历史上从来不曾有过的热气腾腾的社会主义建设，在不长的时间里，我国社会就发生了翻天覆地的变化，建立起独立的比较完整的工业体系和国民经济体系，独立研制出"两弹一星"，有效维护了国家主权和安全，成为在世界上有重要影响的大国，积累起在中国这样一个社会生产力水平十分落后的

东方大国进行社会主义建设的重要经验。① 尤其是 1956 年至 1966 年，是中国共产党带领人民进行社会主义建设艰辛探索的十年，虽然经历曲折，仍然取得了无可否认的巨大成就。工业建设、科学研究和国防尖端技术的发展，以及农田水利建设和农业机械化、现代化发展的许多工作，都是在那个年代开始布局的。这是中华人民共和国战胜重重困难、艰苦奋斗的年代，是一个英雄辈出、精神昂扬的年代。为了建设繁荣富强的社会主义新中国，翻身做了主人的中国人民与时间赛跑，用生命和鲜血描绘了一幅幅最新最美的图画，用实际行动证明了：同困难作斗争，是物质的角力，也是精神的对垒。唯有精神上达到一定的高度，这个民族才能在历史的洪流中屹立不倒、奋勇前进。

向东渠的建设也丰富了福建红色记忆，为我们提供了丰厚滋养。新的征程上，我们必须始终坚持光荣革命传统，决不能丢掉"革命加拼命"的精神，决不能丢掉艰苦奋斗、勤俭节约的传统，决不能丢掉不惧风险、敢于斗争、敢于胜利的勇气，以永不懈怠的精神状态和一往无前的奋斗姿态推动各项事业不断向前发展。

向东渠建设过程也是工程倡导者、组织者、建设者们艰苦创业、玉汝于成的实践探索过程。他们在风险挑战面前，既尊重客观规律、科学安排工序，又始终实事求是，"不唯书、不唯上、只唯实"，敢于创新、勇于创造，以自己的实际行动闯出了一条突破常规的创新之路，充分彰显了工程倡导者、组织者、建设者们善于思考、敢于探索、勇于实践的胆略和气魄，展示了共产党人敢闯敢干、创新担当的时代精神。

5. **向东渠建设中血与汗的铸就**

时代是思想之母，实践是精神之源。为了让云霄十几万亩"望天田"和淡水缺乏的东山人民尽快喝上漳江水，云霄、东山两县党政领导审时度势，亲自挂帅，党员干部担当拼搏，全民广泛参与，战严寒，斗酷暑，劈岩凿壁、移山填壑、拦河截流、架槽铺管，掀起轰轰烈烈的向东渠建设热潮，用两年半时间竣工通水，创造了闽南地区水利建设的奇迹。云霄、东

---

① 《中国共产党简史》，人民出版社、中共党史出版社 2021 年版，第 216 页。

山两县受益耕地面积分别为 16 万亩、7 万亩,合计 23 万亩,从根本上解决了两地用水问题。向东渠之水,日夜奔流不息,流淌着的是倡导者胆与识、组织者能与勤、建设者血与汗凝聚而成的幸福之水,也是一段见证云霄和东山两县干群协力、军民双拥的时代交响乐章。向东渠建成后的 10 年里,云霄、东山群众兴建全省第二大水库峰头水库等大小水利工程 400 余处①,农田基本建设遍地开花,续写了新的篇章,创造了新的辉煌。

二、向东渠建设的精神内涵

向东渠建设,是云霄、东山两县人民在党的坚强领导下,以敢教日月换新天的豪情,向根本改变干旱缺水问题而发起的挑战。

(一)勇于担当

"治国有常,而利民为本。"中国共产党人始终坚持勇于担当的作风,并将之融入治国理政的理念、思想和战略。勇于担当体现了全心全意为人民服务的性质宗旨,凸显了立党为公、执政为民的本质要求,贯穿于向东渠引水工程的构想、论证、决策、设计、建设和管理的全过程。云霄、东山两县历史上"三天无雨火烧埔,一场大雨变成湖",据《福建气候灾害及其评估》的等级划分,云霄县属于全年重旱区,春季大旱出现频率约为 3—5 年一遇。② 在 20 世纪 50—70 年代,云霄县最严重的旱灾发生在 1962 年 11 月 13 日至次年 5 月 31 日,前后持续 200 余天,期间只有 110.1 毫米降雨量,只及常年同期雨量的 17%。1958、1959、1966 年都发生过持续 100 天以上的秋旱。③ 1970 年,云霄、东山遇上严重春旱,早稻插秧受到很大威胁,群众盼水的焦虑心情难以形容。不解决水源问题,粮食保收、稳产、高产难以实现。东山作为海岛县,风大沙多,水源缺乏,扩大耕地、围海造田,不从水源入手,无法从根本上解决问题。20 世纪 60 年代,

---

① 李文庆:《向东!向东!——向东渠引水工程回忆录》,福建人民出版社 2014 年版,第 123 页。
② 鹿世瑾:《福建气候》,气象出版社 1999 年版,第 63 页。
③ 许金镜:《福建气候灾害及其评估》,气象出版社 1994 年版,第 79 页。

40 位民工将双铰矩形夹合木拱架抬至槽墩下吊装

东山县人均水资源仅有 545 立方米①，干旱严重，每年要投入抗旱劳力 120 多万人次和提水经费 10 多万元。② 云霄县经过调研讨论，总结历史经验教训，提出了一个大胆设想——从漳江上游引水沿途灌溉云霄旱区，进而给兄弟县东山岛送去淡水，向东渠引水工程的构想由此诞生。但是，这一构想，在当时引起热议。有人说，"千万别干这劳而无功的事""要干也得等上级来办，县里无能为力""工程太大，引水是瞎指挥""没有钱，钢材、水泥等物资奇缺，根本干不成""盲目干下去，半途而废，水利变成水害，我们将成为千古罪人"。向东渠引水工程既不是上级要求，也不是硬性指标。而时任云霄县委书记的李文庆认为：水是农业命脉，群众盼水，解决

---

① 张意平：《云霄县向东渠引水工程实录·序》，内部刊物，2018 年，第 1 页。
② 《不尽"江水"滚滚来——记云霄、东山两县人民兴建向东渠引水工程》，《人民日报》1974 年 3 月 13 日。

水源问题是云霄、东山两县人民最大的梦想，水的问题是最大的民生。在决策中，李文庆基于对党的事业和群众利益高度负责的历史担当，力排众议，说服有不同意见的同志，鼓励云霄县领导班子团结带领全县干部群众，历经两年半努力，从最初构想、论证，到决策、实施，美好蓝图一笔一画绘就，一步一步实现，无不体现出勇于担当的情怀。

向东渠从立项到建设，从工程指挥部领导、各公社（场）党委书记到生产大队大队长甚至是民工，他们的实际行动无不表现出人民至上、勇于担当的情怀。成立指挥部时，李文庆对指挥部指挥宋修亭说："从漳江引水这么大的工程，还要过海进东山，不是儿戏，只能成功，不许失败，否则就是劳民伤财，你我就成了千古罪人啊！"还说："要干，就要一干到底！说句不好听的，死也要死在工地上。"李文庆不仅是工程指挥者，也是实实在在的建设者，他身体力行，带着大家干，以身作则，做给大家看，一刻都不敢松懈。建渠两年

李文庆著《向东！向东！——向东渠引水工程回忆录》书影

半时间里，他起早贪黑，天天在各处工地上奔走，早晨吃了早饭就上山，中午有时候在工地上吃饭，到黄昏才疲惫不堪地回家。宋修亭作为工程指挥部指挥，被广大民工热情地称为"工程好指挥"，工程哪里艰巨他就出现在哪里。他带领"三结合"测量队，头顶烈日，跋山涉水，披荆斩棘，风餐露宿，走遍了云霄山山水水，选定了一个又一个省工、省料、收益大的基建地点。为寻找石场，其足迹遍布云霄与漳浦、平和、诏安等县交界的梁山、宝石山、石屏山。在大型建筑物的施工中，民工们常常发现他一

243

会儿跳入烂泥坑,同大伙一起清基,并肩战斗;一会儿爬上二三十米高的槽墩,指挥架拱,热情洋溢。①"从1970年6月到1973年3月,3个国庆、3个元旦、3个春节,宋修亭都是在工地上和民工们一起度过的。有人替他算过,前后两年半时间,有130个星期天他没有休息。"②

在八尺门渡槽,巍然屹立在海堤南端的第一个槽墩,是一座雄伟壮观的桥头堡,足有六七层楼高。这座桥头堡砌得很工整,赭石色的石料整齐得像是镶嵌起来似的。建造这座桥头堡的是东山县杏陈公社后林大队的七八位泥水匠,其中有一位叫林抡目。林抡目是后林大队的贫协组组长,已经60多岁了,曾是东山战斗的支前模范。

石匠们顶着酷暑,赤脚赤膊打石忙

听说要兴建向东渠引水进东山,林抡目第一个报了名。在海堤上砌建槽墩,比在陆地上要困难得多,况且又是一座桥头堡,质量要求很高,这更是难上加难。林抡目时刻用这样一句话来要求自己,勉励伙伴:"党和人民这样信得过我们,我们一定要干好!"从选砌每一块石料,勾填每一条石缝,到垫用一块小石子,他都要精心考虑,认真细致,一丝不苟。海堤上风大浪急,有时沙尘滚滚,吹得人眼睛也睁不开。林抡目总是谢绝领导的关心,坚持施工。槽墩砌到13米高以后,他担心泥水工缺乏高空作业经验,会发生意外,就一个人爬到墩顶上施工,民工们都管他叫"人老心红

---

① 《不尽"江水"滚滚来——记云霄、东山两县人民兴建向东渠引水工程》,《人民日报》1974年3月13日。

② 《不尽"江水"滚滚来——记云霄、东山两县人民兴建向东渠引水工程》,《人民日报》1974年3月13日。

的老模范"。①

建水渠两年半时间里,领导干部及工程师们在工地上与民工们一起度过了3个国庆、3个元旦、3个春节,10个公社(场)的党委书记担任各社(场)民工团长,在施工中身先士卒、攻坚克难、同甘共苦,与民工共吃一桶饭,同饮一锅汤,从来没有领导干部在施工中谋私享乐的传闻。

当年向东渠建设的构想决策,最迫切的是清除"文化大革命"的派性干扰,最难得的是冲破保守思想的观念束缚,最需要的是破解财力物力不足的难题,最可贵的是形成上下同心勇挑重担的信念共识。实践证明,只有坚守勇于担当的信念,才能聚焦民生,集中民智,激发民力,集中力量办大事、办成事。

(二)团结协作

向东渠建设是爱国主义、集体主义和社会主义思想的大合唱。在向东渠建设过程中,涌现了很多以大局为重、舍小家顾大家的团结协作的感人事迹。要把漳江水引到东山海岛不是一件简单的事。云霄、东山隔海相望,向东渠引漳江水入岛,需要架起18座石拱渡槽,这在当时是没有先例的。为了把水送到东山岛红旗水库,云霄县经过3次改线,还把源头水位高程提高到50米,把八尺门渠道水位高程提高到20米,让渠水自流进入东山岛红旗水库。云霄人民胸怀大局、守望相助的情怀,深深地鼓舞了东山人民,东山县主动承担在云霄境内部分控制性工程的建设任务,谱写了一曲云霄、东山两县人民攻坚克难、区域协作兴建向东渠,战胜自然灾害的颂歌。

当年把引水渠命名为"向东渠",其含义有二:一是学习毛泽东思想,云霄人民心向伟大的毛泽东思想;二是引水渠最终目标是把漳江水引入东山,惠及东山。

在向东渠施工中,干部群众有着强烈的爱国主义、集体主义意识,涌现出很多团结互助、无私奉献的感人事迹。从1970年9月到1973年3月,

---

① 《不尽"江水"滚滚来——记云霄、东山两县人民兴建向东渠引水工程》,《人民日报》1974年3月13日。

向东渠工程建设先后投入全县10个公社（场）、166个大队的民工及干部职工、学校师生、居民4万余人①，在资金匮乏、物质短缺、机械简陋、技术落后、粮食紧张的条件下，依靠"三自"——自己勘测、设计、施工；自带粮食、工具、铺盖；自己打石、运石、砌石，进行施工。在组织施工中，借鉴军事化模式，组建工程指挥部和指挥部核心领导小组，李文庆担任组长，县人武部副部长宋修亭担任工程指挥部指挥，各公社（场）组建民工团，团长由党委书记担任，各大队组建民工营、连、排、班，"分段落实责任""包干到底"②。每个公社（场）民工团分担的工程任务是，负责开挖2千米－8千米渠道土石方，砌筑数十个渠道小型建筑物，还要承建或参建一两座大型建筑物。列屿、东厦、火田、和平等非受益区的群众，在公社、大队党组织带领下，一呼百应，从山区、沿海徒步几十千米，上场参与建设。在施工关键时期的1971年春季，没有直接受益于向东渠、位于沿海的列屿公社，稻田较少，青黄不接，"三自带"之一的"粮食自带"成为一大困难，经县、社的多方协调、鼓动和激励，列屿公社书记邹和顺率领民工团发扬龙江风格，牺牲小我，勒紧裤腰带，不折不扣地完成了石狮山段的繁重任务。火田公社古楼大队也没有直接受益于向东渠。1972年秋，林友森、林松梅两位生产队长，在施工塌方事故中不幸牺牲，但古楼大队社员依旧出工出力，无怨无悔。全县各行各业积极行动，投入改天换地的战斗。云霄县铁器社接受了锻造、维修铁制工具任务，经过20多个昼夜赶制了2300多支鹤嘴锄，锻修锄头1000多支、钢钎100多支。中小学师生、县医院医护人员利用周末、工余时间捡河卵石、挑沙子、运条石，支援工地施工。一时间，全县涌现了"父子争上场、兄弟齐参战、姑嫂同上阵、夫妻共远征"的动人事迹，演绎了"一家三代学愚公，一门五将建向东""八岁儿童上工地，七十老汉逞英豪"的传奇故事。为让外来民工有地方住，马铺公社宝石大队、部上大队冒雨接陈岱公社岱南大队民工团到队上住宿，峰头大队腾出住房30多间，石字大队腾出

---

① 张意平：《云霄县向东渠引水工程实录》，内部刊物，2018年，第23页。
② 李文庆：《向东！向东！——向东渠引水工程回忆录》，福建人民出版社2014年版，第20页。

住房 80 多间。陈岱公社礁美大队将拟购置捕鱼船、灯具的 10 万元资金，用于向东渠建设。世坂大队不计土地、农作物、果林损失，他们说："只要国家需要，我们就坚决送上！"1971 年 2 月，东山县段工程正式动工，东山县组织建设者 1 万多人，兴建八尺门跨海 U 形钢丝混凝土渡槽 560 米、石砌暗涵 700 米、明渠 4700 米、小型建筑 206 座。[①] 福建省军区、福州军区后勤部 18 分部和驻军守备五师官兵也始终关心支持向东渠建设，扶持建设资金，调派官兵军车，协助赶运大批石材，谱写了一曲"军民团结如一家"的英雄赞歌。

据统计，向东渠总投资 1074.4 万元，其中社队自筹和劳力折价 403.15 万元，占人力总投资 622 万元的 70%。[②] 施工中，无数的"舍小家、为大家、为国家"事迹，诠释了深厚的爱国爱乡情怀，体现了云霄、东山两县人民以国家和家乡大局为重，甘愿牺牲奉献的宽广胸怀，体现了以局部、家庭、个人利益服从国家利益的政治觉悟和舍家报国的高尚情操，丰富了顾全大局的精神内涵，反映了团结互助的时代特色，是建成向东渠的强大精神动力。实践证明，只有怀揣团结协作观念，服务大局，先公后私，舍弃小我，为国分忧，为民谋利，才能形成造就国家富强、民族振兴、人民幸福的强大感召力和凝聚力。

（三）攻坚克难

向东渠是一项工程浩大的综合性水利工程，当年云霄、东山财力积累相对不足，兴修大型水利工程条件并不充分。然而，云霄、东山两县人民创造了人间奇迹。向东渠引水工程需开挖搬运的土石方共 615.3 万立方米。[③] 在当年极端困难的条件下，云霄、东山两县建设者发扬愚公移山的精神，以"重新安排河山"的气魄，以"叫高山让路，令河水归渠"的壮

---

① 李文庆：《向东！向东！——向东渠引水工程回忆录》，福建人民出版社 2014 年版，第 88 页。

② 李文庆：《向东！向东！——向东渠引水工程回忆录》，福建人民出版社 2014 年版，第 115 页。

③ 李文庆：《向东！向东！——向东渠引水工程回忆录》，福建人民出版社 2014 年版，第 2 页。

南岭门深挖土石方现场

志,啃"硬骨头",打"攻坚战","用勤劳的双手描绘最新最美的画图"①。渠道所经之处,山峰绵延起伏,部分渠段地形复杂,施工条件困难。如章兴岭、金交桥地段,需要深挖土石方,有时还要在水深没膝甚至没腰的水中作业,有时需要在悬崖峭壁上挖巨大石块。其中车头岭需要开挖高25米、宽约15米、长210米,合计约8万立方米土石方;南岭门需要深挖高20米、宽4米、长160米,合计1.28万立方米土石方;后坑洞需挖4.5万立方米土石方;峰肚岩最高处30多米,需挖2.5万立方米土石方;上窖地处河谷,填土石方高17米、长156米,合计4.6万立方米。向东渠破土动工时,工程指挥部发出了"苦战两个农闲拿下土石方"的号召,工地上随即展开了火热的劳动竞赛,人均日工作量纪录一再刷新:9月18日火田公社3.5立方米,9月24日莆美公社下径民兵连4.3立方米,9月26日东厦民工团四排达到5立方米,9月28日峰外、岱山民工团更是创造了9立方米的最高纪录。在深挖土方中,土石需要挑土翻过山脊倒掉,这需要耗费大量人力。民工在施工中发明了土设备吊杆,可直接把土石吊到高处,

---

① 李文庆:《向东!向东!——向东渠引水工程回忆录》,福建人民出版社2014年版,第22页。

大大提高了施工效率。

下河公社孙坑大队遇到1000多斤的巨石而没有用一点炸药,硬是用12人搬走,还创造了日人均挖石半方的纪录;和平农场征山民工连创造了日挖千斤巨石21块、200斤大石90多块的战绩。

值得一提的是,列屿公社负责石狮山地段的工程建设任务。石狮山突兀的两块巨石挡住了渠道的去路,担负这一任务的列屿公社民工团要在这里劈掉几十米高的石壁,硬生生从半山腰开凿出一条渠道,让水能够从"狮子嘴边"流过。油车大队党支部书记蔡天宝率先带领一支民兵突击队开山,他们冒着生命危险,不计个人安危,攀悬崖、刨土石、砸岩壁、翻石群,硬是把石狮山打开了一个大缺口。为了挖掉山顶一块横插在岩壁上的巨石,基干民兵陈阿陶腰扎汗巾,手握开山锄,爬到陡峭的崖边,另一青年民兵柯国文一手紧抱一棵树,一手抓牢陈阿陶腰上的汗巾带,让陈阿陶腾出双手握住开山锄,边挖落脚点,边用钢钎撬动石缝,硬是把一块几千斤重的巨石掀翻滚落山下。经过两个多月的不懈奋战,他们搬走了3.4万多立方米土石,在悬崖上凿出一条长450米、底宽3米的盘山渠道。

云霄、东山两县人民以不屈不挠的坚强意志,以"敢把山河重安排"的坚定信念,克服了重重艰难险阻,不到两年半就填、砌、炸、挖土石438.5万立方米。1972年秋天,基本完成了主干渠挖填土方的艰巨任务。

上窑渠段是向东渠引水工程建设中又一个颇具挑战性的渠段,上窑的地形属于谷地,土质属烂泥,如在此地修建渡槽,槽墩至少要高出地表四五十米,但难以经受强台风、大暴雨和地震的侵袭。要解决此段通水的问题,只能另辟蹊径,技术人员想到了"倒虹吸管"的设计模式。倒虹吸管是一种用来输送渠道水流穿过溪谷、洼地的密闭压力管道。当时国内这种设计模式只在山西省实际运用过,李文庆决定组织人员去山西省考察后再定夺。工程副指挥吴荣金带队实地参观考察,认为切实可行。但是倒虹吸管一般需要使用钢筋混凝土制成,大家考虑到钢材缺乏,又主张用石拱渡槽,李文庆此时也举棋不定。后来技术人员将"槽"和"管"作了一个对比,结论是各有利弊,"管"比"槽"风险小,渡槽虽可节省钢材水泥,一旦质量出了问题,势必前功尽弃,影响全局。经充分科学论证,云霄县领导坚决主张在这一地段采用倒虹吸管设计。上窖倒虹吸管直径 2 米,本来设计成 2 管,每管水流量 4 立方米/秒,当跨河段的 200 米浇完后,考虑到确保渠水自流进入东山红旗水库,设计水流量由 8 立方米/秒提高到 12 立方米/秒,则必须加上 1 管的工程量,他们最终研究出"提高水头、降低糙率、增大流速"的方法,在已浇好的管道两端,加上喇叭形的渐变扩大,把内木模板包上塑料薄膜,以降低糙率,把管内径由 1.6 米改为 2 米,以 2 管代替 3 管,使水流量达到 12 立方米/秒的设计标准。仅此一项,就节约了水泥 1000 吨、钢材 70 吨、木材 140 立方米,以及几千立方米的石材、黄沙材料等。

上窖倒虹吸管总长 637 米,其中 200 米穿过南溪河床底,两端高度相差约 3 米。建造倒虹吸管,对精密度和抗压度的要求都很高,输水管采用双层 16 厘米钢筋,整个设计复杂,浇筑工序繁多,精度要求高,特别在浇筑过程中,需要连续浇灌不停顿。施工关键期,正值家家团圆的春节,其他工程大都暂时停工过节,倒虹吸管的浇筑工地领导、技术员和民工却日夜激战,密切配合,精益求精,保质保量完成了这个艰巨繁重的施工任务。

工程所需石材 15.46 万立方米①,以每立方米花岗岩石材 2.8 吨计算,重达 43.29 万吨,用"蚂蚁搬家"的方式,男女老少一起上,大车载、小车推,手推车、独轮车甚至连自行车也派上用场。民工顶风冒雨,日夜兼程,一块一块地运,一车一车地推。按每吨单程运输距离平均 17 千米测算,总计往返 1471.86 万千米,相当于 1 辆载重 1 吨的载石手推车绕地球 367.96 圈。洲渡大队党支部书记方松有率领"铁姑娘"突击队,担负世坂段最危险的高空作业任务。常山农场大水堀归侨女青年组成"红色娘子军排",大冷天奋战在泥水没膝的上窖倒虹吸管工地中。上坑大队郭德兴年老体弱,胃部已切除三分之一,依然坚持早出晚归。和平农场书记李祥瑞带领民工团在挖土方中大展神威,新楼大队民工连创造了"三角挖土法",安吉大队搬掉了"金交椅"。城关公社民工团在书记李金田带领下,涌现

---

① 张意平:《云霄县向东渠引水工程实录》,内部刊物,2018 年,第 6 页。

了少年突击队先进事迹。

在这没有硝烟的战场上，广大干部群众怀着对党和人民事业的无限忠诚，以高度历史责任感、强烈的事业心和献身精神，迎难而上，风餐露宿，披星戴月，连续作战，向云霄、东山人民交出了一份出彩的"向东答卷"。可以自豪地说，他们是向东渠建设的先锋，是基层干部的榜样，是新中国建设发展的英雄群体。实践证明，只有艰苦奋斗、攻坚克难，勇于"挑最重的担子"，敢于"啃最硬的骨头"，才能应对重大挑战、克服重大阻力、解决重大矛盾，不断从胜利走向新的胜利。

（四）开拓创新

向东渠建设于20世纪70年代初，不仅遇到了资金紧张、物资奇缺、技术设备落后等困难，还处于"文化大革命"的特殊时期，遇到了各种干扰和阻力。李文庆到云霄上任之初（1970年初），跑遍各公社（场）调研。正值春耕时节，南部严重干旱无法插秧耕种，李文庆多方调研后进一步发现缺水是云霄、东山两县人民千百年来的历史问题。为

东山县"铁姑娘"突击队打钢钎挖隧洞

了从根本上改变干旱缺水的生产生活条件，他提出一个大胆的设想——在漳江上游马铺筑坝建渠引漳江水，但很快遭受种种非议。李文庆认为：人民最大的困难就是干旱缺水，水的问题是最大的民生问题。云霄县在向东渠建设前就有多次兴建水利工程的尝试，但都是以失败或者成效不大而告终。李文庆基于对党的事业和群众利益高度负责的态度，多方邀请下放到云霄县的省、市水利工程技术人员参与调研讨论，得出可以从漳江源头筑

坝建渠引水的结论。为了吸取前人"水利变水害"的教训，真正为民办实事，他还要求对筑坝选址、水位高度、路线设计等进行反复勘探、测量、计算、比对和论证，研究出科学可行的方案，力排众议，团结带领全县干部群众，历经两年半努力，从最初构想、论证到决策、实施，到绘就美好蓝图，无不体现开拓创新的科学求实精神。在向东渠规划设计之初，向东渠引水工程指挥部就确立了"土洋结合"原则，专门成立了由干部、技术人员和民工组成的"三结合"技术革新领导小组，广大干部群众与水利技术人员一起，充分展现聪明才智，边建设，边研究，边改进，将土法上马的发明创造与严谨的科学规范有机结合起来，他们团结协作、群策群力又深入群众，汲取群众智慧解决了无数个难题，技术革新贯穿向东渠建设的全过程。在缺乏材料、技术和大型机械设备的情况下，他们以"三结合"技术革新领导小组为核心，加上现场"诸葛亮会"，集思广益，土洋结合，在实践中突破了一个个难关，充分调动和集中干部群众的积极性和智慧，形成了很多设计和施工的创新创造，既提高了质量、节省了材料，又加快了进度，是开拓创新的典范。

  石拱渡槽是最早开始建设的控制性建筑，在整个引水工程中，共砌建了总长7335米的渡槽。由于当时的钢材、水泥稀缺，因而渡槽都是使用石头砌建而成的。在砌建石拱渡槽工程中，云霄、东山两县民工，用无穷的智慧攻克了一个个技术难关，创造出许多人间奇迹。

  风吹岭渡槽是工程中的第一座石拱渡槽，于1971年8月开始建造。建渡槽先要搭木拱架。本来采用传统"满堂式"支撑木拱架，但是这种传统构造耗费木材太多，能不能进行改良呢？设计人员翻遍资料，发现唯一不需要支撑木的一种拱架，是用"钢材夹合"制成的，可当时的情况是钢材比木材还稀缺。于是，"三结合"技术革新领导小组尝试用木材代替钢材设计一种新型的拱架。他们把17片0.2米宽、0.03米厚的木板，夹合成为一条长23米的弧形拱架，但是接着又遇到怎样做成弧形的难题。几次试制，木板还夹不到10片，木桩和硬木底模都被木板的反弹力崩坏。后来，他们受铁轨弯道原理的启发，决定在底模上加上U形的钢框，这样"双铰矩型夹合木拱架"终于试制成功了。此种新型拱架，可以节省大量的木材、钢材，还能够反复使用，为之后的石拱渡槽建设积累了丰富的材料使用经验，激发了建设者技术革新、攻克难关的斗志。

云霄、东山两县工程技术人员创新创造，热情高涨，夜以继日测绘、计算、会商、攻关，苦干加巧干，革命加拼命，群策群力技术革新，精心谋划一个个方案，攻克一个个技术难题，突破一个个工程难关。当年云霄县县政府水电科副科长吴禹门吸收群众智慧，创造性提出"水车壁式渡槽""瘦身思维"，确定拱跨为20米，尝试"轻型、薄壁、大流量"的新型石拱渡槽设计方案。工程技术人员王梓才通过计算、比选10080个数据①，确定了石槽壁和石拱肋最佳方案，槽壁由0.8米改为0.2米，拱肋由0.8米改为0.6米②；原来单一的实心墩，分别改进为"空心墩""日字型墩""门式墩"③，这既增强了槽墩拱体刚度，扩大了槽渠容量，又节约了大批石材，加快了工程进度，闯出了石渡槽技术创新路子。在创新氛围的感染下，设计施工团队先后以"独木丁字架"代替传统脚手架，以"双铰矩形夹合木拱架""叠合板三角人字形木拱架"取代旧式"满堂式木拱架"④，节约了大量木材和资金。云霄糖厂技术员刘集昌、白礁大队民工陈爱国等，创造性地运用"单杆吊""∧形龙门吊"配合木绞车⑤，以及手扶拖拉机强化吊装动力等，解决高空吊装数吨重建材作业难题。工程指挥部的宋修亭、吴荣金、张意平、何英玉、司有谦、陈芸洲等一批党政干部，在上窖倒虹吸管工程、世坂渡槽、八尺门跨海渡槽、土地岭隧洞、水尾隧洞等控制性重点工程施工时，以工地为家，严格把关，立下了"不完成任务，死也不离开第一线"的铮铮誓言。

向东渠建设团队，以科学为依据，以创新为动力，以优质为目标，发扬工匠精神，精心设计、精心施工，新工艺、新产品、新技术在工程中大

---

① 《不尽"江水"滚滚来——记云霄、东山两县人民兴建向东渠引水工程》，《人民日报》1974年3月13日。
② 张意平：《云霄县向东渠引水工程实录》，内部刊物，2018年，第29页。
③ 张意平：《云霄县向东渠引水工程实录》，内部刊物，2018年，第30页。
④ 张意平：《云霄县向东渠引水工程实录》，内部刊物，2018年，第34页。
⑤ 张意平：《云霄县向东渠引水工程实录》，内部刊物，2018年，第35页。

量运用,获得国家级、省级科技成果奖,保证了工程质量。1974年10月17日,福州军区司令员皮定均在龙溪地区主要领导陈天仁陪同下,视察向东渠渡槽及上窖倒虹吸管工程,皮定均说:"你们干了千古未有的事业!"①实践证明,只有秉承开拓创新的品格,敢想不臆想,敢干不蛮干,才能在创新思路、完善对策、破解难题中,干成事、干好事、不出事。

石牌渡槽及其延伸渠道逶迤绵延,十分壮观

三、向东渠建设的时代价值

向东渠水从20世纪70年代一路流淌到今天,向东渠建设蕴含的精神也在岁月的淘洗中,愈发光彩夺目。当前,大力弘扬向东渠建设蕴含的精神,有着重要的现实意义和时代价值。

(一)牢固树立中国特色社会主义理想信念

向东渠是在20世纪70年代初资金紧张、技术落后、机械简陋、粮食短缺的条件下,为解决严重干旱的民生问题,依靠人民群众的力量建成的一项有多种专业技术含量的综合性大型水利工程,靠的就是党同人民群众对社会主义的坚定信念和对毛泽东思想的信仰。邓小平指出:"我们过去几十年艰苦奋斗,就是靠用坚定的信念把人民团结起来,为人民自己的利益而奋斗。没有这样的信念,就没有一切。"② 在改革开放新时期,中国共产党顺应世界发展大势和广大人民群众的意志,开辟和发展中国特色社会主义,使我们大踏步地赶上世界发展潮流,创造了中国特色社会主义伟大成就。

---

① 张意平:《云霄县向东渠引水工程实录》,内部刊物,2018年,第44页。
② 《邓小平文选》第三卷,人民出版社1993年版,第190页。

今天，我们在一穷二白的基础上创造了经济社会快速发展奇迹，用几十年时间走完了发达国家几百年走过的工业化历程，跃升为世界第二大经济体，综合国力、科技实力、国防实力、文化影响力、国际影响力显著提升，整体上彻底摆脱了绝对贫困，成为世界上中等收入人口最多的国家，成为国际社会公认的最有安全感的国家之一。① 但是我们面临的

安装倒虹吸管内模型

困难和问题还很多，我们党正经历着执政考验、改革开放考验、市场经济考验、外部环境考验，正面临着精神懈怠危险、能力不足危险、脱离群众危险、消极腐败危险。这些风险，既有国内的也有国际的，既有政治、经济、文化、社会等领域的也有来自自然界的，既有传统的也有非传统的，"黑天鹅""灰犀牛"还会不期而至②，如何有效应对考验和危险，是摆在我们面前重大而艰巨的时代课题。习近平总书记指出："经过几千年的沧桑岁月，把我国56个民族、13亿多人紧紧凝聚在一起的，是我们共同经历的非凡奋斗，是我们共同创造的美好家园，是我们共同培育的民族精神，而贯穿其中的、更重要的是我们共同坚守的理想信念。"③ 坚定理想信念，坚守共产党人精神追求，始终是共产党人安身立命的根本。对马克思主义的信仰，对社会主义和共产主义的信念，是共产党人的政治灵魂，是共产党人经受住任何考验的精神支柱。形象地说，理想信念就是共产党人精神上的"钙"，没有理想信念，理想信念不坚定，精神上就会"缺钙"，就会得"软骨病"。现实生活中，一些党员、干部出现这样那样的问题，

---

① 习近平：《在党史学习教育动员大会上的讲话》，《求是》2021年第7期。
② 习近平：《在党史学习教育动员大会上的讲话》，《求是》2021年第7期。
③ 习近平：《习近平谈治国理政》第一卷，外文出版社2014年版，第20页。

说到底是信仰迷茫、精神迷失。①

50多年前,向东渠的横空出世,彰显了理想信念的能动作用,生动体现了精神变物质、物质变精神的飞跃。建设向东渠,干部看到群众的力量,群众认识到自己的力量,过去不敢想、不敢干、干不成的事,现在敢想、敢干、干成了。在全面建设社会主义现代化国家新征程上,大力倡导"幸福都是奋斗出来的"理念,倡导"舍小家、顾大家""舍个体、顾整体"精神,从最坏处着眼,做最充分的准备,朝最好的方向努力,争取最好的结果,增强斗争意识,丰富斗争经验,提升斗争本领,不为困难吓倒,不为干扰迷惑,深刻认识中国特色社会主义来之不易,深刻认识中国共产党为什么能、马克思主义为什么行、中国特色社会主义为什么好,将有助于引导广大党员筑牢信仰之基、补足精神之钙、把稳思想之舵,为坚定社会主义道路自信、理论自信、制度自信、文化自信,增强做中国人的志气、骨气、底气②,为夯实全党全国人民共同奋斗的思想基础提供精神支持。

(二)牢固树立党的宗旨观念

习近平总书记指出:"我们讲宗旨,讲了很多话,但说到底还是为人民服务这句话。"③ 向东渠建设,是牢固树立党的宗旨观念的伟大实践,展现了一幅"为人民谋幸福"的动人画卷。这幅画卷,如同让我们穿越时空重返炮火纷飞的战争年代,再现了共产党人为了劳苦大众抛头颅、洒热血的革命岁月。在这幅画卷里,党员干部与人民始终保持血肉联系,风雨同舟,荣辱与共,生死相依,想到一处,干到一块,打成一片,急其所急,帮其所需,始终把群众利益高高举过头顶。在这种精神的感召下,广大群众积极响应党的号召,主动配合,积极投工,先公后私,公而忘私,大公无私,呈现顾全大局、舍小家为大家的高尚情操和爱国爱乡情怀。在向东渠建设中形成的党群关系,已成为新时代保持党和人民血肉联系的生动的

---

① 习近平:《习近平谈治国理政》第一卷,外文出版社2014年版,第10页。
② 习近平:《在党史学习教育动员大会上的讲话》,《求是》2021年第7期。
③ 习近平:《在河北省阜平县考察扶贫开发工作时的讲话》,《求是》2021年第4期。

历史教科书。今天，在多元文化的冲击下，价值取向日渐多元化，导致少数党员干部忘记了到底要为谁服务的初心，一部分人利己主义抬头，虚无主义弥漫，"不问苍生问鬼神"，将个人利益与国家利益、群众利益割裂开来，磨洋工、混日子，不思进取，消极散漫，甚至"躺平"不干。这些都是宗旨观念淡化的表现。弘扬向东渠建设蕴含的精神，重温这段社会主义建设史，重温党的初心使命、性质宗旨、理想信念，重温与人民群众心心相印、与人民群众同甘共苦、与人民群众团结奋斗的历史，来教育引导广大党员干部真正把人民群众视为自己的亲人，把人民对美好生活的向往视为自己的奋斗目标。向东渠建设之所以得到云霄、东山人民的衷心拥护和支持，归根结底在于这一引水工程完全是为了人民的利益。毛泽东在《关心群众生活，注意工作方法》中指出："真正的铜墙铁壁是什么？是群众，是千百万真心实意地拥护革命的群众。"在新的征程中，我们必须始终坚持初心使命，坚持全心全意为人民服务的根本宗旨，着力解决好人民群众的急难愁盼问题，在创造美好生活上实现更大突破。习近平总书记在2021年五一劳动节的贺词中强调：劳动创造幸福，实干成就伟业。希望广大劳动群众大力弘扬劳模精神、劳动精神、工匠精神，勤于创造，勇于奋斗，更好发挥主力军作用，满怀信心地投身全面建设社会主义现代化国家、实现中华民族伟大复兴中国梦的伟大事业。各级党委和政府要充分调动广大劳动群众积极性、主动性、创造性，切实保障广大劳动群众合法权益，支持和激励广大劳动群众在新时代更好地建功立业。这就要求我们要保持清醒，密切党群关系，坚持重心下移，努力成为"愚公型""工匠型""勇士型""谷公型"干部，真正做到知民情、解民忧、暖民心，为全面建设社会主义现代化国家贡献力量。

（三）牢固树立社会主义核心价值观

向东渠建设是爱国主义、集体主义和社会主义思想的交响乐，也折射出"爱国守法、明礼诚信、团结友善、勤俭自强、敬业奉献"的道德光辉。这些精神和品质都集中彰显了社会主义核心价值观。社会主义核心价值观的培育贵在知行合一。在立足新发展阶段、贯彻新发展理念、构建新发展格局、全面建设社会主义现代化国家的新征程中，把向东渠建设过程中涌现出来的感人事迹,作为培育社会主义核心价值观的生动教材,有利于广大干部群众对社会主义核心价值观的高度认同和自觉实践。我们要结合党史学习教育,教育引导干部群众以史为镜、以史明志,认清"江山就是人民,人民就是江山,人心向背关系党的生死存亡"①,认清当代中国所处的历史方位,增强历史自觉,把苦难辉煌的过去、日新月异的现在、光明宏大的未来贯通起来,在乱云飞渡中把牢正确方向②,在风险挑战面前砥砺胆识,激发为实现中华民族伟大复兴而奋斗的信心和动力,凭借"革命加拼命"的强大精神,风雨无阻,勇往直前,开创属于我们这一代人的历史伟业。

(四)牢固树立生态文明理念

党的十九届五中全会指出,深入实施可持续发展战略,完善生态文明领域统筹协调机制,构建生态文明体系,促进经济社会全面发展绿色转型,建设人与自然和谐共生的现代化。2021年4月30日,中央政治局就新形势下加强我国生态文明建设进行第二十九次集体学习。会上,习近平总书记强调,生态环境保护和经济发展是辩证统一、相辅相成的,建设生态文明,推动绿色低碳循环发展,不仅可以满足人民群众日益增长的对优美生态环境的需要,而且可以推动实现更高质量、更有效率、更加公平、更可持续、更为安全的发展,走出一条生产发展、生活富裕、生态良好的文明发展道路。我们要更加自觉贯彻新发展理念,坚持绿水青山就是金山银山理念,加快推动绿色低碳发展,持续改善环境质量,提升生态系统质量和稳定性,全面提高资源利用效率,促进人与自然和谐共生。

以前风沙肆虐、植被稀少的东山岛变成海上绿洲,除了谷文昌倡导大量种植木麻黄之外,还与50多年来向东渠输送数亿立方米的漳江淡水入东山岛,源源不断滋润岛内植被土壤,降低土壤盐碱度,提高海岛地下淡水水位,进而改善海岛生态小气候息息相关。向东渠建设过程,实质上是在尊重自然规律的前提下,通过实践有目的地改造客观自然环境,积极探索

---

① 习近平:《在党史学习教育动员大会上的讲话》,《求是》2021年第7期。
② 习近平:《在党史学习教育动员大会上的讲话》,《求是》2021年第7期。

实践社会主义生态文明建设之路。从计划到实践，从实践到成功，既是一个认识自然到改造自然的实践过程，也是一个人定胜天、战胜自然、高扬生态文明旗帜的奋斗历程。因为引入大量淡水，东山岛自流灌溉耕地面积扩大到了7万亩，不少农田由单季改为双季，由"双熟"变为"三熟"。今天，向东渠除了承担供水东山岛任务之外，还承担了向古雷开发区和常山开发区供水任务，下一步还将为漳州核电站供水。可以说，向东渠的建设，对漳州南部片区，特别是云霄、东山、常山、古雷地区的经济社会发展发挥了重要基础性作用。从中，我们更加深刻地领悟了向东渠建设所蕴含的生态文明价值，这是先辈们留给我们的宝贵的物质财富和弥足珍贵的精神财富，不仅凸显了"功成不必在我、功成必定有我"的党员先锋模范作用，还体现了战天斗地、移山填海的斗争精神，更展现了尊重自然、顺应自然、改造自然、保护自然，人与自然和谐共生的生态画卷。应该看到，生态文明建设任重道远，我们要不断从向东渠建设中汲取力量，在生态文明建设上久久为功，算大账、算长远账、算整体账、算综合账，站在中华民族永续发展和实现中国梦的高度来认识生态文明建设，驰而不息打好蓝天、碧水、净土三大保卫战，统筹考虑水资源、水环境、水生态治理，进一步提振精气神，开启新征程，在敢于担当中扛牢发展使命，在敢于斗争中解决发展难题，在敢于创新中打造发展优势。

（五）推动实现中华民族伟大复兴的中国梦

实现中华民族伟大复兴的中国梦，必须坚持社会主义道路、弘扬中国精神、凝聚中国力量。① 坚持中国道路，就是要坚定不移地走中国特色社会主义道路。中国特色社会主义的一大优势就是集中力量办大事。向东渠短短不到三年就建成通水，就是这一大优势的集中体现。在建设向东渠过程中，广大干部群众万众一心、齐心协力、攻坚克难，显示出社会主义制度的巨大优越性和感召力。党为人民谋求长远利益，人民为党和国家事业积极奉献，这就是实现中华民族伟大复兴的中国梦的历史进程中党与人民利益关系的最好诠释。中国共产党一经诞生，就把为中国人民谋幸福、为

---

① 习近平：《习近平谈治国理政》第一卷，外文出版社2014年版，第20页。

1973年3月12日，向东渠竣工举行剪彩通水万人庆典

中华民族谋复兴确立为自己的初心使命。一百多年来，中国共产党团结带领中国人民进行的一切奋斗、一切牺牲、一切创造，归结起来就是一个主题：实现中华民族伟大复兴。[①] 向东渠建设蕴含的精神跨越时空，表现了人类在认识自然、改造自然方面的积极探索和精神追求，是中华民族"伟大创造精神、伟大奋斗精神、伟大团结精神、伟大梦想精神"的体现，蕴含着"从哪里来、到哪里去"的精神密码，深深根植于人民血脉之中，是坚持走中国道路、弘扬中国精神、凝聚中国力量的成功典范。向东渠从一个解决灌溉饮水问题的水利工程，延伸拓展成一尊红色的雕像，一座大美无言的文化景观。让我们在向东渠建设蕴含的精神感召下，发扬红色传统，传承红色基因，赓续共产党人精神血脉，永葆对党的忠诚之心、对人民的赤子之心，奋力谱写全面建设社会主义现代化国家崭新篇章。

---

① 习近平：《在庆祝中国共产党成立100周年大会上的讲话》，《人民日报》2021年7月2日。

第七章 晋江经验：改革创新、敢拼会赢

晋江是福建省东南沿海的一个县级市。1978年，晋江GDP仅为1.45亿元，人均GDP154元，财政收入1476万元，农民年人均纯收入107元。在当时，晋江是一个财政严重入不敷出、主要靠国家补贴过日子的穷地方。2023年，全市GDP3363.5亿元，是1978年的2320倍；一般公共预算总收入250.69亿元，是1978年的1698倍。当年的贫困农业县，从草根工业、家庭作坊起家，到如今已形成1个产值超3000亿元（鞋服）、1个产值超千亿元（纺织）、2个产值超500亿元（食品、建材）和2个产值超300亿元（医疗健康、智能装备）的产业集群，从靠国家补贴度日，到经济总量连续20多年名列全国百强县十强，领跑福建省县域经济近30载。2002年6月，时任福建省省长的习近平同志在七次深入晋江调研后，总结提出了以"六个始终坚持"和"处理好五大关系"为核心内涵的晋江经验①，指出晋江经验是晋江人民对有中国特色社会主义发展道路的大胆探索和成功实践。② 同时，习近平同志强调"晋江人自古以来形成的商品意识、竞争意识、开放意识、创业意识等深厚历史文化积淀，凝练、升华为具有鲜明时代特色的地域文化——'诚信、谦恭、团结、拼搏'的晋江精

---

① 新华社评论员：《弘扬"晋江经验" 再谱改革新篇》，《福建日报》2018年7月9日。

② 习近平：《研究借鉴晋江经验，加快构建三条战略通道——关于晋江经济持续快速发展的调查与思考》，《福建日报》2002年10月4日。

神"①。其典型特质就是"敢拼、爱拼、善拼，敢为天下先"②。2023 年，创新和发展晋江经验更是写入中央文件，晋江成为引领全面民营经济发展的示范样板。

一、晋江经验的源头活水

2002 年 10 月，习近平同志指出晋江值得借鉴的一条重要经验就是"始终坚持在顽强拼搏中取胜"，并指出"晋江人民在历史上就敢拼、爱拼、善拼，敢为天下先"③。

（一）生存环境铸就不畏艰险、百折不挠的人文底色

晋江市地处福建省东南沿海，唐开元六年（718）置县。据考证，闽越国时期晋江生存环境恶劣，晋江先民就有百折不挠的剽悍气质和好勇轻死的顽强精神。西晋永嘉年间，大批河洛人迁徙至此。他们作为农耕文明的传人，秉承了农耕文明的禀性，虽有"耕破云山万千重"的壮举，仍难以靠种植业为生。自宋元以来，晋江作为海上丝绸之路的起点，晋江人漂洋过海，勇下南洋，创业异邦，出现了"每岁造舟通异域""涨海声中万国商"的贸易繁荣的空前盛况，然而最终也无法解决生计。在对外贸易和与海浪搏击中相伴而生的海洋文化，铸就了晋江人冒险敢拼、顽强进取、开拓竞争、敢为人先、宽容开放的强大精神特质和豪爽性格，商品意识也深深地融进了晋江人的血液中。至此，农耕文明所带来的保守因素受到了海洋文化的撞击而逐渐消解。

元末动乱，阻碍了晋江对外贸易。明初朝廷实行"海禁"，"东方第一大港"的泉州港几乎窒息。晋江的对外贸易虽曾在挫折中出现过安平商人冒禁下海的新兴自由海商奇迹，最终在清政府"海禁""迁界"的沉重打

---

① 习近平：《研究借鉴晋江经验，加快构建三条战略通道——关于晋江经济持续快速发展的调查与思考》，《福建日报》2002 年 10 月 4 日。
② 习近平：《研究借鉴晋江经验，加快构建三条战略通道——关于晋江经济持续快速发展的调查与思考》，《福建日报》2002 年 10 月 4 日。
③ 习近平：《研究借鉴晋江经验，加快构建三条战略通道——关于晋江经济持续快速发展的调查与思考》，《福建日报》2002 年 10 月 4 日。

击下，于鸦片战争后停滞。历史的翻云覆雨告诉了晋江人：什么时候海岸开放了，经济就发展，社会就充满活力；什么时候海岸封闭了，经济就衰落，社会就停滞。唯有开放才能发展的深刻认识通过海洋、港口刻骨铭心地熔铸进晋江人的灵魂深处，深刻地影响着他们的文化心态。① 为了最朴素的生存欲望，晋江人懂得必须竞争、拼搏、开拓。

李硕卿绘《涨海声中万国商》（局部）（现藏于泉州海外交通史博物馆）

明清两代朝廷禁止人们移居海外，但为了生存，晋江人不得不破釜沉舟，冒着极大风险，离乡背井，闯荡海外，大规模下南洋，由此造就了"十户人家九户侨"这一晋江最富特色的人文景观。通过移民海外的乡民，晋江在与海外的交流、交融、积淀中，潜移默化地培养了较为开放的社会心态和勇于拼搏的文化精神。

在新中国成立以后的计划经济年代里，迫于生计和基本生存的需要，晋江人从来没有停止过朴素和自发的市场行为。这一时期，晋江特有的优势和能量没能得到发挥和释放。尽管粮食亩产量逐年增加，创造了高产，但人多地少，粮食不能自给，晋江县成为远近有名的"高产穷县"。

（二）改革开放大潮凸显敢为人先、顽强拼搏的奋进精神

晋江人自古以来就有很强的商品意识、竞争意识、创业意识，在民众

---

① 谭文：《晋江精神的历史品格》，《理论学习月刊》1994 年第 10 期。

中蕴藏着迫切的求生存、求发展的愿望和求富、求强的力量,一旦有了适宜的突破口,就喷薄而出、不可阻挡。①

改革开放后,成千上万的晋江人"敢拼、爱拼、善拼,敢为天下先"的内生动力被全面激发,晋江的人文特质支配着晋江大批农民毅然决然重新从商,奋起突破束缚,充分利用侨乡"三闲"(闲房、闲资、闲散劳动力)优势,抢占改革开放先机,选择进入门槛低的服装、鞋业、食品、陶瓷等行业,联户集资大办家庭作坊,率先走出了一条独具侨乡特色的县域农村工业化发展之路,快速实现由农业为主向工业为主转变,经济发展实现第一次跨越,创造了"晋江模式"②。1980年晋江在全省率先出台《关于加快发展多种经营和社队企业若干问题的规定》(晋县委〔80〕170号),允许群众集资办企业;1983年进一步出台政策,允许农民集资办企业、允许集资企业雇工、允许股金分红、允许供销人员按业务量提成和价格随行就市。从"五个允许"中就可以看出,晋江人已经超越了传统体制,以自己独特的思维,去研究新情况,解决新问题。他们独辟蹊径,办起了"小五匠"农村工业;在民营企业姓"资"姓"社"的问题前,绝不徘徊,戴上了挂靠集体和境外企业的"红帽子""洋帽子";在拓展市场存在营销困境的情况下,撒开了"三十万供销走天下"的销售网络。资源的贫乏和工

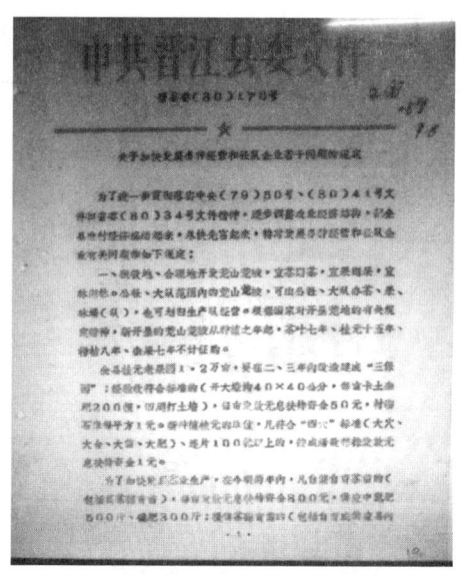

《关于加快发展多种经营和社队企业若干问题的规定》文件(1980年)(蒋金宝 摄)

---

① 蒋金宝:《晋江民营经济发展与"晋江经验"研究》,《中共福建省委党校学报》2013年第1期。

② 习近平:《研究借鉴晋江经验,加快构建三条战略通道——关于晋江经济持续快速发展的调查与思考》,《福建日报》2002年10月4日。

业基础的薄弱，迫使晋江的民营经济从起步阶段就必须借助外部资源发展产业，通过市场途径引进设备、技术和原材料来组织商品生产，并吸引四面八方的相关资源和要素向晋江流动、集聚，在晋江整合、加工，形成晋江民营经济发展独有的特色。在这个时代，解放思想和敢为人先的精神，在晋江人身上合为一体、碰撞升华，生出敢想、敢试、敢拼、不信邪、不服输的拼劲和闯劲。正是有了这股劲，才有了遍地"估衣摊"（旧衣摊）、"三闲起步"、联户企业、销售大军、品牌之都、资本板块等广泛流传的"晋江词汇"；正是有了这股劲，才能以"别人不行我行""别人行我更行"的勇气和霸气，硬是把服装、鞋业、食品等小商品做成了大产业①；正是有了这股劲，才有了晋江农村工业化的大发展。从20世纪80年代的"三闲""三来一补"②起步，通过联户集资，大力兴办企业，村村点火，户户冒烟，创造出以"以市场调节为主，以外向型经济为主，以股份合作制为主，多种经济成分共同发展"，即"三为主、一共同"为主要特征的经济发展模式，也就是"晋江模式"，并成为闻名全国的农村发展"四大模式"之一。从晋江的人文历史来看，晋江的地理环境、自然条件和文化背景，赋予晋江人与生俱来的爱拼会赢、思想解放的性格。如果说晋江有什么优势的话，那么，这种根植于历史，来源于民众，深深融于血脉之中的求生存、求发展的本能，和勇于拼搏、求新、求变的精神就是晋江最重要的优势。晋江之所以能够成为民营经济起步较早、发展较快的地方，在某种意义上是穷则思变的结果。

晋江人从"敢拼""爱拼"中，尝到了"先人一步，领先一路"的甜头，也遭受了许多风险和磨难，付出了代价。"文化大革命"期间被"地下黑工厂"的恶名牵连过，后来被"割资本主义尾巴"的做法挫伤过；20世纪80年代被私营和雇工姓"资"姓"社"的问题困扰过、作难过；1985年因"假药案"的影响被舆论和市场压制过、排挤过……但晋江人没有退却，没有停滞，反而更加振奋，更加奋力向前，思想仍旧不断解放，仍旧

---

① 蒋金宝：《晋江民营经济发展与"晋江经验"研究》，《中共福建省委党校学报》2013年第1期。

② "三来一补"：来料加工、来样加工、来件装配和补偿贸易。

敢闯敢拼敢干。

1992年邓小平南方谈话后,晋江大力发展民营经济,提升产品质量,实现由工业城市向经济大市转变,经济社会发展实现第二次跨越。90年代中期提出"四个集中"[①]和"质量立市""品牌强市"发展战略,继而引导企业上市,民营经济进一步发展壮大,初步形成优势产业集群,部分企业步入自创品牌阶段,一批龙头企业相继出现,集群内部创新机制及合理的竞争体制逐步形成,晋江大地焕发出前所未有的生机和活力,也为晋江经验的逐渐充实和完善打下了基础。

从1978年到2001年,晋江经济年均增速达到26.16%,经济总量翻了七番之多,平均三年翻一番,实现了从"高产穷县"到"福建第一""全国十强"的惊人跨越。[②]

然而,世纪之交,初战告捷的晋江遭遇前行的瓶颈。民营经济"家家点火,户户冒烟",却还是"只见星星,不见月亮""低端竞争,富而不强"[③]。中国的改革开放事业步入新的十字路口。"9·11"事件引发世界格局重大变化,中国刚刚加入世贸组织,怎样深度融入全球化体系,亚洲金融危机余波未平,中国的发展该怎么走,中国特色社会主义道路如何探索,这些问题引起了时任福建省省长的习近平同志的深思。[④]

习近平同志在福建省工作期间始终高度关注晋江发展,六年七次深入晋江一线调研,发出的"发展之问"切中问题要害、把准发展方向,富于战略眼光和前瞻性,首次总结提出了晋江经验,并在2002年8月20日《人民日报》上发表署名文章《研究借鉴晋江经验,加快县域经济发展》。习近平同志的总结,是对晋江特色道路与发展规律的寻根溯源,又是解决

[①] "四个集中":耕地向规模经营集中、企业向工业园区集中、住宅向现代社区集中、人口向市区和城镇集中。

[②] 刘元、何雨欣、项开来、涂洪长:《敢为天下先 爱拼才会赢》,《中国文化报》2018年7月9日。

[③] 新华社评论员:《弘扬"晋江经验" 再谱改革新篇》,《福建日报》2018年7月9日。

[④] 吴毓健、林侃、方炜杭:《改革争先击水中流——习近平总书记在福建的探索与实践·改革篇》,《福建日报》2017年7月17日。

晋江乃至中国发展问题的金钥匙。晋江经验深刻指出突破发展瓶颈，摆脱路径依赖，实现转型升级的正确方向、科学路径和有效方法，为晋江再创改革开放发展新辉煌奠定了理论基础，提供了重要行动指南。① 从此，晋江经验成为引领福建加快改革、全面发展的一个标杆和重要精神财富。② 2002 年以来，特别是党的十八大以来，晋江市始终以晋江经验为遵循，积极探索新型工业化、城市化道路，加快推进全面建设小康社会进程，坚定不移贯彻新发展理念，传承创新发展晋江经验，全方位推动高质量发展超越，向建设国际化创新型品质城市迈出坚实步伐。

（三）多种文化融合塑造包容开放、求富求强的品格风貌

从以上的叙述中可以看出，晋江的文化是多种文化整合融合的结果，尽管这个过程很漫长。在晋江文化结构中，先是古闽人文化被越人文化融合，接着是闽越文化与中原文化撞击、融合、互补，闽越人在"暑湿瘴热，蝮蛇蠹生"的恶劣生存环境挑战中所表现出的剽悍、内聚、好勇轻死的顽强精神，被有效地整合进中原先进的农耕文明中。③ 晋江人"个个猛"，敢拼敢赢，有它历史的形态和根据。晋江号称"海滨邹鲁"，深受中华传统文化的熏陶，又靠海为生，锻造出晋江人四海扎根、八方拓展的移民和经商传统，成为中国海洋文明的先驱。④ 晋江先民源远流长的海上活动所孕育的冒险、拼搏、开放、开拓、进取等海洋文化精神，有效地克服了农耕文明所带来的因循守旧、中庸封闭、散漫狭隘等保守因素，而将其务实、勤勉、吃苦耐劳、善于守成的优秀品质整合进了海洋文化中。⑤ 海洋文化中所独有的精神元素——敢于冒险、敢于拼搏，糅合淬炼赋予晋江

---

① 新华社评论员：《弘扬"晋江经验" 再谱改革新篇》，《福建日报》2018 年 7 月 9 日。
② 陈清：《"晋江经验"的时代价值与实践意义》，《求是》2018 年第 14 期。
③ 方文：《晋江精神多元历史品格的整合、定位与价值》，《理论学习月刊》1994 年第 10 期。
④ 晋江市地方志编纂委员会：《晋江年鉴（2013）》，方志出版社 2013 年版，第 3 页。
⑤ 方文：《晋江精神多元历史品格的整合、定位与价值》，《理论学习月刊》1994 年第 10 期。

人拼搏、智慧、创新、坚持的特性。商业经济的广泛勃兴既得益于闽越遗风的剽悍勇敢、农耕文明的务实理性和勤劳坚韧,又得益于海洋文化的开放进取,且更加牢固地把上述精神特质融合进一个完好的文化中,同时商业经济特有的精明个性和应变技巧为晋江传统文化增添了新的养分。对外来文化的接纳和吸收,使晋江人很早便具有一种超越土地的开阔视野和世界意识。在古代,晋江离皇权中心较远,皇权思想在晋江人心中的根系较浅,因而晋江人常常表现出宽容、多元、应变、求新的思维方式。① 南传的中原文化虽多领域多层次地保留和传承了中原传统文化的原汁原味,但也在海滨之地吸收了海洋文化、外来文化、商业文化,形成更具有丰富性、包容性、开放性和多元性的文化格局。相比广大内陆地区的自给自足和闭关自守,晋江先民在个体素质、精神风貌、文化心理方面的表现较为丰富。特别是围海耕山、出海冒险、海内外通商及海外创业等实践,逐渐形成了晋江先民的开放意识、商品意识、包容情怀,以及敢于竞争、勇于冒险的精神。正是由于晋江先民的这些精神品格,土地贫瘠的晋江在唐宋时期,先后成为中国的"上等县"和国内屈指可数的大城市之一②,成为著名的海上丝绸之路的起点,在唐宋及之后的时期涌现出一批历史名人,如文学家欧阳詹、王慎中,政治家曾公亮、梁克家、蔡确,军事家俞大猷、施琅,史学家吕夏卿、何乔远,科学家丁拱辰,书画家张瑞图等。

千百年来,晋江人一直咀嚼着"人稠山谷瘠"的生存之艰,为改变命运而拼搏闯荡③,为谋生路,闯海下洋,十户九侨,晋江人性格中浸润着海洋的壮阔与无畏。为生存而搏命,几乎是生之本能。④ 因为穷,因为吃不饱饭,他们求富、求强的渴望特别强烈。早在20世纪80年代,费孝通、罗涵先两位著名学者就敏锐地指出:"在晋江经济中的最生动、最活跃、

---

① 方文:《晋江精神多元历史品格的整合、定位与价值》,《理论学习月刊》1994年第10期。

② 王望波:《晋江传统文化与民营企业家阶层的形成》,《南洋问题研究》1999年第1期。

③ 刘亢、何雨欣、项开来、涂洪长:《敢为天下先 爱拼才会赢》,《中国文化报》2018年7月9日。

④ 赵鹏:《晋江 爱拼基因何以传承》,《人民日报》2018年9月28日。

最本质的东西,是内涵于广大晋江侨属中的蕴蓄深厚的拓外传统和强烈要求改变贫穷现状的致富愿望。"① "强烈要求改变贫穷现状的致富愿望"正是千年经商史所化育的商业经济精神。古往今来,维系晋江人生存,推动晋江发展的,始终是一脉不绝如缕的拼搏奋进的商业精神,它历劫不灭,屡挫屡进,弥压弥坚。②无论生活多么困苦,创业多么艰辛,海事多么险恶,海外谋生多么辛酸,只要精神不灭,总能支撑晋江人渡过难关。

晋江的发展历程既有坦途,也有逆境,并非一帆风顺。艰辛苦难的逆境,压抑、阻挡过晋江人的发展,晋江人为此付出了代价。但令人钦佩的是,晋江人在逆境中以新的生存方式、应变能力向命运挑战,向社会和自然挑战,从而使他们的个体素质、人生态度、精神品格,获得了更成熟、更全面、更丰富的锻造和发展。之所以能在逆境中寻得机会,在顺境中乘势而上,凭的就是敢为人先的胆略、抱团发展的精神和爱拼善赢的气魄。③

晋江人的人文精神与其他地方不同,而且特色明显。什么原因?穷造成的,不服输的韧性成就的,多元文化熏染、积淀、融合而成的。晋江人特有的爱拼敢赢、求富求强的人文特质和精神是古闽人文化、闽越文化、中原文化、海洋文化、华侨文化与宗教文化等多种文化,经过千百年来撞击、整合、互补、融合的结果,在这漫长的演绎过程中造就了晋江人更为丰富的性格。他们永不满足、求富求强、竞争创新、敢想敢拼、开拓进取、你追我赶、积极向上;他们吃苦耐劳、不屈不挠、坚忍顽强、开放包容、团结诚信,也许他们或他们的父辈是农民,但他们从来没有内陆山区守旧守土、知足常乐的农民意识。"三分天注定、七分靠打拼",在晋江几乎人人会唱这首脍炙人口的闽南语歌曲《爱拼才会赢》,那饱含苍凉悲壮的韵律,那豪放狂野的气势,那与命运搏击的不屈灵魂,浓缩了晋江人最为宝贵的人生信条,也唱出了晋江人民奋力打拼的顽强意志。中原文化与

---

① 费孝通、罗涵先:《乡镇经济比较模式》,重庆出版社1988年版,第158—159页。
② 方文:《晋江精神多元历史品格的整合、定位与价值》,《理论学习月刊》1994年第10期。
③ 晋江市地方志编纂委员会:《晋江年鉴(2013)》,方志出版社2013年版,第3页。

海洋文化的交融、熏染与积淀，培养了晋江人强烈的经商意识、竞争意识、冒险意识、开放意识和创业意识，确立起市场观念、效益观念、时间观念、法治观念、信息观念，所以在改革开放后这些"经济人"的意识迅速苏醒。在改革开放的新形势下，晋江人的拼搏精神、冒险精神和创造精神得到了充分的发挥，不少晋江子弟，小小年纪，学了几句有浓重地方口音的普通话，就敢于闯荡天下，去施展他们的才干。纵观历史，晋江融中原文化、闽越文化与外来文化于一体的特色海洋文化，充盈着晋江祖先承载生活重压的呻吟，洋溢着面对生死的坦荡，弥漫着诗情与悲情的激越，展示着力图超越命运安排的刚毅。这样的品格特质血脉相承，在历史上，表现为求富求强、拼搏进取、敢为人先；在改革开放的发展历程中，表现为解放思想、锐意进取。可以说，这就是演绎晋江经验的活力之源①，这就是晋江县域经济快速发展和晋江经验这一精神财富得以产生，并获得巨人成功的最本质的基因密码。

二、晋江经验的群体体现

中国改革开放的大幕掀开之后，晋江人踩着奋进的鼓点，敢说敢做，言行中充满血性，行事大方又讲义气，始终勇立发展的潮头，披荆斩棘，乘风破浪，不断前进。"敢拼、爱拼、善拼，敢为天下先"是贯穿于晋江经验的精神脉络。

2014年7月，习近平总书记在给福建企业家回信时提出，希望企业家继续发扬"敢为天下先、爱拼才会赢"的闯劲，为国家经济社会持续健康发展发挥更大作用。②

晋江人很能吃苦很有拼劲，他们常说的一句话是"跌倒了还要抓起一把沙子"，一代一代的晋江人就是靠着这样的精神把事业推向一座又一座高峰。正是因为"敢拼、爱拼、善拼，敢为天下先"，晋江这块"贫瘠的

---

① 《敢为人先　大步跨越》，《泉州晚报》2011年2月21日。
② 《习近平总书记给福建企业家回信——希望企业家继续发扬"敢为天下先、爱拼才会赢"的闯劲，为国家经济社会持续健康发展发挥更大作用》，《福建日报》2014年7月21日。

土地才能长出金子"①。这种敢于拼搏、敢担风险、百折不挠的精神特质，就是晋江人精神血脉的生动写照，在晋江社会各群体中都得到了充分展现。

（一）担当有为的晋江党政干部

"顺境逆境看襟度，大事难事看担当"，担当既是一种责任，又是一种无私的奉献，还是一种勇气的象征，担当正是晋江发展的精神内核。在发展历程中，晋江"始终坚持加强政府对市场经济发展的引导和服务"，"做到既不'越位'，又不'缺位''错位'或'不到位'"②。每到发展的关键时刻，始终统揽全局，及时根据情况变化，适时调整发展方向，确定发展战略，为晋江跨越式发展提供了强有力的保证。

民营经济在晋江风生水起，绝非偶然。很多时候晋江民营企业家自发的创业创新行为总能形成气候，在相当程度上取决于当地党委和政府的帮扶。作为晋江经济社会发展的实践者、亲历者、号召者，党委和政府的角色是引路人，企业发展危难时，出台政策，提出发展战略，帮助企业找方向、定航标；也是推车手，在企业发展的每一个阶段助推提高产品质量，打造品牌，帮助企业上市；还是服务员，在发展中优化营商环境，亲商爱商，构建亲清新型政商关系。

1. 逆境中勇于担当，化危为机，引领前行

晋江历任领导者自改革始，就有一种共识：不急功近利，不炫耀政绩，而是按照生产力发展标准，着力为下一步经济发展聚积力量，实实在在地干一批打基础、增后劲的事业，正所谓"一届为一届打基础，一年为一年添后劲"。正是基于这一共识，历任党政干部紧抓机遇，始终秉持"企业在拼，民众在拼，政府也要拼"的责任担当，把激发民营企业的勃勃生机和铮铮锐气当成分内之事，把壮大民营经济方阵当成做大做强经济总量的应有之义，把握趋势，厘清思路，制定策略，引领发展，既在企业

---

① 闽南俗语："贫瘠的土地可能长不好庄稼，但却能长出金子。"
② 习近平：《研究借鉴晋江经验，加快县域经济发展——关于晋江经济持续快速发展的调查与思考》，《人民日报》2002年8月20日。

后头推波助澜，更在企业前头因势利导，有效服务和引导企业发展，让民营经济活力迸发。正因为这样，才造就了一方"民办特区"的沃土。如果没有党委和政府支持的牢固大后方，企业家的敢闯敢拼就有泥牛入海的风险。在这里，党委和政府与民营企业间的互动总是那么及时：欲动还休的时候，扶一把；生死攸关的时候，挺一把；意气风发的时候，推一把。"力扶、力挺、力推"的持续发力，有效地服务和引导企业，成为晋江经验的一大要义。

创业艰难，有时不是难在手中没钱，而是难在心里没底。晋江历届党政领导立足于党中央的大政方针，在深刻分析晋江县情、侨情、民情的基础上敢闯敢试，坚定不移、实事求是地支持民营经济发展。起步时不设条框，放权让利；挫折时多给予鼓励，加强引导；困难时担当保护，渡过难关；顺利时把握机遇，创新升级。通过政策引领，激发民营经济活力。

20世纪80年代初，改革开放春风拂来，面对萌动之中的商品经济，全国很多地区不少人驻足观望，害怕政策会有变化。"洗脚上岸"的晋江人性子急，蠢蠢欲动，甚至已经率先行动了。在当时人们还没有从计划经济体制走出来，市场经济还是新鲜词的年代，"联户集资"涉及所有制性质等敏感问题，所以他们期待政府有所明示。在这紧要关头，晋江县委壮着胆子、冒着风险出台"五个允许"等一系列扶持政策，支持、鼓励，甚至动员农民"联户集资"办企业，提出发展要靠乡镇企业"打头阵"，从而点燃了乡村工业化的星星之火。

当多数人还没来得及考虑，甚至连想都不敢想私有制应该不应该在中国发展，能不能成为社会主义所有制的补充形式这一问题时，晋江的党政领导就对民营企业网开一面，甚至大胆发动群众办企业，其中的胆略及远见令人敬佩。有人问时任晋江县委副书记尤垂镇："你们出台'五个允许'等一系列扶持政策，不怕丢官帽吗？"尤垂镇说："官帽就放在桌子上，要就拿去！"如此云淡风轻，这就是为官的担当、坦荡。

岁月不会平白静好，背后有人遮风挡雨。1985年，恒安集团现任董事局副主席许连捷找到安海镇时任党委书记陈永恩请求批地办厂，镇党委班子决定对一片草木不生的盐碱滩进行填土改造，搞全省第一个工业园。谁知这边刚一动工,那边通知就下来了——陈永恩和镇长双双被停职,到泉州上学习班。"我们当时做好了被判刑的准备。"陈永恩说。可他们不知道,此时还有一个人也正急火火往泉州赶,他就是时任晋江县委副书记尤垂镇。"要作检查,也得我来作。"尤垂镇说。此后,每次遇到坎时,晋江干部总是及时站出来,既严肃整顿市场规范秩序,又积极帮助这些刚刚"洗脚上岸"的农民企业家树立市场经济法治意识,同时主动寻找政策空间。①"只要是有利于解放和发展社会生产力的,就在实践中大胆去闯、去试。"②

晋江在发展过程中也一度出现曲折。1985年,闻名全国的"假药案"使晋江在全国的形象受到了极大损害,起步不久、势头正高的晋江民营企业面临一次十分严峻的考验。面对严峻的局势,当时的晋江县委县政府站了出来,承认错误,担起责任,划出红线,继而鼓足干劲,领着大家一起往前走。经过认真讨论,县委县政府班子成员达成共识:问题归问题,发展归发展,晋江联户集资办企业的发展路子没有错,仍要坚决支持。处理企业、干部不要扩大,举一反三,总结教训。③"假药案"唤起了晋江政府角色的转变:由后台走向前台、由保护转向引导服务、由守夜人变成裁判员。一方面处理涉案的人员和企业,建立全省第一个县级产品质检所,狠抓产品质量;一方面政府带领农民企业家们到全国各地办展销会,消除影响,把受到的冲击变为整顿、巩固、发展的动力。

"假药案"之后,晋江人整理行装重新出发,不过,行囊里多了一个法宝,那就是诚信。晋江人由此树立了"诚信是金,诚信是命,诚信是市场主体的立身处世之本"④的信条,这是痛定思痛的结果。从此,晋江狠抓诚信建设,建设信用经济、法治经济、信用政府、信用社会、信用文化。如今,诚信成为了晋江人的道德追求和人生信条,诚信成了晋江民营

---

① 赵鹏:《晋江 爱拼基因何以传承》,《人民日报》2018年9月28日。
② 习近平:《研究借鉴晋江经验,加快构建三条战略通道——关于晋江经济持续快速发展的调查与思考》,《福建日报》2002年10月4日。
③ 邵芳卿:《晋江传奇》,《第一财经日报》2009年9月4日。
④ 习近平:《研究借鉴晋江经验,加快构建三条战略通道——关于晋江经济持续快速发展的调查与思考》,《福建日报》2002年10月4日。

企业家的市场利器和制胜法宝。在现在的晋江，诚信不仅仅是一种行为，更是一种文化。

1989年，中央出台一系列治理整顿的政策措施，要求各地将非国有企业、集资企业重新定性并换证，引起了晋江民营企业主的恐慌，新生的民营经济举步维艰。在这种情况下，晋江党委和政府及时发文件，强调"三个不变"：改革开放的国策不变，党的农村政策不变，发展扶持乡镇企业的政策不变。县委县政府领导冒着极大的风险，制订了保护刚刚起步的民营经济发展的"非常"措施：为民营企业戴上集体企业、外资企业、三资企业的"红帽子""洋帽子"，巧妙地为企业"化装"，继续"搭台"，帮助企业"登台唱戏"，给企业吃"定心丸"，以争得民营企业生存与发展的权利，避免了一场危机。时任晋江县委书记的尤垂镇向记者说出了自己的初心："我这一辈人都是农民的儿子。当了共产党的干部就要为人民办事，敢付出，敢担当，敢负责任，敢冲，敢拼，不计较。"正是有怀揣这样的勇气魄力的历届党政领导集体，发挥出了极大的社会效应，晋江才有了经济社会发展强大的后劲。

1996年，晋江市委市政府将"质量"从技术操作层面上升为战略层面，提出"质量立市"，拓展企业规模，塑造产品形象。

1998年后，亚洲金融危机给满足于贴牌加工的晋江企业当头一棒，让晋江意识到没有自主品牌的企业，难逃出局命运。晋江市委市政府适时提出"品牌立市"战略，开始大规模推进企业贯标认证工作，倡导企业摆脱代工、贴牌等价值链低端角色，以创新创牌带领企业穿越激流、绕过险滩，飞速前进。

2007年，晋江及时出台了《关于进一步推进企业改制上市工作的意见》，对企业上市，财政给予每家总计350万元左右的资金扶持。

面对危机，敢于迎难而上；危机离去时，更应乘势而上。晋江市委市政府每年均梳理或出台若干份扶持经济发展的政策大礼包。例如，2012年，为助推民营企业二次创业，出台了19份扶持经济发展的政策文件。惠企政策让企业备受鼓舞，看到了"晋江速度"，也感受到了"晋江温度"。得益于此，晋江企业家发展实体经济的初心不改，走得更坚定了。

另外，晋江市委市政府大力提供人力资源、营销等各种优化服务，不断改善软硬件环境，致力各类科技公共服务和创新平台建设。1999年，晋江就成立了全国首家设在县级市的博士后科研工作站，现已拥有中国科学院大学福建学院智能制造学院、福州大学晋江科教园、泉州职业技术大学三大高校，中国科学院海西研究院泉州装备制造研究所、中轻（晋江）卫生用品研究院有限公司、中国纺织科学研究院海西分院、中国皮革和制鞋工业研究院（晋江）有限公司、福州大学—晋江微电子研究院、晋江—哈工大机器人研发中心、福建海峡石墨烯产业技术研究院等10家高水平科研机构，服务于产业转型升级。

2. 顺境中团结齐心，不甘示弱，充满激情

晋江始终有一支坚强有力、积极向上的党政干部队伍。在闽南有句俗语："输人不输阵，输阵碗糕面。"这是普通老百姓好争面子的朴素表白，也是晋江干部不服输的拼劲写照。"逢一必争，逢冠必夺""人一我十，人十我百"更是展现了干部队伍只争朝夕的奋斗风貌。晋江作为多年领跑全省县域经济发展的旗手，离不开这支充满激情和创造力、服从服务大局、永不服输的干部队伍。干部到重点项目、重点企业、薄弱村居、招商选资等一线蹲点，不畏惧困难、不回避矛盾、不推卸责任、不避重就轻，在狠抓落实上出实招，在推进改革中见实功，就是明证。

自2002年以来，晋江先后承担了39项国家级改革试点任务，在改革发展中从未止步，在经济体制、行政审批、新型城镇化、农村土地制度改革等方面不断丰富晋江经验，成为目前中国改革试点最多的县级城市之一。全国文明城市、国家生态市、全国双拥模范城、全国科技先进市、全国平安建设先进市……一个个国家级、省级殊荣让晋江信心倍增。2016年，晋江更是瞄准国际化，提出打造国际化创新型品质城市的发展定位。晋江在2007年成为全国第三个国家体育产业基地的基础上，2017年，再一次抓住机遇，挑战不可能，以一个县级市的力量成功申办第十八届世界中学生运动会，开了全国县级市承办大型国际综合赛事的先河，成为国家体育产业基地、全国羽毛球训练基地，并连续4届取得"亚洲大体联足球亚洲杯"以及"国际大体联足球世界杯"举办权。每年晋江举办的群众性

体育赛事超过2000场,让群众既有"诗和远方",又有"运动健康",也让晋江在建设国际化创新型品质城市的进程中迈出了坚实的一步。晋江的党政领导不甘示弱,勇于开拓拼搏,对标法治化、国际化、便利化,正在以更加开放包容的心态接轨国际。

晋江人常说:"行船爱船走。"不管是掌舵的,还是划桨的,只有齐心、团结,才能到达彼岸。改革开放以来,晋江经济发展之所以能插上腾飞的翅膀,就是因为晋江党政干部想干事、能干事,以对党忠诚、为党分忧、为党尽职、为民造福的政治担当,团结一心、开拓进取、勤奋敬业,满怀激情地投入晋江的建设实践中。

3. 良性政企互动中,倾心服务,构建"亲""清"政商关系

良性的政企互动是晋江民营经济健康高速发展的法宝,也是晋江经验的重要内容之一。晋江是一个非公有制经济高度发达的地区,全市97％以上企业是民营企业,95％以上的产值、税收、就业岗位由民营企业创造。民营经济在晋江的持续健康发展,始终离不开晋江各级党委、政府和企业"亲"而有度、"清"而敢为的良性互动的身影。

坚持"四到"的政府角色定位。晋江政府有很强的服务意识,角色定位颇具人性化,这给晋江企业发展创造了很好的政务环境、市场环境,是晋江经济发展的关键因素。政府在对待企业上提出"四到":不叫不到、随叫随到、说到做到、服务周到。"不叫不到",是指政府严守边界,权力不任性,避免随意干预企业发展;"随叫随到""服务周到",体现的是政府强烈的服务意识和高效的运作状态;"说到做到",是指政府带头打造社会诚信氛围,以政务诚信塑造商业诚信的空间①,切实做到尊商、亲商、爱商、助商,又不扰商。

创新"四办"的政务运行机制。晋江市持续深化简政放权、放管结合改革,提出"四办":马上办、网上办、就近办、一次办。全面推行网上审批、并联审批和集中审批,梳理公布"最多跑一趟""一趟不用跑"清

---

① 正和岛研究院:《40年翻了1366倍,总书记7次考察,中国"老板之都"有何神秘之处?》,"正和岛"微信公众号,2018年7月15日。

单 1149 项。① "宁可让自己麻烦百次,不让群众麻烦一次"是晋江党政干部的工作信条,也是对群众的承诺。

建立"三张清单"监管制度保障。晋江市全面建立推行权力清单、责任清单、负面清单"三张清单"制度:用"权力清单"来明确政府的行为边界,用"负面清单"来明确企业的经营范围,用"责任清单"来明确政府的市场监管范围。"三张清单"厘清了政府与市场的边界,既使"亲"保持了合理的尺度,也使"清"有了制度的规范。②

强化"亲""清"政企良性互动。清则正,正则威;亲则顺,顺则合。习近平同志在福建工作时,就提出干部要与企业家建立"君子之交"的关系,成为事业上的"诤友"。③ "亲""清"要落到实处,需要政企良性互动常态化。为此,晋江坚持以"亲""清"关系为基础,持之以恒地正风肃纪,促进政商良性互动。

多年来,晋江各级党委、政府积极引导和助推民营企业发展。一是"亲"字当头,主动了解企业需求。不断完善市领导挂钩联系企业家制度,推广"党政+商会"联席会议制度,将政企互动从市级延伸到镇(街)层面,搭建起党委、政府与商会、企业沟通协商的重要平台。同时,十分重视异地商会建设,因地制宜地制定商会与政府沟通联系制度、会长办公会议制度等,服务在国内各大中城市经商办企业的 30 多万晋江商人。持续实施"回归工程"近 3 年,共促成 81 个项目落地晋江,总投资 250 多亿元。党委、政府还主动宣传落实各项惠企政策,成立中小企业咨询服务中心和惠企政策宣讲团,为企业发展提供政策支持;主动推进金融服务,帮助企业解决资金问题;主动推进人才战略,帮助企业解决人才问题;主动服务科技创新,激发企业创新转型活力;主动加强联系协作,完善商事调解机制。二是"清"字把关,廉政工作不放松。做到建"清"制,以制度建设为新型政商关系保

---

① 刘元、何雨欣、项开来、涂洪长:《敢为天下先 爱拼才会赢》,《中国文化报》2018 年 7 月 9 日。
② 柯文:《亲清新型政商关系的晋江实践》,《求是》2018 年第 14 期。
③ 吴毓健、林侃、方炜杭:《改革争先击水中流——习近平总书记在福建的探索与实践·改革篇》,《福建日报》2017 年 7 月 17 日。

驾护航；吹"清"风，加强学习，牢固树立正确价值观；立"清"志，签订干部党风廉政责任状。①"亲""清"新型政商关系，极大地激发了政企双方的积极性和创造性，在这样的环境中，晋江人更加敢拼、能拼、会拼。②

（二）敢闯敢拼的晋江企业家

不畏艰险、顽强拼搏是中华民族精神的重要内容，而闽南语歌曲中"三分天注定、七分靠打拼"可以说是晋江企业家拼搏精神的真实写照。晋江历史上就有经商办企业的悠久传统，也不乏取得卓越成就者。唐武周时期，东石航海巨商林銮造大船、筑码头、建航标，成为晋江千年前的大商人。唐代之后晋江的巨商富贾不在少数，如宋代造安平桥的黄护，明代修洛阳桥的慈善家李五，明末清初开发台湾第一人郑芝龙、把荷兰殖民者逐出并收复台湾的郑成功等等。

1. 勇于突破，敢为人先，创办民企

党的十一届三中全会提出以经济建设为中心，宛如一声春雷，让神州大地江河解冻、万物复苏，晋江奇迹由此播下了种子。③ 不久，《中共中央关于加快农业发展若干问题的决定》出台，晋江的农民敏锐地察觉到社队企业应该有一个大发展的机遇。深受贫困之苦，又背靠海外华侨资源，此时晋江一大批有志气、有拼劲、肯吃苦的农村"能人"怀着摆脱贫困的梦想，毅然决然"洗脚上岸"④，进入了市场需求大、技术设备要求门槛低、资金投入不高的鞋服、箱包、玩具等民生行业，以"敢为天下先"的巨大勇气，率先进行市场经济的探索，晋江迎来了草根工业的崛起。

1979年3月，陈埭镇林土秋和弟弟、邻居共14个人，每人拿出2000块钱，加上海外寄来的8万元，在自己的石头房里，联户集资办起了晋江

---

① 樊建新、彭五堂：《从泉州对"晋江经验"的成功践行看习近平新时代中国特色社会主义思想的重大意义》，《人民日报》2018年7月13日。
② 赵鹏：《改革创新勇担当——践行"晋江经验"探索与实践（二）》，《人民日报》2018年7月10日。
③ 刘亢、何雨欣、项开来、涂洪长：《敢为天下先 爱拼才会赢》，《中国文化报》2018年7月9日。
④ 刘亢、何雨欣、项开来、涂洪长：《敢为天下先 爱拼才会赢》，《中国文化报》2018年7月9日。

20世纪80年代晋江的家庭作坊（晋江市档案馆供图）

第一家私营企业——洋埭服装鞋帽厂。头一年就赚了8万多元，第二年赚了20多万元。

1980年，劲霸男装创始人洪肇明放下锄头拿起裁剪刀，把家里门板卸下来当第一张裁床，再买一台缝纫机、一个烧炭的熨斗，从这里起步办厂。此后，劲霸男装始终专心、专注于以夹克为核心品类的中国商务休闲男装市场。2020年，劲霸男装以745.69亿元的品牌价值入选"中国500最具价值品牌"，并连续17年蝉联"中国男装第一价值品牌"。

这种"能人"在晋江不乏其例。晋江"能人"的意义，并不仅仅在于他们为全国乃至全球广大消费者提供了令人满意的运动鞋、服装、瓷砖、卫生巾、薯片，也不仅仅在于他们个人的辉煌成就，更在于他们提供给时代实践的思想启迪，其宝贵价值集中地体现在一个"敢"字，一个"拼"字，即"敢拼、爱拼、善拼、敢为天下先"。这对于一个现代企业家来说，似乎算不了什么，可是，对于置身于20世纪80年代末改革开放初期的农民来说，那要有怎样的勇气和胆识！他们要顶住姓"资"还是姓"社"的争论困扰，要承担"敢为天下先"的巨测风险，他们没有厂房、资金、技术，甚至有的没有文化，晋江的"能人"们几乎都是在这样的"零"起跑线上干出来的。当初一无所有的农民、如今出任晋工机械有限公司董事长的柯子江早就明白：没有厂房，可以"借鸡下蛋"，可以拆并自家房屋；没有资金，可以集资合股，可以借贷；没有技术，可以外请，可以借鉴，可以培养，可以自己摸索着干；做生意亏本10万元，就再借20万元重新干；可以自己两三年不领工资、不分红。别人不敢做的，他们敢做；别人还没做的，他们先做了。"他们"，包括在20世纪60年代就挑着担子挨家挨户收鸡蛋再转手销售的许连捷，挑筐赶路将鱼虾带回陈埭贩卖的丁和木，坐几十个小时火车到北京买拉链回来敲打加工的施能坑，七台缝纫机就起步的王良星……这就是晋江数以百计、千计、万计的大大小小的"能人"的缩影，他们以"敢为天下先、爱拼才会赢"的实践胆略与才智为晋江的经济发展打造了你追我赶、生机勃发的景象。

看到林土秋、洪肇明、柯子江以及一个一个一无所有的"能人"获得了成功，晋江农民"宁为鸡头、不为凤尾，个个想当老板"的创业热情被激发出来，纷纷办起家庭作坊、小工厂，类似的私营企业像细胞裂变似的日益增多，一发不可收拾，仅陈埭镇1979年就新增196家联户集资企业，形成了"十户人家五户厂""村村点火、户户冒烟"的景象。据统计，1978年晋江社队企业有1141家，1985年全县企业近7000家，联户集资办企业群众达3.46万户，全县有1/5的农户在办企业。由此，民营经济成为晋江的最大特色，也是晋江发展的根基。至2020年底，晋江民营企业达7万家，民营经济数量、创造的产值税收、就业岗位占全市企业95％以上。

2. 爱拼善拼，开拓进取，勇抢先机

一路先行的晋江人总是比别人更早触及矛盾，更早碰到难关，但也总能勇于闯关。改革开放前夕，他们就悄悄试水市场经济，在人家还在为扩大生产、扩大销售而奔忙时，他们就敢于花重金投广告、打品牌，从而抢占了市场的话语权和制高点；在别人还在为融资困难、资金短缺而发愁时，他们已经大胆进行企业改制、挂牌上市、资本运作。[1] 争先恐后，你

---

[1] 黄祖祥：《"晋江经验"具有十分丰富的内涵》，《东南早报》2011年2月18日。

追我赶的创牌潮、上市潮就是典型案例①,正是这两股推力,极大促进了晋江民营企业的转型升级。敢于开拓、敢于创新是晋江企业家精神的核心。"始终坚持立足本地优势和选择符合自身条件的最佳方式加快经济发展",让"晋江制造"脱胎换骨,赢得先机。②

1998年12月8日,恒安公司在香港联交所上市(福建恒安集团有限公司供图)

1998年,恒安公司在香港上市,带动了晋江民营企业上市热潮。晋江市政府顺势而为,专门成立"上市办",引导企业改制上市,形成资本市场"晋江板块"。迄今,晋江拥有50家上市公司,数量居全国县域前列。③同年开始,晋江出台政策鼓励创品牌,每家"国字号"品牌奖励人民币100万元,全市现拥有中国驰名商标45件。

晋江在传统产业领域做得风生水起,但爱拼敢搏的晋江人,不忘居安

---

① 刘亢、何雨欣、项开来、涂洪长:《敢为天下先 爱拼才会赢》,《中国文化报》2018年7月9日。
② 刘亢、何雨欣、项开来、涂洪长:《敢为天下先 爱拼才会赢》,《中国文化报》2018年7月9日。
③ 刘亢、何雨欣、项开来、涂洪长:《敢为天下先 爱拼才会赢》,《中国文化报》2018年7月9日。

思危，在做鞋片的同时也想做芯片。他们引进集成电路，直接从零到一、从无到有。在目前国内外技术已很成熟、市场份额超过97%的情况下，晋江要切入做芯片，其难度可想而知。但事实证明，晋江做出来了。2016年，在"处理好发展高新技术产业和传统产业的关系"① 这一理念的引领下，晋江敏锐地抓住了国家发展集成电路产业的战略性机遇，把集成电路产业作为重点培育的高新技术产业和新一轮发展的重要引擎。②

晋江企业家不但爱拼而且善拼。例如品牌打造，晋江从仿样加工到贴牌生产再到打响自有品牌，塑造出"品牌之都"。从产业集群、质量行动、品牌带动、资本撬动，到创新驱动、国际化推动发展，无不如此。

当前，国内外经济形势依然复杂严峻，外部不稳定不确定因素增多，经济运行面临系列风险与挑战，导致经济下行压力的因素依然存在。围绕"十四五"发展目标和任务，面对一系列困难和压力，晋江企业家擦亮品牌之都、创新高地、品质城市这三张"金名片"，再一次扛起"敢拼、爱拼、善拼，敢为天下先"大旗，提振踏破重关、海阔天空的信心和勇气，提升在新形势下乘时而进、顺势跃升的眼界和思路，整装再出发。

3. 坚守实业，志向高远，永不止步

晋江人的"敢"和"拼"，还体现在对实业、本业、主业的坚守，体现在专注专一，匠心制造。以民生产品制造为主的实体经济是晋江产业的根基。"晋江人民正是凭着这种'爱拼才会赢'的顽强拼搏精神，硬是把纺织服装、陶瓷建材、制鞋、食品等传统产业发展成为晋江的支柱产业。"③ 做运动鞋、夹克衫、纸巾，来钱慢，面对外部市场变化、劳动力成本上升等考验，面对脱实向虚的"热钱""快钱"等诱惑，晋江企业家们

---

① 习近平：《研究借鉴晋江经验，加快县域经济发展——关于晋江经济持续快速发展的调查与思考》，《人民日报》2002年8月20日。

② 谢开飞、陈弘毅、柯国笠：《凭"晋江经验"走"芯"路 这个园区要建集成电路产业"生态圈"》，《科技日报》2020年5月12日。

③ 习近平：《研究借鉴晋江经验，加快构建三条战略通道——关于晋江经济持续快速发展的调查与思考》，《福建日报》2002年10月4日。

心无旁骛,始终坚守实业,也抗住了金融危机时受到的冲击等各类风险。①"中国伞都""中国鞋都""中国食品工业强市""中国陶瓷重镇"等 16 个"国字号"区域产业品牌,相继落户晋江。保护实体经济稳定发展,也成为晋江经验最为鲜明的特色。

如今,虽然有相当一部分企业发展壮大了,但是晋江的企业家们带领着企业永不止步——坚守实业,走向世界。

安踏体育的前身是丁和木变卖家中一切可以换钱的东西,筹了 1000 元钱在 1980 年成立的家庭作坊式的鞋厂。而今,安踏董事局主席丁世忠说:"要做世界的安踏,而非中国的耐克。"这几年安踏正努力代表中国运动品牌走向全世界,收购了意大利运动品牌斐乐(FILA)在中国的商标使用权、产品开发权和专营权,收购或参股亚玛芬、迪桑特、斯潘迪、KOLON SPORT 等海外同业品牌,将自己的品牌版图扩展到了欧洲、美国等世界上的主要市场,在美国、日本、韩国和国内多地设立研发中心。起点"低到尘埃里",但晋江企业家志向远大,"要么不做,要做就做到行业第一,而且是世界行业第一"。

总的来说,晋江人"敢拼、爱拼、善拼,敢为天下先"的精神特质,在企业家群体中演绎得淋漓尽致、生动真实。这群企业家面对一穷二白的境况,不服输、不认命,乘着改革开放的春风,直面挑战,敢闯敢拼,输赢笑笑。晋江人做生意赚了 10 万元,他首先想到的不是把钱存起来,而是会再借 10 万元,然后把所有的钱全部投入事业再发展。比如,1999 年安踏公司已开始做大了,但是安踏的决策层有更大的野心,希望国人能够记住自己的品牌。当时只有两条生产线,但决策层敢于冒险,花大钱请当时的乒乓球世界冠军孔令辉代言,在央视投广告,由此迅速提高了品牌知名度,成为国内运动鞋行业的龙头。2020 年,在疫情影响下,安踏实现营收 355.12 亿元人民币,净利润 51.62 亿元,首度超越阿迪达斯。截至 2021 年 1 月,安踏市值突破 3600 亿港元,成为国内最大的服饰集团。

---

① 刘元、何雨欣、项开来、涂洪长:《敢为天下先 爱拼才会赢》,《中国文化报》2018 年 7 月 9 日。

晋江的企业家身上有一种凡事都要争一流、走前列的韧劲，对于事业孜孜以求，勇当"领头羊"。

晋江的企业家大气包容，抱团发展。晋江人"有钱大家赚"，很有胸襟、气魄，一个人发展带动周围的人一起发展，形成特色鲜明的块状产业集群。

晋江的企业家不忘初心，始终保持质朴底色，心心念念家乡的地瓜稀饭和最初选择的实业，乐善好施，奉献社会。①

晋江的企业家充满创业激情，胸怀宽阔，眼光独到。既有强烈的发展意识，又有高度的社会责任感；既敢于竞争，又善于协作；既立足本土，又放眼全球；既有敏锐的洞察力，又有顽强的适应力。他们起于乡间、走向世界，提升的不仅是中国产品、中国品牌，还有中国民营企业家对商业文明的探索与思考。②

（三）情系桑梓的晋江华侨

海外晋江人是一支不可忽视的力量。晋江以全国著名侨乡、沿海经济发达城市闻名遐迩，素有"十户人家九户侨"的说法，海内外 500 万晋江人当中侨居海外的同胞多达 300 万，足迹遍及五大洲 60 多个国家和我国的港、澳、台地区，由于地缘、血缘、文缘等关系，大多数集中于东南亚各国，其中尤以菲律宾为最。走出去的晋江人依然保持着赤子之心与家国情怀，在推动故乡发展上做出了贡献。

1. 背井离乡出海谋生

晋江人迁居海外的历史源远流长。据蔡永兼的《西山杂志》记载，早在隋初，即有东石人林智惠、高逢桢"导舟"远航渤泥（文莱一带）等地。元朝时，泉州港跃居当时东方第一大港，海外交通空前繁忙。在明末、郑成功抗清期间、鸦片战争后三个时期，晋江出现了大规模下南洋高潮。清末至民初，有许多人因遭诱骗掳掠而成为"契约华工"，或因政治

---

① 许雪毅、黄鹏飞、吴剑锋：《爱拼会赢，做"世界第一等"——晋江企业家群像扫描》，新华网，2018 年 7 月 10 日。

② 许雪毅、黄鹏飞、吴剑锋：《爱拼会赢，做"世界第一等"——晋江企业家群像扫描》，新华网，2018 年 7 月 10 日。

迫害而避匿外洋，"走土匪""逃壮丁"等为避难而出洋成为当时普遍现象。据《晋江市志》（1994）记载，1923年，金井坑西村居民不堪军阀和匪徒骚扰，全村80%以上被迫出走他乡。① 正如歌谣《出门渡难关》所唱："番平（南洋）若是真好赚，诚多人去几个还。都是家乡环境逼，只着出门渡难关。"

初到异域的华侨历尽艰辛，受尽压迫，他们大多从事贩卖、搬运、补鞋等艰苦的体力劳动。至2007年，在菲律宾的晋江华侨华人中仍有占18%的劳动无产者。② 他们秉承晋江人勤劳、爱拼的精神，善于把劳动所得积累起来，瞄准机会投资，从而扩大资产，增添财富。随着新中国的成立，特别是改革开放之后，华侨华人的地位逐渐提升，并在各自领域崭露头角，甚至身居要职。他们凭着自己的勤劳勇敢和聪明才智，与侨居国人民一道在侨居地从事经济建设，为侨居地的经济开发和社会发展做出很大贡献。其中最具有代表性的就是菲律宾华侨。有人说，菲律宾90%的华侨华人来自福建，而福建在菲华侨华人90%出自晋江。与中国隔海相望的菲律宾的发展史上，留下了晋江人奋斗的足迹③，如"百货大王"施至成、"烟草大王"陈永栽、慈善家陈祖昌、"永和大王"陈觉中等等。以旅菲侨亲为代表的华侨群体，富于开拓、进取、开放、拼搏精神，以胆略和卓识迅速融入侨居国，在商业领域闯出了一片天地。④ 2019年福布斯菲律宾富豪排行榜中，排名前十的富豪中有8个祖籍晋江。2018年11月19日，在对菲律宾共和国进行国事访问前夕，习近平总书记在菲律宾《菲律宾星报》《马尼拉公报》《每日论坛报》发表题为《共同开辟中菲关系新未来》的署名文章，指出："中国东南沿海许多居民漂洋过海来到菲律宾，同当地人民和睦相处。菲律宾国父、民族英雄黎刹的祖先就来自中国福建省晋

---

① 晋江市地方志编纂委员会：《晋江市志》，上海三联书店1994年版，第1189页。
② 中共晋江市委党史和地方志研究室：《晋江市志（1988—2007）》，海峡文艺出版社2020年版，第1344—1345页。
③ 郑昕、邰晓安：《一带一路双城记·晋江与达沃：丝路东风掀开友城合作新篇章》，《参考消息》2019年4月18日。
④ 陈维曦：《海外侨亲融入"一带一路"建设》，《晋江经济报》2015年11月2日。

江市。新中国的开国名将叶飞出生于菲律宾奎松省。他们都是两国人民共同的骄傲。"① 2018年11月20日下午,习近平总书记访菲期间专程来到马尼拉黎刹广场,向黎刹纪念碑敬献花圈。

2. 拳拳之心助发展

正如著名晋江籍歌手张明敏在《我的中国心》这首歌中所唱的:"祖国已多年未亲近,可是不管怎样也改变不了我的中国心。"当年背井离乡出海谋生的晋江人,心中那份爱国爱乡之情,无论何时何地都未曾改变。

晋江华侨在海外历尽艰辛,也曾受到帝国主义的压迫剥削,为此,他们对于故乡的遭遇感同身受,在支持支援国内辛亥革命、抗日战争、解放战争上,也贡献了很大的力量。抗日战争时期,晋江华侨华人以空前的爱国热情支持祖国的抗日运动,在人力、物力和财力上为抗战胜利做出了巨大的贡献。一是积极开展抗日救亡运动。1934年,宋庆龄等在上海成立了"中国民族武装自卫委员会"。随后,菲律宾华侨也积极响应,成立了"中华民族武装自卫会菲律宾分会",负责人许立、沈尔七都是晋江华侨。卢沟桥事变发生后,晋江籍著名侨领李清泉就担任了由中华商会等行业组织和社会团体联合组织的"华侨援助抗敌委员会"主席,并在各省设分会开展抗日救亡运动。二是在物力、财力上支持抗日。菲律宾华侨通过特别捐、货物捐、义演、购买公债等方式筹款,同时还以各种形式捐献了大量食物、服装、飞机、汽车、枪支弹药等,在"航空救国"捐机活动中,全菲华侨就捐献了50架飞机。② 晋江五店市装修未完成的朝北大厝就是因为当时抗日战争爆发,厝主庄朝北将原本拟用于房屋木作油漆、前埕铺砌等项目的资金捐献给了国民政府而导致工程难以为继。同样的情况,还有梧林的五层厝、朝东楼等等。要知道事业有成后返乡,起厝置业光宗耀祖一直是晋江人骨子里深埋的一种传统观念,但为了国家这一切都无所谓了。三是积极投身抗战。许多菲律宾华侨的亲属、子女放弃了学业、职业,毅然决然回国参加抗日战争。比如,1937年12月中旬,他们组成了"菲律

---

① 习近平:《共同开辟中菲关系新未来》,《人民日报》2018年11月20日。
② 陈文敬:《抗日战争时期晋江华侨的爱国主义精神》,《理论学习月刊》1995年第8期。

宾华侨救国义勇队",于 1938 年 1 月 18 日回到厦门,接着到龙岩,并得到了新四军第二支队的热情接待。晋江海外华侨华人的抗日运动,有力地支持了祖国的民族解放斗争,是华侨史上的光辉篇章,体现了晋江侨胞深沉的家国情怀。

五层厝,旅菲华侨蔡德鑨宅邸,建于 1936 年,主楼五层,由英国设计师设计(吴扬 摄)

改革开放后,晋江人靠"三闲"踏上了乡村工业化道路,晋江经济快速发展,既是晋江人"敢拼、爱拼、善拼,敢为天下先"的结果,也得益于海外 300 万侨亲提供资金、信息、设备、技术和管理经验。20 世纪 80 年代中期关于小型生产设备关税政策的调整,为华侨华人支援家乡建设提供了有利条件。1988—1995 年间,海外华侨华人和港澳同胞赠送小型生产设备 6832 台(套),价值 9074.33 万元,促进了侨乡生产发展;而后,华侨进一步在家乡投资办厂,开办"三资"企业,1988—2007 年,晋江县(市)实际累计投产的"三资"企业 2675 家,实际利用外资金额累计 48 亿 7200 万美元。①

---

① 中共晋江市委党史和地方志研究室:《晋江市志(1988—2007)》,海峡文艺出版社 2020 年版,第 1353—1354 页。

2015年5月4日,由晋江籍旅菲爱国侨领陈祖昌先生捐建的祖昌音乐厅在晋江文化中心揭牌(徐维耕 摄)

晋江海外华侨华人除了回乡投资兴办实业之外,也热心家乡的公益事业。在晋江,热心教育、医疗、文体、基础设施、帮贫扶弱等公益慈善事业的例子比比皆是。比如,创建全省第一条民办公路——泉安公路的陈清机,他同时是养正小学、养正中学的创办者之一。以陈祖昌之名命名的祖昌体育馆、祖昌音乐厅,以郭文梯之父的名字命名的季延中学,以"爱国"为名的晋江市医院,以华侨为社会捐资主力建起来的晋江机场,这样的事例更是不胜枚举。据统计,1988—2007年,晋江籍海外华侨华人捐资晋江各项公益事业超过18亿元[1],其中对教育、文化、体育、卫生的贡献尤为突出。

3. "一带一路"上搭桥梁

海外晋江人除了在家乡投资实业、热心公益之外,对促进晋江的国际交流也起到了积极的作用。

---

[1] 中共晋江市委党史和地方志研究室:《晋江市志(1988—2007)》,海峡文艺出版社2020年版,第1354页。

海外华侨虽然身处异乡,但历来重视子女的华文教育,菲律宾中华研究会、菲律宾华教中心、爱心文教基金会等华文教育组织的成立,增进了海外华侨华人对中华文化的认同。"情缘晋江""寻根之旅"等一系列的文化交流活动,促进了年轻一代的沟通,为增进互信、合作共赢打下了良好的基础。

2013年,"一带一路"倡议首次提出,借用古代丝绸之路的历史符号,高举和平发展的旗帜,积极发展与共建国家的经济合作伙伴关系,共同打造政治互信、经济融合、文化包容的利益共同体、命运共同体和责任共同体,并以此传播中国声音,讲好中国故事。2016年,晋江积极响应此倡议,并在市第十三届党代会上提出了建设"国际化创新型品质城市"的目标。

晋江的企业走出去,需要对当地的经济环境、经济政策和风土人情有所了解。而有着共同的血脉、共同的语言和文化传承的华侨华人发挥了巨大的作用,他们的帮助让走出去的晋江企业在海外投资过程中少走了弯路,有力推动了晋江企业的国际化发展。2019年3月15日至3月24日,晋江经贸代表团赴菲律宾、印尼、越南3个国家的6个城市与当地晋江乡贤座谈交流,深化与友好城市菲律宾达沃市的交流合作,与印尼梭罗市签订友好城市意向书,举行8个中菲合作项目签约仪式,带领恒安、361°等6家晋江企业与印尼客商签订印尼市场开拓合作协议,实地考察越南申洲工业园、百隆工业园、百宏集团等工业园和企业,并成立越南晋江企业服务中心。

有了海外300万晋江侨亲这一重要沟通纽带,晋江更顺利地与"一带一路"共建国家建立起了互信、包容、合作的关系,为晋江企业走出去提供了便利,为晋江实现"国际化创新型品质城市"目标奠定了坚实基础。

(四)勤劳包容的晋江民众

人民群众是历史的创造者。晋江拥有数百万民众,他们身上秉承着"敢拼、爱拼、善拼,敢为天下先"的精神特质和海纳百川的宽阔胸襟,怀着对这片土地的深沉眷恋,共同演绎了一部晋江人的奋斗史。

1. 勤劳拼搏是晋江民众不变的本色

勤劳是中华民族千百年来的传统美德和行为倡导，肯定和赞美劳动是中国传统文化的重要内容。

作为中华民族精神澎湃大河中的一道涓涓细流，尽管历经多次文化融合，晋江民众仍然将这种勤勉务实、善于守成的优秀品质保留了下来，天道酬勤、勤俭持家、上勤下顺等关于勤劳拼搏的家风家训和典型案例在晋江广为流传。五店市柳青新宅的门墙上记录了旅菲华侨庄铭岸的家训："凡有远虑之人，不特顾目前之生活，并虑及将来，勤俭贮蓄，预为之计。"被康熙誉为江南第一清官的施世纶一生两袖清风，却给后人留下了重要"财富"——孝顺父母、和睦兄弟、诚信守法、勤俭清廉、扶危济困、知礼明义等涉及人的品行的二十六条族约；而在灵水古村落的吴氏家庙内，记载着吴从宪及其伯父吴希澄、次子吴可远三代人作为三朝御史、为官清廉、勤政的故事。改革开放以来，也正是靠着广大民众的勤劳拼搏精神，晋江在短短40多年的时间里，创造了经济和社会发展的辉煌成就，实现了从"高产穷县"到"全国十强"的华丽转身。

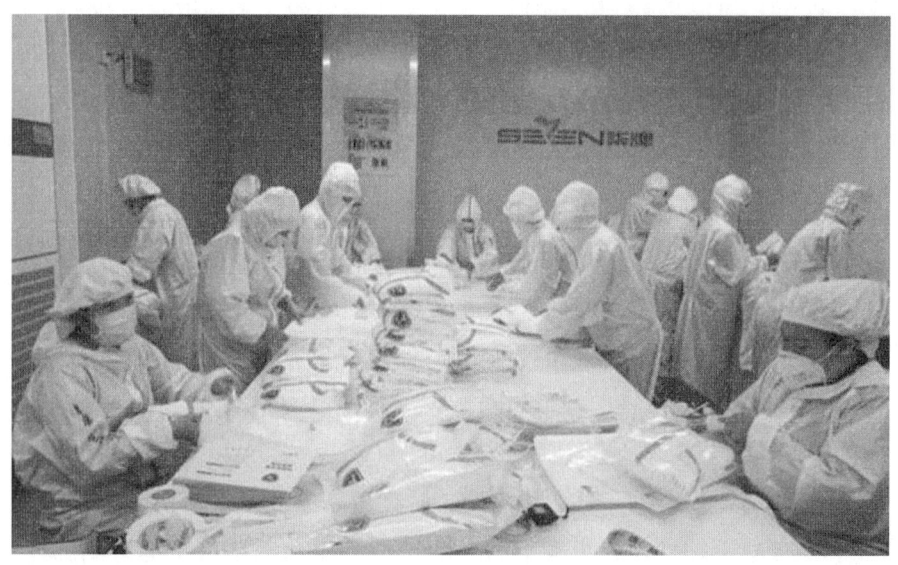

2020年，为抗击新冠疫情，柒牌集团快速转产防护服（《晋江经济》报社供图）

新时代，晋江民众仍然保持了勤劳拼搏的底色。2020年，为抗击新冠疫情，柒牌集团迎接挑战并交出了满意的答案，从男装企业转产防护服，一天内成立爱心车间，七天生产出首批防护服。技术人员"白加黑"连轴转，上百次地优化和修改；采购人员一天平均200多个电话四处协调面料，"抢"购生产设备并连夜组装运送到工厂；数百名一线员工不计报酬，放弃春节休假，争分夺秒加快生产。公司最终顺利完成国家的调拨任务，收到国务院的感谢信，而公司常务副总裁洪炳文也光荣入选"全国抗击新冠肺炎疫情先进个人"。正如习近平总书记所强调的："社会主义中国发展到今天，取得的成就不是天上掉下来的，更不是别人恩赐施舍的，而是广大人民群众在党的领导下用勤劳、智慧、勇气干出来的！在我们这么一个有着14亿人口的国家，每个人出一份力就能汇聚成排山倒海的磅礴力量，每个人做成一件事、干好一件工作，党和国家事业就能向前推进一步。"[1] 实现中华民族伟大复兴的中国梦，必然要求我们要继续弘扬勤劳的传统美德，为创造幸福生活而不懈奋斗。

2. 宽广大气的胸怀有力支持经济社会发展

一个地方的发展，离不开其所处的时代背景、发展政策等外部环境，更离不开当地的内部环境。晋江的党政干部构筑了有利于生产力发展的宏观政策环境，晋江的企业家能够团结协作，进行公开、公平、公正而有序的良性竞争，这个氛围则铸就了晋江经济社会发展的内在环境。

晋江民众识大体、顾大局、明事理。受到中原文化、海洋文化的影响，晋江民众所固有的群体意识和竞争精神，使得他们能够敏锐洞察环境变化并迅速做出反应，从而形成整体合力。生存环境决定了晋江人不会囿于农耕思想，只要是有利于发展生产，可以实现勤劳致富的途径，都能得到理解与支持，这为晋江的快速发展奠定了坚实的"人和"基础。正因如此才会出现晋江民营经济在改革开放前就半公开半隐蔽地存在和发展的现象，如在1976年"割资本主义尾巴"的政策下，宋太平等所谓"黑供销八

---

[1] 习近平：《在基层代表座谈会上的讲话》（2020年9月17日），人民出版社2020年版，第8—9页。

大金刚"被抓之后,一些群众就悄悄地凑钱替他们缴"罚款",把他们"保释"出来,请他们继续跑供销,为农民联系业务。在市场经济快速发展进程中,最大难题是涉及广大民众的利益调整问题,有时难免需要牺牲局部或某些具体利益,但这都普遍得到晋江百万民众的全力支持,从而一次又一次创造了"晋江奇迹""晋江速度"。比如,凝聚社会力量共同捐建的晋江机场;再如,在被征迁户的支持下,晋江高铁新区项目二期仅用时23天就完成100%签约,而这只是晋江近十几年来十八个大组团(片区)征迁中的普通一例而已。这些无不体现晋江民众的大局意识。

2019年6月5日,晋江市高铁新区项目二期安征迁工作动员大会召开(晋江电视台新媒体中心供图)

晋江民众的大气还体现在他们积极的竞争精神上。"输赢笑笑"四个字体现了晋江民众对于竞争的态度,他们爱面子,敢拼爱拼,同时又能坦然面对竞争结果。在晋江,很少看到"我上不了,你也别想上;我快不了,你也得慢下来"的恶性竞争,而是"人无我有,人有我优""青出于蓝而胜于蓝"后进赶上先进或超过先进的良性竞争。在晋江,企业在生产经营中遇到困难和挫折，本来相互竞争的同行企业不仅不会落井下石，有时还会施以援手。在竞争中合作，在团结中共同发展，成为晋江精神的一个亮点。晋江人连慈善都要比。2002年，晋江成立了全国首家县级慈善总会，第二年就向全市工商企业界人士发出"简化礼俗，多行善事"的倡议。自此，"不比排场比慈善"就在晋江流行起来。截至2020年11月，该慈善总会共募集善款达37.47亿元，也充分体现了晋江人爱拼、勇争第一的精神品格。正是有了这种精神，才有了改革开放以后晋江比别人先走了一步，及后来企业的竞相创牌、上市潮、产业集群，成就了品牌之都、资本市场的"晋江板块"。

3. 包容接纳的心态让晋江文化更加丰富多元

习近平总书记在首届中国国际进口博览会开幕式的主旨演讲上指出："各国应该坚持包容普惠，推动各国共同发展。'一花独放不是春，百花齐放春满园。'"① 中华民族由56个民族组成，各民族在文化上兼收并蓄，才有了中华文明无与伦比的包容性和吸纳力，而由闽越、中原、海洋文化交流融合造就的晋江文化，开放包容的特质就显得更加突出。

改革开放以来，晋江本土文化受到外来文化的剧烈冲击。随着经济社会的发展，晋江外来人口逐渐增多，目前稳定在110万左右，约占常住人口的一半。不过，晋江对外来人口是包容、接纳、感恩的，晋江推进新型城镇化试点工作中重要的一点就是坚持以人为本，推进外来人口的市民化，2014年该做法得到习近平总书记肯定性批示。② 二三十年前，晋江本地人会称他们为"阿骚仔"或"阿北仔"，而现在都称他们为"新晋江人"，讲了一辈子闽南话的老阿伯、老阿婆在面对这些新晋江人的请教时，也愿意尽力操着一口不是那么标准的普通话与之交流。原本不吃辣椒的晋江人也开始吃起了辣椒，正如海上丝绸之路贸易中阿拉伯人将吃牛肉的饮食习惯带到这里一样。

---

① 习近平：《共建创新包容的开放型世界经济——在首届中国国际进口博览会开幕式上的主旨演讲》（2018年11月5日），人民出版社2018年版，第4页。

② 《弘扬"晋江经验" 深化改革开放——本刊记者专访中共福建省委书记于伟国》，《求是》2018年第17期。

同时，这么多年来，晋江一直致力于提高外来人口基本公共服务均等化水平，"三不承诺""同城同待遇""流动人口市民化积分优待""全面放开流动人口落户限制"，同等享受户籍、住房、子女入学、津补贴等待遇，贴心的人才政策，良好的就业环境，更加高效的政府服务水平，更高的城市包容度，更好的城市环境，让不同年龄层次的新晋江人对工作、生活的不同需求在晋江都能够得到满足，切实让新晋江人都能够"进得来、留得住、融得入"，能够心无旁骛做专业的事，充分发挥才干和价值。比如，早在2011年，晋江便开始试行居住证管理制度，赋予外来人口市民化待遇，持有居住证的新晋江人可享受到涵盖新农合、医疗互助、义务教育等30项的市民化待遇。从子女教育方面看，截至2020年秋季，全市义务教育阶段学生25.90万人，其中来晋务工人员子女13.97万人；全市普通高中在校生29033人，其中来晋务工人员子女14151人，均占到50%左右。①

正如晋江的外地媳妇余香妹所说："当年为了一个人，来到晋江；现在爱上这座城，幸幸福福过一生，这就是托付终身吧。"晋江这座城市及其民众与生俱来的包容性，海纳百川的宽阔胸怀，让这座城市更富魅力，更有活力，更具实力。

（五）踏实敬业的新晋江人

创造晋江经济社会发展奇迹的是晋江人。晋江人既是指120万晋江户籍人口，也包括110万新晋江人。百万新晋江人在工作、生活、政治上融入晋江，以踏实敬业的态度、聪明才智和辛勤的汗水托起了晋江经济发展奇迹的半边天，也进一步提升了晋江城市的活力，拓展了晋江经验的内涵。

1. 助力企业、成就自我的职业经理人群体

职业经理人作为企业管理的中坚力量，在创造财富、助推晋江社会经济发展过程中发挥着重要作用。

然而，早期晋江并非如此。晋江经济发展以家庭小作坊为起点，"家

---

① 数据来源于《晋江市2020年国民经济和社会发展统计公报》，2021年3月。

家点火、户户冒烟",父亲当董事长、儿子当总经理,"企业经营按照家族意愿转""工厂管理遵从老板亲人的意思办"。家族式管理模式十分普遍,而用人权、财权、日常经营决策权等等一些权限又是职业经理人管理中应具备的基本权限。因此,早期的晋江民营企业职业经理人,存在如何处理好与家族式企业管理者之间的关系,企业眼前利益跟长远发展的取舍,担子重但权力小等问题,要做好确实不容易。

但是,随着企业的不断发展壮大及外部发展环境的变化,职业经理人的作用开始凸显出来。一方面从家族管理过渡到现代企业的管理模式,是企业谋求做大做强的必然要求;另一方面,面对新发展格局,企业转型升级、产业结构优化调整等等问题,企业主的个人精力有限、缺乏企业管理的专业知识等问题突出,依然靠原来"拼"字当头的精神已经不能满足发展的需求。为此,职业经理人开始受到更多的重视,尤其是一些与企业共同成长起来的职业经理人,也得到了企业主更加充分的信任。

新时代,晋江的职业经理人正活跃在晋江的各类经济实体中,在晋江的经济创新发展、产业优化调整、企业转型升级中发挥着积极作用。晋江政府实施"人才强市"战略,着力营造高端人才聚集的良好氛围和环境,成立职业经理人协会,评选优秀职业经理人,开展职业经理人专题培训等等一系列举措,让这个群体更加有获得感、归属感,提升了群体的影响力,带动了晋江职业经理人队伍的迅猛发展。当然,他们之中还有很多人完成了从职业经理人到创业者的身份转变,他们都在晋江这片创业乐土上实现着自己的个人价值、社会价值。

2. 术有专攻、积极向上的专业人才群体

习近平同志在福建工作期间曾经指出:"要在做大做强企业、着力提高企业竞争力方面创造新经验。要在加快发展高新技术产业、不断优化产业结构方面创造新经验……加快发展高新技术产业、促进产业结构优化升级,是新世纪初加快福建经济发展的一项重要举措,晋江和各地都要在这方面努力探索和创造新经验。"① 晋江经验提出的近 20 年时间里，晋江的经济社会发展路径充分印证了习近平总书记的高瞻远瞩。

晋江以制鞋、服装、食品等传统的劳动密集型产业起家，吸引了一大批产业工人，其中有不少佼佼者，他们坚守着认真钻研、精益求精的工匠精神，一步步从普通岗位脱颖而出，成为技术型人才、高级蓝领，扎根晋江、踏实奋斗就是他们所谱写的晋江经验的内涵。比如七匹狼服饰的胡牛崽，1989 年来到晋江，从车工做起，一步步成长为晋江服装行业的一名传奇人物、全国服装行业技术能手、国家级技能大师工作室主管；再比如柒牌的周爱华，30 多年来坚守一线岗位，并成长为全国优秀农民工、全国纺织行业技术能手、福建省劳模。

而随着经济发展进入新常态，创新能力较弱、人工成本增加、发展新动能不足等问题，导致晋江传统产业面临较大的转型升级压力。面对发展难题，晋江始终坚守传统产业发展根基，打造产业链发展优势，同时在此基础上谋求新兴产业的新增长动能。从 2012 年开始，晋江着力打造洪山文创园、三创园、福大科教园、中国科学院海西研究院泉州装备制造研究所等创新创业平台。在这个过程中，一大批与晋江传统产业相契合的具有高学历、高新技术与项目的专业人才、新兴产业人才聚集晋江，推进了晋江传统产业的自动化、智能化。他们或通过自己的努力融入了晋江的产业当中，或找到了自身技术与晋江产业的契合点，成为了晋江经济发展不可或缺的力量。从他们身上，我们也可以真切地感受到那种敢拼爱拼的精神。比如福建约克新材料科技有限公司的曾福泉，原本已在国外扎根，但是为了填补国内技术空白，促进产业升级，增强自主创新能力，毅然决然回国创业。

3. 平凡踏实、勤恳辛劳的职工大众群体

习近平总书记在参加十三届全国人大二次会议福建代表团审议时强

---

① 习近平：《研究借鉴晋江经验，加快构建三条战略通道——关于晋江经济持续快速发展的调查与思考》，《福建日报》2002 年 10 月 4 日。

调,要实实在在、心无旁骛地做实业,这才是本分。① 而晋江在发展过程中,自始至终都牢牢守住实体经济这个传家宝。110 万新晋江人中,除了少部分的职业经理人、专业技术人员,占大部分的还是我们叫不出名字的普普通通的产业工人。他们兢兢业业,脚踏实地,辛勤付出,支撑起晋江 7 万家企业的运转,与晋江当地人共同创造了晋江经济社会发展的奇迹。2018 年当选为全国人大代表、来自重庆土家族的福建百宏聚纤科技实业有限公司品管部主任粟琼就是当中的典型代表。

2018 年,福建百宏聚纤科技实业有限公司品管部主任粟琼作为外来务工人员代表首次当选全国人大代表(采访者供图)

晋江经验从历史中走来,其丰富的内涵和鲜明的特色,深刻展现在担当有为的晋江党政干部、敢闯敢拼的晋江企业家、情系桑梓的晋江华侨、勤劳包容的晋江民众、踏实敬业的新晋江人等各类群体中,他们的共同点是都有以"敢拼、爱拼、善拼,敢为天下先"为典型特质的精神品格。

---

① 《习近平总书记参加福建代表团审议微镜头 "实实在在、心无旁骛做实业"》,《人民日报》2019 年 3 月 11 日。

三、晋江经验的核心内涵和时代价值

（一）晋江经验的核心内涵

习近平同志在福建工作期间总结晋江经验时指出，晋江经验是晋江人民对有中国特色社会主义发展道路的大胆探索和成功实践。晋江经验成为包括晋江在内的福建全省新世纪以来加快改革开放、保持经济社会快速发展的制胜法宝和行动指南。① 当时的晋江经验包含"六个始终坚持"和"处理好五大关系"②。

从具体内容看，"六个始终坚持"可分为两个层面：

一是遵循经济发展规律。习近平同志在福建工作期间指出，晋江始终把促进生产力作为发展和改革的根本方向。③ 把发展作为地区工作的第一要务，在发展市场经济的过程中，正确处理好市场与政府的关系，既发挥市场导向的决定性作用，也加强政府对市场经济发展的引导和服务，这就很好地遵循了马克思主义的生产力原理，遵循了市场经济的基本规律，遵循了中国推进改革开放的路线方针政策。坚持在党的领导下走好中国特色社会主义道路，充分发挥价值规律的作用，使得晋江始终沿着正确的方向前进，成为中国改革开放的坚定实践者和发展受益者。

二是积极发挥人的主观能动性。晋江的发展过程并非没有遇到挫折和坎坷，可贵的是在遭遇挫折时，晋江的干部和企业家能以一种不服输的姿态坚持顽强拼搏，遇到什么问题就解决什么问题，把挫折当成前进的台阶。

习近平同志在福建工作期间曾经指出："晋江人民在历史上就敢拼、爱拼、善拼，敢为天下先。在改革开放的大潮中，晋江的广大干部群众和企业家们，一直是在市场竞争最为激烈、附加值又很小的传统产业领域中

---

① 陈清：《"晋江经验"的时代价值与实践意义》，《求是》2018 年第 14 期。
② 习近平：《研究借鉴晋江经验，加快构建三条战略通道——关于晋江经济持续快速发展的调查与思考》，《福建日报》2002 年 10 月 4 日。
③ 习近平：《研究借鉴晋江经验，加快构建三条战略通道——关于晋江经济持续快速发展的调查与思考》，《福建日报》2002 年 10 月 4 日。

摸爬滚打、逆势而上，在逆境中求生存、求发展。"① 由此我们能深刻地感受到晋江之所以能够从一个落后贫困县杀出一条血路来，靠的不是什么特别的优惠政策，也不是特殊的资源禀赋，除了遵循马克思主义基本原理和市场经济的客观规律，晋江发展最主要的动力来源于晋江人身上的拼搏精神，因而说晋江人拼搏奋斗、勇为人先的精神是晋江经验的内核。为此，习近平同志在福建工作期间特别指出："各地在学习借鉴晋江经验时，必须认真学习借鉴晋江人民的这种'敢拼、爱拼、善拼'的精神与经验，做到振奋精神勇于拼搏，百折不挠顽强拼搏，发挥优势善于拼搏，坚持在拼搏中取胜、在拼搏中发展。"②

"拼"的丰富内涵需要深入理解，不能停留于表面。"拼"虽然要勤奋，但不只是勤奋，也不能只局限于勤奋。晋江人既"敢拼""爱拼"又"善拼"，既遵循客观规律又积极发挥人的主观能动性。"敢拼"体现了晋江人的胆量和魄力，"爱拼"体现了晋江人骨子里的冲劲，"善拼"则体现出晋江人遵循客观规律，尊重契约精神，善于借势、借力的灵巧。"拼"虽然要有"干劲"，但并不是蛮干，更不是瞎干。晋江人的"拼"有定力有章法，不轻浮不急躁，紧抓实体经济不放，稳扎稳打向前走，是一种科学的、可贵的品质。

在晋江经验的丰富内涵中，无论是做到"六个始终坚持"还是正确"处理好五大关系"，都离不开"敢拼、爱拼、善拼，敢为天下先"的精神力量。作为一种宝贵的精神品质，"敢拼、爱拼、善拼，敢为天下先"既是外人对晋江人的一致评判，也是晋江人的内在精神认同，并不是一种仅属于某个人或某几个人的个性，而是一种群体精神、群体性格、群体特质。

"拼"不仅是晋江企业家的闪亮标签，也是晋江党政干部、海内外广大晋江人的共同特征，是流淌在晋江人骨子里的血性。改革开放40多年，

---

① 习近平：《研究借鉴晋江经验，加快构建三条战略通道——关于晋江经济持续快速发展的调查与思考》，《福建日报》2002年10月4日。
② 习近平：《研究借鉴晋江经验，加快构建三条战略通道——关于晋江经济持续快速发展的调查与思考》，《福建日报》2002年10月4日。

晋江人凭着一股子拼劲，闯过了一道道关口，成就了中国鞋都、中国纺织产业基地、国家体育产业基地、中国快递示范城市等全国区域品牌，创造了享誉全国的"晋江模式""晋江速度"和"晋江奇迹"。

（二）晋江经验的时代价值

2018年，习近平总书记在庆祝改革开放40周年大会上的重要讲话中指出，改革开放铸就的伟大改革开放精神，极大丰富了民族精神内涵，成为当代中国人民最鲜明的精神标识。[①] 伟大的改革开放精神不仅集中体现了中国共产党的优良品格，同时也体现了中国共产党革命精神的时代特征，成为新时代坚持和发展中国特色社会主义的强大精神动力。

中国共产党人的精神在不同的历史时期表现为不同的具体形态。伟大的改革开放精神是中国共产党在改革开放实践、探索和发展中国特色社会主义事业这一特定的历史时期中所形成的精神品格。虽然其具体内涵有别于新民主主义革命时期和社会主义革命和建设时期党的精神，但是，它在本质上与各个历史时期的精神是相通的、一脉相承的。中华民族的伟大复兴不仅需要强大的物质力量，更需要强大的精神力量。伟大的改革开放精神既蕴含了中国共产党人的精神的本质属性，也彰显了改革开放的时代内涵。[②]

作为沿海开放城市，晋江始终位居中国改革开放的前沿阵地，在改革开放中获得了巨大的发展，成为了全国县域经济发展的典范、中小城市建设的样板。

1. 解放思想、实事求是的精神品格

正因为坚持解放思想、实事求是，我们党才能在改革开放的伟大实践中，带领全国人民探索开创了中国特色社会主义的崭新道路。也正是坚持解放思想、实事求是，晋江才能锐意改革、大胆创新，闯出了一条独具特色的经济发展道路，改变了晋江改革开放之前的贫困落后状况。

---

① 习近平：《在庆祝改革开放40周年大会上的讲话》（2018年12月18日），人民出版社2018年版，第14页。

② 本文关于改革开放精神的基本观点采纳了胡文木的《弘扬伟大改革开放精神》一文的论述。

在晋江，不仅企业家敢闯敢干，晋江的党员干部也有一股强烈的闯劲和干劲，在思想解放中推进干事创业。早在20世纪80年代初期，晋江县委就在全省率先出台"五个允许"政策。有了政府的支持，就有比较宽松的市场环境，晋江经济才开始起飞，才有民营企业的兴起。正如邓小平所说："没有一点闯的精神，没有一点'冒'的精神，没有一股气呀、劲呀，就走不出一条好路，走不出一条新路，就干不出新的事业。"①

回溯40多年来晋江民营企业实现从无到有、快速扩张，并逐步从手工作坊走向规模化生产、从个别分散走向集聚化的发展历程，人们会发现，只有思想解放才敢大胆去闯、去试、去突破，才能开拓思路、找到出路；只有实事求是才能正视现实、正视现状，找到发展的途径、方法和突破口；也只有坚持解放思想、实事求是，才能坚定走好中国特色社会主义发展道路。正是这种精神力量使得晋江能够创造出享誉全国的晋江经验。

2. 开拓创新、勇于担当的精神品格

创新是一个民族进步的灵魂，是一个国家兴旺发达的不竭动力，是一个政党永葆生机的源泉，也是改革开放的生命力。习近平总书记指出，创新是引领发展的第一动力，是建设现代化经济体系的战略支撑。② 邓小平同志在改革开放之初就明确指出，过去搞民主革命要适合中国情况，现在搞建设也要适合中国情况。这就意味着中国特色社会主义既不能机械套用马克思主义经典理论的设想，也不能简单复制其他国家社会主义模式，而是要结合中国社会主义初级阶段的实际国情，创造性地走出一条全新的社会主义道路。

晋江取得巨大的发展成就既源自时代宏大背景和党中央正确决策的引领，也源自晋江广大党政干部群众的大胆探索和开拓创新。每年，晋江各级党委和政府都会根据实际情况调整或出台相关政策，提出的措施实实在在，以保障和激励企业坚守实业、做大做强，不断推进社会各项事业

---

① 《邓小平文选》第三卷，人民出版社1993年版，第372页。
② 习近平：《决胜全面建成小康社会，夺取新时代中国特色社会主义伟大胜利——在中国共产党第十九次全国代表大会上的报告》，人民出版社2017年版，第20页。

建设。

在闽南，有句俗语叫"输人不输阵"，这种不服输的精神体现在晋江人身上就是一种主动担当、创新发展、攀登进取、永不止步的精神。

一方面，晋江不断推动传统产业的改造升级，不断促进企业的二次创业、精益管理、资本运营，截至 2020 年年底产值超亿元的工业企业达 1025 家。另一方面，晋江坚持"两条腿走路"，抢占高新产业发展制高点，规划建设预期达千亿产值的集成电路产业园，大力发展集成电路、石墨烯、新能源等高新产业，主动抢抓窗口机遇，优化现有产业结构，高新产业在晋江从破题走向了全面布局，"晋江制造"深度渗透高新产业 DNA，正在不断打造一个又一个"未来之星"。同时，晋江着力推动传统产业与高新产业的结合、融合，将芯片、石墨烯等高新技术融入传统制造业，以期发生化学反应，依托高新产业汇聚人才流、信息流和资金流，再造产业生态，从而有力地推动经济的高质量发展。

3. 开放包容、兼容并蓄的精神品格

开放既是改革的一项重要内容，也是推进改革的一种方式，旨在敞开国门向世界学习一切先进理念、技术和管理手段，借鉴人类文明一切优秀成果。① 开放包容是一种兼容并蓄、博采众长的气度。

文化唯其博大方能包容，经济唯有包容方有活力，社会唯有包容方才和谐。晋江人身上有海洋文化基因，有海洋般宽阔的胸怀，开放包容、兼容并蓄自然成为一个突出的群体人文品格。

晋江的开放外向精神，拥有悠久的历史渊源。长期的拓外传统，众多旅居海外的华侨华人，使得晋江经济社会长期向外开放，外向经济也为晋江增添了强劲活力。改革开放后晋江面向全球找原料、找市场，让晋江产品的路子越走越宽。早在 20 世纪 90 年代，产自晋江的鞋服、食品就遍布欧美市场。

2001 年，中国加入了世界贸易组织，晋江也加大了国际化的步伐。安踏公司收购或参股意大利斐乐等多个国外知名品牌，同时，361°公司收购

---

① 胡文木：《弘扬伟大改革开放精神》，《浙江日报》2019 年 3 月 5 日。

ONEWAY SPORT 中国地区品牌所有权，恒安集团设立海外营销中心……

晋江市第十三届党代会上明确提出要建设"国际化创新型品质城市"。作为一个县级市，晋江敢于用国际化的思维、国际化的战略，去顺应全球化、国际化的趋势，其战略布局本身就如海洋一样大气磅礴。近十年来，晋江对外开放，加强文明交流互鉴的举措层出不穷。2015年，晋江举办中欧城镇化伙伴关系论坛，之后又成功承办了第六届APEC电子商务工商联盟论坛和国际集成电路产业发展高峰论坛；2017年，与意大利库内奥省缔结友好城市；2018年，与菲律宾达沃市缔结友好城市，晋江侨声中学与马来西亚安顺三民独立中学缔结为友好学校；获得2019年、2021年、2023年及2025年连续四届的国际大体联足球世界杯举办权。

晋江的开放包容、兼容并蓄还有一个重要体现，就是坚持"保障全覆盖、待遇均等化""城里乡村一个样、新老晋江人一个样"，每年将70%以上本级财力投入民生领域，让全体晋江人民成为改革开放的受益者。多年来，晋江坚持新农村建设与推进城镇化同步，实现农民就地就近城镇化、市民化，实行城乡低保、新农合、城乡居民养老等一体化政策，让农民享有与城镇居民同等待遇，已有超过10万农民就地就近市民化。由于常年保持在110万人左右的外来人口，从2011年起，晋江在福建率先实行零门槛"居住证"制度，给予持证人员住房、教育、医疗、社会保障等30项市民化待遇。目前，在晋江上学的外来人口子女94%以上就读于公办学校。正是因为晋江秉承开放包容、兼容并蓄精神来推进城市建设，坚守以人为本的城市建设理念，2014年，晋江新型城镇化建设工作也得到了习近平总书记的肯定批示。

晋江是中国2800多个县域中的典型代表，晋江人民身上流淌着中华民族精神的新鲜血液，晋江经验是福建红色记忆的组成部分，是精神百花园中的亮丽花朵。当前，中国正在把五千年灿烂文明和现代工业文明有机结合，创造性地发展转换，以一种新型文明形态为中国与世界的发展奠定新的文明基石，为21世纪的人类思想宝库盖上"中国印章"，为人类文明增添一抹绚丽色彩。① 追梦需要激情和理想,圆梦需要奋斗和奉献,在这过程中,晋江人民作为中华民族的一分子,必将努力为民族复兴铺路架桥,勇立潮头,为国家建设添砖加瓦,继续勇当走在时代前列的奋进者、开拓者和奉献者。

---

① 辛鸣:《论中国人民的伟大梦想精神》,《北京日报》2018年3月26日。

第八章　闽东脱贫：滴水穿石、弱鸟先飞

2019年8月，习近平总书记在给寿宁县下党乡乡亲们的回信中深情地回忆道："'车岭车上天，九岭爬九年'。当年'三进下党'的场景，我至今还历历在目。经过30年的不懈奋斗，下党天堑变通途、旧貌换新颜，乡亲们有了越来越多的幸福感、获得感，这生动印证了弱鸟先飞、滴水穿石的道理。"① 时光荏苒，岁月如梭，习近平同志在宁德工作期间所创造的宝贵精神财富，经过长期积累和丰富发展，越来越绽放出思想的光芒和真理的力量。

一、闽东脱贫的历史背景

1988年6月至1990年4月，习近平同志担任中共宁德地委书记，他紧紧围绕闽东地区如何脱贫致富、加快发展这一主题，提出了一系列的重要发展理念②，其中，"弱鸟先飞、滴水穿石、埋头苦干、久久为功"便是其重要组成部分。

中共十三届三中全会后，从1988年9月至1991年底，中国经济发展进入了治理、整顿和改革的全面宏观经济调控时期。在这样的背景下，1988年9月，习近平同志在《弱鸟如何先飞——闽东九县调查随感》一文中首次提出，"在海阔凭鱼跃，天高任鸟飞"的发展商品生产经济的态势

---

① 《习近平同志回信勉励福建寿宁县下党乡的乡亲们　继续发扬滴水穿石的精神努力走出一条具有闽东特色的乡村振兴之路》，《人民日报》2019年8月7日。
② 林德文：《习近平：以滴水穿石的精神振兴闽东》，《闽东日报》2015年3月2日。

下，闽东这只"弱鸟"可否先飞和如何先飞的问题。① 到了1990年3月，习近平同志在《滴水穿石的启示》一文中又指出："我推崇滴水穿石的景观，实在是推崇一种前仆后继，甘于为总体成功牺牲的完美人格；推崇一种胸有宏图、扎扎实实、持之以恒、至死不渝的精神。"② 习近平同志把握住了国家宏观形势，并结合自己早年插队落户的经历，将中央精神和发展态势同宁德本地实际结合起来，审时度势倡导并践行弱鸟先飞、滴水穿石、久久为功的精神，把握住了发展机遇。

20世纪八九十年代，闽东地区整体有发展，但是基础条件差，公路等级低，没有铁路，缺煤少电，港口码头开发也不具备条件，发展速度缓慢滞后，是全省最贫困的地区，也是全国18个集中连片贫困区之一。那时闽东贫困落后如"弱鸟"，面临财政赤字大，小农经济一统天下，经济总量排在全省末位，经济社会急需全面发展的困境。虽然中华人民共和国成立近40年来，闽东同全国各地一样，确确实实发生了巨大变化，但这些发展不是瞬息巨变，而是在基础条件比较差和国家投资比较少的情况下取得的滴水穿石般的变化。1990年1月，中共宁德地委工作会议上交流的典型材料汇集成册，习近平同志欣然为集子题名《滴水集》，并作序。他在《滴水集》序言中写道："改革开放的十年，闽东的各项事业取得了巨大的成就，人民群众的物质文化生活和精神面貌发生了深刻的变化……它凝聚着广大干部群众的心血，体现着滴水穿石的精神。"③ 可见，习近平同志提倡发扬"滴水穿石"的精神和树立"弱鸟先飞"的意识，既肯定闽东人民的实践成果，又鼓励闽东人民继续奋斗。

习近平同志在深入调研后发现，闽东干部群众思想状况有两面性。其一，闽东干部群众思想存在两个不足，一部分干部群众形成贫困县意识，存在"安贫乐道""穷自在""等、靠、要""怨天尤人"的观念，另一部分干部群众渴望早日摆脱贫困，寄希望于一下子抱一个"金娃娃"，存在

---

① 习近平：《摆脱贫困》，福建人民出版社1992年版，第1页。
② 习近平：《摆脱贫困》，福建人民出版社1992年版，第59页。
③ 林德文：《习近平：以滴水穿石的精神振兴闽东》，《闽东日报》2015年3月2日。

"急功近利""求富心切"的心理。"宁德人穷怕了。恨不得一夜致富，可习书记却提出'滴水穿石'，需要有个适应和接受过程。习书记做思想工作很有一套，润物无声，不用行政命令来强制大家，而是花些时间慢慢跟大家解释，推心置腹地交流，解开人们心里的疙瘩。慢慢地，大家都觉得还是习书记讲得有道理。一方面，'滴水穿石'的概念很符合宁德实际，虽然有人发牢骚说'滴水穿石'滴到什么时间还不知道，但经过习书记一番耐心工作，那些不切实际的想法就被打消掉，干部群众的头脑也清醒起来了。另一方面，'弱鸟先飞'的概念确实鼓舞人心，给人长志气。虽然以前大家有一些自卑心理在作怪，但咱们人穷志不能穷。'弱'是现实，但要从自身上找落后原因，要奋勇'先飞'。只要有志气，就能后来居上。"① 其二，闽东干部群众具有无私奉献的精神，闽东作为革命老区，为革命做出了很大牺牲；解放后又变成东海前线；古田溪水电站是全省最早的一个中型水电站，为全省提供用电服务。② 可见，闽东人民是很有奉献精神的。面对闽东干部群众的思想状况，习近平同志意识到闽东地区要根本改变贫困落后面貌，需要广大干部群众发扬滴水穿石般的韧劲和默默奉献的艰苦创业精神。1989 年 11 月，在地直机关学习贯彻省委四届十一次全体（扩大）会议精神大会上，习近平同志号召领导干部发扬"滴水穿石"精神。他说："要坚持从实际出发，量力而行，要以'滴水穿石'的精神，振兴闽东经济。"③ "滴水穿石"从此成为闽东脱贫的精神内核。

二、闽东脱贫的精神内涵

闽东脱贫的精神实质是"弱鸟先飞、滴水穿石、埋头苦干、久久为功"，这是习近平同志留给闽东人民的一笔宝贵的思想财富，也是一代又一代闽东人民精神品格的提炼与升华，更是闽东地区发展的一面旗帜。

---

① 中央党校采访实录编辑室：《习近平在宁德》，中共中央党校出版社 2020 年版，第 124—125 页。
② 杨筱怀：《习近平：我是如何跨入政界的》，《中华儿女》2000 年 7 月 6 日。
③ 林德文：《习近平：以滴水穿石的精神振兴闽东》，《闽东日报》2015 年 3 月 2 日。

"弱鸟先飞、滴水穿石、埋头苦干、久久为功"这四个方面互为表里，相辅相成，共同构成了闽东脱贫的坚强内核。这面旗帜不仅关系着闽东发展的方向和力量，还关系着闽东未来发展要走什么路、以什么样的精神状态、朝着什么样的发展目标前进。如今，我们进一步深入挖掘、阐释闽东脱贫的精神内涵，不仅意味着沿波讨源，更为我们认清闽东发展形势、增强闽东发展后劲，提供强大的精神动力。

（一）弱鸟先飞

"弱鸟先飞"是闽东脱贫的实践导向。在《弱鸟如何先飞——闽东九县调查随感》这篇文章中，习近平同志讲述了闽东这只"弱鸟"如何先飞。"弱鸟先飞"是对典故"笨鸟先飞"的活用与创新。"笨鸟先飞"出自元代戏曲作家关汉卿的《陈母教子》第一折："我和你有个比喻：我似那灵禽在后，你这等坌（笨）鸟先飞。"通常用来比喻做事慢、能力差的人，因为担心落后，就比别人先走一步，多习惯于自谦。"弱鸟"和"笨鸟"虽然只有一字之差，但二者间有所区别。"笨鸟"提倡的是一种勤能补拙的精神，而"弱鸟"在前者的基础上，更加强调的是一种乐于先飞、敢于先飞、善于先飞、由弱变强的奋进精神。习近平同志将闽东比喻成一只"弱鸟"而非"笨鸟"，是对传统文化典故的活用、妙用，既投射出闽东优秀文化的精神内核，也形象地展现出闽东地区贫弱但不甘于人后的精神面貌。这一点变化也反映出习近平同志对于闽东状况清醒的认识，以及对闽东未来的期许。闽东这只"弱鸟"完全可能凭借自身的优势和努力，在特定的领域先飞以弥补由贫困造成的弱势，化被动为主动，创造"弱鸟"在诸多领域先飞的奇迹。结合闽东近几十年的发展历程来看，"弱鸟先飞"的内涵主要体现在以下三个方面。

1. "弱鸟先飞"体现了坚持实事求是的工作方法

"弱鸟先飞"是习近平同志在实地调查的基础上，提炼出来的指导思想，充分体现出他实事求是的工作思路。实事求是是马克思主义的根本观点，也是中国共产党一以贯之的思想方法、工作方法、领导方法。在《改造我们的学习》一文中，毛泽东就明确地阐述了实事求是的科学内涵。他指出："'实事'就是客观存在着的一切事物，'是'就是客观事物的内部联系，即规律性，'求'就是我们去研究。我们要从国内外、省内外、县内外、区内外的实际情况出发，从其中引出其固有的而不是臆造的规律性，即找出周围事变的内部联系，作为我们行动的向导。"①

习近平同志到任宁德后不久，面对群众的期望，并没有着急着"烧上任三把火"，而是先后走访了闽东九个县，还顺带调查了周边毗邻的浙南相对发达的温州地区以及浙江经济文化比较落后的苍南、乐清等地。② 九个县跑下来以后，习近平同志就做了一个全面的总结。形成的文章后来收录在《摆脱贫困》中，就是这部书的第一篇《弱鸟如何先飞——闽东九县调查随感》。③ 通过查阅县志、实地调研等方式，习近平同志坚持一切从实际出发，实事求是，在充分尊重、认识闽东贫弱现实的基础上，抓住"摆脱贫困"这个主要矛盾来施政。他将闽东比喻成一只"弱鸟"，并且指出弱鸟"先飞"意识的第一要义是"把解决原材料、资金短缺的关键，放到我们自己身上来"④。习近平同志相信闽东可以依靠自身的优势，在特定的领域实现"先飞"，以此弥补贫困带来的劣势。在他看来，因独特的地理位置和经济发展的具体条件决定了闽东不可能在短时间内实现经济上的突破性进展，但另一方面也腾出了空间、时间和精力放在扫除经济发展障碍上，放在发展农业、工业、山海资源等优势上，培育出健康的、更具竞争力的产业结构。

他强调，发展地方经济要有"飞洋过海的艺术"，跳出老框框看待问题，反对照搬照抄，要按照闽东发展实际，走出一条具有闽东特色的脱贫之路。比如，习近平同志就发现闽东有着丰富的山水旅游资源，且闽东还是畲族的聚居地，拥有浓郁的畲族文化，他认为这些都是闽东的光彩之处，应该进一步发扬光大。于是，他提出因地制宜，分类指导，多挖掘闪光点的要求，并为闽东制定了改革方案。在习近平同志的悉心带领下，闽

---

① 《毛泽东选集》第三卷，人民出版社1991年版，第801页。
② 习近平：《摆脱贫困》，福建人民出版社1992年版，第1页。
③ 中央党校采访实录编辑室：《习近平在宁德》，中共中央党校出版社2020年版，第15页。
④ 习近平：《摆脱贫困》，福建人民出版社1992年版，第2页。

东干部群众切实着眼实际，放胆开拓地高唱"山海经"，开发引进各种特色项目，使得闽东的农林牧副渔都得到了长足的发展。习近平同志这种坚持实事求是的工作思路，为闽东地区的经济社会建设提供方向上的指引，开拓出一条符合闽东实际的发展道路。

2. "弱鸟先飞"体现了坚持解放思想的路线方针

思想是行动的先导。尊重客观规律和发挥人的主观能动性是相辅相成、辩证统一的。在认清闽东是一只"弱鸟"这一现实的基础上，习近平同志一针见血地提出："地方贫困，观念不能'贫困'。'安贫乐道'，'穷自在'，'等、靠、要'，怨天尤人，等等，这些观念全应在扫荡之列。"①"商品观念、市场观念、竞争观念对贫困地区来说，都是崭新观念，都应成为'先飞'意识的组成部分。"② 因此，摆脱贫困不能仅仅只停留在物质层面上，更重要的是要摆脱思想上的贫困，淡化贫困县意识，发挥意识的主观能动作用，"思想解放，观念更新，四面八方去讲一讲'弱鸟可望先飞，至贫可能先富'的辩证法"③。这种辩证的观点对闽东的经济社会发展具有很强的指导性与前瞻性。

习近平同志在闽东工作期间十分重视思想建设工作。闽东地区能否拧成一股绳，能否朝着摆脱贫困这个目标不断前进，关键就在于干部群众的思想是否得到解放，观念是否一致。如果干部群众的思想各异，那么就难以形成稳定的行动路径。所以，在干部队伍建设上，习近平同志主张"把干部输送出去，通过多岗位历练，培养和锤炼干部，他们不仅能为闽东未来的发展助力，更能在更多领域发挥才智"④。这同时也是树立本地干部信心，更好解放思想的重要举措。在群众的精神文明建设上，习近平同志指出："脱贫致富从直观上说，是贫困地区创造物质文明的实践活动。但是，真正的社会主义不能仅仅理解为生产力的高度发展，还必须有高度发展的

---

① 习近平：《摆脱贫困》，福建人民出版社1992年版，第2页。
② 习近平：《摆脱贫困》，福建人民出版社1992年版，第3页。
③ 习近平：《摆脱贫困》，福建人民出版社1992年版，第2页。
④ 中央党校采访实录编辑室：《习近平在宁德》，中共中央党校出版社2020年版，第238页。

精神文明——一方面要让人民过上比较富足的生活,另一方面要提高人民的思想道德水平和科学文化水平,这才是真正意义上的脱贫致富。"① 也正如《摆脱贫困》一书的跋中所言:"摆脱贫困,其意义首先在于摆脱意识和思路的'贫困',只有首先'摆脱'了我们头脑中的'贫困',才能使我们所主管的区域'摆脱贫困',才能使我们整个国家和民族'摆脱贫困',走上繁荣富裕之路。"② 习近平同志一直鼓舞闽东人民,虽然"弱"是闽东的现实,但首先要"解放思想",贫困地区要进步,就不能有贫困、怕苦的意识,要脱贫,思想上首先要"摆脱"贫困。人穷志不穷,只要有志气,就能后来居上。回首闽东三十多年来的脱贫路,"中国扶贫第一村"赤溪村从"输血"到"造血"的扶贫实践早已充分论证了这一点,只要摆脱思想上的贫困,有志气、有信心,在脱贫攻坚的道路上我们就没有迈不过去的坎。

习近平同志在《摆脱贫困》中写道:"我是崇尚行动的。实践高于认识的地方正在于它是行动。从这个意义上说,我们不担心说错什么,只是担心'意识贫困',没有更加大胆的改革开放的新意;也不担心做错什么,只是担心'思路贫困',没有更有力度的改革开放的举措。"③ 这是习近平同志对30多年前在闽东大力推行思想解放、改革开放的总结,同样也是我们理解今天习近平总书记坚持全面深化改革,解放思想,激发社会活力的一把钥匙。最根本的贫困不在于物质层面,而在于思想、精神层面。因此,必须彻底解放思想谋大局,放胆开拓干实事。

3."弱鸟先飞"体现了坚持终生廉洁的鸿鹄之志

这也是习近平同志在闽东工作期间要求广大党员干部着力培养的优秀品格。习近平同志指出:"没有终生廉洁、终生为民的鸿鹄之志,期待飞得持久、'扶摇直上'是困难的。"④

全面从严治党是我们党的生命线。"廉"字当头,我们的事业才能走

---

① 习近平:《摆脱贫困》,福建人民出版社1992年版,第149页。
② 习近平:《摆脱贫困》,福建人民出版社1992年版,第216页。
③ 习近平:《摆脱贫困》,福建人民出版社1992年版,第216页。
④ 习近平:《摆脱贫困》,福建人民出版社1992年版,第9页。

得更加长远，才能飞得更高。在主政闽东期间，习近平同志就十分注重党风廉政建设，以制度反腐确保权为民所用、情为民所系、利为民所谋。他在《廉政建设是共产党人的历史使命》这篇文章中指出："联系闽东地区的实际，穷地区，穷家底，脱贫致富的任务非常艰巨，这就更需要我们讲廉政，以此团结和带领群众。"① 因此，习近平同志到任宁德一年多后，在惩治腐败和廉政建设上均取得了重大成果。干部违法违纪占地建房、以权谋私承包等歪风基本刹住，贪污受贿等大要案的查处均有较大进展。他牵头制定的《关于地委、行署领导干部廉洁自律的若干规定》，以及后来补充出台的《关于党政机关廉政建设的若干补充规定》，都对宁德地区的廉政建设起到了巨大的推动作用。

（二）滴水穿石

"滴水穿石"是闽东脱贫的核心内涵。"滴水穿石"这个典故出自《汉书·枚乘传》，以往通常用来比喻坚持不懈，集细微的力量也能成就难能的功劳。1990年3月，时任宁德地委书记的习近平同志从"插队落户时耳闻目睹"的"滴水穿石"这一自然景观中，"领略了不少生命和运动的哲理"，写下了《滴水穿石的启示》这篇文章。在这篇文章中，习近平同志运用"滴水穿石"这个词语来说明闽东的发展历程，并且认为闽东的建设与发展，需要的正是这种精神。2010年9月5日，习近平同志在福建考察时，回到了他曾经工作过的地方。在接见宁德市党政领导班子时，他说："我和闽东的联系至今就没有断过，宁德的滴水穿石现在已经见到了效果，就是靠我们锲而不舍的努力，不断去探索。"② 发扬滴水穿石精神的一系列举措助力了闽东的渐进式发展，而结合闽东近几十年的发展实践历程来看，滴水穿石的精神内涵主要体现在以下三点。

1. "滴水穿石"所包含的前仆后继、勇于牺牲的品质，体现出了闽东广大干部群众在艰苦创业中的崇高人格

习近平同志指出："一滴水，既小且弱，对付顽石，肯定粉身碎骨。

---

① 习近平：《摆脱贫困》，福建人民出版社1992年版，第27页。
② 林德文：《习近平：以滴水穿石的精神振兴闽东》，《闽东日报》2015年3月2日。

它在牺牲的瞬间,虽然未能看见自身的价值和成果,但其价值和成果体现在无数水滴前仆后继的粉身碎骨之中,体现在终于穿石的成功之中。"①"我赞赏'滴水穿石'的精神,赞赏默默奉献的精神,提倡干部埋头苦干,着眼于长期的、为人铺垫的工作。"② 闽东的脱贫实践离不开闽东干部群众每个人的协作和付出,更是离不开这种甘愿为国家和人民利益牺牲的奉献精神。从2000年的撤地设市,到2019年现代农业初显成效,工业战略性新兴产业增长强劲,现代服务业方兴未艾,科技创新稳步推进,开发区建设取得新成效,"滴水穿石"中的个体表现所散发的牺牲奉献精神在闽东的发展历程中起着重要促进作用。

2. "滴水穿石"所包含的持之以恒、厚积薄发的品质,生动形象地展现出了闽东地区日复一日、持之以恒、从量变到质变的发展历程

习近平同志指出:"比如闽东的落后状况是历史形成的,改变闽东的落后面貌不能靠一朝一夕之功,而需要有一股韧劲。没有锲而不舍的毅力,不愿付出艰辛于他人数倍的努力,不靠一点一滴量的积累,涓滴成流,聚沙成塔,是不能做成事业的。"③ 闽东的落后局面不是一朝一夕形成的,同理,闽东的发展和蜕变也必须凭借日积月累的不断积淀,以滴水穿石的韧劲,才能获得厚积薄发的态势和跨越式发展的气魄。

贫困地区的发展因为涉及各方面的工作,如同滴水穿石的过程,需要依靠许多"量"的积累,最终才能实现"质"的突破。习近平同志对闽东人民说:"我们的经济建设工作又何尝不是如此。就拿经济比较落后的地区来说,她的发展总要受历史条件、自然环境、地理因素等诸方面的制约,没有什么捷径可走,不可能一夜之间就发生巨变,只能是渐进的,由量变到质变的,滴水穿石般的变化。如果我们一说起改革开放,就想马上会四方来助,八面来风,其结果,只能是多了不切实际的幻想,少了艰苦奋斗的精神;如果我们一谈到经济的发展,就想到盖成高楼大厦,开办巨型工厂,为追求戏剧性的效果而淡漠了必要的基础建设意识,那终究会功

---

① 习近平:《摆脱贫困》,福建人民出版社1992年版,第57页。
② 习近平:《摆脱贫困》,福建人民出版社1992年版,第34页。
③ 习近平:《摆脱贫困》,福建人民出版社1992年版,第34页。

者难成,时者易失!"① 闽东的发展受到历史条件、自然环境、地理因素等方面的制约,这决定了闽东的发展只能是一个"滴水穿石"的过程。习近平同志强调:"青年干部不能只热衷于做'质变'的突破工作,而要注重做'量变'的积累工作。"② 想要改变闽东的落后面貌需要长期的努力,大到地方发展,小到项目建设,都不是一蹴而就的。如果没有这种持之以恒的毅力,不注重日常工作的积累,是很难取得成绩的。习近平同志认为闽东干部群众在短期内应该克服急于求成的心理。要想充分改变闽东地区贫穷落后的面貌,没有什么捷径可走,只能是循序渐进地实现累积式变化。只有在前人持之以恒的坚持与积累上,才能厚积薄发,见证滴水穿石的结果,让落后的闽东成功脱离"贫困线",实现跨越式的发展。

3. "滴水穿石"所包含的敢字当头、矢志不移的品质,展现出了闽东广大干部群众的顽强意志

习近平同志在《滴水穿石的启示》中赞扬道:"'水滴'敢字当头、义无反顾的精神弥足珍贵。"③ 水滴"敢"字当头,意味着要放开胆子、义无反顾地开拓与进取。由于受到历史客观条件、地理环境等诸多方面因素的影响,闽东的贫困现状,就像一块坚硬的巨石,在短期内难以被攻破。在现实的发展中,作为"柔情似水"的水滴,面对闽东贫困这块"巨石",能否实现水滴石穿,取决于闽东的干部群众是否有着唯物主义者的勇气,是否有着"敢"字当头的决心。如果面对复杂局面与困难,战战兢兢,裹足不前,那就什么也别想做成。

当然只凭借"敢"字当头,也还是不够的,只有靠着一滴又一滴的水滴日复一日、年复一年的坚持,才能造就出滴水穿石的奇迹,也只有一任接一任的干部矢志不移、风雨无阻接力干下去,闽东的发展才会出现新的成就与奇迹。30多年来,闽东人民发扬滴水穿石精神,闽东走过了摆脱贫困、全面建成小康社会的艰难历程,并以"敢"字当头、矢志不移的勇气

---

① 习近平:《摆脱贫困》,福建人民出版社1992年版,第58页。
② 习近平:《摆脱贫困》,福建人民出版社1992年版,第34页。
③ 习近平:《摆脱贫困》,福建人民出版社1992年版,第58页。

持续推动宁德经济社会朝着科学发展、跨越发展的方向前进。在新时期，闽东的干部群众依然坚定践行滴水穿石精神，全面实施"一二三"发展战略，努力推动经济高质量发展。

（三）埋头苦干

"埋头苦干"是闽东脱贫的价值取向，也是闽东广大干部群众在长期生产实践和艰苦创业中所体现出来的一种精神缩影。值得一提的是，习近平同志在福建工作期间曾"三进下党"进行实地调研，并勉励下党乡的干部群众要"坚定信心、埋头苦干、久久为功"[1]。下党乡是闽东地区最为偏远的乡镇之一，建乡后不久就被列为"省定特困乡"。如今，经过30多年的不断奋斗，下党乡牢记总书记的嘱托，已成功摆脱贫困，实现了"弱鸟先飞、滴水穿石"的蜕变。一个小乡村的日新月异，映射出整个闽东地区的社会巨变。"埋头苦干"的精神内涵主要体现为以下两点。

1. "埋头苦干"体现了脚踏实地、胸怀宏图的实干精神

"埋头苦干"首先在于一个"干"字，即一步一个脚印的实干精神。当年，习近平同志在《为官一场，造福一方》一文中勉励闽东群众："我不主张多提口号，提倡行动至上。过去采取的很多有效的办法，要像接力赛一样，一棒一棒接着干下去，脚踏实地干出成效来。"[2] 面对着闽东相对处于劣势的发展态势，习近平同志勉励闽东的干部群众，要脚踏实地地干下去，长期不懈地干下去，才能够实现闽东的发展。在《滴水穿石的启示》一文中，习近平同志写道："所以我们需要的是立足于实际又胸怀长远目标的实干，而不需要不甘寂寞、好高骛远的空想；我们需要的是一步一个脚印的实干精神，而不需要新官上任只烧三把火希图侥幸成功的投机心理；我们需要的是锲而不舍的韧劲，而不需要'三天打鱼，两天晒网'的散漫。"[3] 这种"实干"是讲求方式与方法的，是在立足于实际的基础上又胸怀长远的目标。

---

[1] 《习近平回信勉励福建寿宁县下党乡的乡亲们　继续发扬滴水穿石的精神　努力走出一条具有闽东特色的乡村振兴之路》，《人民日报》2019年8月7日。
[2] 习近平：《摆脱贫困》，福建人民出版社1992年版，第77页。
[3] 习近平：《摆脱贫困》，福建人民出版社1992年版，第58—59页。

在闽东工作期间，习近平同志为了鼓励闽东干部群众进一步突破发展瓶颈，把思想和行动统一起来，他常教育干部思想"脱贫"了，精神风貌也要紧跟脚步，要时刻保持能够扛起"重担"的魄力、迎难而上的勇气，不要一碰到困难就退缩。习近平同志认为应对闽东发展问题，要意气风发，有自信，有底气，他反对"那种田园牧歌式的情调和人浮于事、松垮散漫的风气，提倡满负荷和紧张高效的工作节奏，今日事今日毕"，主张"敢为天下先，敢于冒一定的风险"①。只有始终秉持不卑不亢的态度，内在充满激情，外在从容不迫，才能办好闽东的脱贫事业。实践早已证明，面对闽东的发展问题，习近平同志是具备高瞻远瞩的战略思维的，他在务实的基础上把眼光放长远，以大气魄、大胸怀来规划发展全局。过去30多年，闽东地区立足实际，一点一点谋发展，在一届又一届党委和政府不断接力式努力下，早已经脚踏实地地干出了成效。如今，闽东人民早已摘掉了过去贫穷落后的帽子，经过多年的打拼和发展谋划，逐步实现了地区生产总值跨过三千亿元、财政总收入跨过两百亿元、城镇居民人均可支配收入超过4万元、农村居民人均可支配收入超过2万元的奋斗目标。这些成绩都意味着闽东的发展进入了新的阶段。习近平同志所推崇的这种脚踏实地又胸怀宏图的实干精神，正成为一种内生的动力，不断驱动着闽东的蓬勃发展。

2. "埋头苦干"体现了不计得失、不忘初心的担当精神

"埋头苦干"还体现出习近平同志勉励闽东的党员干部在干事创业中要坚守不计得失、不忘初心的担当精神。习近平同志当年在给宁德地直机关领导干部的临别赠言中写道："我在闽东工作的近两年里，尽管也看到了落后的一面，看到了存在的困难和问题，感到自己肩上的重担……"②习近平同志在闽东期间所干的每一件事，解决的都是人民群众实际生产生活中迫切需要解决的问题。习近平同志以身作则，以担当精神，积极教育引导广大闽东干部自觉践行党的根本宗旨，不忘党的初心，把深入基层、

---

① 习近平：《摆脱贫困》，福建人民出版社1992年版，第78页。
② 习近平：《摆脱贫困》，福建人民出版社1992年版，第204页。

为人民服务的思想落实到具体的行动上。习近平同志强调:"我们共产党人的宗旨是永远为人民服务。所以,当干部的宗旨就是奉献,就是服务,要立足于理想,不要光图自己实惠。"① 值得一提的是,在宁德工作期间,习近平同志切实转变当地政府的工作作风,确立"四下基层"的工作制度,即:宣传党的路线、方针、政策下基层,调查研究下基层,信访接待下基层,现场办公下基层。通过这种历练,"许多干部下到最边远、最贫困的地方去,亲身体验到群众的疾苦,思想感触很大,回来后都说忧患感增强了,责任感增强了"②。群众的认可不会是凭空产生的,只有付出努力,扑下身子,才能赢得多数人的支持和帮助。在习近平同志的带领下,闽东的干部担当作为,履职尽责,通过自己的苦干和实干,通过解决一系列民生问题的举措,切实赢得了群众的肯定和信任,使得闽东发生了翻天覆地的新变化。

(四) 久久为功

"久久为功"是闽东脱贫精神的本质特征。在字面上,"久久为功"代表的是一种永不放弃、锲而不舍的韧劲和拼劲。"久久为功"的精神是我们中华民族始终坚守的优良传统,也是闽东人民一直以来的精神写照。闽东的人民群众身上所表现出的这种不怕任何艰难困苦、坚忍不拔的意志品质,构成了闽东脱贫最为显著的特征。

闽东"山海兼备""负陆面海"的地理环境孕育了多姿多彩又极具特色的文化元素。比如海洋文化、红色文化、畲族文化以及历史名人文化等。早在隋朝时期,闽东人民就在黄鞠的带领下,数十年如一日地凿穿大山,引来浇灌万亩良田的水源。千百年来,这种坚韧不屈、开拓创新的精神一直绵延留存至今,成为闽东历史文化中最具特色的一部分。2017年,黄鞠灌溉工程成功申报福建省第一批水文化遗产,同年10月成功入选世界灌溉工程遗产。③ 明朝时期,冯梦龙曾不惧艰难险阻,历经长达半年的行

---

① 习近平:《摆脱贫困》,福建人民出版社1992年版,第79页。
② 习近平:《摆脱贫困》,福建人民出版社1992年版,第44页。
③ 《福建省宁德市"黄鞠灌溉工程"入选世界灌溉工程遗产名录》,《福建日报》2017年10月11日。

程到寿宁县上任知县，在任期间为当地的百姓减轻徭役、改革吏治、明断讼案、革除弊习、整顿学风、兴利除害，深深影响了闽东几代人。在中国共产党的领导下，广大闽东儿女凭借着自强不息、艰苦奋斗的革命精神，开辟了红旗不倒的闽东革命根据地。

在中华人民共和国成立初期，古田县人民奉献出了祖祖辈辈繁衍生息、精心构筑的千年古县城，淹没37平方千米土地，移民搬迁6万多人，建设起我国"第一个五年计划"的"第一号工程"古田溪水电站。它体现出闽东人民特别是古田人民高度的大局意识和舍己为公、久久为功的奉献精神，为全省的水电能源建设作出了积极贡献。习近平同志在福建工作期间曾指出："古田溪水电站，全省最早的一个中型水电站，电是调到全省用的，供应中心城市用。可见，这边的群众是很有奉献精神的，对全省经济社会发展作出了贡献。"① 数十年来，广大库区移民在新安置地上，以坚韧不拔的意志，一如既往地发扬埋头苦干、久久为功的精神品质，克服困难，白手起家，重建家园，开拓创新，创造了闻名世界的食用菌产业，以"一朵菇"铺就了全县人民群众的脱贫致富道路，把库区安置点重新建设成一座繁荣富饶的美丽山城，被中国食用菌协会授予"中国食用菌之都"的称号，食用菌人工栽培技术成为全国广大农村摆脱贫困的"短平快"项目和国家对外开展"南南合作"的主要援助项目之一。

2015年1月29日，习近平总书记在国家民族事务委员会《民族工作简报》第6期上，对福建省福鼎市磻溪镇赤溪村的报道作出重要批示。他赞扬"宁德赤溪畲族村干部群众艰苦奋斗、顽强拼搏、滴水穿石、久久为功"；他强调"全面实现小康，少数民族一个都不能少，一个都不能掉队"；他号召"要以时不我待的担当精神，创新工作思路，加大扶持力度，因地制宜、精准发力，确保如期啃下少数民族脱贫这块硬骨头，确保各族群众如期实现全面小康"②。如今，闽东人民正努力传承前人的一系列宝贵精神财富，不断推动经济社会高质量发展。

---

① 杨筱怀：《习近平：我是如何跨入政界的》，《中华儿女》2000年7月6日。
② 王绍据：《赤溪——"中国扶贫第一村"纪实》，福建人民出版社2016年版，第2页。

三、闽东脱贫的时代价值

习近平同志在宁德工作期间提出的"要以弱鸟先飞、滴水穿石的精神振兴闽东"的思想,既切合客观实际,又包含深刻哲理。30 多年来,闽东人民正是秉承这一理念,以不畏艰险、前赴后继、勇往直前的气概,咬定青山不放松、矢志不渝的决心,百折不回、顽强拼搏的韧劲,使当年中国东南沿海黄金海岸线的"断裂带"、全国 18 个集中连片贫困地区之一的宁德,逐步摆脱贫困向着全面小康迈进。在新的历史时期,这一理念仍具有重要的时代价值。

(一)坚韧意志和追赶意识,助力区域经济持续不断地跨越发展

闽东脱贫所包含的"弱鸟先飞、滴水穿石"的坚韧意志和追赶意识,能为区域经济发展提供强大的精神力量。30 多年来,闽东人民发扬"弱鸟先飞、滴水穿石"的精神,大力弘扬习近平总书记在宁德工作时的优良作风和为民情怀,将习近平总书记对福建、对宁德工作的重要指示批示精神落深、落细、落实,并在新时代新征程上书写新篇章,取得新成效,使宁德从昔日的我国东南沿海黄金海岸线的"断裂带",跃升成为新时代新福建建设的新增长极,主要体现在以下三个方面。

1. 脱贫攻坚堪称典范

在扶贫开发与脱贫致富的探索历程中,宁德干部群众利用独特的山海资源优势,"靠山吃山唱山歌,靠海吃海念海经",推动小农经济融入现代农业发展,走出一条有闽东特色的发展大农业的路子。首先,坚持发挥龙头企业、专业合作社作用;其次,坚持以乡村旅游为抓手,推动资源深度整合、科学开发;再次,坚持创新金融服务,建立扶贫小额信贷风险资金池;最后,坚持造福搬迁,在全省率先实施"造福工程",对居住在"老、少、边"等生存环境恶劣的贫困群众实施有组织、大规模的搬迁,并按照"搬得出、稳得住、能致富"的要求,为偏远山区群众挪穷窝、断穷根。[①]

由于历史和自然环境原因,当时的闽东交通闭塞,信息短缺,基础设

---

① 《宁德:挪穷窝有补助 断穷根靠就业》,东南网,2020 年 10 月 12 日。

施落后,是小农经济的天下,"老、少、边、岛、贫"成为闽东区情的真实写照,与此相伴的是部分贫困群体"安贫乐道""穷自在"的心理,"穷有穷的命"是当时宁德贫困山区亟待转变的思想。为此,治穷先治愚,扶贫先扶智。脱贫致富奔小康的先决条件是摆脱意识和思路的贫困,这是宁德摆脱贫困的重要前提和基本要求。

扶贫要先扶志,也就是要首先从思想上淡化贫困意识。摆脱贫困,"其意义首先在于摆脱意识和思路的'贫困',只有首先'摆脱'了我们头脑中的'贫困',才能使我们所主管的区域'摆脱贫困',才能使我们整个国家和民族'摆脱贫困',走上繁荣富裕之路"①。多年的扶贫开发实践告诉我们,贫困并不要紧,最怕的是思想贫乏、没有志气,最怕的是"穷自在""等、靠、要"。"弱鸟可望先飞""至贫可能先富""后发可以先至",关键要看我们是否能摆脱思想和意识的贫困。换言之,构筑精神高地,冲出经济洼地就是扶志,就是脱贫致富的精神法宝。

习近平同志所创造的宝贵精神财富,最终凝聚成了滴水穿石精神,成为宁德实现科学发展、加快发展的行动指南。30多年来,历届党委、政府始终坚持解放思想,把教育引导群众彻底摒弃"等、靠、要"思想作为脱贫致富奔小康的主线来抓,抓住经济建设这个中心不放,艰苦创业,积极作为,扶贫工作取得了明显成效。

30多年来,宁德广大干部群众坚定不移地践行习近平同志在宁德工作期间的扶贫思想,坚持以"精神扶贫"为先导、"三产联动"和"造福工程"为途径,强化精准施策,制定了以"六六四"(即精准扶贫六到村、六到户、四到县)为主的一系列精准扶贫政策措施,脱贫攻坚取得了决定性胜利,在全国较早解决了区域性整体贫困问题。30多年来,宁德脱贫77万多人,造福搬迁40多万人,全市7.2万建档立卡贫困户,453个贫困村和6个省级扶贫开发工作重点县全部"清零",②创造了享誉全国的扶贫开发"宁德模式",涌现了福鼎赤溪村、柏洋村,福安溪邳村,屏南白玉村

---

① 习近平:《摆脱贫困》,福建人民出版社1992年版,第216页。
② 数据来自宁德市扶贫开发领导小组办公室。

和周宁樟岗村等许多具有典型代表意义的精准扶贫案例,成功探索出一条具有闽东区域特色的扶贫开发路子。"宁德模式"也因此被誉为"中国特色扶贫开发道路的典范"①。

近年来,宁德积极响应党中央、国务院号召,认真贯彻省委、省政府决策部署,坚持以经济建设为中心,以脱贫致富奔小康为主线,带领全市广大干部群众以实现全面小康为目标,有计划、有组织、大规模地实施扶贫开发工作。市委、市政府多举措强化扶贫工作力度,主要领导率先垂范,深入一线,包村挂点;全市各单位下沉扶贫一线,积极帮扶;群团组织发挥作用,开展形式多样的扶贫活动;龙头企业、企业家及慈善家等采取"认领式"做法开展扶贫济困、资医助学活动;社团组织通过结对帮扶、捐资捐物支持贫困户发展生产;贫困地区人民群众自力更生,积极发展生产,显著提高了人民生活水平。

与此同时,宁德交通、通信、电力等一批重点基础设施项目相继建成,基础设施条件极大改善,曾经困扰经济社会发展的瓶颈制约得到有效缓解,初步形成了涵盖铁路、公路、水路等各种运输形式全面发展的综合交通运输网络。截至2020年底,全市公交车电动率100%,农村公路总里程突破1万千米,常住人口城镇化率59%左右;历史文化名镇11个、名村42个、传统村落232个,数量居全省第一;完成中小河流治理29条,安全生态水系建设585千米,水土流失治理112.02万亩;荣获"国家森林城市",森林覆盖率69.98%;中心城区人口和面积分别增加到60万人、60平方千米规模;农村公路通车总里程达到1万多千米,是30多年前的10多倍,实现了县县通高速、镇镇通干线、村村通客车,曾经"地僻人难行"的特困乡——寿宁县下党乡,如今进乡公路有5条,"车岭车上天、九岭爬九年"彻底成为历史;机动车保有量16.7万辆,增长72.9%;道路340千米,增长77%;自来水日供水能力由5万吨增加到18.7万吨;城市绿化覆盖率42.5%,环东湖生态景观圈全面提升。② 宁德扶贫开发的实践

---

① 李宪建:《"宁德模式"是中国特色扶贫开发道路的典范》,《福建省社会主义学院学报》2017年第3期。

② 《2021年宁德市政府工作报告》。

充分证明，习近平同志关于扶贫工作的重要论述、重要理念，是打赢精准脱贫攻坚战的思想利器，是解决区域性整体贫困的"金钥匙"。

2. 产业龙头持续发力

30多年来，闽东人民沿着习近平同志指明的方向，发挥自身优势，苦干、实干、巧干，推动闽东经济社会发展旧貌换新颜，打造出一系列国内外知名的优质农特产品和优势新兴产业。2010年9月，习近平同志到宁德视察时，对闽东的发展表示充分的肯定，他曾嘱咐"多上几个大项目，多抱几个'金娃娃'"①。近年来，宁德牢记嘱托，感恩奋进，以"一二三"发展战略②为指引，通过出台个性化扶持政策，设立产业发展基金，推行产业链招商，优化营商环境等综合措施，锲而不舍抓龙头、铸链条、强集群，先后引进了锂电新能源系列、上汽宁德基地项目、青拓鼎信系列、中铝铜冶炼项目等大型项目，并迅速集聚了一大批上下游配套项目入驻，逐步培育形成锂电新能源、新能源汽车、不锈钢新材料和中铝铜材料等四大主导产业集群。四大主导产业以点带线扩面、加速集聚发展，产业链项目辐射宁德各县（市、区），实现全覆盖，构建起产业上下游链条畅通、产业之间高效循环、产业布局全域联动的完整产业系统。

目前，宁德的不锈钢和锂电池产能业界领先，已成为全国最大的不锈钢生产加工集聚区和全球最大的聚合物锂离子电池生产基地。③ 不锈钢产业以青拓集团为龙头，形成涵盖"原料—冶炼—热轧—冷轧深加工—不锈钢制品"的产业链条，具备年产镍铁200万吨、各类不锈钢型材1200万吨的生产规模，总产值突破1200亿元。锂电新能源产业以新能源科技、时代新能源两家企业为龙头，新能源科技生产的消费类聚合物锂离子电池和时代新能源生产的锂离子动力电池市场占有率全球第一。2018年，时代新能

---

① 林德文：《习近平：以滴水穿石的精神振兴闽东》，《闽东日报》2015年3月2日。
② "一二三"发展战略：2018年10月17日，中共宁德市委四届七次全会提出实施"一二三"发展战略的总体思路，这是坚持高质量发展落实赶超的"宁德篇"。"一"就是围绕"一个中心任务"，即"开发三都澳、建设新宁德"；"二"就是做到"两个坚持"，即坚持开发与保护并重、坚持沿海与山区联动；"三"就是建立"三个生态"，即建立高质高效的经济生态、山清水秀的自然生态、风清气正的政治社会生态。
③ 《四大千亿产业集群逐步形成》，宁德网，2018年12月10日。

源作为新经济独角兽企业成功上市。此外,铜冶炼完成龙头项目——中铝铜的点火投产,年产量40万吨阴极铜;上汽宁德基地项目也已建成,可年产30万辆新能源汽车。同时,生物医药等新兴产业发展初显成效。广生堂药业在创业板成功上市,安发生物获得商务部保健品直销牌照。

宁德在发展中牢固树立"绿水青山就是金山银山"的绿色发展理念,将生态文明建设贯穿经济和社会发展全过程,深入推进供给侧结构性改革,加快工业转型升级,下大力气淘汰一批高污染、高耗能项目和落后产能,为新兴产业培育扩展赢得空间。围绕落实省政府出台的加快推进宁德合成革产业转型升级六条措施,宁德坚持一手抓污染防控,一手抓产业结构调整,推动合成革产业向创新型、环保型、生态友好型产业集群"绿色"转型升级,实现可持续发展。福鼎龙安开发区的中国生态合成革产业园完成了热电联产项目改造,实现了集中供热,每年可减排氮氧化物、二氧化硫、烟尘分别达480多吨、1000多吨、370多吨,大大降低了园区整体污染物的排放量,促进企业降本增效、转型升级、绿色发展。① 大力发展清洁能源。目前,宁德已经发展形成涵盖核电、水电、风电、太阳能等多元发展的清洁能源体系,为经济社会发展提供充足的能源保障。2012年,宁德核电秦屿核电站1号机组并网成功,在全省率先跨入"核电时代"。

近年来,宁德干部群众牢记习近平总书记的殷切嘱托,坚持以滴水穿石精神抱好"金娃娃",发展大产业,主动融入新福建建设大局,坚持高质量发展,全面实施"一二三"发展战略,不断推进锂电新能源、新能源汽车、不锈钢新材料、中铝铜材料等四大主导产业全区域布局和全产业链延伸,并成为推动宁德高质量发展的强劲动能。在农业方面,通过大力推行"一村一品、一乡一业"模式,培育形成能够切实带动农村广大群众增产增收的特色产业。特别是立足于本市农村生态资源特色,连续出台了加快发展现代农业、山地农业、林下经济、花卉苗木等强农惠农的配套措施,培育并形成了茶叶、蔬菜、水果、中药材、食用菌、畜牧业、渔业、

---

① 数据来自福鼎市龙安开发区管委会。

林竹花卉和乡村旅游的"8+1"特色产业,并打造形成了多个农产品的"全国之乡"品牌和国家地理标志保护产品。在工业带动方面,宁德坚持"抓龙头、铸链条、建集群"的产业布局思路,充分发挥港口资源优势,加快发展临港产业布局,形成以四大产业为主导,发供电、食品加工、电机电器、生物医药、合成革、冶金材料为特色的"4+6"特色工业体系,为农村贫困人口转移、就业创造了大量岗位。

目前,宁德正以时代新能源、新能源科技两家企业为龙头,依托北部新区构建"宁德锂电新能源产业集聚区",辐射带动福安、福鼎、古田、屏南等周边区域,集群效应凸显。锂电新能源产业沿着海岸线,一路向北延展壮大。从蕉城三都澳到霞浦县福宁湾,再到福鼎沙埕湾,配套项目落地,产业布局逐渐延展,正从过去集中于三都澳到现在布局于整个环三都澳湾区,使开放开发的空间大大拓展。① 为了做大做强锂电新能源产业,宁德先后引进厦钨、杉杉、卓高、青美等一批上游配套企业,目前已落地产业链项目合计31个,涵盖正负极材料、隔离膜、电解液和电池构件等,总投资177亿元。这些配套企业,不少也是龙头企业。② 在宁德时代新能源科技有限公司和宁德新能源科技有限公司两家龙头企业带动下,宁德已引进落地锂电新能源产业链配套项目38个,加速形成锂电新能源产业集群。2020年,锂电新能源产业实现产值750亿元,同比增长49.4%。③

青拓集团有限公司是青山实业(2019世界企业500强第361位,中国企业500强第90位,是全球最大的不锈钢生产型跨国企业集团)系统五大集团之一,下辖鼎信实业、青拓镍业、鼎信科技、青拓设备、青拓物流等23家子公司。集团2020年实现产值1250亿,增长7%,位列福建省100强企业第7位,民企制造业50强之首,现有员工近15000人,是全省首家年产值超千亿元的民营企业。④

---

① 《经济观察:三都澳成福建湾区经济发展热点》,中国新闻网,2019年1月9日。
② 《大开发,新宁德奔涌时代潮——聚焦环三都澳湾区开放开发》(上),《福建日报》2018年11月16日。
③ 《2021年宁德市政府工作报告》。
④ 《2021年宁德市政府工作报告》。

2008年，青拓集团四处选址，看中交通便利的宁德，认为宁德有避风良港，码头紧挨高速，不仅电价便宜，更有独特区位，沿海高速公路同三线福安段贯穿境内，并可在湾坞设立互通口；温福铁路贯穿全境，可在湾坞辖区内建立福安客货运站，交通优势凸显。正是有这样的交通条件，青拓集团决定落户宁德福安湾坞半岛。

青拓集团于2008年入驻宁德以来，已发展成集镍铁加工、不锈钢冶炼、棒材热轧、板材热冷轧以及海运物流码头于一体的综合性不锈钢产业园，并在园区内继续合作建设和开发不锈钢中下游加工产业，创造了规模宏大、结构整合、生产高效的典范。目前，青拓集团已成为全球最大的不锈钢生产基地和全省首家超千亿工业企业集团，使宁德成为世界不锈钢行业的聚焦点。

上汽宁德基地项目落地以来，宁德就承担着要素保障、配套服务等重担，责任大、压力大。项目启动伊始，市委、市政府便旗帜鲜明地指出：上汽宁德基地项目定位高、规模大、链条长、带动力强，是落地宁德的难得的"金娃娃"，是可以"大干一番"的大项目、好项目，全市每个干部群众都要倍加珍惜、倍加努力，要强化服务保障、优先服务、优先保障上汽宁德基地项目建设。①

勇者不惧。面对时间紧、任务重的严峻挑战，各级干部迎难而上、自我加压，用一股"逢山开路、遇河搭桥"的闯劲，破解了一个个难题，交上了一份份令人满意的答卷。项目建设过程中，天气是极为关键的一个因素。上汽宁德基地项目每一位参建干部心中，都有一个"时间表"和"气象仪"——这是一场人与自然的特殊较量。就土方回填而言，这一环节要经过2次填土，3次高程测量，2次密实度检测，3到4次分层碾压，1次强夯，流程十分复杂。如果哪一个环节没有及时跟上，就可能因雨天而耽搁，错过建设"黄金期"。在这场特殊较量中，参建干部与时间赛跑、与天气赛跑、与进度赛跑，用自己的"加速"，换来了项目建设的"提速"。

---

① 《"四干"，干出新天地——"宁德速度"诠释干部创业精气神》，《闽东日报》2019年1月4日。

他们几乎无缝对接着施工单位、监理单位、质量监督单位、测量单位等各方面，力争一环紧扣一环。2018年4月28日到12月28日，雨天数高达139天，可雨水并没有"浇灭"上汽宁德基地项目建设的火热场面。从安征迁一线，到协调服务前沿，到建设工地，宁德有关干部用自己攻坚克难的冲劲和只争朝夕的精神，实现了宁德高质高效发展新标高。①

交通是基地项目建设的重要内容，在建设过程中，三屿大桥桩基成孔难，邻近建筑物石方爆破方量大，T梁运输道路线型不理想等诸多难题接踵而至，建设者们在一次次的攻坚克难中千锤百炼"三屿作风"。三屿大桥11、12号桩基是影响预制T梁架设的关键攻坚点，由于钢护筒底口软弱土体的扰动，微承压水以及潮涨潮落的反复作用，在桩基钻进过程中非常容易出现漏浆、塌孔等问题。项目负责人带领"桥梁突击队"和施工班组蹲点施工现场，采取双层钢护筒及小直径冲锤处理卡钻，通过反复监测泥浆循环量和进尺深度，及时调整泥浆比重，委派潜水员修补钢护筒，并根据地质雷达显示的情况制定回填措施，终于达到了设计钻进深度并经过勘验合格终孔。②

2019年9月28日，上汽宁德基地项目正式竣工投产。项目落地以来，宁德市、区两级班子全员出动，相关职能部门及时跟进，项目协调机构与项目业主一起办公，"保姆式"服务全力保障项目建设，亲商、安商、富商的良好发展环境逐渐形成。正是由于全市各级有关干部始终守初心、担使命，发扬"大干晴天、抢干阴天、巧干雨天、干好每一天"的"四干精神"，交上了一份又一份亮眼的"成绩单"，创造了上汽宁德基地项目建设的"宁德速度"。项目从动工建设以来，雨天比例高达60%以上，全体参建同志勇于担当、主动作为、攻坚克难，用"四干精神"克服了雨天多、交叉施工多、地质条件复杂、安征迁任务重等诸多困难，强势推进项目

---

① 数据来自宁德市工业与信息化局。
② 刘昭昭、魏昺灏：《锻造"三屿作风" 创造"三屿速度"》，《闽东日报》2019年6月27日。

建设。①

今后，四大主导产业将以点带线扩面，加速集聚发展，产业链项目辐射宁德各县（市、区），实现全覆盖。古田杉杉负极材料项目、屏南新能源项目、柘荣不锈钢产业集中区、福鼎三元正极材料和汽车薄板、霞浦时代一汽及新能源产业链项目、周宁不锈钢深加工产业园、寿宁铬铁项目等一批百亿级产业园区和产业项目也破土而兴。四大主导产业的产业链不断交织发展，衍生出更为清晰的产业"脉络"——锂电池是新能源汽车的核心部件，不锈钢原材料红土矿中的镍、钴是锂电池的重要材料，铜产品又是汽车和锂电池制造不可或缺的材料。目前，宁德正因势利导，推动产业融合发展，努力构筑新的竞争优势。②

崛起一个产业，惠泽一方百姓。放眼看宁德，一缕茶香百里醉——福鼎白茶荣获"2019中国茶叶区域公用品牌价值十强"第四位，并被授予"最具品牌带动力"和"最具品牌经营力"的荣誉称号。一根海带富渔家——"中国海带之乡"霞浦，有30余万亩养殖海带迎风飘展。全市渔业产值撑起了全市农业总产值的半壁江山。"中国食用菌之都"古田，工厂化栽培全力示范推广，通过"公司＋合作社＋农户"的经营模式，引进和培育精深加工龙头企业，带动食用菌上下游产业链，"县域工厂化"渐入佳境。以古田食用菌产业为典型代表，宁德市食用菌从业人员数、产量、产值均排在全省第一。一枚佳果甜四方——"南国葡萄之乡"福安，葡萄园绵延如海，已成为全省栽培面积最大、产量最高、效益最好的葡萄生产基地，也是我国东南沿海最大的葡萄生产基地。一朵山花分外娇——立足高山气候，周宁发展培育花卉苗木企业，高海拔花卉苗木产业风生水起，年总产值7000多万元；全市以实施现代农业（花卉）生产发展项目建设为抓手，重点发展山区高山冷凉型花卉、沿海绿化苗木等，壮大花卉苗木产

---

① 郑雨桐：《发扬"四干精神" 创造"宁德速度"》，宁德网，2019年10月8日。
② 福建省工业和信息化厅：《宁德市工业产业发展情况材料》，2020年2月25日。

业。① 至 2020 年底，宁德提前实现了现行标准建档立卡贫困户全部脱贫退出，贫困地区全面脱贫，赢得了精准脱贫攻坚战的胜利。

2015 年以来，蕉城区探索以小岭村为改革试点，扎实推进"土地入股、整村推进、三产融合、扶贫开发"综合试点工作，既有效带动了农民增收和贫困户脱贫，又为农村土地流转工作提供了有益借鉴。一是村民土地入股，实现连片开发。针对小岭村劳动力外流、土地抛荒严重、生态资源优越的现状，该村确立了连片开发土地、合理布局产业、发展生态农业、带动休闲旅游的发展思路。2015 年 7 月，小岭村成立蕉城区首家土地股份合作社——金鼎峰生态农业专业合作社。合作社股份由三部分组成：全体村民以土地承包权入股，占合作社股份 40%；6 个生产小组推荐五位村民代表筹措资金 85 万元及村集体投入资金 15 万元，作为资本金入股合作社，占合作社股份 40%；合作社由投资人员管理，管理员不领取工资，以管理技术入股，占合作社股份 20%。这种利益共享式的经营模式，既确保了村民、管理方、村集体三方均能享受产业发展的利润，又消除了村民对"失地"的担忧，提高了村民的参股意愿。二是合理规划布局，发展绿色产业。有了地、有了资金，小岭村根据自身的区位优势与资源条件，通过种植荷花、映山红、水蜜桃、猕猴桃、樱桃等水果花卉，修建石壁岭古官道、石牛山登山道、园区绿色观光道以及农耕文化体验园、亲子活动园、亲水游乐园、文化长廊等基础设施，大力发展乡村休闲旅游产业。在项目经营上，金鼎峰生态农业专业合作社与宁德市兆丰年农业发展有限公司签订协议，将该村的旅游休闲项目交由其经营，自负盈亏，并把总收入的 5% 上缴合作社进行收益分配。同时，通过引进竹木加工企业，盘活万亩毛竹资源。村民在出售毛竹资源的同时，可以到竹木加工企业打工，变"外出务工"为"家门口打工"。三是吸纳困难群众，带动脱贫致富。为了更好地带动群众脱贫致富，金鼎峰生态农业专业合作社积极吸纳低收入群体，参与用工管理，签订用工协议，鼓励村里的贫困户参与果园承包管

---

① 王志凌、叶陈芬：《宁德发展"8+1"特色农业产业 打造升级版特色新乡村》，《闽东日报》2019 年 4 月 23 日。

理，领取工资。这种模式，由合作社提供生产成本，承担相应风险，既解决了贫困户只会埋头生产，不懂市场营销的弊端，又最大限度地减少了生产风险，较好地起到帮助脱贫致富的目的。比如，48岁的张仰寿是小岭村的贫困户，家有4口人，平时只能在村里打零工，年收入不到2000元。他把家中的一亩五分耕地流转给合作社，并负责管理合作社的30亩桃园，每亩每年管理工资为500元。此外，合作社在其他项目的建设中需要用工，优先考虑贫困户。为了进一步筑牢民生保障底线，合作社每年提取纯利润的5%，设立扶贫基金，并积极倡议本村村民及社会各界人士开展捐助，这些资金既能直接补助给贫困户保障基本生活，也可为贫困户投资合作社提供3万元的小额信贷贴息。这些举措，不但确保贫困户实现了短期收益，又使他们拥有了一份长期稳定的土地股份和资金入股收入。①

3. 环三都澳开发大展宏图

三都澳是世界少有、中国仅有的尚未大规模开发的天然良港。开发三都澳是闽东人民的"三大梦想"之一。2008年9月30日《环三都澳区域发展规划（2008—2020）》经福建省人民政府研究同意并批准实施，从此拉开了环三都澳区域大规模综合开发的序幕。近年来，宁德贯彻落实习近平总书记"科学规划、合理开发"的指示要求，按照《环三都澳区域发展规划》设定的总体空间框架，大力推进"环湾一体""四核驱动""三向融合"，实现"全域发展"，深入实施"一二三"发展战略。目前，中心城区东扩北展，面积扩大到60平方千米，市区人口增加到60万人，连续三届被授予"全国民族团结进步模范城市"，连续四届被评为"全国双拥模范城"。交通路网穿山越海，温福铁路、合福铁路、衢宁铁路建成通车；万吨级码头从无到有，货物吞吐量突破4000万吨，与100多个国家和地区建立贸易往来关系。② 如今，宁德实现全域统筹、山海联动，城乡面貌焕然一新，闽东人民的"三大梦想"正逐步实现。

一是构建产业生态圈，推动产业园区向城市新区转变。协同发展是湾

---

① 郑舒：《蕉城区石后乡小岭村：土地流转走出精准扶贫新路子》，宁德网，2017年3月27日。

② 《2021年宁德市政府工作报告》。

区经济发展的客观要求。港口城市在对外开放中最先发展壮大,达到一定规模后,会对周边区域产生外溢效应。世界级港口需要有世界级腹地的支撑,否则很难持久兴盛。如曾跻身世界第三大集装箱港口的台湾高雄港,虽然具备强大的运输转运能力,但由于没有广阔腹地货运量的有力支撑,逐渐被新的港口替代。同时,腹地的货物也要通过港口才能更便捷地运到海外,为谋求自身发展,周边区域也会主动承接外溢的相关产业和功能。港口城市和湾区腹地形成紧密依存、共同发展的良好关系。① 一方面突出项目带动,发挥沿海和山区的资源优势,深入开展招商引资和项目建设,扎实推进山海产业园区共建,使山区县的工业园区在吸引湾区产业转移和科技成果转化方面更有竞争力,进而推动沿海山区产业经济协同发展。另一方面是建设产城创融合发展的新型园区。积极发展园区科研、办公、会展、酒店、居住、休闲等城市功能,高水平规划配套员工公寓、学校、医院、农贸市场等,推动产业园区从单一产业功能向城市功能区转变,以高品质生活设施吸引高素质人才,为提升核心产业竞争力与创新能力创造条件。同时,将工业园生活配套区与园区周边的新农村建设、园区征地安置区和易地扶贫搬迁集中安置区统筹集中规划,加快提升园区周边人气②,努力打造湾区产城融合新样板,力争进入国家级产城融合示范区新一批名单。

二是营造开放多元的国际化环境,打造湾区全方位开放新格局。湾区靠港而生,依湾而兴,具有天然的开放属性,开放成为湾区经济发展的先决条件和根本优势。在航海技术的发展和推动下,海运成为对外交流中最主要的交通方式之一,直接推动港口成为连接本国市场和国际市场的重要节点。湾区经济依赖国际港口发展而蓬勃,在不断扩大的货物贸易中,港口城市成为对外开放门户,促进了国际贸易、外来投资和港口发展。③ 宁德区位优势独特,地处我国东南沿海黄金海岸线中段,北接温州,南连福

---

① 吴思康:《深圳发展湾区经济的几点思考》,《人民论坛》2015 年第 6 期。
② 黄飞:《广西融入粤港澳大湾区建设的思考》,《广西社会主义学院学报》2019 年第 2 期。
③ 吴思康:《深圳发展湾区经济的几点思考》,《人民论坛》2015 年第 6 期。

州，西傍南平，东望台湾，独具"北承南联、西进东出"的区位优势。宁德港口岸线富集，境内海域面积 4.45 万平方千米，大陆海岸线 1046 千米，均约占全省 1/3。① 环三都澳大湾区依托海洋经济，实施港口群、产业群、城市群"三群"联动，背靠广阔腹地，是建设大型物流港、储备港和中转港的理想港址，对布局和发展"大进大出"的临港工业有着得天独厚的优势。一方面要主动融入闽东北经济协同发展区、粤港澳大湾区，以更高水平对外开放促改革、促发展、促创新，持续打造和推出一批在区域内具有更强吸引力的产业和创新平台，吸引优质生产要素集中集聚，为创新创业创造厚植土壤。另一方面要以更大力度营造聚才环境，构筑创新创业高地，激发创造活力，发展新产业、新模式、新业态，提升宁德湾区国际竞争力，在不断深入的区域合作中提升湾区对外开放水平，以高度重视、高度自信、高度自觉、高度融合"四个高度"思维融入"一带一路"倡议，推动宁德成为海上丝绸之路的重要节点。

三是强化生态保护，推进湾区生态文明建设。绿色是宁德的发展底色，绿色发展则是宁德发展的重要引擎。2018 年，宁德市委、市政府提出"一二三"战略，其中包括建立山清水秀的自然生态这一绿色发展理念，要以科学规划推进绿色发展。规划引领行动，理念决定发展。要深化主体功能布局规划，科学划定生产生活和生态空间界限，实施空间差异化管控。比如，在环三都澳区域，坚持港、产、城和生态"四位一体"联动协调发展。组织力量加快衔接生态保护红线划定工作，加快完成海洋生态红线划定，加强海域规划管理和岸线用途管制。以严格的生态红线管控制度强化生态保护，确保发展的绿色底线，实施重要生态系统保护和修复工程，落实永久基本农田和城镇开发边界控制，持续实施造林绿化。努力推动高污染、高耗能、高排放、低效益的粗放型的发展方式向低能耗、低污染、低排放、高效益的集约型发展方式转变。加快"美丽乡村"旅游线路建设，积极推进互联网＋生态旅游业发展，促进旅游业与第一、二、三关

---

① 福建省发改委、宁德市人民政府：《环三都澳区域发展规划（2008—2020）》，2008 年 9 月。

联产业深度融合，形成绿色发展新业态和新品牌。近年来，闽东地区在发展的同时，也积累了一些环境污染问题。比如，对畜禽违规养殖、垃圾随意倾倒等等。要开展以美丽乡村景观带、赛江、霍童溪等主要江河 1 千米范围内和公路铁路沿线村庄为美丽乡村整治重点，加强区域大气污染联合治理以及推进湾区固体废弃物综合处理设施建设，构建共治共赢的流域水环境保护体系、联防联治的湾区大气污染综合防治体系和共建共享的固体废弃物综合治理体系。提升资源节约集约水平，加大节能减排力度，鼓励清洁能源生产，推进资源循环利用，降低万元 GDP 用水量和单位 GDP 能源消耗。加快推进农业废弃物资源化利用，全面推进畜禽粪污资源化利用，深入实施化肥农药使用量零增长、减量化专项行动。落实《宁德市海上养殖综合整治方案》，推进"清海扩航""退养还滩"，深入实施"蓝色海湾"整治行动。环三都澳大湾区打造湾区生态文明新示范，实现人海和谐相处和协调发展，确保湾区生态系统的良性发展。

2018 年 12 月，宁德柘荣县被授予第二批国家生态文明建设示范市县称号。近年来，柘荣县坚持把创建国家生态文明建设示范县作为贯彻落实习近平生态文明思想和党中央、国务院关于生态文明建设决策部署的重要举措，牢固树立"绿水青山就是金山银山"的发展理念，认真贯彻新发展理念，坚定不移走绿色生态发展之路，全面提升生态文明建设水平。2019 年 11 月 14 日，生态环境部公布第三批国家生态文明建设示范市县名单，其中，宁德寿宁县榜上有名。同年 11 月 15 日，全国森林城市建设座谈会在河南信阳市召开，会上宣读了"国家森林城市"称号批准决定，宁德市正式被批准为"国家森林城市"。[①]

宁德自 2016 年 12 月启动"创森"工作以来，各级政府秉承"绿水青山就是金山银山"发展理念，充分发挥山、水、林、城、田、海等自然生态的景观特色，以改善城乡生态环境，增进居民生态福利为目标，将"创森"工作纳入全面实施"一二三"发展战略的重要内容，凝心聚力，攻坚克难，以务实的举措、扎实的作风，实现"让森林走进城市，让城市拥抱

---

① 《宁德市正式被批准为"国家森林城市"》，《闽东日报》2019 年 11 月 18 日。

森林"。据统计，当前全市超过三分之二的市域面积都被森林覆盖了，森林蓄积量持续位居全省沿海设区市第一。宁德还打造了41.01千米的林荫大道，实现了人在城中、城在林中的街道林荫化。截至2019年，宁德全市累计新增造林面积24256.5公顷，平均每年完成新造林面积占市域面积的0.62%，城区绿化覆盖率达43%。当前，宁德不但是国家园林城市，而且9个县（市、区）皆已实现省级森林城市全覆盖，并完成了9个省级森林城镇和103个省级森林村庄建设。① 可以说，整个宁德处处都是绿意盎然。

近年来，宁德还进一步健全环境治理体系，完善流域治理机制。持续推进闽江流域（古田段）山水林田湖草生态保护修复工作，加快11个项目建设，到2019年底完成投资1.06亿元。继续推进"河长制"，全面实施"湖长制"，市、县、乡三级全面落实党政双河长，共设立市、县、乡三级河长办137个，设市级河长7位、县级河长67位、乡级河长（含河段长）991位，落实村级河道专管员671名，实现河长体系全覆盖与驻河长办检察联络室全覆盖。坚持"一月一抽查"工作机制，各级河长、河段长、河道专管员定期开展河道巡查，实行常态化管护。持续开展乡镇行政交接断面监测，对全市125个新增乡镇行政交接断面水质实行每两个月监测一次。福安市、福鼎市率先推广使用"智慧河长"管理平台及河长制APP，实现对河长制工作的智能化管理。古田县在全省首创"古田县河湖长制微信云监督平台"，推行"河长＋社会监督员＋普通民众＋智能监控＋智慧系统"立体监督模式。市级"智慧河长"信息平台正式上线运行。2019年，《宁德霍童溪流域保护条例》经市人大审议通过。2019年12月30日，《宁德市河湖长制工作管理办法（试行）》出台。②

截至2020年底，宁德重点流域水质保持优良，主要湖库、县级以上集中式饮用水水源地水质达标率100%，小流域整治成效继续巩固，消除劣Ⅴ类水体。完善海洋环境治理机制，印发《2019年宁德市渔业资源环境监测工作实施方案》和《宁德市近岸海域污染防治实施方案》等，强化对交

---

① 综合来自宁德市林业局和自然资源局的数据。
② 资料来自宁德市生态环境局。

溪、霍童溪、杯溪等3条主要入海河流污染物和宁德市政、白琳等2个重点排污口附近海域的监测，实行海洋突发环境事件监测全海域覆盖。2018年，出台三都澳海域水环境综合整治"1+N"工作方案，深入推进海上水产养殖整治、海漂垃圾清理、陆源入海排污源整治等综合整治工作。全市累计投入资金40.48亿元，专门成立宁德市海拓海洋投资有限公司作为国有海域专营公司，依法明确"三权"（海域所有权、海域使用权、养殖权），分类发放"两证"（海域使用权证、养殖证）。同时，委托宁德城投蓝海新材料有限公司对全市海漂垃圾进行统一清理。截至2019年底，全市清理各类废旧渔排16.2万口，清退禁养区渔排20万口、藻类2.4万亩，提前完成两年总任务。全市养殖区和限养区内升级改造渔排39.7万口，藻类47.1万亩，累计打捞海漂垃圾2万吨、白色泡沫球360万个。①

另外，近年来，宁德还进一步完善农村环境治理机制，出台《宁德市农村污水垃圾整治行动实施方案（2017－2019年）》。农村生活污水治理方面，全市所有2135个行政村均已完成改厕任务，新建农村卫生厕所7.01万户。所有乡镇均建成乡镇污水处理设施，实现全市乡镇和行政村生活污水处理全覆盖。农村生活垃圾治理方面，至2018年底，全市所有乡镇已实现生活垃圾转运系统设施全覆盖。全市2135个行政村新一轮的农村垃圾治理任务已基本完成，初步建立"户分类、村收集、镇转运、县处理"城乡一体化处理体系。继续落实以绿色生态为导向的农业补贴制度，出台了《宁德市加快培育发展农业面源污染治理市场主体方案》，建立城区黑臭水体整治机制。2019年，宁德开始开展中心城区黑臭水体整治工作。城市建成区每条黑臭水体均由党政负责同志担任河湖长，通过提高污水处理能力，恢复河道生态基流，提升水系生态景观，落实排污许可制度等措施，中心城区水环境质量得到有效提升。目前，已完成污水管网建设、河道清淤疏浚、污水处理设施建设、内河上游环境整治、水体生态修复等44项工程项目和12项非工程措施，投资约3.5亿元，实现黑臭水体消除比例100%。完善环境保护监管体制，印发《宁德市环保机构监测监察执法垂

---

① 数据来自宁德市海洋与渔业局。

直管理制度改革工作方案》，调整优化市级及以下环保管理体制，上收县级环保系统机构和人员编制。结合2019年机构改革，组建市生态环境局，科学设置生态环境保护综合执法队伍。健全环境保护和生态安全管理制度，全面推行环境监管网格化管理，初步建成覆盖市、县、乡的环境监管网格化平台，结合污染防治攻坚战要求，将饮用水水源地治理、中央环保督察反馈问题整改、大气污染防治等重点环境治理任务与目标纳入网格化巡查，并在全省率先引入微信小程序"宁德环境守护家"。加快推进生态环境损害赔偿工作，在前期霞浦县试点的基础上，2019年5月，印发了《宁德市市级生态环境损害赔偿调查启动管理办法（试行）》和《宁德市生态环境损害赔偿制度改革实施方案（试行）》等文件，全面开展生态环境损害赔偿工作。① 完善环境资源司法保护机制，出台《关于实施环三都澳近岸海域生态环境检察保护一体化的意见》《关于在办理破坏环境资源刑事案件中实施生态环境修复赔偿的规定（试行）》《关于服务保障三都澳海上养殖综合整治工作的意见》等文件。市法院牵头市海洋渔业局成立宁德市级、蕉城、福安、福鼎、霞浦等五个司法行政多元调处中心，积极服务保障海上养殖综合整治工作。建立多部门环境执法信息共享互通系统，健全常态的联勤执法、联合惩戒等机制，提升环境违法案件办理质量和效率。完善环境信息公开制度，在环保部门官网规范公布环境质量、重点污染源企业、环境违法案件查处等信息。通过《闽东日报》、宁德网、《宁德晚报》等本地主流媒体，宣传生态文明和环境保护相关政策及配套解读文件。②

（二）价值导向和责任意识，助力良好政治生态和社会环境的持续营造

闽东脱贫所包含的"埋头苦干、勇于担当"的价值导向和责任意识，体现了闽东人民的精神追求和价值取向，是战胜一切困难和挫折的法宝。《周易》云："坤厚载物，德合无疆。含弘光大，品物咸亨。"在新的历史

---

① 《明年力争在全市初步构建生态环境损害赔偿制度 6种情形将追究赔偿责任》，宁德网，2019年5月14日。
② 资料来自宁德市生态环境局。

时期，始终保有这种精神，传承这种精神，激扬这种精神，以弱鸟先飞的志气和久久为功的韧劲，坚持不懈地进行有益的实践探索，力求做到透过现象认识本质、立足现实把握可能、坚持内因善用外因、搞好局部服从大局、注重量变促成质变，这对于营造良好的政治生态和社会环境具有重要的现实意义。主要体现在以下三个方面。

1. 有利于抓住政治建设这一根本

政治生态好，就会人心顺、正气足，就有利于经济高质量发展；政治生态不好，就会人心散、弊病生，不利于经济高质量发展。① 弘扬"埋头苦干、勇于担当"，有利于发扬"功成不必在我，功成必定有我"的精神，使其形成科学的政治观念和行为习惯，确保中国共产党始终成为中国特色社会主义事业的坚强领导核心，确保政治生态和社会环境得到进一步的净化，更好地推动经济高质量发展。② 2015年3月9日，习近平总书记在参加十二届全国人大三次会议吉林代表团审议时指出："政治生态和自然生态一样，稍不注意，就很容易受到污染，一旦出现问题，再想恢复就要付出很大代价。要突出领导干部这个关键，教育引导各级领导干部立正身、讲原则、守纪律、拒腐蚀，形成一级带一级、一级抓一级的示范效应，积极营造风清气正的从政环境。"③ 政治生态建设作为一项综合性的、复杂的系统工作，需要借助党要管党、全面从严治党的各项活动来加以深入推进，通过落实全面从严治党的方针来净化党员干部的政治心灵，从而营造良好的政治生态。

2. 有利于抓住干部队伍这一关键

"郡县治，天下安"，"芝麻官千钧担"。弘扬"埋头苦干、勇于担当"精神，有利于营造在基层一线发现、培养、考察和使用干部，以实绩论英雄，凭成绩用干部，着力健全选人用人管人制度，大力加强"社会治理型""经济发展型"干部培养。"与时俱进"不要当口号喊，要真正落到思

---

① 邵景均：《为高质量发展营造良好政治生态》，《经济日报》2019年3月5日。
② 邵景均：《为高质量发展营造良好政治生态》，《经济日报》2019年3月5日。
③ 《习近平、李克强、张德江、刘云山分别参加全国人大会议一些代表团审议》，《人民日报》2015年3月10日。

想和行动上，不能做"不知有汉，无论魏晋"的桃花源中人。要通过不断健全干部选拔任用和管理监督制度，把忠于党、忠于人民的好干部选出来、用起来，把优秀人才选拔到合适的领导岗位上。党中央提出了好干部的五条标准，即信念坚定、为民服务、勤政务实、敢于担当、清正廉洁，要确保这五条标准落到实处。干部选拔制度改革是事关高质量发展的大问题。做好干部队伍建设，将从根本上促进政治生态的净化，从而推动经济高质量发展。①

3. 有利于加强社会治理这一保障

习近平总书记指出："人民对美好生活的向往就是我们的奋斗目标。"②"治理之道，莫要于安民"，"民之所盼，政之所向"，保障和改善民生没有终点，只有连续不断的起点。大力弘扬"埋头苦干、勇于担当"精神，有利于营造和谐稳定的社会环境，让改革发展成果更多更公平地惠及全体人民。着眼治理这个基础，聚焦治理工作中的重点难点问题，积极研究新情况，探索新机制，解决新问题，全面提升社会治理现代化水平，着力构建"共建共治共享"的社会治理格局，让社会既充满活力又和谐有序。加快完善统筹城乡的民生保障制度，集中精力做好普惠性、基础性、兜底性民生建设，着力在教育优质均衡发展、医药卫生体制改革、社会保障体系建设、重大疫情救治机制完善、养老服务多元化多样化发展等方面迈出更大步伐。各级党委尤其要牢牢抓住组织振兴这个"牛鼻子"，进一步加强农村基层党组织带头人和党员队伍建设，持续整顿软弱涣散的基层党组织和党员干部队伍，以零容忍态度惩治基层腐败，不断提升基层党组织组织力、凝聚力、战斗力，团结带领全体党员群众共同投入社会生态建设。

（三）拼搏精神和忘我境界，助力干部队伍思想品格的培养锤炼

闽东脱贫所包含的"久久为功、前赴后继"的拼搏精神和忘我境界，是一种"不耻落后，意气风发，放胆开拓，争先创优"和"功成不必在我，功成必定有我"的人格的完美体现。这种可贵的精神品格，对于在实

---

① 邵景均：《为高质量发展营造良好政治生态》，《经济日报》2019年3月5日。
② 中共中央文献研究室编：《十八大以来重要文献选编》（上），中央文献出版社2014年版，第70页。

践中倡导干部群众埋头苦干、勇往直前,多做着眼于长远的为人铺垫的工作,具有重要的现实意义。主要体现在以下三个方面。

1. **有利于深刻学习领会习近平新时代中国特色社会主义思想**

中国共产党自成立之日起,就高度重视在思想上建党,其中十分重要的一条就是坚持用马克思主义理论教育和武装全党,灵活地运用马克思主义世界观和方法论去认识问题、分析问题和解决问题。闽东脱贫所包含的"久久为功、前赴后继"就是这一灵活运用的成果,是习近平新时代中国特色社会主义思想所包含的以人民为中心、责任担当、争先创优等一系列发展理念的组成部分。今天,面对"承载新梦想、实现新跨越"的新任务、新要求,从思想源头和实践起点上准确把握闽东脱贫的科学内涵,从历史的纵深感和现实的开阔面重新把握闽东脱贫的核心要义,对于深入学习领会习近平新时代中国特色社会主义思想具有重要的意义。

2. **有利于增强干部群众干事创业百折不挠的坚韧意志**

习近平总书记指出:"历史车轮滚滚向前,时代潮流浩浩荡荡。历史只会眷顾坚定者、奋进者、搏击者,而不会等待犹豫者、懈怠者、畏难者。"① 提倡"久久为功、前赴后继",其目的就是为了发扬人民群众的首创精神,力戒形式主义,不搞花架子,以"但愿苍生俱饱暖,不辞辛苦出山林"和"筚路蓝缕,以启山林"的品格和勇气,不断增强干部群众干事创业百折不挠、坚忍不拔的意志,以"抓铁有痕"的决心,把责任使命转化为努力工作的动力,真正把人民立场作为根本立场,把为人民谋幸福作为根本使命,坚持全心全意为人民服务的根本宗旨。②

3. **有利于培养党员干部忠诚、干净、担当的优秀品格**

习近平总书记强调,广大党员干部要"老老实实做人,踏踏实实干事,清清白白为官,始终做到对党忠诚、个人干净、敢于担当"③。"久久

---

① 习近平:《习近平谈治国理政》第三卷,外文出版社 2020 年版,第 54 页。
② 王永康:《把人民立场作为根本立场 把为人民谋幸福作为根本使命 坚持以人民为中心推动发展》,《人民日报》2018 年 5 月 10 日。
③ 中共中央宣传部:《习近平总书记系列重要讲话读本》,人民出版社 2016 年版,第 110 页。

为功、前赴后继"诠释了"空谈误国,实干兴邦"的真谛,体现了"功成不必在我"的胸襟,展现了闽东人民的坚韧意志,彰显了中国共产党人的理想价值追求,敢于担当的精神品格和实干、能干、巧干的实践智慧,具有强大的生命力和感召力。因此,弘扬"久久为功、前赴后继",对于培养党员干部以天下为己任、先天下之忧而忧、公而忘私、服从大局和舍身成仁的优秀品质具有重要意义。

第九章　厦门实践：包容并蓄、锐意创新

2017年9月3日，金砖国家工商论坛开幕式在厦门国际会展中心举行，习近平总书记出席开幕式并发表主旨演讲指出："厦门这座城市的成功实践，折射着13亿多中国人民自强不息的奋斗史。"① 传统的海洋文化造就了厦门开放包容的精神，而改革开放又赋予厦门博大的胸怀与奋进的热情。特别是作为厦门经济特区初创时期的领导者、拓荒者、建设者，习近平同志在厦门工作的三年里，一次次上高山、进海岛、下乡村、入农户，骑自行车跑企业，坐拖拉机进山……在这片充满激情的热土上与广大经济特区建设者并肩奋斗，开启了一系列改革开放、经济建设、环境保护与治理、文化遗产保护等生动实践。② 习近平同志在厦门的探索与实践，还体现在他对厦门精神的深刻理解和准确提炼上。2006年，时任浙江省委书记的习近平同志在纪念厦门特区建设25周年之际接受厦门媒体采访时指出："厦门的人民群众是厦门建设的主体，多年来厦门的建设都离不开厦门人民的辛勤努力。厦门的同志创造了很多精神，最早是陈嘉庚精神，20世纪50年代有海堤精神，还有英雄三岛精神、鼓浪屿好八连精神、马塘精神，等等。这些凝聚成了一种艰苦奋斗、拼搏创新的厦门精神。曾几何时，改革开放这样一种东风，全方位的开放，厦门人树立了一种改革开放的厦门精神，这里边有自力更生，这里边有锐意创新，这里边有一种包容

---

① 习近平：《共同开创金砖合作第二个"金色十年"——在金砖国家工商论坛开幕式上的讲话》（2017年9月3日），《人民日报》2017年9月4日。
② 新华社特约记者：《习近平同志推动厦门经济特区建设发展的探索与实践》，《人民日报》2018年6月23日。

并蓄、大气和谐的内涵。厦门也从一个封闭的海防城市,建设成现代化的海上花园,为人所羡慕的一个美丽现代化城市。"①

厦门实践蕴含着厦门人民为美好生活接续奋斗、不负韶华再建新功的初心愿望。新时代、新征程,需要把红色基因传承好,将厦门实践的真知、真信、真情、真行自觉融入"跨岛发展战略"中,在更高起点上建设"高素质、高颜值、现代化、国际化"经济特区,以实际行动当好新时代中国特色社会主义排头兵。

一、厦门实践的孕育与形成

特区开创之初的厦门,只是一个偏僻的海防小岛,基础设施比较薄弱、配套设施不健全、资金筹措难度较大、人才资源非常紧缺。一代代厦门特区建设者,带着先行先试、勇闯敢拼的初心,带着能吃苦、能思考、能创造、能革新的自信,凭着敢为人先、义无反顾的意志,开辟出了一片新天地。特别是改革开放四十多年来凝练而成的厦门实践,具有"爱国、创新、奉献、文明、拼搏、精益"等独特基因,形成了"自力更生、锐意创新、包容并蓄、大器和谐"的精神内核。② 厦门实践蕴含着厦门人在城市发展过程中形成的发展观、价值观、文化观等内容,它既是厦门在特定时代背景下的产物和集中表达,也是历史演进、文化传承、理论创新的必然结果。

(一)厦门实践是中国共产党伟大实践的重要成果

厦门作为我国最早的四个经济特区之一,于 1980 年 10 月 7 日被批准设立,在湖里划出面积 2.5 平方千米作为经济特区,1981 年 10 月 15 日开始正式破土动工建设。1984 年 2 月,邓小平同志视察厦门后,5 月经中央和国务院批准,厦门特区范围扩大到全岛,面积 131 平方千米。从此,厦门承载起中国改革开放"试验田"的历史重任,担负起发展对台交流合

---

① 中央党校采访实录编辑室:《习近平在厦门》,中共中央党校出版社 2020 年版,第 51—54 页。
② 王昂:《"厦门六种精神"教育意蕴与实践育人理路》,《厦门城市职业学院学报》2020 年第 2 期。

作、促进两岸融合发展的特殊使命。厦门的发展不仅关系着城市自身建设的好坏，还关联着中国特色社会主义道路的探寻与实践，以及中华民族伟大复兴中国梦的实现途径。厦门实践表现为厦门经济特区在建设中国特色社会主义伟大实践中，推动高质量发展形成和发展的民族精神与时代精神。

（二）厦门实践是改革开放实践和特区实践的延续

一切伟大成就都是接续奋斗的结果，一切伟大事业都需要在继往开来中推进。厦门经济特区因改革开放而生，因改革开放而兴。一代又一代的奋斗者在这里挥洒汗水，接续发扬着"敢闯敢试、敢为人先、埋头苦干"的精神。在改革开放的浪潮中，厦门经济特区广大干部群众始终坚守特区"改革的尖兵、破冰的勇士"这一定位，始终秉承牢固树立高度自觉的大局意识，敢于冲破思想束缚的勇气、勇于担当历史使命的意识和杀出一条血路的拓荒精神，抢抓时代机遇，将厦门从一片荒地中逐步建设起来，历经改革与蜕变，现已成长为世人眼中"高素质、高颜值、现代化、国际化"的海滨城市。

（三）厦门实践是中华优秀传统文化的历史传承

厦门实践是闽南文化发展的重要成果，闽南文化是中华文化的重要组成部分，具有深厚的历史底蕴和时代价值。闽南文化是源远流长、博大精深的中华文化的一个重要组成部分，同时又是具有鲜明特色的区域文化。它是经多元文化相互影响而形成的，吸纳了南洋文化、伊斯兰文化、西方文化的某些因素，具有一体多元、传统性与开拓性、连续性与兼容性的特征。厦门深受中华优秀传统文化和闽南文化的滋养与熏陶，厦门实践继承了闽南文化中爱拼才会赢、开放包容、团结互助、冒险开拓、海纳百川等优秀精神品格，吸收了近现代闽南革命文化中反抗殖民统治、追求人人平等、崇尚民主自由等精神气质，奠定了厦门经济特区精神文明建设的历史文化根基。

二、厦门实践的重要组成部分及其内涵

厦门实践是对厦门人民在推动城市高质量发展与创造灿烂文明中孕育

的精神品格的深刻总结，是对厦门人民赓续文脉、砥砺奋斗、开拓创新的真实写照。2016年1月22日厦门市十四届人大五次会议批准的《厦门市国民经济和社会发展第十三个五年规划纲要》第七章"推动社会主义文化大发展大繁荣"第三节"提高市民文明素质"第一点"开展群众性精神文明创建活动"中明确提出要弘扬"嘉庚精神、海堤精神、英雄三岛精神、鼓浪屿好八连精神、马塘精神"等爱国、奉献、开放、拼搏的城市精神，提升市民文明素质，增强市民公德意识。① 这些精神为厦门特区推进高质量发展注入了持续稳定的精神动力，其深厚的文化内涵集中体现了厦门在革命、建设、改革开放、跨越发展各个阶段先辈们的崇高精神品格和爱国情感品质，承载着厚重的价值功能，具有独特的文化内涵和育人特质。②

（一）嘉庚精神

陈嘉庚（原名：陈甲庚，英文名：Tan Kah Kee），字科次，汉族。陈嘉庚1874年10月21日出生在福建省同安县集美社（今厦门市集美区）的一个华侨世家，他一生艰苦创业，是成功的华侨企业家；他一生倾资兴学，是卓越的教育家；他一生爱侨护侨，是杰出的爱国华侨领袖；他一生赤诚报国，是伟大的爱国主义者。1961年8月12日0时15分，陈嘉庚因全身机能衰竭，抢救无效，在北京逝世，享年88岁。8月15日，首都各界举行公祭，周恩来、朱德等党和国家领导人为陈嘉庚灵柩执绋。随后，专列将其灵柩运回厦门鳌园墓地安葬。

陈嘉庚为辛亥革命、抗日战争、解放战争的胜利，为中华人民共和国的建设和民族教育、中华民族的振兴作出了突出的贡献。1945年，毛泽东赞誉陈嘉庚是"华侨旗帜、民族光辉"。1983年，邓小平题写"华侨旗帜、民族光辉陈嘉庚"③。周恩来高度评价他"为民族解放尽最大努力，为团结

---

① 厦门市人民政府：《厦门市国民经济和社会发展第十三个五年规划纲要》，2016年1月22日，第129页。
② 王昂：《"厦门六种精神"教育意蕴与实践育人理路》，《厦门城市职业学院学报》2020年第2期。
③ 中央党校采访实录编辑室：《习近平在厦门》，中共中央党校出版社2020年版，第125页。

抗战受无限苦辛，诽言不能伤，威武不能屈"①。2014年10月17日，习近平总书记在给集美校友总会的回信中说：

"值此陈嘉庚先生诞辰140周年之际，我谨对陈嘉庚先生表示深切的怀念，向陈嘉庚先生的亲属致以诚挚的问候。

陈嘉庚先生是'华侨旗帜、民族光辉'。我曾长期在福建工作，对陈嘉庚先生为祖国特别是为家乡福建作出的贡献有切身感受。他爱国兴学，投身救亡斗争，推动华侨团结，争取民族解放，是侨界的一代领袖和楷模。他艰苦创业、自强不息的精神，以国家为重、以民族为重的品格，关心祖国建设、倾心教育事业的诚心，永远值得学习。

实现中华民族伟大复兴，是海内外中华儿女的共同心愿，也是陈嘉庚先生等前辈先人的毕生追求。希望广大华侨华人弘扬'嘉庚精神'，深怀爱国之情，坚守报国之志，同祖国人民一道不懈奋斗，共圆民族复兴之梦。"②

嘉庚精神的基本内涵是丰富而多元的，可以浓缩为"忠公、诚毅、勤俭、创新"八个字。

庄严肃穆的陈嘉庚纪念馆（王博 摄）

---

① 陈嘉庚：《陈嘉庚回忆录》，东方出版社2010年版，第350页。
② 《给厦门市集美校友总会的回信》（2014年10月17日），《习近平书信选集》第一卷，中央文献出版社2022年版，第45页。

1. 忠公

爱国绝不是表表决心、喊喊口号、唱唱赞歌，而是将自己的情感、理想、抱负统一在行动上，尊重自己的民族、诚心诚意拥护祖国，才是真正的爱国者。而陈嘉庚正是这样的典范，他一生公而忘私、刚正不阿、忧国忧民，热爱家乡、忠于祖国和中华民族，拥护中国共产党和社会主义，是中国近现代史上杰出的爱国主义者。陈嘉庚以倾囊兴办教育的方式体现自己的爱国情感，而他的爱国主义思想与行动是随着时代巨轮的滚滚向前而变化发展的，在近现代中国和东南亚华族史上有着典型的意义。爱国主义是嘉庚精神的本质特征，没有凸显这个本质特征，其他各项也就无从谈起。他拥护与追随孙中山，支援辛亥革命事业；团结华侨支援抗战，征募机工回国效劳；率团回国慰劳考察，实现最大思想转折；抨击汪精卫亲日派，揭批蒋介石反动派；勇于与侵略者斗争，维护中华民族尊严；热爱祖国大好河山，回国定居参政议政；捍卫国家领土完整，盼望台湾早日回归祖国。

陈嘉庚早年就有教育兴邦的愿望，他的一生是爱国爱乡、兴教兴学、服务社会、造福人类的一生。兴教兴学是他爱国爱乡的生动体现，爱国爱乡是他兴教兴学的力量源泉。他基本上是沿着"爱国—救国—强国"的轨迹逐步提高办学的思想境界的。陈嘉庚倾资办学的时间之长、规模之大、育人之多、毅力之坚、影响之广乃中外罕见，功绩早已蜚声中外，这是他对人类社会的最大贡献，必然成为嘉庚精神的重要体现。

1927年，集美学村已有11所学校，形成了从幼稚园、小学、中学到专科，普通教育与职业教育并重，兼备女学的完整教育体系。陈嘉庚还主持了厦门大学和集美学校的规划、兴建工作。他创办和资助过的学校逾百所，为祖国和人类社会的进步培养了数以十万计的人才，校友遍布五大洲，在当代堪称"桃李满天下"。

1929年，西方爆发经济危机，让许多百万富翁一夜沦为乞丐。更可怕的是，这股危机很快席卷了全球，陈嘉庚在新加坡的企业受到严重影响，陷入了资难抵债的困境。当时汇丰银行等财团提出，只要他停办集美大学、厦门大学两校，即刻会有大笔资金进入。在公司经营和继续办学之间,陈嘉庚毫不犹豫地选择了后者,他说:"公司可以关门,学校不能停办。"① 为了维持学校的正常运转,他变卖了本为儿子购买的三座洋楼和橡胶厂来维持继续办学的费用,这一"毁家兴学"的举动震惊了全国,这就是著名的"卖大厦,办厦大"的故事。1937年春,在独立支撑了16年后,为了厦门大学有更好的发展,陈嘉庚做出了一个让所有人意想不到的决定:将凝聚了自己半生心血的厦门大学无偿地捐给政府。

厦门大学和集美大学竖立的"校主"陈嘉庚先生塑像(王博 摄)

晚年的陈嘉庚,念念不忘国家统一。1950年6月朝鲜战争爆发后,美国第七舰队进入台湾海峡,意图阻挠中国统一事业。针对美国的侵略行径,7月4日陈嘉庚通过《福建日报》发表文章,明确表示台湾是中国不可分割的领土,绝不允许外国干涉。此后,他又一再阐明台湾是中国的领土,绝不容许外国侵占或干涉,并号召华侨为祖国的统一大业贡献力量。②

陈嘉庚在长达几十年的奋斗生涯中,把毕生的精力贡献给民族的独

---

① 王剑:《中国梦:中国少年不可不读的榜样人物故事》,现代教育出版社2018年版,第112页。

② 《陈嘉庚 有骨气的中国人》,《中国市场》2012年第21期。

立、解放和祖国的统一、富强。他以令人敬佩的勇气和赤诚，始终站在人民、正义、进步的立场上，一生从善如流，善始善终，其思想觉悟、政治抱负、教育理念、经营模式等都是与时俱进的。他维护国家民族利益，拥护中国共产党领导，坚决反对帝国主义侵略，反对国民党反动统治；他事业有成而倾巨资兴办教育，堪称科教兴国的先行者。中华人民共和国成立后，他致力于我国社会主义建设，鼓励华侨支持家乡建设，积极推进华侨爱国大团结，努力促进祖国的统一大业；他对祖国人民及大好山河充满了深情挚爱，为中华民族的振兴奉献终生。陈嘉庚临终前那"台湾必须归祖国"和"学校要继续办下去"的两句话，最突出地表明了爱国主义和倾资办学是嘉庚精神丰碑的不朽基石。

2. 诚毅

陈嘉庚对"诚"与"毅"的真谛感悟至深，与胞弟陈敬贤于1918年把"诚毅"定为集美学校的校训，并写入校歌，还制订了具体可行的考核标准，要求学生努力读书，好好遵循。他说："做老实人、办老实事、说老实话，是为'诚'；艰苦奋斗、百折不挠是为'毅'。"① 简言之，力求做到"诚以为国，毅以处事"。陈嘉庚以身作则、严于律己，不但是"诚毅"的积极倡导者，而且是其实践楷模。

陈嘉庚对"诚"的解释是"六提倡""六反对"。"六提倡"为：提倡忠于实事，提倡实践信用与义务，提倡不作浮夸虚伪之言，提倡戒绝武断，提倡作正当之游戏，提倡待人诚恳不欺。"六反对"为：反对贪冒人功，反对不顾信用与义务，反对偏于武断，反对好作轻薄浮夸之言，反对作不正当之游戏，反对待人诈伪。这些可概括为实事求是、言信行果的为人之道。②

陈嘉庚从小就讲老实话、干老实事、做老实人，一生诚实守信，说到做到，言必信、行必果，是诚信的榜样。他深晓以"诚"爱国则中华可兴，以"诚"办事则事业有成，以"诚"待人则朋友遍天下，以"诚"修身方能完善自我。陈嘉庚从小塑造了诚实谦逊的性格，他谦称自己倡办大

---

① 中共厦门市委党史研究室：《陈嘉庚研究之一：华侨领袖陈嘉庚》，中央文献出版社2001年版，第250页。

② 林德时：《嘉庚精神及厦门发展》，厦门大学出版社2010年版，第105页。

学"绵力有限,唯具无限诚意",期望海内外同胞真诚协作办教育。

陈嘉庚不但对"诚",而且对"毅"的真谛也有深刻的感悟,他说"但知为人有道德毅力,便是世间上第一难得之奇才"①。他对"毅"的解释是"六提倡""五反对"。"六提倡"为:提倡尝试不成仍继续前进,提倡做事不中辍,提倡当行即行,提倡肯负责任,提倡不肯私自放松一步,提倡对于负责操作之分量过于常人。"五反对"为:反对稍遇阻即为之气馁,反对事未竣即置弃之,反对遇事迟延,反对私自苟安偷懒,反对稍达其要求即生满足。意即要有坚韧不拔、百折不挠的顽强毅力。②

陈嘉庚有着非凡的毅力,不同程度地反映在他忠心报国、攻揭奸贼、坚信胜利、维护尊严、倾资办学、服务社会、振兴经济、著书演说、勤俭生活、开拓革新等方方面面,他毕生的艰辛旅程正是这种顽强毅力的真实写照。

3. **勤俭**

虽然在商界取得成功,但陈嘉庚一生俭朴,从不夸耀自己。他恪遵"先天下之忧而忧,后天下之乐而乐"和"成由勤俭败由奢"的古训,无时无处不模范地贯彻着勤俭的原则。③ 陈嘉庚为集美学校和厦门大学兴建几十座高楼大厦,自己的住宅"归来堂"却是一座简朴的二层小楼。他生活朴素,自奉菲薄,用的床、写字台、沙发、被褥、蚊帐等都是旧的,外衣、裤子、袜子往往打着补丁。他家财万贯,对公益事业慷千金之慨,而对自身与家属用钱却是"求缺不求全"。自己给自己规定了每天五角钱的伙食标准,经常只吃地瓜粥、花生米、豆干、腐乳等简餐。他在自传中写道:"我之个人家庭,年不过数千元,逐月薪水足以抵过。在集美建一住宅,不上一万元,他无所有。"④ 抗日战争时期,他出资兴建的校舍和自己居住的房屋都曾遭到日军飞机的轰炸。然而,在资金和时间有限的情况下,他毅然决然地选择了先修校舍,全力保障学校顺利复课开学。

---

① 庄敏琦:《嘉庚精神》,北京航空航天大学出版社2011年版,第115页。
② 林德时:《嘉庚精神及厦门发展》,厦门大学出版社2010年版,第107页。
③ 林斯丰:《陈嘉庚精神读本》,厦门大学出版社2007年版,第183页。
④ 兰宜生:《厚德成功学》,上海财经大学出版社2017年版,第243页。

第九章　厦门实践：包容并蓄、锐意创新

陈嘉庚故居内有两张沙发，节俭的他将旧沙发留给自己坐，新的是给客人的专座（王博　摄）

陈嘉庚在《陈嘉庚遗教二十则》里的第七则写道"……治家之道，仁慈孝义，克勤克俭"；在第十九则写着"我毕生以诚信勤俭办教育公益，为社会服务"。① 这两则遗教充分显示了他对"勤俭"的认识极深刻，实践最长久和彻底，展示了中华民族勤劳俭朴和吃苦耐劳的传统本色，这也成了嘉庚精神在国内外具有普遍适应性而得以传播的原因之一。

陈嘉庚常常提醒公司员工，"财有限而用无穷，当量入以为出。当省而不省，必致当用而不用"，"金玉非宝，节俭是宝"，"有钱须思无钱日，莫待无时思悔迟"等。② 他多次在集美各校的师生集会上演讲，进行爱国主义教育、明辨是非教育和勤俭节约教育，规定师生务必俭朴，强调在抗战艰难时期尤当实行节约。他身体力行的座右铭是："应该用的钱，千万百万也不要吝惜；不应该用的钱，一分也不要浪费！"③ 他把这种俭朴的本色保持到晚年，连自己的丧事也交代要办得简单。临终时，他把遗产300万元人民币全部献给国家。

---

① 中共厦门市委党史研究室：《陈嘉庚研究之一：华侨领袖陈嘉庚》，中央文献出版社2001年版，第2页。
② 林德时：《嘉庚精神及厦门发展》，厦门大学出版社2010年版，第205页。
③ 张培春：《陈嘉庚精神的内涵、表现及其时代价值》，《集美大学学报（哲学社会科学版）》2015年第1期。

4. 创新

陈嘉庚早年在中国深受传统文化教育，又在海外生活超过半个世纪，从而形成了跨越社会制度的、善于开拓实业、勇于拼搏进取的革故鼎新精神。他紧跟时代涌动不息的改革浪潮，兴利除弊，革除社会颓风陋俗，探索新式教育，改革企业经营方式、华侨社团领导体制等，具有跨时代特点。改革创新既是中华民族的时代精神的核心，也是嘉庚精神的时代内涵。

陈嘉庚一生勤奋好学，重视实践，具有开拓创新的精神品格。在企业经营方面，他善于审时度势，未雨绸缪，调整战略，应对激烈的市场竞争；他善于把握商机，大胆创新，敢为人先，在经营决策上经常胜人一筹。他的橡胶企业包括种植、加工、销售等环节，是融农、工、商为一体的大企业，这种经营模式，在东南亚属首创，引得众多企业纷纷仿效。

在兴学育才方面，陈嘉庚善于学习借鉴中外文明成果，适应时代需要，改革旧式教育，形成了一套先进的、富有特色的教育思想。如陈嘉庚竭力打破宗派观念，反对"办学而分帮派"，劝说集美村民把陈氏各族私塾联合起来，创办了集美小学。他创办厦门大学，设文、理、法、商、教育等五院十七系，规定"大学生不分省界"，以高薪聘请师资等，为海内外培养高等人才。他反对"女子无才便是德"的陈腐观念，在闽南首开女禁，设立女子小学、女子中学、女子师范。他反对旧式教育的内容和方法，提倡德智体美全面发展的教育……陈嘉庚的教育思想及其实践，在中国现代教育史上占有特殊的地位。

在改造社会方面，陈嘉庚崇尚科学，反对愚昧，提倡移风易俗，反对封建陋习，提出了一系列社会改革的主张，为推动社会文明进步作出了重要贡献。如避难爪哇（即今印度尼西亚）期间，陈嘉庚写了《住屋与卫生》这篇专论，并于1945年和1948年两次印刷，寄赠国内各省市，希望国内民众"知疾病健康以及寿命长短，与住屋卫生有密切之关系。共同注意，致力改善"。1948年，他又写了《民俗非论集》一文，从社会教育的角度出发，认为改革落后的风俗习惯乃"事关祖国兴替的大事"，不可等闲视之。① 他尖锐批评封建社会遗留下来的种种恶习陋俗，主张改革陋俗，树立良好的社会风尚。

（二）海堤精神

厦门海堤由高集海堤和集杏海堤组成，是我国第一条跨海长堤。1949年10月17日厦门解放，各项建设百业待兴。那时厦门还是一座"孤岛"，人口只有17万人，失业人数近10%，又是我国对敌前沿阵地。因与内陆隔着一条波涛汹涌的厦门高集海峡，只能通过小舢板往返大陆，大批物资和汽车只能靠专门的汽车渡船摆渡，危险又费时，严重阻碍厦门经济、国防建设和发展。此外，败退至大、小金门等地的国民党军始终对厦门虎视眈眈。1950年中国人民志愿军入朝作战后，厦门前线形势随之紧张。

由于厦门岛在国防、政治、经济等方面占据着重要的地位，毛泽东曾电令陈毅"要长期确保厦门"。为把海岛和大陆地区相连以及支援前线需要，经中央批准，福建省动员"万人大军"，抛石入海，经过不懈的努力，1955年和1957年在厦门先后建成高集海堤和集杏海堤，使海岛变为半岛，并在堤上通行火车和汽车。1960年，两座海堤正式定名为厦门海堤和集美海堤，在当时与武汉长江大桥等建筑一起被称为中国建筑史上的奇迹。这两项规模巨大的工程，全部以石料干砌而成，基本由人工操作，在我国20世纪50年代是一个首创先例，堪称世界海堤建造的历史奇迹。两条海堤全长5032米（高集海堤全长2212米，集杏海堤全长2820米），故称为"十里长堤"，是当时厦门岛对外联系的唯一通道，并为之后鹰厦铁路入厦打下坚实基础，为国防和厦门的经济发展作出了巨大的贡献。

厦门海堤不仅改变了厦门的交通条件，维护了海防的安定巩固，而且培养了大批"海堤牌"干部工人，节约了数百万元资金，为城市摆脱困难阔步发展提供了必要条件。海堤建设可以说是党领导下的厦门建设史的开卷首篇，创造了当时世界海堤建设和人类征服自然的奇迹，是我国人民移山填海，改造自然伟大力量的象征。海堤建设者们以大无畏的英雄气概克

---

① 张培春：《陈嘉庚精神的内涵、表现及其时代价值》，《集美大学学报（哲学社会科学版）》2015年第1期。

服艰难险阻，创造了这一人间奇迹，也用汗水和鲜血铸就了"移山填海、团结奉献、科学创新、自强不息"的精神丰碑。

1. 移山填海

厦门海堤工程规模浩大、工期紧迫、问题复杂，在我国和亚洲的建堤史上都是空前的。当时的情况是，既没有建堤经验，也没有开山采石、钻探、起重、运输和施工的先进设备，仅有传统的工具和运输手段，去完成前人未曾实现过的奇迹。

开山劈石筑长堤（海堤纪念馆供图）

要建海堤，首先是采石。曾拍摄《移山填海》纪录片的八一电影制片厂导演张加毅回忆，当年他攀上采石场去拍摄工人们采石的场面时，爆炸声响起后，尘土飞扬，千百吨大小各异的花岗石块腾空而起落到石场。工人们把石块搬到板车上，顺着山间土石路运向山下码头装船，几十个赤足大汉拉着装着千斤重石块的车飞也似的向山下奔跑，两手扶着车把，选准方向，时而两脚一跃腾空，只有两个车轮在路上飞奔，跑上几十米后才贴地，找准方向再腾空飞跃几下，几百米的路程，片刻之间就到了码头——十里长堤上，千万吨的石块就是这样运到码头再运往海堤工地投抛。这其中，甚至还有不少年轻姑娘的身影，当时她们就在海堤边等着抬石装船，有的两人一对，肩抵肩抬起一方重两百斤的块石；有的四人一组，一杠在前，一杠在后，抬起上千斤的石条，赤脚踩着跳板上船，直至把载重八千斤至一万斤的船装满，此时姑娘们的肩头都肿了起来。

海堤建设一共把 165 万立方米的石头抛填到两条海峡中，填海造路，用石头干砌成通坦的公路和铁路路基。海堤建设者开山炸石，在无任何机械的条件下，靠肩挑、板车送、帆船运的方法搬走无数的石山和石岛，一块一块地投进堤线。开采石料的地点有：湖里南山、太平山，厦门港不见天山、火烧屿、象屿，同安鳄鱼屿及龙溪地区海澄县。

工程质量关系到海堤是否能经受得住大台风的袭击，因此如何把好质量关，是从上级领导到基层每位建设者都极为关心的大事。建设中，"百年大计、质量第一"的标语随处可见。每个中队、分队、小组都建立质量检查员制度，对每块石头（条石）的规格、石质、砌作都进行严格的监测和验收。

时任福建省水利局局长、厦门海堤工程指挥部副主任曹玉崑曾说："古代有愚公移山，北山愚公，移走了太行、王屋两座大山。我们是当代愚公，建厦门海堤移走的是几十座山头，有的小海岛在地图上已经消失，填起来的海堤共用了 100 多万方石头。来自漳州、泉州、南安、惠安和厦门等地区的 1 万多名员工都积极地投入了这场紧张、艰苦的战斗。朱德总司令看了海堤后，很高兴，为海堤题了字：移山填海。"① 由于上上下下艰苦奋斗，整个工程只用了两年零三个月，以今天的眼光看也是很快的了。在极度艰难的环境下，海堤建设者们众志成城，用平凡的身躯，实现了移山填海的壮举，为后人留下了可歌可泣的壮丽史诗。

2. 团结奉献

修建厦门海堤得到了全国人民的支持。军民团结、干群团结，干部和工人同吃、同住、同劳动，住简易工棚，顶烈日寒风，锤炼出一大批"海堤牌"干部。整个建设工地劳动光荣、奉献光荣蔚然成风，建设者们不仅要与山斗、与海斗，还要和盘旋扫射轰炸的敌机斗，充分表现出团结战斗、奋不顾身、艰苦创业的伟大精神。

---

① 中共厦门市委党史研究室：《移山填海——厦门海堤建设述略》，中共党史出版社 2008 年版，第 158 页。

交通部派来的工程师,以及各地前来支援海堤工程的员工们都团结得很好,有了困难就共同商量,想办法解决。上上下下精神十分愉快,真正是大家齐了心,黄土变成金。在工作中出了问题,从不埋怨;出了难题,大家商量。工程出了问题,省委、省政府的主要领导同志也没有提出批评,而是鼓励总结经验,改进工作。一次,沉箱在质量上出现了问题,发现有不少的蜂窝麻面。指挥部的领导同志都十分紧张,也很难过,因为它影响了工程质量。对此,时任副省长梁灵光说:"没经验嘛,好好总结一下,接受教训,想些补救的办法就可以。"①

海堤工程指挥部领导与工人一起参加劳动(海堤纪念馆供图)

　　在施工期间,来自厦门、漳州、泉州南安和惠安等地区参加建设的员工有1万多人。在开工之前,工程指挥部领导明确提出:"必须关心民工疾苦,认真做好医疗卫生保障。"指挥部决定成立卫生科,还在海堤指挥部办公地禾山区高殿乡殿前村成立了直属医务室,作为海堤医护中心。在各指挥所成立医务室或卫生所,人员由从各医院抽调的有经验的医生护士组成,并由卫生科培训卫生员、见习护士,充实各医务室(所)。在各方努

---

① 洪云:《"他们是当代愚公"——访原福建省水利局局长、厦门海堤工程指挥部副主任曹玉崑的夫人程瑞雪》,《福建党史月刊》2006年第1期。

力及配合下，海堤的医疗卫生、保健防疫工作取得了很大成绩，伤病率由原9%降到了2.3%，成功地救护200多位伤病员。四年的时间里，厦门海堤及集美海堤共有干部一千余人、民工一万余人参与建设，从未发生流行病及集体中毒事件，从而保证了海堤工程建设的顺利进行。

海堤建设者们办公、食、宿都在高殿乡殿前村（山、海工地的中间）。实行"以工代赈"，初期非技术工种日工资只有3毛钱（后来调整为8毛钱），重体力劳动日工资1.2元；干部伙食标准每天3.5角钱。在爱国支前号召下，建设者劳动热情高昂，在整个海堤建设过程中没有发生过一例贪污受贿、挪用公款、假公济私的问题。

海堤建设者们上下同心，责任共担。领导干部以身作则、率先垂范、勤政务实、清正廉洁，想在前面、干在实处。大家心往一处想，劲往一处使，带出了不怕苦、不怕累、不怕死的一万多名人员的海堤建设队伍。为了团结鼓舞士气、活跃工地生活，海堤工程指挥部经常组织电影放映，举办晚会，开展文体活动，开办休养所、托儿所等关心工人生活。在一次海堤重要工程沉箱施工中，突发围堰决口，时任厦门市市长的张维兹和工程指挥部副主任曹玉崑两人不顾安危，率先跳入沉箱施工现场施救，在他们的影响和感召下，100余人跳下围堰抢救决口。

在十里长堤的建设中，大家锐意进取、无私奉献、敢为人先，涌现出许许多多海堤劳动模范和先进工作者，有的获得了市劳动模范、市青年社会主义建设积极分子等光荣称号。据不完全统计，有257人被评为海堤劳动模范，40余人被评为厦门市劳动模范，30人被评为厦门市青年社会主义建设积极分子，1人被评为全国青年建设社会主义积极分子。

3. 科学创新

海堤的建设是多方论证、凝聚众智的典范。绝大部分技术力量来自厦门市、交通部航务工程总局和省水利局，并由苏联专家做指导。为了确保海堤建设顺利进行，从1950年开始，厦门市政府就组织刘炳林、欧阳千、方虞田、肖呈祥、王炳耀等专家和工程技术人员开始收集水文、气象、地质等有关资料和数据。

在海堤建设时，上级经常组织劳动竞赛试点，取得成功经验后，再向各个工区全面推广,大大提高了工作效率。比如,试堆就是在海堤全面施工前选择有代表性的地段先筑一个条石试堆,逐日堆高,通过对试堆进行全面观测,如用沉陷量和稳定数据来验证设计是否科学,是否符合实际应用。通过观测的资料分析,证明工程设计是正确、科学的。这样既加强了质量和安全控制,又使得整个工程进度得以提前。

厦门海堤的建成,创造了世界海堤建设史上的奇迹。海堤在施工中遇到许多技术难题,有的关系到工程的进度、成本甚至成败,都靠海堤建设者的智慧、毅力和科学精神来战胜。建设期间,共创造出重大工程发明 12 项,重要技术革新 15 项。

时为厦门海堤建设工程师,曾任交通部总工程师、基建局局长、中国工程院院士的刘济舟说,厦门海堤的建设有许多世界级的发明,如水下爆夯,比美国海军都早半年。其中,国际首创的有条石插砌护坡、行船竹笼快速抛石法、海底轨道整平法等,尤其沉箱的设计、施工、定位,是我国工程技术人员首次自己完成的。国内首创的还有航道桥墩采用沉箱法。重要技术革新有石料单抛法、洞穴爆炸法、弓形运石路等。

海堤是由苏联专家设计的,当时为了保护堤身不被台风、大浪冲垮,苏联专家在设计中提出要用 5 吨重的大石头压载护坡。如此沉重的大块石开采、运输、码头装船都需要起重机械,而当时福建省没有任何起重设备,厦门市政府决定花大钱从上海买一台吊车。吊车从上海运到江西上饶,司机再从上饶开回厦门。可是吊车没多久就坏了,也修不了。眼看工期一天天迫近,当时海堤指挥部副总工程师殷孝友和工程技术人员、砌石工人总结福建闽南一带古老的沿海护岸的砌作方法和经验,运用"一根筷子一折就断,一把筷子不容易折断"的原理,设想用 $130 \text{ cm} \times 35 \text{ cm} \times 35 \text{ cm}$ 的条石插砌护坡替代大块石,经过科学论证,这种方法的摩擦力超过苏联专家的设计要求,经中外专家讨论一致同意此方案,苏联专家还给殷孝友竖起了大拇指。此举成为国际首创,并被全国许多海堤设计施工防波堤所采用。实践证明,此项改革发明极为成功,1959 年 8 月 23 日,特大台风袭击厦门,十里长堤安全无损。此设计、施工方案被编入《中华人民共和国行业标准》的防波堤设计与施工规范。

集杏海堤合拢后，1956年6月中旬，厦门突发11级台风，加上大潮袭击，集杏海堤被冲垮100多米宽缺口，海水流速每秒10多米，海堤建设者们又面临着"如何堵口"的最大问题。海堤指挥部邀请时任省水利局总工、海堤计划处处长潘仲鱼来厦研究堵口方案。潘总工程师是当时留学美国的高级专家，他根据生活中养猪户用自行车运大猪之前，要先用毛竹片编一个大的猪笼，然后把猪装在猪笼里，方便运输的这个现象，提出了"化整为零改为化零为整"的理论，就是做一个大竹笼，把块石一个个装进竹笼，这样每个竹笼的重量就有5吨—8吨重，抛下缺口处就可以防止被水流冲走。用这个方法，可以先把竹笼装上船，再把石块装进竹笼里运到现场。可是装好块石的竹笼太重，船工们撬不动，这个方法就实施不了。指挥部领导决定发动群众提合理化建议、搞技术革新，并成立攻关小组。最后，由林育钦同志和抛石指挥员、船工等经过一个多月日日夜夜的艰苦实验，终于成功试验出"行船竹笼快速抛石法"。该方法就是把4个大竹笼放在抛石船上，左右舷各2个；第1个放在三角形架上，抽去插梢，第1个滚下；船体失去平衡倾斜，另一侧两个滚下；船再侧倒，第4个滚下。100多条船抛投，每船仅数秒钟，抛石船倾斜桅杆接近海面，场面十分惊险。经过半个多月的奋战，堵口成功。此抛石法成为国际首创并编入铁道部施工手册，此方法在长江大洪水堵口及其他堵口中被广泛使用。

行船竹笼快速抛石法（海堤纪念馆供图）

水下爆夯也是国际首创。随着工程进入航道沉箱安放基础的施工，海底有 4 米多厚的块石基床必须夯实。当时国际上和国内均采用重锤夯实，可是厦门没有起重设备，指挥部经过专家与潜水员共同讨论，决定采用水下爆夯作业的施工方案。经过多次讨论研究和实验，决定用土制水下爆破筒，实施水下爆炸夯实。执行者是印尼归侨黄晓山，他从厦门师范学校毕业后被分配到海堤工作，先后当过中队长、潜水员、水下爆破员。爆破筒使用的是 60 厘米左右长的毛竹筒，内装炸药、雷管、电导火索，用黄蜡做防水保护层。水下爆夯的成功，也为海堤建设进程奠定了更加坚实的基础。水下爆夯比美国海军水下爆破早了半年，此项被编入中华人民共和国行业标准"重力式码头设计与施工规范"中。

4. 自强不息

海堤建设工人中有许多人没念过书，在建设过程中，工程指挥部经常利用业余时间开展扫除文盲活动。广大工友自强不息，积极响应参加。经过两年左右的努力，共扫除了 1000 多名青壮年中的文盲和半文盲。

在十里长堤建设中，领导带头提高工效，缩短工期，廉洁奉公，全体建设者没有一人贪污，挪用公款。两条海堤建设共结余 475 万元（其中高集海堤结余 375 万元，集美海堤结余 100 万元），合计占总投资额的 27.82%。后市政府经省政府批准，将节余的款项用于改造和扩建厦门罐头厂、橡胶厂、鱼肝油厂、酒厂、玻璃厂等工厂，并扩建了文化宫、一中、第一医院等公共场所，为厦门经济社会发展作出了巨大贡献。海堤建设者中有不少人进入这一批工厂工作，并起到了骨干作用。在厦门经济特区腾飞的岁月里，不少海堤人成为企业领导、专业技术人员，有些同志被评为全国劳模和省、市劳模。据有关部门统计，1953 年至 1957 年，厦门出生的人中有 291 人取名"海堤"，可见厦门人以"海堤"二字为荣。同时，厦门生产远销海内外的产品采用"海堤牌"的，有茶叶、酱油、香烟、油漆、牙膏、蚊香等。

海堤建设也为随之而来的厦门大规模经济建设培养了大批人才。20 世纪 60 年代前，厦门人民给海堤员工起了一个美称——"海堤牌"干部。许多单位争选"海堤牌"干部到本单位工作。海堤员工们不仅发扬海堤精神在各自的岗位上做出了新的业绩,而且用海堤精神培养熏陶着新的一代人。在老厦门人的眼里,海堤是厦门的骄傲;在新厦门人的眼里,海堤是特区的精神象征。

移山填海纪念碑与海堤旁驶过的厦门地铁1号线(海堤纪念馆供图)

进入新时期,为建设绿色厦门,保护海洋环境,厦门海堤经过开口改造,成为集地铁线、道路、观光道于一体的综合性桥梁。该项建设有利于增强东、西海域的水体交换力,改善东、西海域水质环境,还有利于打开生态通道,为东、西海域之间海洋生物的流动创造条件。

(三)英雄三岛精神

在厦门,除了闻名遐迩的世界文化遗产鼓浪屿外,在翔安区还有大嶝、小嶝、角屿三座岛屿,这三座岛屿被毛泽东、朱德等老一辈革命家称为"英雄三岛"。它们地处"闽南金四角"——厦门、泉州、漳州、金门的核心地带,其隔海北与泉州南安市毗邻,西南与厦门岛隔海相望,南面与金门县(由大金门、小金门、大担、二担、东碇、北碇等12座岛屿构成)一衣带水、隔海相望,距离最近处仅1800米,不光是祖国大陆距离金门最近的地方,更是扼守闽南地区南下北上之咽喉,是祖国大陆"东南之门户"。因地理、历史、民族、政治、军事等原因,三岛肩负着捍卫祖国大陆的艰巨使命,成为我国重要的海防前沿阵地。

中华人民共和国成立后,台湾国民党当局在美国的支持下,不断派遣陆、海、空军，以金门、马祖等岛屿为前哨据点，对大陆东南沿海地区进行袭扰和破坏活动，妄图进而"反攻大陆"①。1954年12月，美国政府与台湾当局签订了一个所谓"共同防御"条约，企图使插足台湾海峡的美国军队取得合法地位，并制造"两个中国"。在这个条约的策划阶段，人民解放军福建前线部队奉命于1954年9月3日和22日两次较大规模炮击金门，警告国民党军、台湾当局和美方，表明坚决反对美国干涉中国内政的严正立场。1958年8月下旬，中共中央在北戴河召开政治局扩大会议。会议期间，毛泽东召集周恩来、邓小平等人开会，具体部署炮击金门作战。在1958年8月23日召开的中央政治局常委会上，毛泽东言简意赅地说："我们的要求是美军从台湾撤退，蒋军从金门、马祖撤退，你不撤我就打。"②炮战期间，三岛军民在党中央的坚强领导下，团结奋进，同仇敌忾，不畏炮火，克敌制胜，视死如归，勇于献身，涌现出了一大批英雄集体、英雄人物和功臣模范，这块驻岛官兵与当地人民浴血奋战的土地也由此被国务院、中央军委授予"英雄三岛"称号。

英雄三岛战地观光园内的炮战遗迹（王博 摄）

① 余玮：《金门：炮战背后血浓于水的两岸亲情》，《中华儿女》2020年第2期。
② 任晶晶：《为了粉碎美国分裂中国的图谋——1958年炮击金门始末》，《党史文汇》2009年第3期。

在长期艰苦卓绝的战斗中，三岛人民与解放军并肩作战的英雄事迹和革命精神谱写出一段段可歌可泣、威震五洲的诗篇，他们用鲜血和生命铸就了"艰苦奋斗、甘于奉献、不怕牺牲"的英雄三岛精神。

1. **艰苦奋斗**

在炮战期间，三岛军民克服恶劣条件，军帮民、民拥军，为炮战的胜利提供了强有力的保障。英雄三岛军民战时同守在战壕，平时共建在田地。"同守共建"成为三岛军民人人皆知的约定：战备紧张时，只要有战况通报，基干民兵立即上前线。男民兵站岗放哨，搬运战备物资；女民兵洗衣做饭，养猪种菜；部队官兵荷枪实弹，坚守在阵地岗位上，大家在一起并肩战斗，亲如手足。到了农忙时，部队官兵支援抢收抢种，日夜加班。

据《8·23炮击金门》一书记载，在一次夜战中，敌人一发空爆弹在火炮的右上方爆炸，二炮手汉德玉左小腿被炸伤了，他仍聚精会神地盯住仪器，坚持操作。又是一发空炸，汉德玉猛然感到左胸被什么咬了一口，一阵剧痛，血一下子淌到裤腰上，他仍一只手按住伤口，一只手操纵着方向转轮。被命令下了炮位之后，他知晓人手不够炮弹供应不上，又爬上炮位，挣扎着站起来，目不转睛地注视着仪器，紧张地修正着射击方向，在瞄准座上操作。战斗一结束，汉德玉就晕倒在自己的战位上了。

当时侦察兵每天就猫在潮湿、闷热、阴暗的观察堡中，长时间进行枯燥、呆板、乏味、劳神的观察，直至把敌方每一细小地形外貌及附近地物分布特征烂熟于心。他们的要求是：站5个小时腿不麻，瞪5个小时眼不花，睡5个小时来精神，憋5个小时不挪窝。

因为战事，英雄三岛与大陆的交通受阻，当地赖以生存的海上作业被迫中止，生产生活困难，人均年收入不足100元，小岛经济陷入窘境。英雄三岛人民就在这样艰苦的环境下，劳武结合，一边想各种方法生产生活，一边仍坚持战斗。

2. **甘于奉献**

在炮战期间，除老人、妇女、小孩转移到后方，三岛所有男女青壮年全部留下来当民兵，献出自家生产工具，默默奋斗在战场上。① 从 1958 年 7 月 20 日开始，各炮兵部队奉令到达集结地域开始构筑工事，在时间紧迫、任务繁重、气候恶劣的情况下，广大三岛人民协助炮兵部队，夜以继日、不畏艰苦地共筑工事。在材料供应不上的紧要关头，三岛人民踊跃捐献出自家积蓄多年准备盖新房的石料和木料，满足了前线工事的两成之需。三岛人民举全民之力，倾全岛之资，建成了坚固完备的战地工事，为炮战持续进行提供了坚强的后盾，为炮战取得胜利创造了条件。

当时金门炮击三岛，采用的是"犁田"战法，即在岛上选一个点，从海边打起，一炮一炮向里边延伸，直到打到岛的另一头，再一炮挨一炮往回打。整个炮战期间，三岛被来来回回梳篦了无数遍，大嶝、小嶝两岛上的 1400 余间房屋全被打烂，村庄变成一堆堆砖头瓦块；角屿岛被"削地三尺"，几乎寸草不生。纵使家园被毁，无家可归，三岛人民却从未动摇坚守家园的信念，多年来坚持在简陋的防炮洞里安家，并以此为根据地展开战斗。

谈到金门炮战，当年的大嶝双沪女子炮班的五炮手许春香曾说："那时候很苦，那炮弹就像下雨一样。"这个完全由农村女性自发组成的战斗集体，6 位成员的平均年纪只有 17 岁，从 1958 年炮战开始到 1979 年停止打宣传弹为止，先打杀伤弹，后来主要打宣传弹，整整坚持战斗了 21 年。结婚嫁人养小孩，都没有影响过许春香等女炮兵披挂上阵。实行单日打双日不打之后，一年的战斗次数是固定的 180 次，二十多年来开炮 3600 次，平均每次以 5 发计算，便是 18000 发。她们是中国战争史上独一无二的女炮兵，也是参战时间和发炮数量最多的炮兵。说起这个女炮班，不得不提班长许丽柑。在一次炮战中，许丽柑头部、颈部受重伤，但她还是忍着剧痛继续组织火炮射击直至战斗结束。由于许丽柑和女炮兵班在战斗中的出色表现，英雄三岛民兵女炮兵班一下子就名扬全中国。

除大嶝双沪女子炮班外，英雄三岛还涌现出了女子铁甲突击队（岛上第一支青年妇女支前突击队）。在惊天动地、炮火纷飞的炮战中，她们不

---

① 陈冬：《弘扬"六种精神" 践行"四在一线"》，《厦门日报》2015 年 8 月 11 日。

英雄女炮班部分成员重返战地忆当年（英雄三岛战地观光园供图）

分昼夜地抬石头、扛木杉，为战士们修建坚固的战斗工事；她们穿梭在战壕中，为部队送炮弹、擦炮弹，轻伤不下火线；她们夜以继日地为战士做饭菜、洗衣服，解除战士们的后顾之忧；她们还巡逻放哨，监视敌人的破坏活动。她们是一支越战越强的铁甲突击队，她们以"一不怕苦，二不怕死"的革命事迹，被国务院和中央军委授予"女子铁甲突击队"的英雄称号。队里巾帼不让须眉的洪秀枞，因在炮战中的英勇表现，被刘少奇称为"当代穆桂英"。三岛军民甘于奉献，涌现出许许多多的先进集体和个人。

3. 不怕牺牲

在炮战中，金门的武器更为先进，给解放军造成不小的压力。尽管如此，驻岛官兵依旧奋战在炮火前线。为了取得胜利，面对猛烈炮火和死亡威胁，三岛军民在血与火的严峻考验下，前赴后继、舍生忘死、无所畏惧、英勇顽强，很多战士、民兵、居民都献出了宝贵的生命。

在厦门革命烈士陵园内，矗立着一座高5.4米的花岗岩墓碑，碑上镌刻朱德元帅的题词"共产主义战士安业民永垂不朽"。这处烈士墓就是为纪念在1958年金门炮战中英勇牺牲的海军战士安业民而建的。在当时的炮战中，一颗炮弹在炮位上空爆炸，弹片击中火炮后面堆放的弹药包，燃起熊熊烈火，火舌扑向炮位左侧的数百颗弹头，严重威胁着火炮和整个阵地的安全。危急时刻，海岸炮兵连战士安业民不顾个人安危，坚守战位，机敏地把炮身向隐蔽壕转动。炽烈的火舌烧着了他的衣服，伤及脊背和胳臂，他全然不顾，以坚强的意志，忍受着烈火的燎烧，奋力转动方向盘，直到炮身转回隐蔽壕中，才跳下炮盘，滚灭身上的火焰。由于周身严重烧伤，他一度陷入昏迷。苏醒后，他坚持不下火线，再次登上炮位，准确地完成指挥员下达的每一个战斗口令，连续向国民党军阵地发射炮弹，顽强战斗40分钟。① 他就像海边的青松一样，坚定不移地坚守在自己的岗位上，直至炮战结束。入院后，因伤势过重，抢救无效，壮烈牺牲，年仅21岁。

战斗英雄杜凤瑞独自击落两架敌机，血洒长空为国捐躯。在1958年10月10日的空战中，杜凤瑞击落两架国民党空军战斗机，随后自己被击中而跳伞。在空中，降落伞遭到国民党军战斗机攻击，壮烈牺牲，年仅25岁。牺牲后，其战斗事迹传遍全国，其生前大队被命名为"杜凤瑞大队"，其家乡方城县一条主街道被命名为"凤瑞路"。"共产主义战士"王德邦，

我方隔空喊话，使用的直径达2.88米的世界最大军事广播喇叭（王博 摄）

---

① 新华社：《坚强的共产主义战士——安业民》，《光明日报》2005年12月25日。

在炮战中奋不顾身救战友，因中毒窒息，英勇牺牲，年仅28岁。炮战期间共计伤亡官兵460余员，民兵群众218名。

纵使战斗惨烈、条件艰苦、家园被毁，也没有把三岛军民吓倒，他们同守共建，在保卫海防和生产建设中浴血奋战，前赴后继，抒写了可歌可泣的时代篇章。

（四）鼓浪屿好八连精神

同上海南京路上好八连一样，鼓浪屿好八连也是一支美名远播的英雄连队。鼓浪屿好八连的前身为闽西南联合司令部警卫连，于1949年4月在福建省龙岩市永定县湖雷镇组建。① 组建以来，连队始终传承人民军队的优良传统，为巩固红色政权作出了突出贡献。中华人民共和国成立后，连队先后被整编为公安、武装警察、军分区部队，高标准完成剿匪、反特、看守、警卫等重要任务。1968年，金门炮战的阴云仍然笼罩在厦金海峡上空，连队随部队奉中央军委命令，调防对台作战前线的厦门岛，1970年12月进驻鼓浪屿。驻岛以来，连队官兵几十年如一日坚持集体学雷锋，与时俱进赋予雷锋精神新的时代内涵，在长期实践中，探索凝练出"政治思想好、履行使命好、精神文明好、学习成才好"的连队精神，赢得军内外的广泛赞誉。

1982年3月，连队被原福州军区命名为鼓浪屿好八连。1991年12月，江泽民同志亲笔为连队题词"弘扬雷锋精神，建设保卫特区"。1993年2月，连队被中央军委授予"鼓浪屿好八连"荣誉称号。同年3月，福建省召开了纪念老一辈无产阶级革命家"向雷锋同志学习"题词三十周年暨向鼓浪屿好八连学习大会，时任福州市委书记的习近平同志参加了这次大会，并在大会上作了重要讲话。他号召社会各界向鼓浪屿好八连学习，这份讲话稿至今还珍藏在古田会议纪念馆里。2015年3月，时任鼓浪屿好八连连长的田鑫作为人大代表，在全国两会上受到习近平总书记亲切接见。听完田鑫的汇报，习近平总书记仔细地询问近期连队建设情况，勉励连队

---

① 林世雄、宋水生：《鼓浪屿上的活雷锋》，《福建日报》2012年2月29日。

八连官兵积极开展学雷锋活动,几十年如一日地为岛上居民和游客送上免费茶水(鼓浪屿好八连供图)

继续弘扬雷锋精神,以实际行动促进军政军民团结。①

鼓浪屿上的八连指战员多年来坚定理想信念,苦练军事本领,忠实履行使命,严守海防前线,全心全意践行为人民服务的宗旨,展现出了"政治思想好、履行使命好、精神文明好、学习成才好"的精神内涵。

1. 政治思想好

始终做高举旗帜听党指挥的特区忠诚卫士。鼓浪屿是闻名中外的风景旅游区和侨区,东西方文明交汇融合,意识形态领域斗争尖锐复杂。面对所处特殊环境,连队始终把举旗铸魂作为加强思想政治建设,牢记为民宗旨的根本要求,教育引领官兵像雷锋那样坚定不移听党话、跟党走,②确保政治上绝对忠诚、绝对纯洁、绝对可靠。连队牢牢抓住理论创新这个官兵知党、信党、爱党的活水源头,始终紧跟党的理论创新步伐,抓学习理解,促深化转化。长期坚持理论辅导、笔记批阅、体会交流、考核讲评等学习制度,持之以恒抓好党的创新理论武装;大力推进理论创新大众化,把理论要点串成词、编成曲、制作成"口袋书",把理论难点创作成漫画、

---

① 代烽、杜康、高敏:《"特区精神文明仪仗队"》,《解放军报》2015年4月16日。
② 陈冬:《弘扬"六种精神" 践行"四在一线"》,《厦门日报》2015年8月11日。

网上闯关游戏,让官兵在喜闻乐见中接受理论,走进理论。

这些年来,无论环境如何变化,连队始终坚持用优良传统凝心聚神,带领官兵在"学连队历史、做雷锋传人、铸八连雄魂"的精神接力中坚定信念。每逢新兵下连、新干部到任,安排上的第一堂课是连史传统课,教的第一首歌是连歌《鼓浪雄风》,开的第一个会是思想"接风洗尘会",赠读的第一本书是《雷锋日记》;每逢建连日、军委命名等重大纪念日以及接受重大任务时机,都会组织官兵在题词牌下立誓言、表决心;每月开展一次"学连史传统,做雷锋传人"活动。优良传统的精髓熏陶,优秀品格的传承发扬,铸就了官兵爱党、信党、跟党走的政治信念与价值追求。20世纪90年代初,厦门市首次向社会发行40万张认购股票申请表,市公安局邀请连队到发售现场协助维护秩序。人山人海中,有人出钱请官兵代购,被断然回绝;有人悄悄给战士塞把钞票就往队伍前头钻,被坚决阻止。人们疑惑地问:"搞到一张申请表就等于赚几千块钱,你们怎么不抓住机会捞一把?"官兵们响亮地回答:"我们的任务是站岗执勤,保证你们有序做好股票交易。"

每年建党节,连队都会组织党员重温入党誓词,牢记初心使命(鼓浪屿好八连供图)

2. 履行使命好

始终做驻守前沿敢打敢拼的海防一线尖兵。鼓浪屿与金门岛一水之隔，直接对峙，是镇守祖国东南海疆的最前沿阵地。长期以来，连队始终把精武强能、能打胜仗作为践行为民宗旨、履行使命任务的核心要求，牢记"武艺练不精，不算八连兵"的训诫，心系未来战场，苦练打赢本领，为人民扛好枪、站好岗。鼓浪屿寸土寸金，训练场地受限。连队坚持不等不靠、因地制宜抓训练：没有规范的长跑场地，就利用早晚时间绕环岛长跑；没有射击场，就缩距缩靶瞄；没有投弹场，就到沙滩上训练；没有障碍场，就垒起简易障碍分段练。连队年年组建尖子班，月月举办"擂台赛"，让训练标兵上光荣榜、进荣誉栏，用典型示范引路，营造浓厚的爱军精武氛围。连队战士刘元飞，作为全国道德模范，入伍前勇斗劫匪身负重伤，右臂七根手筋被砍断，破格入伍到八连后，深受连队练兵氛围感染，从不因个人情况特殊降低标准。训练中，一次次拉杠掉下杠头，一次次投弹撕裂伤口，一次次长跑疼痛难耐，他始终咬牙坚持，新兵连结束时，俯卧撑和单杠训练成绩均达到合格标准，其余课目全部优秀，把精武强能贯彻在了行动中。

为顺应海防部队任务拓展需要，连队注重加大野战化、实战化训练强度。1995年至今，每年成建制拉到远离都市的野外、海岛，置身陌生环境、生疏地形，组织野营拉练、长途奔袭和实兵实弹演练，共徒步行军5000多千米，挖战壕10000多米，构筑工事1000多个，演练重难点课题90余个；坚持自主加压、自找苦吃，借鉴引入猎人训练、极限体能训练法组织对抗训练，在高难度超强度训练中，锤炼了官兵组织指挥和战术素养，磨砺了官兵敢于亮剑、不怕牺牲的战斗精神。连队参加上级各类比武竞赛共获得40个第一、16个第二，连续22年被评为"军事训练一级连"。近十年来，先后涌现出全军优秀指挥军官傅其育、军区"小老虎式"干部乔晓伟等130余名训练尖子，24名战士因训练成绩突出直接提干，48人因考核比武成绩出色荣立三等功。

3. 精神文明好

始终做践行宗旨无私奉献的集体雷锋传人。连队驻守在风景秀丽、游人如织的"海上花园",八连官兵每天在国内外游客的"眼皮底下",一举一动都代表着特区军人的形象,可谓是全军英模单位的代表、特区精神文明的"窗口"。长期以来,连队始终视驻地为故乡,把群众当亲人,在"爱民、为民、助民"的生动实践中大力弘扬雷锋精神,被人民群众亲切誉为"特区精神文明仪仗队"。进驻50多年来,连队始终满怀热忱为民献爱心,助民办好事。每逢周末假日,连队派出官兵到景点、码头维持秩序、扶老携幼、义务导游,提供免费茶水和便民伞服务;定期组织官兵到街道、社区、敬老院服务,如打扫卫生、爱心理发、义务巡诊等,数十年从不间断。① 20多年前,八连官兵风雨无阻接送身患血友病、只能靠轮椅行动的岛上居民陈光明上下学的故事,在鼓浪屿广为传颂;20多年后,爱心接力棒仍在传递,曾任连队卫生员的战士冷大飞,每天勤学专业知识技能,多次在自己手臂上练习扎针技术,只为帮助陈光明更好地治疗和打针。八连官兵的坚守,帮助陈光明创造了生命的奇迹,打破了医生判定其活不过30岁的断言。

连队官兵第一时间参与"莫兰蒂"台风灾后恢复重建工作(鼓浪屿好八连供图)

---

① 罗铮:《把关怀厚爱化作强大动力》,《解放军报》2015年3月14日。

作为特区人民的守卫者，连队官兵作出"有困必解、有难必帮、有险必救、有求必应"的郑重承诺，岛上哪里出险情、有求援，官兵就及时出现在哪里。连队赴龙岩参加植树造林活动，共植树400余亩、14000余棵，习近平总书记在2015年"两会"期间，对连队正在闽西治理水土流失表示了高度肯定。2016年超强台风"莫兰蒂"正面侵袭厦门，鼓浪屿上一片狼藉。连队官兵主动出击进行抢险救灾，连续奋战15个昼夜，每天作业不少于14个小时，疏通道路20余条，排除隐患点30余个，清扫垃圾700余车，为鼓浪屿的"申遗"工作抢回了宝贵的时间。

多年来，连队共解救受困群众20多人，为群众捐款3万余元，无偿献血48000毫升……官兵们用实际行动彰显真善美、传播新风尚、传递正能量。伴随着时代发展，连队坚持与时俱进，不断拓展爱民助民形式及内容，推动学雷锋从单一服务走向全民互动。每年3月初，连队都会率先开展雷锋月活动，走出营区宣传雷锋精神，进入孤寡老人家中帮扶解困，积极弘扬雷锋精神。连队也连续多年被军地各级评为精神文明建设先进单位，被厦门市评为"感动厦门集体"。先后涌现出"厦门市十大杰出青年"黄先勇、"厦门市精神文明建设先进个人"刘路、"全国道德模范"刘元飞等一大批文明风尚领军人物。

4. 学习成才好

始终做理想远大、情趣高尚的全面过硬军人。厦门地处改革开放前沿，经济社会快速发展，人民需求层次不断提高。连队主动适应形势发展变化，引导官兵以提升服务人民本领为追求，努力学习知识技能，全面发展，提升素质。驻守海西明珠、世界名城，连队把鼓浪屿历史地理、民俗知识、礼仪常识、基本英语应用作为官兵必修课，外请专家老师等来队开展心理咨询辅导，传授英语常识，帮助官兵增强服务自信、提升服务能力。按照"入伍即入学、退伍即成才"的育才理念，指导每名战士量身定制《成长规划》，通过开设第二课堂，组织学历升级培训，开展"读名篇、学哲学"、岗位练兵和社会实践等活动，帮助官兵在丰富知识、精练技能中成长成才。充分发挥鼓浪屿文化艺术底蕴厚实的优势，与鼓浪屿轻音乐团长期合作，利用重大节日、周末假日等时机，举办"军民鱼水情"文艺演出、传统经典音乐会，用特有的"好声音"弘扬时代主旋律。邀请厦门爱乐乐团总监郑小瑛、著名钢琴家殷承宗等艺术家担任辅导员，指导官兵学乐器、排节目、办晚会，提升艺术品位，形成了"'好八连'人人都会一门乐器、人人都有拿手好戏"的文化特色。连队先后获得全军歌咏比赛二等奖、第四届全国合唱比赛第二名，并多次在厦门市歌咏比赛中拔得头筹。多年来，先后有 70 余名战士在连队学会了弹钢琴，200 余名战士拿到了函授大专或本科文凭，15 人取得了中高级厨师证书，33 名战士考入军校，9 名退役战士考取公务员。连队官兵凭借自身良好的素质，积极参加特区经济社会建设、厦门市文明城市创建、驻地"平安社区"建设和鼓浪屿景区"申遗"等活动。连队作为陆军首批对外开放单位，于 2018 和 2019 年，连续两年组织开展"八一军营开放日"活动，接待地方居民、游客 800 余人次，充分展现了人民军队忠诚威武文明之师的良好形象。

（五）马塘精神

在改革开放之前，马塘村交通闭塞、土地贫瘠、村民贫困，路不通、灯不明、水不敷，村民时常要为温饱而发愁，人称"瘦马塘"。"瘦"在闽南语中有弱小、干瘪的意思，说一个地方"瘦"至少有两层含义：一是地贫瘠，二是人穷困。所以当地还流传着一句顺口溜："有钱不借马塘人，有女不嫁马塘郎。"

1978 年 12 月，党的十一届三中全会召开，一场波澜壮阔的伟大变革拉开帷幕。改革开放的春风很快吹遍了大江南北，吹醒了神州大地，吹暖了人们沉睡的心田。此时的马塘村也开始实行"改制"。"包产到户、分田单干"，极大地调动了村民的积极性，他们立即投入热火朝天的生产中。勤劳、朴实、善良的马塘人迈开了他们追求美好生活的脚步。邓小平说："改革是中国的第二次革命。"[1] 改革也是马塘村的第二次解放，马塘的发展变化就是源于村办企业。

1985 年 6 月，乘着改革开放的春风，陈清水、陈清渊、陈树林等 6 位青年集资、举债贷款 3 万元，利用村里种蘑菇的房子，搭建起 200 平方米

---

[1] 《邓小平文选》第三卷，人民出版社 1993 年版，第 113 页。

的简易厂房,创办了同安县新圩兴华罐头厂。从这一刻起,马塘村的贫穷历史开始改写,古老小山村萌发出勃勃生机,马塘村开始了美丽的蜕变,村民们也走上了致富的道路。面对创业初期遇到的没厂房、没技术等难题,他们拜师请教、自力更生、迎难而上,实现了马塘工业零的突破。在风云变幻的商场上,他们恪守诚信经商的原则,始终不懈地坚持"质量第一,消费者第一"的经营理念,以精益求精的精神,始终不懈地为消费者生产最优质的产品,把诚信经营提高到践行社会主义核心价值观和实现企业跨越式发展的战略高度来认识,从而赢得了消费者的充分信任,赢得了广阔的市场。企业在经过了厦门同茂食品罐头有限公司、厦门银鹭食品有限公司不同阶段发展壮大后,逐步建成为一个完整的产业园区,现已发展成为一个跨国经营、闻名全国的现代化企业——银鹭集团。

当年创业伙伴们在新圩兴华罐头厂的合影(马塘村村委会供图)

从1992年初开始,以工促农率先富裕起来的马塘人迈开了新农村建设的步伐,创建全国文明村。他们将村镇建设与村所在地企业——银鹭集团的建设发展结合起来,致力于农业产业化经营,发挥龙头企业带动作用,促进周边村镇农民 6000 多人就业,使之成为以集团企业为依附的产业工人,实现了"民房别墅化、道路水泥化、通讯程控化、用水自来化、照明电气化、厕所卫生化、环境园林化",实现了村企融合,让马塘村蜕变为闻名遐迩的"百姓富、生态美"社会主义新农村。

一业兴带动百业旺,一企强带动全村富。在银鹭集团成功发展的带动下,马塘村形成了以食品制造业为支柱,运输业、建筑业、包装业、服务业等多元化蓬勃发展的产业格局;实现了就地就业、就地创业,农村一、二、三产业深度融合发展。不仅如此,马塘村还创建了"土地入股""虚拟股权"机制,建立了以丰厚村财为基础的公共服务机制,确保每一位村民长期稳定分享发展红利。

从穷乡僻壤的小山村发展成为全国知名的社会主义新农村典范,马塘人走出了一条以工兴农、科技创新、和谐发展之路,培育出了"艰苦奋斗、拼搏创新、村企共建、共同发展"的马塘精神。

昔日的"瘦马塘",如今别墅林立(王博 摄)

1. **艰苦奋斗**

早年马塘村通向外界只有一条坎坷泥泞的羊肠小道。没有水、没有电、没有路,全村都是"望天田",以穷山恶水出名。村民头无片瓦,腰无分文,光棍成群,没有女人愿意成为马塘的新娘。

当时周边村里的孩子到镇里上学,因往返跋涉,都需要带饭。而马塘村的学生没有饭可带,又怕别人看了他们带的食物嫌弃,只好每天来回拼命奔跑十几里山坡路,中午回家揭开锅盖希望出现奇迹,但家里的铁锅里煮的永远是地瓜,还有地瓜干,再有就是地瓜条。这时,孩子们的脸上除了汗水,还带着泪水。

穷则思变,当陈清水、陈清渊、陈树林等几位青年拿定主意创办罐头厂时,积贫积弱的马塘村连最基本的创业条件也不具备。他们并没有气馁,反而被现状激发起一股"没有条件创造条件也要上"的冲劲。困难大,他们的干劲更大。

在办厂初期,因为基础条件薄弱,只能用村里种蘑菇的房子来做生产车间,很多设备甚至是自己做的。没有技术,面对他人"没吃过罐头的农民要办罐头厂"的冷嘲热讽,村干部带着干粮到厦门岛内、泉州晋江等地的罐头厂边看边记,拜师请教;没有厂房,用竹片当墙、箴板作顶,建起了简易厂房;没有水源,村党支部班子成员就带领村民顶着烈日,冒着酷暑,早出晚归,从12千米外的古宅水库埋设地下管道,把水引到马塘来,解决了工业用水问题;① 没有道路,汽车开不进村,他们从最早的用人力将采购的原料一车一车地搬进厂里,再到以一亩地外加8000元的代价向邻村换地,自己动手,劈开山坡,填平沟坎,修建了一条800多米的进村水泥路;没有电力,导致生产设备缺乏动力,在他们牵头下,村民集资购置发电机,随即建了一个村企共用的小型电站;没有通信,就发动村民筹资3万多元架设了一部高频电话,但条件所限,罐头厂的第一部老式手摇电话装在临近的新圩村,每次接完电话,就要奔跑20多分钟的路程赶到马塘

---

① 闻笛、萧一鹏:《银鹭发展订单农业 建农业产业化龙头》,《中国企业报》2012年11月20日。

传递消息；没有市场，他们抱着自己的罐头，穿梭在厦门市大街小巷，到处推销。

功夫不负有心人，人心齐泰山移，投产当年兴华罐头厂便初战告捷，生产罐头 5 万瓶，创产值 32.5 万元，实现了马塘工业零的突破。就这样，不等不靠，自力更生，马塘村终于把罐头厂创办起来了。从此，马塘走出了一条以工兴农的发展新路子。

2. **拼搏创新**

马塘的辉煌是拼搏出来的。爱拼、敢拼、善拼，是洋溢着浓郁闽南地域色彩的群体意识、精神、心态，地处闽南的马塘人，正是如此。回首他们走过的道路，人们强烈地感受到，从普通农民成为现代化乃至国际化大型企业的引领者，其中经历的艰难险阻，恰如踏破万水千山的长征，马塘创业者披荆斩棘无所畏惧的气质、胆略、气魄、襟怀，同样惊天地、泣鬼神。

科学技术是第一生产力，银鹭集团在成立伊始就将科技创新作为促进企业腾飞的翅膀。20 世纪 90 年代初期，投放市场的银鹭饮料可谓五花八门，红毛丹、胖大海、猕猴桃、绿豆爽等不胜枚举。虽然消费者反响不错，有的产品还被评为"福建省名牌产品"，但他们并没有满足现状，而是清楚地意识到，在日益激烈的竞争中，如果一味跟风生产同质化产品，终将被市场所淘汰，只有研发属于自己的拳头产品，才能获得市场认可。当同行还沉浸在果蔬罐头市场时，他们已经打起了中国传统食品八宝粥的主意。生产八宝粥罐头，杀菌消毒是关键工序。为此，他们经过反复试验，最终独创了"生料灌装，滚动杀菌"的生产工艺。1993 年，银鹭八宝粥试产成功并投放市场，立即就获得消费者广泛好评，不久便成为中国家喻户晓的拳头产品，年销量在同类产品中遥遥领先，市场占有率位居行业第一，企业也由此坐稳了即食粥行业的第一把交椅。到 1997 年时，银鹭集团产值突破 1 亿元大关，实现了飞跃发展。

2003 年，银鹭在国内率先引进 PET 无菌冷灌装饮料生产技术和设备，首创运用于低酸饮料加工，开发生产独具风味的花生牛奶蛋白饮料。这条代表着世界饮料业最先进水平的生产线的顺利投产，也让世界对中国民企刮目相看——中国民企有世界级的科技，有世界级的品质。2004年，银鹭商标经国家工商总局认定为"中国驰名商标"……从此，银鹭通过不断实施技术改革，扩建高标准厂房，增建多条现代化生产线，使厂房和设备达到国际先进水平，成为福建同行业最大的饮料生产基地，进入中国食品饮料行业"第一集团军"。

同时，马塘人不断探索符合本村实际的发展道路，积极处理企业、农民、土地的关系，首创以农民部分土地补偿金转化为"农村集体发展基金"，投资于第三产业，在服务企业的同时保障被征地村民收入，实现村与企的互促共赢。①

3. 村企共建

村庄支持企业发展，企业得到发展，进而反哺村庄。在马塘人看来，马塘村的各项工作，都离不开银鹭的影子。陈清渊说，马塘村是跟随银鹭集团一起发展起来的。马塘村的"村企共建"模式，让马塘村和企业牢牢地绑在一起。从村庄统一规划到基础设施建设，从村庄生态保护到村民房前屋后，从幼儿园、综合服务中心到幸福院、宗祠，从村庄"大事务"到村民"小事情"，从美丽乡村到文明风尚……企业从始至终、一往无前地为马塘村无私奉献。如今银鹭飞出小山村，飞向国际大舞台，而马塘村也在企业的反哺下，往富美乡村的道路上越走越宽。如果说，厦门的发展就是中国改革开放所走过历程的一个缩影，那么，马塘的蜕变就是厦门经济特区建设发展的一幅生动写照。

在新村建设和企业发展过程中，以陈清渊为"领头雁"的马塘村党组织始终发挥着举旗定向、凝心聚力的作用。2013年10月，马塘村党总支升格为马塘村党委，成为福建省首个村企一体党委，将村企共建特色充分转化为村企融合优势，创新设置两个"双向进入"机制：村党委班子成员进入企业中高层、企业中高层兼任村党委班子成员；鼓励引导企业党员进入村（企）党支部班子、村党员担任企业班（组）长一线生产骨干。② 目

---

① 陈冬：《弘扬"六种精神" 践行"四在一线"》，《厦门日报》2015年8月11日。

② 陈挺：《"厦门第一村"巨变背后的时代印记》，《海峡通讯》2020年第1期。

前，马塘村党委主要成员全部来自银鹭集团高层。马塘村主要基础设施，大多是企业捐资修建的。近年来，银鹭集团解决了马塘村及其周边的新圩、五显、洪塘等村镇的3000名富余劳动力就业；马塘村及其邻村缉仔亭、赵厝、上宅等村庄基本实现了工业化，农民的生活水平得到了大幅提高，并有力推动了厦门市农村"两化"建设进程。

党建引领，强村富民。针对村企共建特点，马塘建立了村党委班子和党员作用发挥的两个"双向进入"机制，党组织战斗力不断增强。通过建立党员示范岗、党员联系户、党员义工队等方式，有效服务村民和企业员工。党员通过微信、微博、短信等各类平台密切联系村民和企业员工。广泛开展"一名党员一面旗帜""爱村爱家爱厂爱岗"等活动，构建起多方联动的"大党建"格局，让党组织的血脉深深扎进群众之中。

"马塘人爱开会。"有一段时间，外人总爱这样调侃。这种会，折射的正是马塘村基层党组织的战斗堡垒作用。在马塘，村里乃至企业的重要、重大事务，都必须直接征求大部分村民的意见，解决他们最关心的现实问题，调动他们参与村企共建的积极性、主动性和创造性。

为此，马塘村把夯实基层组织作为固本之策，推行"四议两公开"，创新村民议事形式，完善议事决策主体和程序，落实群众知情权和决策权，切实将党务、村务公开，民主管理落到实处，增强村两委班子的治理能力，打造共建共治共享的现代社会治理格局。

马塘村人口少、面积小，但基层党组织健全，设有治保、调解、医疗、计生、妇女及农村经济发展协会等各类组织。"好厝边会所"是马塘村治理有效的一张名片，"好厝边会所"是一个充满闽南传统文化特色的称谓。在闽南地区流传着这样一句俗语："千金难买好厝边。""好厝边"在闽南语中是"好邻居"的意思，与和谐的理念相契合，好念易记；"会所"是一个社区的活动中心，彰显这一机制场所的服务功能。[①]"好厝边会所"挂牌成立以来，成功调处案件20余起，真正做到了"小纠纷不出村

[①] 马跃华、林瑞声、郑峰：《"好厝边会所"巧解"千千结"》，《光明日报》2014年2月13日。

庄,大纠纷不出法庭",探索并实践出一条村企共建的"无讼"之路。

在村企共建"厦门第一村"的全过程中,马塘村始终不忘乡风文明建设。马塘村不光注重闽南优秀传统文化的保护和弘扬,翻修陈氏祖厝宗祠,并在祠堂前建设文化广场,让马塘人感受宗祠文化,传承良好家风,弘扬仁孝传统,而且还注重公共文化设施建设,以村企共建的形式,建起了集学习培训、图书阅览、运动健身、唱歌跳舞等于一体的文化活动场所,以及游泳池、篮球场、健身步道、人工湖、休闲公园等,免费为村民和企业员工提供文化休闲娱乐。村党委牵头组建腰鼓队、舞蹈队、合唱队、篮球队等,并聘请专业老师进行指导,积极开展群众性文化活动,丰富村民和企业员工的精神文化生活。

马塘村还十分注重文明生活新风尚的营造,通过完善《马塘村精神文明公约》《马塘村民行为"十不准"》《马塘村新村绿化公约》等村规民约,积极开展移风易俗活动,倡导婚事新办、丧事简办、余事不办。

360多人的村庄,如今涌现出一批批"道德模范""劳动模范""身边好人""文明市民""五好家庭""好媳妇"等先进典型,马塘村更是连续五届摘得"全国文明村"的桂冠。可以说,这是马塘创造的又一奇迹。

4. 共同发展

一人富,不算富;大家富,才是真的富。一家强,不算强;全村强,才是真的强。秉承初心如一,企业发展每迈上一个新台阶,都坚守着带动全村发展、带领全民致富的初心,始终通过企业反哺村庄、企业反哺村民,实现共同致富。富起来的马塘人,依然质朴、乐业、奉献;强起来的马塘人,依然奋斗、向上、向善。

目前,马塘村投资额在1000万元及以上的规模企业就有20家,园区员工总数达2万人。在农村城镇化、工业化进程中,农民的土地被征用后,如何给失去土地的农民提供长效的生存发展保障,成为马塘村首先要考虑的问题。银鹭通过"公司+农户"的"订单农业"模式,向市场争效益,不与农民抢利益,解决了马塘村、周边村庄乃至全国各原料基地的农产品销路,带动农民增产增收。在促进村民转产就业的同时,马塘村深谋远虑,引导村民将部分征地款转为村集体发展基金,用于投资餐饮、商超、公寓等第三产业，为园区提供全方位配套服务，壮大集体经济，通过保底分红，增加村民收入。近年来，马塘村集体每年收入达200多万元，每位马塘村民每年分红近4000元。银鹭集团同时通过签订合同、保护价收购等形式，在福建、山东、湖北、新疆等地建立了原料基地6.13万亩，收购农副产品6.75万吨，辐射带动6万多农民增收1.4亿元，将马塘模式运用在更多地区。

马塘村是银鹭发展的"后勤部"。村里为企业扩张提供发展用地，部分村民转产在企业就近就业，企业和园区的保洁、绿化、餐饮、超市、公寓等由马塘村供应服务。

工厂建起来了，环境反而更好了。这看似矛盾，却真真切切发生在马塘。建厂之初，马塘创业者就十分注重生态环境保护。他们没有占用耕地，而是选择山坡荒地建厂。① 如今，企业规模扩大了几十倍，建设中也没有大挖大填，而是采用山水林田式布局，巧妙利用依山傍水的生态优势，保留和扩大绿地面积，凸显绿水青山。

马塘精神主题馆（王博 摄）

---

① 王玉婷、许晓婷、陈渊川：《培育"绿盈乡村"品牌　百姓共享生态红利》，《厦门日报》2020年12月21日。

为了改善生态环境，银鹭集团先后投入巨资用于环保综合整治，在锅炉节电、脱硫除尘、提高燃煤利用率等领域取得突破，实现了水、蒸汽、余热再利用。银鹭污水处理项目全部投入使用后，日处理污水达15000吨，将银鹭高科技园区的工业污水和马塘村的生活污水全部回收处理，处理后的中水（再生水）水质优于国家一级排放标准，符合农业灌溉水质要求。

目前，村庄及园区内的道路绿化、厕所冲洗、景观用水等都用上了中水，每日可节水4000多吨。同时，中水回用还解决了周边几万亩农田的灌溉。

曾几何时，因为沙质土壤养分不足，以农为生的马塘人吃够了土地贫瘠的苦。如今，利用银鹭罐头制造产生的豆渣、果皮、果壳等下脚料作为花草肥料，既可净化环境，又可改善土壤，一举两得。马塘人记忆里光秃秃的七柱山，因土壤改良，中水灌溉，林相改造，蜕变成了一座山明水秀、环境优美的后山公园，成为富美马塘一道最亮丽的风景。眼下的马塘，绿色是它最耀眼的底色，全村绿化率高达68%，成为远近闻名的生态村、园林村、宜居村。

三、厦门实践的内在联系和时代价值

（一）厦门实践的内在联系

厦门实践是一个相辅相成、相互促进、有机贯通的统一体。五个重要组成部分从不同侧面，承接着厦门历史文化、精神文明、思想道德、价值观念的优秀传统，体现了不同阶段厦门实践的时代风貌，其内在联系生动、鲜明地体现在三个统一之中。

1. 厦门实践是价值精神与实践要求的统一

厦门实践五个重要组成部分，每个部分都包含着厦门人在精神价值上的追求，体现了厦门人民的崇高情怀、宽阔胸襟、高尚情操和自强个性。同时，这种价值追求又不是空洞抽象的，而是产生或形成于实践，是实践精神的凝结，是厦门人实践取向的体现。这种实践取向的特点，又与当今时代发展的要求相符合。它是厦门人民在长期共同生活和共同社会实践基础上形成的带有厦门区域特点，反映新时期实践要求的富有生命力的意志品格、胸怀境界、道德规范和价值追求。

2. 厦门实践是时代精神与传统文化的统一

厦门实践是应时代发展的要求而提出的，它在很大程度上体现了厦门人民在改革开放新时代的精神风貌。这种时代风貌突出地表现出厦门人民对于中华民族伟大复兴，对于自身的进步和发展强烈的责任感和使命感，体现了一种坚定信心、迎难而上、锐意进取、大胆探索、改革创新的思想观念，是不断引导人们树立爱国情怀、知荣明耻、自强不息的精神力量。同时，这种时代风貌，又深刻地融汇了源远流长的传统文化精华，贯穿着中华民族传统文化所蕴含的仁爱、和谐、包容、进取等主流价值观。它既是时代精神的生动体现，又是中华优秀传统文化的传承和弘扬，体现了时代精神与传统文化在新的历史条件下的高度统一。

3. 厦门实践是民族精神与本土情境的统一

厦门实践是中华民族精神的区域表现，厦门实践的主体与核心内容，与中华民族精神的共性以及在其他区域所表现的主要精神是高度一致的。同时，厦门实践又深深植根于厦门本土，是中华民族精神在厦门这一特定的区域历史发展进程和特定地理环境中所形成的地域文化的凝练和升华。它既是民族精神的高扬，又是厦门地域人文独具特质的精神品格的综合体现，是厦门人民在长期的革命、建设和改革开放实践中所表现出来的精气神的概括和总结。

（二）厦门实践的时代价值

厦门实践承载着厦门人高度的情感认同、价值认同、文化认同，它既是厦门人共同的精神标识，也是厦门高质量发展的支撑力量。

1. 厦门实践是厦门人民精气神的概括总结

一个人没有精气神，便不能自立于社会；一个民族缺乏精气神，便不能自立于世界民族之林；一个国家丧失精气神，便不能自强于世界。同样，一个城市也需要精气神，才能支撑起共同事业的辉煌。厦门实践，就是对厦门人民在长期的革命、建设和改革实践中所表现出来的精气神的概括和总结。

2. 厦门实践是践行社会主义核心价值观的有效载体

厦门实践与社会主义核心价值观一脉相承，反映了社会主义核心价值观的丰富内涵和实践要求，为厦门推进社会主义核心价值观建设提供了新的实践形式和有效载体，赋予了社会主义核心价值观建设鲜明的本土情境和地域特色，推进了社会主义核心价值观的大众化、生活化、日常化、具体化，便于民众入眼入耳、入脑入心，有利于融入广大市民的生产生活之中。

3. 厦门实践是推动厦门全方位高质量发展的强大动力

应对挑战，把握机遇，迈向美好未来，既需要经济、科技等硬实力来"健体强身"，也要用精神、文化等软实力来"强基固本"，必须是"软""硬"兼备，刚柔相济。加强社会主义核心价值观建设，需要强调区域实践对地方高质量发展的重要引领和支撑作用。厦门实践的提出，是厦门深厚文化以及厦门人民优秀品格特质的概括升华，是社会主义核心价值观在厦门的具体体现，是新时代推动厦门各项事业发展再上新台阶的强大精神动力。

第十章 木兰溪治理：人水和谐、造福人民

被称为莆田"母亲河"的木兰溪几乎贯穿了整个莆田市城区，是福建省"六江三溪"之一。木兰溪治理是习近平同志在福建工作期间全程擘画、指导推动治水和生态保护工作的先行探索。1999年，在指导木兰溪抗洪救灾工作时，他明确提出"使木兰溪变害为利，造福人民"的目标。①20多年来，历任莆田市委、市政府始终贯彻落实习近平同志的要求，坚持一张蓝图绘到底，一任接着一任干，使木兰溪从水忧患走向水安全，继而迈向水生态、水经济协调发展。②

在千余年木兰溪治理的历史长河中，木兰陂建设、东圳水库建设、木兰溪综合治理都留下了丰富的精神财富。木兰溪治理蕴含着为民行善的大爱精神，无私无畏的担当精神，科学治理的务实精神，敢想敢做的创新精神，久久为功的滴水穿石精神和艰苦奋斗的拼搏精神。木兰溪治理是习近平生态文明思想的生动体现，也是马克思主义中国化的区域实践，还是中国共产党科学治水思想的继承与发展，具有丰富而深远的时代价值。

一、木兰溪治理的由来

（一）历史条件

木兰溪是莆田的第一大河，发源于福建戴云山脉，自西北向东南流经莆田一县四区18个乡镇，注入兴化湾，干流全长105千米，流域面积

---

① 胡熠：《木兰溪治理：追寻人水和谐共生的生态范本》，中共中央党校出版社2019年版，第3页。

② 李坤、岳虹：《系统治水显综合效益》，《中国水利报》2018年9月27日。

1732平方千米。福建四大平原之一的莆田南北洋平原，正处于木兰溪下游。平原地势低而平，人口密集。长期以来，木兰溪流域雨量充沛，水位季节变化大，流程短、河道弯曲、断面狭窄，导致上游一下大雨，下游南北洋片区就发生水流漫滩，引发洪涝灾害，故有"雨下东西乡、水淹南北洋"的民谣长期流传。① 建设水利工程，以防灾减灾、变害兴利，成为莆田人民的迫切需要。

自古以来，莆田人民对水利建设都十分重视。自唐初大规模建设蓄水塘、进行围海筑堰造田之后，唐建中（780—783）、元和（806—820）年间，先后由吴兴、裴次元率领当地人民修筑延寿陂、红泉堰，进一步扩大了引水灌溉、围海造田的规模，开了兴化平原开发的先河，为后世莆田的大规模农业开发奠定了基础，更为此后木兰陂的兴修提供了借鉴。②

宋神宗熙宁年间（1068—1077），王安石主持变法，颁行《农田水利法》，鼓励各地修复、兴建水利工程。这就为熙宁、元丰时期木兰陂的兴建奠定了制度基础。这一时期福建沿海农田水利的发展促进了农业开发规模的进一步扩大，反过来又对新的大规模水利工程的兴修提出了进一步的要求。③ 只有在木兰溪下游干流关键部位兴建水利枢纽，上拦洪水、下截咸潮，才是整治木兰溪水害、拯救百姓的根本之策，也符合兴化平原经济发展的需要。

历时20年，经历了三个阶段，历经钱四娘首倡、林从世续修，最终由李宏和冯智日领导建成的木兰陂，经受近千年时间的狂风恶浪、大地震，成为古代水利工程的成功典范。木兰陂不仅是当地洪涝、潮灾等自然灾害严重的明证，也是木兰溪治理百折不挠的斗争精神的体现。

木兰陂建成后，历朝历代的地方政府都对其进行了保护、扩建，促使其功能不断增强。新中国成立后，党和政府对木兰陂的建设高度重视。莆

---

① 《久久为功：开启全流域治理新征程》，《新长征》2019年第7期。

② 谢丽英：《历史上莆田南北洋水利治理诗咏略谈》，《莆田晚报》2021年4月10日。

③ 何彦超：《木兰陂与宋清时期区域水利社会研究》，南京农业大学硕士学位论文，2015年。

田地区开始规划治理木兰溪，先后在木兰灌区内新建9座排涝闸、55座排水涵洞、区间排水闸4座、分水闸7座、控制闸55座、进水涵洞152座，改、扩建桥梁近百座。① 灌区内拥有抽水机船514艘，共4145匹马力；电灌站389处，装机容量计3574千瓦，长期使用的人力龙骨车已被淘汰。灌区引、蓄、排、灌系统化，保灌面积达10万亩。② 1955年，为了扩大排洪能力，部分陂门石板闸拆除，改为木闸板。1958年冬，拆除全部石板闸，改为木闸控制，同时将南北渠进水口桥梁改为水闸，增加闸槽1道，以利于调节进水流量。③

1998年，木兰溪防洪工程正式启动。工程将两岸防洪堤后移，将两岸堤距扩大，按生态防洪堤建设要求，将原有防洪堤改造为宽体堤结合植物护堤，并与纪念馆建筑融为一体，有效保护文物周边环境。场地按洪水位进行分别设计：在5年一遇洪水位以下，作为河漫湿地，主要保护和修缮原有地形地貌，由丰富多样的乡土水生和湿生植物构成，保护原有湿地形态，让原有植物种类得以繁衍；在20年一遇洪水位以下场地，保留原有地形高程，设置园路、休闲广场，结合雕塑小品，主要作为体现水利知识及木兰陂所产生的无形文化遗产的展示区，植栽以耐水、耐淹的乡土植物为主；20年一遇洪水位以上场地，结合防洪堤设计，以各纪念馆作为主要景观主体，围绕每个纪念馆的不同性质，用不同植物来营造纪念馆的气质特征。

尽管历史上莆田人民为治理木兰溪水患做出了巨大的努力，也取得了一定的成效，但是始终无法根治木兰溪水患。据统计，1952年至1990年近40年间，木兰溪平均每十年发生一次大洪水，每四年发生一次中洪水，小灾几乎年年有，历次洪水都给沿岸乡镇工农业生产及人民群众带来极大

---

① 陈荣富、俞靓、欧碧仙：《科学治水，一张蓝图绘到底》，《福建日报》2018年9月26日。
② 胡熠：《木兰溪治理：追寻人水和谐共生的生态范本》，中共中央党校出版社2019年版，第60页。
③ 赵鹏：《木兰溪之变》，《人民日报》2018年9月21日。

的损失。① 1999年10月，莆田遭受第14号超强台风的猛烈袭击。台风给木兰溪沿岸百万人民的生命财产造成严重危害，倒塌房屋近6万间，被淹农田45万亩，近3万名群众寄居他乡，2万名学生被迫停课，直接经济损失达31亿元。②

木兰溪治理存在三大难题：一是技术难题。一方面，木兰溪下游河道蜿蜒曲折，行洪不畅，抗冲刷难度巨大，裁弯取直难；另一方面，木兰溪的沿海淤泥地质让筑堤工程犹如"在豆腐上筑堤"。二是资金筹措难题。据测算，仅16千米"裁弯取直"工程就需要投入上亿元的资金。而1998年莆田市财政总收入为11.4亿，③ 远不能支撑工程所需资金。资金缺口如此之大，投入工程在全社会也未达成共识，更多的声音是希望把财政收入用在灾民生活的救助和家园的恢复上，当时政府压力很大。三是土地征迁难题。实施"裁弯取直"需要开挖新河道8千米、征地3073亩、拆迁面积23.4万平方米，涉及两岸4个镇15个村1784户6209人。④ 一方面是安土重迁的观念，老百姓觉得祖屋不宜拆，田地舍不得；另一方面是安置方面的顾虑，老百姓一聊起来，总问老房子拆了怎么安置人、新房建在哪里、在哪里过渡等，疑虑重重。

（二）习近平同志擘画推动治理木兰溪

1. 破解技术难题

早在习近平同志担任福建省委副书记、主管全省农林水工作之时，木兰溪治理的论证报告便摆上了他的案头，而其中涉及的两大技术难题能否破解，将直接决定着木兰溪治理的成败。面对如何攻克技术等难题，习近平同志不遮掩问题、不回避矛盾，多层次、多方位、多渠道调查了解情况。

---

① 黄国清、朱建婷：《引其流者怀其源》，《湄洲日报》2019年12月30日。
② 胡熠：《木兰溪治理：追寻人水和谐共生的生态范本》，中共中央党校出版社2019年版，第63页。
③ 数据来源：1999年莆田市统计年鉴。
④ 胡熠：《木兰溪治理：追寻人水和谐共生的生态范本》，中共中央党校出版社2019年版，第66页。

木兰溪河道兼具软基、弯多且急、水流冲刷剧烈等难点，要建设能抵御 30 年一遇洪水的堤防，必须"裁弯取直"，但又面临着影响水系生态的两难之境，于是便有了多个方案之争。1998 年，按照习近平同志提出的既要保障安全，又要维护生态，还要考虑发展的治水理念，"改道不改水"的裁弯方案经论证通过，并在张镇村技术试验段进行测试。

在"裁弯取直"和"软基筑堤"技术难题上，习近平同志注重借智借脑，广泛听取专家意见。1998 年末，根据"裁弯取直、新挖河道"的治理工程方案，福建省水利水电厅技术部门为木兰溪治理设计了一套施工技术方案。因这套方案拟采用"搅拌、灌沙、固结"的常规方法，没有考虑到木兰溪软基淤泥含水量近 70% 的特征，莆田市水利部门并不认同这套方案。为此，双方各执一词，互不相让。1999 年 1 月 29 日，莆田市政府领导带着市水利局总工程师，向习近平同志当面汇报了技术方案争议情况。习近平同志认为，到底如何决策，还要听取水利专家的意见。①

木兰溪裁弯取直示意图（莆田市委组织部牵头提供资料图片，蔡昊 摄）

1999 年 4 月 1 日，在基层调研的习近平同志了解到福州正在举行一场

---

① 胡熠：《木兰溪治理：追寻人水和谐共生的生态范本》，中共中央党校出版社 2019 年版，第 78 页。

全国水利系统的学术会议，便让省水利水电厅厅长汤金华赶紧带着莆田市的同志到会上"找更权威的水利专家，帮忙共同攻克难题"。中国工程院院士、时任南京水利科学研究院院长窦国仁接受了这一课题，并在南京水科院建立起国内首个"软基河道筑堤"物理模型。① 科学实验与技术试验同步进行，木兰溪治理工程的技术准备进入了倒计时。

同年10月，习近平同志又特邀中科院、中国水利科学院、水利部长江水利委员会的权威专家，参加木兰溪下游防洪一期工程技术论证会，对工程进行论证。科学实验和技术试验都验证了模型的可行性，但习近平同志仍然慎重、细致，决定先搞一段施工试验段。1999年12月14日，习近平同志第二次来到木兰溪，直赴正在进行治理试验的张镇村试验段，检查验证方案的可行性。习近平同志多次强调一定要"科学治水"，既要治理好水患，也要注重生态保护；既要实现水安全，也要实现综合治理。②

最终，在习近平同志的正确指引和跟踪督促下，经过大量的实验数据验证，专家和当地干部群众共同商量拟定了治理木兰溪的"良方"：采用"明沟降水法"代替"管井降水法"，也就是将新挖河道的淤泥进行晾晒，经过技术处理，用于堤防填筑，再用"软体排"压进堤基，以提高固结、增强堤身、防抗冲刷。③ 虽然该方案将会延长施工时间，但新挖河道与筑堤工程同步建设、就地取材、就地平衡，既不占耕地，又减少生态破坏，成本也能大幅降低。④

2. 破解资金难题

技术难题的破解为当时广大干部群众注入一剂强心剂，但接踵而来的资金和征迁问题，也困扰着工程的进度。如此庞大的防洪工程，系统治理的资金需要几十亿，这对于当时莆田的财力，显然是无法承受的。立足实

---

① 胡熠：《木兰溪治理：追寻人水和谐共生的生态范本》，中共中央党校出版社2019年版，第79页。

② 任光莉：《20年接续奋斗，造就生态治理"木兰溪范本"》，《党员干部之友》2019年第6期。

③ 刘元、刘诗平、徐洪长等：《"人水和谐"的生动实践——莆田木兰溪治理纪实》，《海峡通讯》2018年第10期。

④ 赵鹏：《木兰溪之变》，《人民日报》2018年9月21日。

际,习近平同志决定采取分期分阶段渐进治理的做法:能够马上治理的要及时治理,不能马上治理的要制定长远目标,这就在很大程度上分摊了资金的压力。习近平同志还高度重视向上争取资金支持,两次就积极争取资金作出批示,强调"应当以市为主体,省里积极协助,向中央争取更大的支持,上下同心,争取早日完成这一历史任务"①。

在习近平同志批示精神的鼓舞下,当时莆田各级党组织和党员干部模范带头、示范引领,带动全市机关、团体、科研、医院、学校、金融机构等行政事业单位的干部,主动参与治理木兰溪工程,全市上下掀起捐款的热潮。广大群众也踊跃投工投劳,主动出力。正是在习近平同志的带动下,全市乃至全省各界人士一起出力,群众和民间力量广泛参与,木兰溪治理的资金难题才迎刃而解。

3. 破解征迁难题

莆田人多地少,两岸沿溪而居人口密集,征迁难度大。在成立木兰溪防洪工程现场指挥部的同时,临时党支部同步成立。党支部充分发挥战斗堡垒作用,引导带动广大党员带头签约、带头宣传政策、带头做群众工作。党员干部自带被褥、自带干粮,住到村里去、住到涉迁群众家里去,与他们面对面拉家常、谈心里话,真心倾听群众心声,耐心细致地做群众的思想工作,使他们逐步从反对到理解再到接受,从不肯迁到主动迁。

从1999年1月至2001年6月的两年半时间里,习近平同志对木兰溪治理工作念念不忘,多次亲临现场,多次专题研究,多次作出指示批示,直接关心关怀木兰溪治理工作。特别是1999年12月27日,习近平同志将当年全省冬春修水利建设的义务劳动现场安排在木兰溪,并与当地干部群众、驻军官兵6000多人一道参加了义务劳动。② 在现场,习近平同志深情嘱托,一定要使木兰溪变害为利、造福人民。

---

① 胡熠:《木兰溪治理:追寻人水和谐共生的生态范本》,中共中央党校出版社2019年版,第80页。
② 胡熠:《木兰溪治理:追寻人水和谐共生的生态范本》,中共中央党校出版社2019年版,第69页。

（三）莆田历届市委市政府一任接着一任干

在习近平同志治理木兰溪的重要理念指引下，莆田历届市委、市政府把加强党的全面领导作为治理木兰溪的根本政治保证。① 从成立木兰溪下游防洪工程建设领导小组至今，历任市委书记任领导小组组长、市长任指挥部总指挥，一任接着一任干，持续开展从水上到陆上、从下游到上游、从干流到全流域、从单一的防洪工程到系统性治理的综合工程，久久为功，逐步实现从水安全到水生态、水经济的梯次推进，打造"河畅、水清、岸绿、安全、生态"的健康水系，让木兰溪产生了综合效益，成为民生之河、生态之河、发展之河。②

1. 防洪保安治理（1999—2012）

这一时期，重点解决了水患与生存的矛盾问题。实施木兰溪下游城区段的防洪工程，注重木兰溪干流的防洪及两岸排涝基础设施的建设，共整治河道15.54千米，新建堤防28.03千米，新改扩建水闸18座，累计完成投资16.76亿③，解决了在软基上进行较大规模裁弯取直，以及淤泥开挖、筑堤、河道防冲等技术难题，木兰陂以下河道的堤防全线闭合，洪水实现归槽，木兰溪下游的防洪能力从不足两年一遇提升至五十年一遇。此后，木兰溪江河安澜，再也没有发生重大洪涝灾害，下游20多万亩平原、70多个行政村和近百万人口不再受水患困扰。治理充分发挥了防洪、挡潮、灌溉等综合效益，两岸走上生态产业化、产业生态化之路，曾经的沿岸水患洼地正逐渐蜕变为经济发展高地。

2. 防洪保安、生态治理、文化景观三位一体治理（2012—2014）

这一时期，重点解决了发展与保护的矛盾问题。莆田市委、市政府通过统筹推进堤防建设、岸坡绿化、生物净化、引清活水等措施保护水环

---

① 刘亢、刘诗平：《从福建木兰溪治理纪实看"人水和谐"的生动实践》，《协商论坛》2018年第10期。

② 刘少生、刘林翔：《木兰溪治理，绘就人水和谐的美丽画卷》，《新湘评论》2019年第6期。

③ 胡熠：《木兰溪治理：追寻人水和谐共生的生态范本》，中共中央党校出版社2019年版，第86页。

境、水生态，打造出木兰溪百里风光带，综合实现了防洪、生态、休闲、观光等功能，坚持"有所为、有所不为"的适度发展理念，十分珍惜木兰溪系统治理增加的宝贵新空间，注重治理木兰溪流域范围内 425 千米南北洋水系，保护人文历史景观，改善流域生态环境。利用木兰溪流域旧河道开挖成人工湖——玉湖，通过"改水不改道"的方式形成一个生态公园，湖心水域面积超过 700 亩，不仅有效增加和提升了莆田城区水域面积和蓄洪能力，而且丰富了城市生态内涵，给市民一片近水亲水的乐园。[①] 同时，围绕玉湖，新建市"两馆一宫"（图书馆、科技馆、青少年宫），打造人居、商务、文化娱乐、综合服务等功能融合的新城，木兰溪河畔成为城市最宜居的生活区。以绿色发展为导向，重点发展电子信息、医疗健康等新兴产业，推动经济结构向绿色低碳转型。实行差别化环境准入政策，限制超过本地资源环境承载能力的项目落地。

3. 全流域系统治理（2014 年至今）

这一时期，重点解决了局部与整体的矛盾问题。从 2014 年开始，深入贯彻落实习近平总书记关于治水的重要论述，科学谋划，将木兰溪全流域山水林田湖草作为生命共同体进行系统治理，统筹兼顾一溪两岸的管控和发展，统筹解决水资源、水环境、水生态、水灾害四大问题，在全流域构筑生态保护、生态治理、生态修复、生态法治四道防线，开展整体系统治理。[②]

一是坚持一片水系富自然，抓好木兰溪的上下游治理。一方面，加强对上游的保护。仙游县作为木兰溪的发源地，为了保护好木兰溪的源头和上游，采取了"四不三转一补偿"的举措：不发展工业，不发展畜禽养殖，不乱砍滥伐，不乱占地建房；引导由畜禽养殖业向发展林下经济转变，由自己种植向土地流转、规模种植转变，由从事农业向发展生态旅游、外出打工创业转变；每年安排一笔资金用于生态补偿。上述种种牺牲

---

① 黄凌燕、许爱琼：《木兰春涨绿波深》，《湄洲日报》2019 年 12 月 29 日。
② 朱远、陈建清：《生态治理现代化的关键要素与实践逻辑——以莆田木兰溪流域治理为例》，《东南学术》2019 年第 5 期。

和付出，换来的是区域内木兰溪水质功能保持100%达标。① 另一方面，加强对下游生态的保护。莆田市委、市政府策划的蓝色海湾整治项目，在财政部、自然资源部组织的竞争性评审中，以总分第一的成绩从全国20个沿海城市和单列市中脱颖而出，获得中央财政奖励补助。该项目以木兰溪河口湿地、妈祖城海域的生态治理和保护为抓手，建设美丽海湾，更好发挥木兰溪样本示范作用和妈祖文化凝聚两岸同胞的纽带作用。项目围绕"两区域"、突出"三重点"、实施"十项措施"，计划总投资7.05亿元，整治海岸线29.8千米，整治海域面积6.2平方千米，修复湿地面积1.75平方千米，着力打造蓝色海湾的莆田样本，从而实现从对一溪的治理到全流域山水林田湖草系统治理的转变。②

二是坚持一泓清水惠民生，抓好木兰溪的支流治理。坐落在木兰溪最大支流延寿溪流域的东圳水库，是莆田市的饮用水水源地，良好的生态植被是库区一泓清水的保障。③ 2014年起，东圳水库水环境综合治理工程启动，以提升水质为核心，将库区内的山水林田湖草以及人为活动作为整体，统筹考虑，构筑四道防线。

三是坚持一条长廊展风貌，抓好木兰溪两岸综合整治。无论是上游还是下游，均是木兰溪两岸综合走廊及景观工程项目建设的一部分。75千米的河岸均被纳入项目建设，覆盖了木兰溪全程70%以上的河段，在统筹安排和综合整治下，木兰溪两岸始终保持高颜值。

四是坚持一组湿地养生态，抓好全流域协同治理机制建设。一方面是上下游协同。莆田通过出台《莆田市木兰溪流域生态补偿办法》，让市级财政和下游区财政共同筹措补偿金补偿上游地区，鼓励其保护河流生态，以此实现上下游协同治理保护。另一方面是岸上和水里的协同。水污染，

---

① 唐余方、宁小倩：《从"谈溪色变"到"人水和谐"——福建省莆田市木兰溪全流域综合治理纪实》，《当代党员》2019年第6期。
② 胡熠：《木兰溪治理：追寻人水和谐共生的生态范本》，中共中央党校出版社2019年版，第93页。
③ 林爱玲：《木兰溪治理20周年：木兰溪下"白塘美"》，《福建日报》2019年4月25日。

问题在河里，根源在岸上。莆田市以河长制为抓手，统筹河流、岸上管理，注重水岸统筹治理。莆田最大的淡水湖白塘湖，净美风光是莆田诸多水域的缩影，洁净的水面离不开河湖保洁员在岸上、水中联合作业，也是积极开展以生态保护为中心的城市湿地公园建设、修复自然环境的成果。莆田市将河岸清洁工作以招标方式整体打包给社会企业，以"企业承包、政府监督"的方式，保障全市的水域岸线整洁。此外，莆田还通过严格岸上排污口管理、畜禽养殖业搬迁、生活污水集中收集处理等措施，减少点源、面源污染，努力管好"岸上的事"，确保真正实现"河里岸上齐抓共管"①。

五是坚持一定之规修行为，重塑发展与保护的关系。为避免城市经济的持续增长再度危及木兰溪，莆田以绿色发展为导向，坚持"有所为、有所不为"，重塑产业体系。"有所为"是指出台政策支持鼓励工艺美术等绿色产业聚集，红木产业带和油画产业均是受益者；支持企业履行社会责任，积极参与木兰溪治理。莆田是全国首个设立"企业河长"的城市，通过提供资金支持、举办宣讲活动等方式，让企业真正参与到治河中去，也能促使其更好地提升自身节水减污的自觉性。②"有所不为"则是指对超过本地资源环境承载能力的项目，经济效益再高也不能上；对于污染相对较多的产业，坚持限制性发展，如畜禽养殖绝不能在水源保护区内进行；工业园区外严禁审批工业企业项目，最大限度地减小产业发展对环境的负面影响。

六是坚持一脉文化传千载，推动特色水文化挖掘、保护与传承。积极借助木兰陂列入世界灌溉工程遗产目录和开展木兰溪水景观长廊建设的平台，利用"世界水日""中国水周"等宣传契机，在校园、社区等公共场所广泛开展水教育、水生态文明宣传，积极传播水文化，并同步开展莆田水文化调查与整理、水文化遗产保护与挖掘、水利风景区建设与提升活动，进一步挖掘水文化特色，努力传承具有莆田地方特色的水文化精髓。

---

① 黄生：《上善治水，拥溪发展》，《湄洲日报》2020年11月25日。
② 李坤、岳虹：《生态优先 收获人水和谐》，《中国水利报》2018年9月28日。

二、木兰溪治理的精神内涵[①]

在治理木兰溪的千余年历史中,木兰陂建筑、东圳水库建设、木兰溪综合治理具有里程碑意义。它们不仅变害为利,而且沉淀下丰富的精神财富,赋予莆仙人民强大的精神力量。

(一)为民行善

历史上,木兰陂前后20年的建设,是立德行善大爱接力的20年。自木兰陂修建开始,为解决有水无利的困境,一代代莆田儿女围堰筑陂、修建水库、连通水系,治水的步伐从未停歇。从木兰陂修建到东圳水库建设,从东圳水库水环境整治到湖石渌水系联通工程,一次次与水灾害抗争的治水过程,是莆田人认识水、尊重水并不断调整人水关系的过程,治水为民行大善的精神也由此深深印刻在莆田人的基因里。

1958年建设东圳水库之时,10万建库大军不计报酬,以工地为家,以建库为荣,作出了常人难以想象的牺牲和奉献。特别是建库时,需要常太公社2659户、13000多人搬迁移民,他们积极配合,没有一个人讨价还价。常太公社近一半的人口搬迁,近一半的田地被淹没,他们抛家舍业,却毫无怨言,仅用两个月就主动迁移完毕,创造了历史上罕见的和谐移民的伟大范例。20世纪90年代,为综合治理木兰溪,又一次需要村民舍小家为大家。"万事开头难,破难看党员"。当年家住吴墩自然村的村委会干部徐国贤第一个站了出来,带头迁出自家1亩2分地并且公示让群众监督。一周内,吴墩自然村62亩土地全部完成征迁。莆田百姓治水为民行大善,一次次书写着"为大家,舍小家"的大爱精神。

(二)无私无畏

治水,莆田人期盼已久。虽然水利部在1957年就规划并实施过整体治理木兰溪,但经过了40多年仍然未能彻底解决,其间历经五次规划、两次

[①] 本节的撰写参考了胡熠主编《木兰溪治理:追寻人水和谐共生的生态范本》第六章。

可行性研究和两度上马。木兰溪"感潮段"① 河道蜿蜒曲折，行洪不畅，抗上游山洪冲刷难度大，同时它处于沿海淤泥地质带，在此基础上筑堤，无异于在"豆腐上筑堤"，这让很多领导干部难以作出决策。木兰溪水患深深困扰着莆田人民，1999 年 10 月，第 14 号超强台风给莆田带来极大灾害，时任福建省委副书记、代省长的习近平同志第一时间赶到莆田视察，掷地有声地留下了一句话："是考虑彻底根治木兰溪水患的时候了。"② 正是习近平同志勇于担当，大力推进木兰溪治理，才能使木兰溪"变害为利，造福人民"，成为生态文明建设的一个生动缩影。

20 世纪 90 年代木兰溪工程刚开工时的一角（莆田市供图）

原鲁山，一位经历战火洗礼的老革命，1955 年 12 月起连续十几年任莆田县县长。他千方百计抓农业，抓水利，抓基础设施建设，处处身先士卒，冲锋在前，敢于决策，敢于负责，敢于担当。1958 年 6 月，东圳水库

---

① "感潮段"是水利专家专用术语。指受潮汐作用影响较明显的河段，只有直接奔流入海的江河，才具备感潮段。

② 胡熠：《木兰溪治理：追寻人水和谐共生的生态范本》，中共中央党校出版社 2019 年版，第 89 页。

动工，为了早日建成，原鲁山带头到工地与民工同吃同住同劳动，劳动在第一线，指挥在第一线。他说："我自以为我没有什么了不起的功劳，就是希望能为老百姓办些实实在在的事情。"原鲁山是这样说的，也是这样做的。"精忠报国未酬志，浩气丹心照汗青"，这是原鲁山《陈文龙赞》的诗句，抒发的正是原鲁山对党、对国家无限眷恋、无限忠诚的情怀。镇海堤是木兰溪三江口至入海口南洋平原的防护堤，1961年，受台风袭击严重溃决，原鲁山亲任总指挥组织全线重修，基本根绝了南洋平原海淹水患。镇海堤畔的黄石镇东甲村有个"镇海堤纪念馆"，也叫"报功祠"，馆内塑有九尊当地认可的对镇海堤建设有突出贡献的古今中外代表人物的塑像，常年同受百姓香火，原鲁山就是其中之一。一心为民、敢于担当，人民就以这种朴素的方式纪念他、敬爱他。

（三）科学治理

木兰溪治理之难，难在其特殊的地质条件和客观环境。水患治理，科学为先。1999年底至2000年初，习近平同志多次来到木兰溪现场调研，实地检查治理方案和技术准备，强调一定要科学治水，既要治理好水患，也要注重生态保护，既要实现水安全，也要实现综合治理。为了破解"豆腐上筑堤"和软土抗冲刷的技术难题，习近平同志特地请来了国内权威水利专家，为木兰溪治理设计了全国首个"软基河道筑堤"物理模型，并在木兰溪张镇段进行试验，终于找到了"软体排"技术，并通过了水利部的技术鉴定。虽然这个方案会延长施工时间，但新挖河道与筑堤工程同步建设，就地取材，就地平衡，既不占耕地，又减少生态破坏，成本也大幅降低。1999年12月14日，习近平同志来到木兰溪调研试验结果，确定成果可行，已具备开工条件。12月27日，木兰溪防洪工程建设拉开了序幕。治理前，木兰溪曾是省内唯一一流经省辖城市单独入海却未建设防洪设施的河流，经过科学治理后，终于实现了"变害为利，造福人民"。

东圳水库是木兰溪实施全流域治理最先着手的区域，被誉为"莆田大水缸"。东圳水库建设时，指挥部党委不但紧抓进度，而且严抓质量。建库过程中，从用料规格、技术要求、质量鉴定到操作规程、验收办法等，都坚持高标准严要求，做到了科学决策、科学施工、科学监管。水库运行半个多世纪来，经历了无数次暴风雨和洪涛的严峻考验，依然固若金汤。

木兰陂的建设同样彰显科学治理的务实精神。木兰山下的黄头自然村与陂头自然村之间的溪床，水道宽敞，水流缓慢，大潮无力，水文特征符合上马大型陂堰工程，而且溪床乃是大块岩石，地质基础稳定、牢固，是木兰陂天然而又科学的筑底地址。宋熙宁八年（1075），李宏吸取钱四娘修建在将军岩下的陂堰被洪水冲毁和林从世在温泉口筑陂被海潮冲毁的教训，采纳昔日好友、宋代水利工程专家、高僧冯智日科学而又睿智的建议，在此"溪宽流缓潮尾"处成功建陂，这个坝址正好位于钱、林选择的两陂遗址的中间地点。另外，木兰陂的闸墩成功借鉴了洛阳桥洞首创的"筏型基础"，主体工程基座由数万块成吨重的花岗石钩锁叠砌，在闸墩下游形成了将军柱的结构。这种独具特色的结构契合了水力学和土力学原理，对研究我国古代大型水利工程的建造技术、构筑过程具有重大的学术价值。李宏、冯智日经系统思考，随后又建溢流堰、进水闸、冲沙闸、导流堤，组成了一座科学布局、合理分流，集蓄、灌、排于一体的水利枢纽工程。

（四）敢想敢做

木兰溪水患频繁，主要问题在于木兰溪下游河道弯曲，导致排洪不畅，"裁弯取直"是个好办法。习近平同志高瞻远瞩，富有创新性且科学严谨地提出"改道不改水"的策略，将原本木兰溪下游18.5千米河道，裁弯取直后剩下的8.6千米保留。① 后来在此基础上建成玉湖，现在将玉湖原河道拓宽，形成700多亩水面。回望过去，当时习近平同志的理念体现了治理的智慧，更彰显了治理者的初心。

1958年建设东圳水库，工程量大，地质复杂，汛期紧逼。勤劳智慧的莆田人民在建库过程中，发明创造了大量的施工新工具、新技术、新方法，极大地提高了劳动效率。比如，提高工效16倍的石滚碾压，提高工效5倍的木槽滑石法，提高工效4倍的竹轨滑土法，提高工效3倍的空中送

---

① 胡熠：《木兰溪治理：追寻人水和谐共生的生态范本》，中共中央党校出版社2019年版，第122页。

土法，两人即可吊起500多斤大石头的天平吊石法，以及"水浅筑堤岸，水深用船只"的经验。他们还自制了木质拌灰机、铁轨翻斗车等设备。就是这些方法创新、设备创新，使得水库主体拦水大坝提前105天完成建设任务，胜利竣工。从1958年6月动工到1960年4月，建设者们仅用了一年零十个月，就建成了坝长367米、坝高58.6米、顶宽8.34米的总库容4.35亿立方米的大二型水库，被誉为是一个经得起检验的高效高质工程。

（五）久久为功

习近平同志在《摆脱贫困》中的《滴水穿石的启示》写道："我们需要的是立足于实际又胸怀长远目标的实干，而不需要不甘寂寞、好高骛远的空想；我们需要的是一步一个脚印的实干精神，而不需要新官上任只烧三把火希图侥幸成功的投机心理；我们需要的是锲而不舍的韧劲，而不需要'三天打鱼，两天晒网'的散漫。""我推崇滴水穿石的景观，实在是推崇一种前仆后继，甘于为总体成功牺牲的完美人格；推崇一种胸有宏图、扎扎实实、持之以恒、至死不渝的精神。"[①]

木兰溪的治理从古至今，都体现了这种久久为功、功成不必在我的滴水穿石精神。在一千四百多年前，莆田滩涂无垠，蒲草丛生。有文字记载显示，自唐代五大塘和国清渠开挖伊始，延寿陂、红泉界、东甲海堤、木兰陂、大河沟、小河沟、陡门、水闸……一代又一代莆田人，乃至外乡人，筑堤拦水，造陂引水，围海作田，筚路蓝缕，以毕生之力披荆斩棘，倾尽血汗，开垦出一马平川的田野。这是一场长达几百上千年的接力赛，前赴后继，治水兴水，不断完善，不断提升。

当下的木兰溪能够从水患向水安全华丽转身，继而能向水生态迈进，进而能实现从水生态向水经济的关键一跃，为建设美丽中国提供生动范本，归根到底就在于20余年来，历任莆田市委、市政府牢记嘱托，带领人民始终秉持"治理木兰溪功在当代，利在千秋"的信念，始终坚持"一张蓝图绘到底、一份规划用到底"的精神，以"功成不必在我"的境界和"功成必定有我"的担当，一任接着一任干，接力不断深化拓展木兰溪治

[①] 习近平：《摆脱贫困》，福建人民出版社1992年版，第58—59页。

理内容，谱写生态文明建设新篇章。① 2012年，莆田市被授予"全国节水型社会建设示范市"称号；2014年，莆田市被列入全国水生态文明建设试点城市；2016年，木兰溪成为福建省"万里生态安全水系"建设样板；2017年，木兰溪获评"全国十大最美家乡河"②。

今日河清岸绿景美的木兰溪一角（莆田市委组织部牵头供图，蔡昊 摄）

（六）艰苦奋斗

展读木兰溪流域图，干流之外，最大支流延寿溪上的东圳水库引人注目，它是1958年国务院批准建设的福建省最大的水利工程。当时的莆田县委、县人委带领莆仙人民建设东圳水库，谱写了艰苦卓绝、气壮山河的奋斗诗篇。

东圳水库建设时值国家困难时期，工地劳动和生活条件异常艰苦。水库选址时，钻探人员20多人挤进小小的三角帐篷打地铺。建设开工时，全县干部群众坚决听从党的指挥，1200多名党员干部、10万多名群众，自备工具和口粮，从莆田的沿海、平原、山区，开赴东圳工地。茅草作屋土作床，砖头作凳石为桌。他们住着临时搭盖的草棚，立下愚公移山志，用锄头、畚箕等简陋的劳动工具，肩挑手推山河移，誓叫高山通清渠。

东圳水库指挥部召开誓师大会，共产党员站在最前面，纷纷表决心：

---

① 赵鹏：《木兰溪之变》，《人民日报》2018年9月21日。
② 张建兆：《绿色发展新高地，美丽中国示范区》，《前进》2019年第6期。

抓紧黄金季节，提前完成建库任务。工地上歇人不歇工，披星戴月，日夜抢战。气候恶劣，但无人退却。雨季绵绵，工地战斗口号是"大雨巧干、小雨大干、阴天晴天猛干"；炎炎盛夏天，"任务交底，定额到人"，人人抢着挑重担，没有一个人喊苦叫累；零度严冬下，"突击合龙、奋勇前进"，在导流明渠的急流中打赢了一场"突击堵口"战役。崎岖道路上，"段段交任务，日日查工效"，个个争着运大石。"保红旗，拔白旗"，个个劳动竞赛斗志高。1959年除夕，2.5万多名民工没有回家过年，坚持奋战在库区第一线，"紧抓施工好时机，就地过好光荣年"。十万建库大军在指挥部党委的带领下，打赢了"抗雨施工、抗洪保坝""突击堵口""抢坝七十（大坝抢建到高70米）""大坝填到顶"等四大战役。暴雨洪峰袭击尚未竣工的大坝时，"水涨一寸，坝高一尺"，干部群众捐物出力，一夜征集了4万条麻袋，赶装了4万袋沙土，搬上坝堰筑起了32米高的"袋墙"。整个建设过程中，有39名民工献出了宝贵的生命。

东圳水库——一个高效、优质、廉洁的工程诞生了。60多年过去了，大坝犹健，绿水长流，艰苦奋斗的拼搏精神永载史册，它必将鼓舞千千万万的莆田儿女。

三、木兰溪治理的时代价值

历时近千年的木兰溪治理，特别是20世纪90年代以来的木兰溪综合治理，改变了莆田的物质景象，更改变了莆田人的精神内核。木兰溪治理是习近平生态文明思想的生动体现，是马克思主义中国化的区域实践，是中国共产党科学治水思想的继承与发展，具有丰富而深远的时代价值。

（一）木兰溪治理是习近平生态文明思想的生动体现

木兰溪治理蕴含着的丰富内涵，充分体现了生态价值观、和谐共生观和系统修复观，是习近平生态文明思想的生动体现，具有极强的前瞻性和科学性。

一是木兰溪治理体现了生态价值观。水是生命之源，生产之要，生态之基。水兴生态兴则文明兴，水衰生态衰则文明衰。水是生态环境的控制性要素，人水和谐共生是人与自然和谐共生的重要标志，贯彻人水和谐是人与自然和谐共生的具体表现。① 生态文明建设加速推进的中国,水是最严峻、最重要、最复杂、最急需,但又难以解决的生产、生活和生态问题,水患仍然是中华民族面临的最严重的自然灾害之一。因此,木兰溪治理以流域为单元建设水生态文明,是生态文明建设的应有之义。习近平同志指出:"生态文化的核心应该是一种行为准则、一种价值理念。"② 水文化是生态文化体系的重要组成部分,是水生态文明建设的灵魂。在木兰溪治理之前,莆田是水资源相对匮乏的城市,如今全社会年用水量供需实现了基本平衡。在水资源利用方面,莆田依然保持敬畏之心,经济可持续发展,必须考虑水资源不足这个现状。因此,莆田积极倡导珍惜水资源,倡导节水的生产方式和生活理念,倡导用水主体树立用好水的理念。以百威英博雪津啤酒有限公司为例,公司投资6000多万元建设能源控制中心,监控人员可以通过电脑实时监控全厂区的用水、用电情况。"绝不浪费一滴水,努力不让一滴污水排入木兰溪。"公司目前全方位降低水耗,把生产过程中的一些低品质水进行回收,循环使用,每天可回收利用约1850吨水。啤酒生产是高耗水行业,行业内吨啤酒耗水在5到6吨,国家节水型啤酒企业吨啤酒耗水4吨左右,而莆田的啤酒企业吨啤酒耗水仅为2.85吨。

二是木兰溪治理体现了和谐共生观。坚持生态优先、绿色发展的战略定位,是顺应社会主要矛盾变化,满足人民群众对优美生活环境向往的需要,也是尊重自然规律、经济规律和社会规律,推动流域经济高质量发展的具体表现。木兰溪一期工程建设中被裁弯取直后的旧河道恰好位于市内。若填平开发房地产,政府可坐收几亿元;若保留改造为城市湿地,政府不仅少了这份收入,还需要投入几亿元甚至更多。最终,裁弯取直后的旧河道被保留下来,也使木兰溪成为在人口密集市区河段的天然蓄洪池。为真正实现"绿水青山就是金山银山",莆田市明确树立新发展理念,以绿色发展为导向,产业主动"调向",保护生态,提高经济社会发展中的

---

① 潘岳:《马克思主义生态观与生态文明》,《中国生态文明》2015年第8期。
② 习近平:《之江新语》,浙江人民出版社2013年版,第48页。

"蓝绿"比重,推动产业布局和经济结构向绿色低碳转型,谋求高质量发展。多年来,莆田市的地区生产总值增幅保持全省前列,这并不是以污染环境为代价的。莆田人秉承了对母亲河的敬畏之心,相继关停了2000多家小散乱污的企业,同时对畜禽养殖污染进行全流域治理,重点打造了电子信息、新能源、新材料、高端装备等产业,不断提升引进项目的门槛。[①]在木兰溪治理过程中,玉湖新城片区改造建设初期面临的最大难题是筹资困境,规划面积6768亩却仅有5000万元的办公经费。2011年,福建省委、省政府特别批准"允许将木兰溪治理后纵深2千米土地出让收益,提取10%继续专用于木兰溪全流域综合治理"[②]。2013年,莆田市政府决定,玉湖片区内市财政土地收入的80%必须用于玉湖新城改造建设,且专项使用、封闭运行,为提升生态质量提供了保障。2018年,习近平总书记在深入推动长江经济带发展座谈会上强调,"要深刻理解把握共抓大保护、不搞大开发和生态优先、绿色发展的内涵"[③]。2020年12月26日,第十三届全国人民代表大会常务委员会第二十四次会议通过《中华人民共和国长江保护法》。这充分体现了习近平总书记关于新时代治水兴水的重要论述是一脉相承、一以贯之的。

三是木兰溪治理体现了"山水林田湖草是一个生命共同体"的系统修复观。治水兴水必须根据流域的自然地理特性,更好地贯彻节约优先、保护优先和以生态修复为主的方针,即在资源上把节约放在首位,在环境上把保护放在首位,在生态上以自然恢复为主,这三个方面形成一个统一的有机整体,构成了我国流域生态文明建设的方向和重点。木兰溪治理践行"山水林田湖草是一个生命共同体"的理念,实现"一泓清水惠民生"[④]。木兰溪流域上游构筑保护、治理、修复、法规四道防线,下游连通河湖水

---

① 李蕾:《以人民为中心,探索生态优先、绿色发展为先导的高质量发展新路子》,《环境保护》2020年第5期。

② 胡熠:《木兰溪治理:追寻人水和谐共生的生态范本》,中共中央党校出版社2019年版,第189页。

③ 习近平:《推动长江经济带发展需要正确把握的几个关系》(2018年4月26日),《习近平著作选读》第二卷,人民出版社2023年版,第153页。

④ 布和朝鲁:《论探索一条新路子》,《北方经济》2019年第6期。

系，保护生态湿地，建设生态绿心。2014年，东圳水库水环境综合治理工程启动，将库区内的山水林田湖草以及人为活动作为整体，统筹考虑，构筑四道防线。东圳水库治理的最大特色就是突破就水治水的片面性，立足山水林田湖草这一生命共同体，把水问题放在整个生态系统中来解决。治理后，东圳水库已从过去的Ⅳ类提高到Ⅱ类标准。

（二）木兰溪治理是马克思主义生态观的区域实践

在纪念马克思诞辰200周年大会上，习近平总书记特别强调，"学习马克思，就要学习和实践马克思主义关于人与自然关系的思想"[①]。马克思主义生态观认为，生产力的发展和实践水平的提升是解决生态问题的根本途径，解决生态问题不能脱离发展生产力；马克思主义生态观是人道主义、自然主义与共产主义的有机结合，把以人为本作为核心要义；马克思主义致力于实现人与自然关系和人与人关系的和谐发展。[②] 习近平总书记以马克思主义政治家、理论家的深刻洞察力、敏锐判断力和战略定力，以巨大的政治勇气和强烈的责任担当，不断推进实践基础上的理论创新，在人类社会发展史上开创性地提出"社会主义生态文明新时代"，标志着中国特色社会主义生态文明理论的完善和系统化。[③] 木兰溪治理要求的是经济、社会与环境的和谐发展，既与马克思主义生态观一脉相承、又是其新发展和区域实践。木兰溪治理过程中，坚持人与自然和谐共处的核心理念，强调自然生态对人的全面发展的重要性，把生态环境优先性作为生产力发展必须遵循的前提条件与客观规律，把二者的关系从"二元对立"转向了"和谐共生"。[④]

（三）木兰溪治理是中国共产党科学治水思想的继承与发展

我国是一个人均水资源少且时空分布很不均衡、水旱灾害频发的发展中大国。五千多年的中华文明发展史，从某种意义上说是一部治水兴水的历史。人离不开水，但水患又是人类生存发展的心腹大患，河川之危、水

---

① 习近平：《推动我国生态文明建设迈上新台阶》，《求是》2019年第2期。
② 潘岳：《马克思主义生态观与生态文明》，《中国生态文明》2015年第8期。
③ 刘素杰、侯书文：《新时代生态文明建设的伦理之维》，《前沿》2019年第4期。
④ 丁瑶瑶：《保持加强生态文明建设的战略定力》，《环境经济》2019年第3期。

源之危是生存环境之危、民族存续之危。一个流域区内水多、水少、水脏和水土流失，都会引发自然灾害，人类是在与自然共处、共生和斗争的进程中不断进步的。历代善为国者，必先除水旱之害。新中国成立以来，中国共产党始终从国家和民族兴衰的战略高度看待治水兴水和流域生态文明建设。20世纪50年代—70年代，以毛泽东同志为代表的中国共产党人带领广大人民群众，大力推进江河流域水患治理，植树造林，兴修水利，重视节约资源和开发再生资源，不断探索规律、认识规律、掌握规律，在曲折探索中前行。以邓小平同志为代表的中国共产党人着眼于社会主义现代化建设的战略高度，积极借鉴国际可持续发展理念，将环境保护确立为一项基本国策，积极推动流域污染治理。以江泽民同志为代表的中国共产党人明确提出了可持续发展的战略，把生态环境保护纳入整个经济社会发展的战略规划当中，从根源上和整体上对生态环境问题进行统筹考虑。以胡锦涛同志为代表的中国共产党人创造性地提出了科学发展观，将"建设生态文明"写入党章，将节约资源和保护环境作为基本国策和全党意志，进入了国家政治经济生活的主干线、主战场。

党的十八大以来，以习近平同志为核心的党中央把生态文明建设摆在改革发展和现代化建设全局位置，从总体布局、发展理念、基本方略和近期生态治理主攻方向上加以系统谋划。在"五位一体"总体布局中，生态文明建设是其中一位；在新时代坚持和发展中国特色社会主义基本方略中，坚持人与自然和谐共生是其中一条基本方略；在新发展理念中，绿色是其中一大理念；在三大攻坚战中，污染防治是其中一大攻坚战。① 这"四个一"体现了我们党对社会主义生态文明建设规律的把握，体现了生态文明建设在新时代党和国家事业发展中的地位，体现了党对建设生态文明的部署和要求，也为新时代统筹流域经济发展和环境保护协调发展，努力推动流域生态文明建设迈上新台阶提供了科学指引。水治理是生态环境治理中涉及利益关系最复杂、治理难度最大的领域。习近平生态文明思想

---

① 郁芬、吴琼、杨颖萍等：《保持战略定力，走好绿色发展新路》，《新华日报》2019年3月6日。

包括生态价值观、生态发展观、生态民生观、生态整体观、生态法治观和全球生态共治观,这些理念在水治理领域表现为人水和谐价值观、绿色水利发展观、民生水利观、流域系统治理观、水资源法治观、国际流域共建共享观等。木兰溪治理工作的不断延续,是通过科学治水不断提升城市宜居程度、提高群众幸福指数的过程,是增强城市发展软实力与核心竞争力的过程,是一个下大力气对市容环境治"脏"、交通秩序治"乱"、市场环境治"差"的过程。通过新建扩建污水处理厂,全市污水处理率达85%以上;通过新建改建道路和新增公交车、出租车,公交占机动化出行比例近20%;原6条黑臭水体完成污水收集、清淤疏浚、河道清障等主体工作并实现河道常态化保洁;空气质量达标天数比例97%以上,居全省前列。[①] 木兰溪治理所蕴含的丰富内涵正是中国共产党科学治水精神的继承与不断发展。

(四)木兰溪治理以创新助力区域发展

木兰溪治理促进了生态文明先进思想的树立与运用,以创新助力区域经济社会发展,也推动了全国文明城市的成功创建,丰富了文化生活,具有丰富的时代价值。

一是方法创新推动文明城市创建。2018年,莆田市荣获第五届"全国文明城市"称号。莆田市在创建全国文明城市过程中,木兰溪治理成果无疑是强大的助力。美丽之城必是有温度、有情怀、有质感的魅力之城。积善成德,明德惟馨。立德、行善、大爱亮化了城市的底色。爱心老人曾德梅病重不忘助学,民警回家途中冒雨救助摔伤女子,"电力义修哥"志愿服务队为孤寡残障老人检修电路,"关爱老人·一元理发"志愿服务获评全国最佳志愿服务项目,"妈祖义工"蓬勃发展……创城过程中,广大市民踊跃参与,一道道风景直观、鲜活、生动地展现,诠释了文明,温暖了人心,传播了正能量,力度、热度、温度、亮度彰显,城市文明程度有了质的提升。[②] 创建文明城市是一项综合工程,其测评体系涉及面广,指标

---

① 胡熠:《木兰溪治理:追寻人水和谐共生的生态范本》,中共中央党校出版社2019年版,第173页。

② 余静:《让创新成为常态,让文明新风常驻》,《湄洲日报》2016年12月22日。

细致严格，政务环境、法治环境、市场环境、人文环境、生活环境、生态环境等都是重要的测评内容，需要各级各部门牢固树立"一盘棋"思想，齐抓共管，上下合力。① 这些年来，莆田市创城工作能够见到成效，其中一条很重要的启示就是形成全市"一盘棋"，各自担当，团结协作。

创城工作对莆田干部群众是首次，大家心往一处想，劲往一处使，不断创新工作方法方式。"五化五心"十大创城工程、"文明城市大家说""小手拉大手文明一起走""文明礼让斑马线""行人闯红灯专项整治""千名退休干部创城巡查"……各级各部门积极行动起来，创新载体、创新举措，在完善城市功能、突出重点整治、弘扬文明新风等方面推出新招、实招，亮点频出。②

创城工作持续三年。积土而为山，乘之而后高；积水而为海，积之而后深。莆田市两任班子持续带领干部群众，针对创城起步晚、时间短、基础弱等实际情况，坚定信心、攻坚克难、决战决胜，全民动员、全域覆盖、全力以赴，常态创建、品牌创建、为民创建。③

二是动力创新形成良性循环。木兰溪治理着眼于对水资源的综合开发利用，遵循的是"以水定产、以水定发展、以水定规模"的发展理念，通过向自然生态系统直接投资来夯实产业发展的自然基础，为经济社会可持续发展提供创新动力，是构建现代化产业体系的重要基础和内在要求。木兰溪治理通过合理开发利用水资源，推动形成绿色生产方式和消费方式，倒逼传统农业、制造业转变生产方式，提升资源利用率和生产能力，进而实现绿色发展，实现经济发展方式由粗放型向集约型的转变，是构建现代化产业体系的关键，也顺应了人民群众对美好生活的向往。

自1999年木兰溪实施综合治理以来，莆田市经济总量快速增长，一、二、三产业增加值在全省的比重稳步攀升，人民生活水平显著提升。地区

---

① 曹红艳、薛志伟：《"人水和谐"木兰溪》，《经济日报》2018年9月22日。
② 刘亢、刘诗平：《从福建木兰溪治理纪实看"人水和谐"的生动实践》，《协商论坛》2018年第10期。
③ 朱金莉、石铄：《木兰溪蝶变：二十年接力治理》，《当代广西》2019年第5期。

生产总值由 1999 年的 220.13 亿元增长到 2019 年的 2595.39 亿元，人均 GDP 突破 8 万元。① 木兰溪治理也带动了莆田产业转型升级加速推进，特别是"十三五"以来，莆田树立新发展理念，坚持创新驱动、融合发展，一、二、三产业的发展都取得了显著成效，为老百姓带来了实实在在的经济效益。

同时，木兰溪治理推动莆田市经济发展格局不断优化，为培育壮大绿色产业奠定了基础，成为撬动莆田绿色经济发展的关键。自开展综合治理以来，木兰溪已经没有发生过重大洪涝灾害，过去备受水患困扰的洼地正在成为产业集聚的高地，投资环境明显改善。在木兰溪沿岸，崛起了工艺美术、鞋服、电子信息、高端设备和食品加工等一大批工业园区。新规划的兴化湾南岸、仙港工业园等一批园区横空出世。当前，莆田市重点打造电子信息、鞋业、食品加工、工艺美术、化工新材料、建筑 6 个千亿元产业和高端装备、医疗健康、海洋、能源 4 个 500 亿元产业，一批重大产业项目相继落地建设、竣工投产，真正实现了"绿水青山就是金山银山"。②

三是文化创新提升城市气质。木兰溪治理带动了莆仙文化场馆、教育载体、休闲场所、旅游景观的建设，丰富了人民的文化生活。木兰溪治理从前三期的防洪工程，转为第四期全流域综合治理工程。③ 由裁弯取直的旧河道和支流、内河组成了面积超过 60 平方千米的"城市绿心"，与木兰溪互联互通，形成"城市之肺"且水面率达 15% 以上，为全省独有。莆田市在此结合周边公共绿地，建设公共建筑，青少年宫、科技馆和图书馆，从西到东一字排开，实现了现代建筑与自然景观浑然一体。走进市图书馆，仿佛置身书的海洋，崭新而现代。一百多万册图书收藏在此，即使不是周末，这里依然坐满读者。莆田工艺美术城所在地，过去也是频受洪水袭扰的地方，现在汇聚了一大批能工巧匠，成为艺术欣赏与交流的重要场所。

木兰溪治理带动了教育载体的建设。来到木兰溪防洪景观带的廉政文化主题公园，市民总会被法治文化墙、以书卷雕塑形式展开的警示名言、

---

① 数据来源：2000 年莆田市统计年鉴、2020 年莆田市统计年鉴。
② 林国富：《木兰溪：建设美丽中国的生动范本》，《中国水利》2019 年第 10 期。
③ 王妍曦、梁斌：《木兰溪"蝶变"的治理范本》，《当代兵团》2019 年第 5 期。

成语走廊、《爱廉说》组雕、荷叶汀步、典故地雕坪及浮雕墙等"廉政文化"生态景观所吸引①，既能感受到古今智慧和崇廉警示，又能从中获得道德的教化和思想的引导。

木兰溪沿岸（莆田市委组织部牵头供图，蔡昊 摄）

木兰溪治理带动了休闲文化的发展。莆田溪河众多，蜿蜒曲折，交错成网，两岸荔枝林葱翠茂密，倒映水中，宛若一幅幅优美如诗的"荔林水乡"画卷。莆田充分发挥依山傍水、显山露水的优势，加快建设"沿江、沿河、环湖、达山、通公园"的慢行廊道和景观休闲性慢行网络体系，推进绿道网连线成片、互联互通，发挥整体效应，打造出一张张独具"荔林水乡"特色的绿道名片。在木兰溪上游仙游县大力建设防洪生态景观工程，从单纯防洪提升为防洪、生态和景观综合推进。

木兰溪治理带动了旅游文化的发展。近年来，从水上到陆上，从下游到上游，从干流到支流，木兰溪治理坚持安全和生态相结合、控源和活水相结合、景观和文化相结合，开启了全流域、系统性治理的新征程。② 现在靠城区附近的河道基本是原生态治理，古树、古桥、古民居、古码头都

---

① 姚飞：《木兰溪的绿色变迁——来自福建莆田的启示》，《实践》（党的教育版）2019年第6期。

② 李淑霞、吴文峰、曹耀峰：《木兰溪：奋斗出来的幸福河》，《共产党员》（河北）2019年第5期。

保留着。"清清溪水木兰陂,千载流传颂美诗。"这是郭沫若写给木兰陂的赞美诗。形如钢琴琴键的木兰陂,已经建成为风光优美的亲水公园。1988年1月被列为第三批全国重点文物保护单位,2013年成为国家级水利风景区。

后 记

  党的故事，承载着红色历史，铭刻着红色记忆，凝结着红色传统。2021年2月，习近平总书记在党史学习教育动员大会上强调，要教育引导全党大力发扬红色传统、传承红色基因，赓续共产党人精神血脉。2022年8月，习近平总书记在辽宁考察时强调，红色江山来之不易，守好江山责任重大。要讲好党的故事、革命的故事、英雄的故事，把红色基因传承下去，确保红色江山后继有人、代代相传。2024年2月，中共中央印发了《党史学习教育工作条例》，对于坚持不懈用习近平新时代中国特色社会主义思想凝心铸魂，推动党史学习教育常态化长效化，推动全党全社会学好党史、用好党史，从党的历史中汲取智慧和力量，弘扬伟大建党精神，传承红色基因，赓续红色血脉，具有重要意义。

  福建是著名革命老区，是古田会议和全军政治工作会议召开的所在地，也是中央苏区的重要组成部分。原中央党史研究室已经审批确认和可以确认为中央苏区范围的县（市、区）共有97个，其中福建省共有37个，人口约300万，是中央苏区的经济中心、粮仓和重要的兵源补给站，为保卫苏维埃政权付出了巨大牺牲，作出了重大贡献。福建，犹如一座没有围墙的革命历史博物馆。一部福建的革命史、建设史、改革史，就是一部党的奋斗史、奋进史。闽山闽水中凝结了太深的革命传奇，承载着太多的红色记忆。追寻红色记忆，对于传承红色基因，推进用红色资源铸魂育人，树立正确的世界观、人生观和价值观具有重要的意义。为此，我们试图编撰一本寓学术性、知识性、系统性、生动性于一体的福建红色记忆普及著作，努力讲好中国共产党的福建故事。

本书由刘大可任主编，陈佳、庄恒恺任副主编，负责全书的选题策划、编撰大纲、组建队伍、审稿统稿和相关出版事宜。作者主要来自中共福建省委党史研究和地方志编纂办公室、中共福建省委党校、福建行政学院、福建师范大学和厦门市委党校、泉州市委党校、龙岩市委党校、漳州市委党校、三明市委党校、宁德市委党校、南平市委党校、晋江市委党校、东山县委党校、云霄县委党校、漳州城市职业学院，以及相关市县的地方文史工作者。具体章节编撰为：导论由刘大可、庄恒恺、张小清、陈佳、苏剑撰写；第一章由林炳玉、刘中华、赖福东、苏豪东撰写；第二章由黄虹、王瑶漪撰写；第三章由李烈满、陈贤滨、陈振喜撰写；第四章由包锦阔、黄露露撰写；第五章由林平西、许宏山、马桂婵、杨志杰、戴秋容撰写；第六章由林秋英、吴顺昌、张淑云、吴炜炜、汤茵、谢鹏志撰写；第七章由王景珊、许明月、蒋金宝、洪荣福、吴扬、张明娟撰写；第八章由李宪建、林晨曦、陈滢沁、杨满妹、庄欣娜、罗毅东撰写；第九章由王博撰写；第十章由刘荷、刘茂福撰写。郑继汤、魏少辉、郑济洲、陈芳萍也参加了本书初稿的撰写。

本书作为国家社会科学基金重点项目阶段性成果，得到了全国哲学社会科学工作办公室和福建省哲学社会科学规划办公室的指导。在编撰过程中，得到了中共福建省委党史研究和地方志编纂办公室室务会议，中共福建省委党校、福建行政学院校委和全省九地市委党校校委的关心支持，同时得到了中共福建省委党校、福建行政学院科研与决策咨询处、图书馆及其他相关处室的大力帮助。在出版过程中还得到了中共福建省委党校、福建行政学院分管日常工作的副校院长金敏同志、蒋伯英教授、李新生教授、王海英教授，中共福建省委党史研究和地方志编纂办公室副主任、一级巡视员王盛泽研究员，研究一处李莉、研究二处李顺禹、研究三处张朝阳、科研管理处毛立红等同志，中共福建省委宣传部出版管理处袁俊华处长的关心支持与帮助。福建教育出版社综合图书编辑室诸位编辑认真审阅了全稿，并提出了许多宝贵意见，为本书的编辑出版付出了巨大的心血。

在此一并表示衷心的感谢！

限于我们的研究和编撰水平，不足之处，敬请读者批评指正。

本书编撰组
2024.6